# 金持ち父さんの
# 若くして豊かに引退する方法

改訂版

ロバート・キヨサキ

白根美保子・訳

筑摩書房

改訂版

# 金持ち父さんの若くして豊かに引退する方法

目次

はじめに　ダビデはなぜ巨人ゴリアテに戦いを挑んだか　9

第一部　頭脳のレバレッジ

第一章　若くして豊かに引退する方法　23
第二章　なぜできるだけ早く引退するのがいいか？　35
第三章　私はこうやって早期引退を実現した　45
第四章　どうしたら早く引退できるか？　60
第五章　頭脳のレバレッジで現実を広げる　74
第六章　あなたは何が危険だと思うか？　93
第七章　仕事量を減らして収入を増やす　109
第八章　金持ちになる一番の近道　128

第二部　プランのレバレッジ
第九章　あなたのプランは遅いか、速いか？　139
第十章　豊かな未来を見ることのレバレッジ　160
第十一章　一貫性《インテグリティ》のレバレッジ　193
第十二章　童話のレバレッジ　206
第十三章　気前よさのレバレッジ　229

第三部　行動のレバレッジ
第十四章　習慣のレバレッジ　263
第十五章　あなたのお金のレバレッジ　279
第十六章　不動産のレバレッジ　294
第十七章　紙の資産のレバレッジ　316
第十八章　Bクワドラント・ビジネスのレバレッジ　362
第十九章　とっておきのヒント　380
第二十章　人によって現実は異なる　413

第四部　最初の一歩のレバレッジ

第二十一章　やり続けるにはどうしたらいいか？　419

おわりに　人生の豊かな恵みを受け取る　429

改訂版　金持ち父さんの若くして豊かに引退する方法

Rich Dad's Retire Young Retire Rich

How to Get Rich Quickly and Stay Rich Forever !

By Robert T. Kiyosaki

人類の生活をよりよく、より豊かにするために貢献してきたすべての先人にこの本を捧げる。

## 著者から一言

この本は、二〇〇一年九月一日の悲劇的な出来事の前に書かれたものだが、ここに込められたメッセージ、情報は今こそ大きな意味をもっている。

この不確実性の時代にあって、ファイナンシャル教育の大切さは増すばかりだ。「焦らずじっくり待て」「長期投資をしろ」「投資を分散させろ」そんな昔ながらの投資アドバイスはもう聞き飽きた、うんざりだ。もしあなたがそう感じていたら、ぜひこの本を読んでみてほしい。

## はじめに
# ダビデはなぜ巨人ゴリアテに戦いを挑んだか?

『ダビデとゴリアテ』の話は、金持ち父さんのお気に入りの話の一つだった。ゼロから始め、ビジネス界の巨人たちと肩を並べるまでになった金持ち父さんは、自分自身の姿をダビデに重ね合わせていたのかもしれない。金持ち父さんはよくこう言っていた。「ダビデがゴリアテに勝てたのは、レバレッジ(てこの力)の使い方を知っていたからだ。ごく単純な『石投げ紐』を持った一人の少年に、恐ろしい巨人ゴリアテをはるかにしのぐ力があったのは、レバレッジの威力のおかげだ」

これまでの私の本のテーマはキャッシュフローの力だった。金持ち父さんはこう言っていた。「お金の世界で一番大事な言葉はキャッシュフローで、二番目に大事な言葉はレバレッジだ」。また、「レバレッジこそが、金持ちになる人とそうでない人がいる理由だ」とも言っていた。そして、それに続けて、レバレッジは力で、その力は自分に有利にも不利にも働くと説明した。

レバレッジは力だから、それをうまく利用する人もいれば、間違った使い方をする人も、あるいは恐れる人もいる。金持ち父さんはこう言った。「アメリカで金持ちが人口の五パーセント以下なのは、レバレッジの利用法を知っている人がそれだけしかいないからだ。金持ちになりたい人の多くは、この力の使い方を間違えているから金持ちになれない。一方、たいていの人は、レバレッジの力を恐れて使おうとしないから金持ちになれない」

## ●レバレッジには多くの種類がある

レバレッジはいろいろな形で存在する。よく知られているレバレッジの一つは、借入金による「てこ入れ」だ。今、この強力なレバレッジを乱用する人が多く、深刻な問題となっているのはみなさんもご存知の通りだ。何百万という人が、借入金のレバレッジの力を自分に不利に働かせているためにお金の苦労をしている。このような乱用の結果を見て、この種のレバレッジを怖がる人も多い。そういう人はこんなふうに言う。「クレジットカードにはさみを入れ、住宅ローンを全部返して、借金から抜け出せ」。一方、金持ち父さんはクスクス笑いながらよくこう言った。「クレジットカードにはさみを入れたって金持ちにはなれない。クレジットカードにはさみを入れたら、私はみじめな気持ちになるだけだ」。ただし、借金によるレバレッジを乱用する人に関しては、金持ち父さんも、クレジットカードにはさみを入れ、住宅ローンを完済して、借金から抜け出すべきだという意見に全面的に賛成だった。

金持ち父さんはこう言っていた。「クレジットカードを持たせることが、弾を込めた銃を酔っ払いに与えるのと同じことを意味する人も世の中にはいる。銃を持った酔っ払いのそばにいる人はみんな危険にさらされている。その酔っ払い自身も含めてね」。借金のレバレッジの力を恐れることを教える代わりに、金持ち父さんは自分の息子と私に、その力を自分に有利に「利用する」方法を教えてくれた。金持ち父さんが「借金にはいい借金と悪い借金がある。いい借金はきみを金持ちにするが、悪い借金はきみを貧乏にする」とよく言っていたのはそのためだ。たいていの人は悪い借金に苦しみ、そのほかの人の多くは借金を恐れ、借金を抱えていないことを誇りに思っている。いい借金まですっかり締め出して……。

妻のキムと私が、若くして豊かに引退できた理由は、借金――いい借金、私たち夫婦を金持ちに、経済的に自由にしてくれた借金――を山ほど抱えていたからだ。この本では、私たちがそれをどのようにして実現したかをお話ししたい。私たちはレバレッジの力を利用した。乱用したり、いたずらに怖がったりする代わりに、その力を尊重し、賢く、慎重に利用しているのだ。

## ●だれでも金持ちになれる?

『金持ち父さん　貧乏父さん』を出版してからたくさんのインタビューを受けてきたが、よく聞かれるのは「だれでも金持ちになれると思いますか?」という質問だ。

私の答えはこうだ。「ええ。だれでも金持ちになれる可能性を持っていると私は信じています」すると次に、よくこう聞かれる。「だれでも金持ちになれる可能性を持っているとしたら、実際に金持ちになる人がこんなに少ないのはなぜですか?」

「その質問にお答えする時間は今日はありません」。私はたいていそう答える。それでもしつこく聞かれた場合は、こんなふうに言うこともある。「その答えの多くは、金持ち父さんシリーズとして私がこれまでに出した四冊(日本語版では五冊)の本にありますよ」

インタビュアーがかなりしつこくて、さらに「一体いつになったら、全部の答えを教えてくれるのですか?」と聞いてきたら、こう答える。「全部の答えを知っている人がいるかどうか、私にはわかりません」

私は全部の答えを知っているわけではないが、シリーズ五作目にあたるこの本をようやくみなさんにお届けできて、とてもうれしく思っている。この本を読めば、私がだれでも——一部の人ではなく本当に「だれでも」——大金持ちになれる力と可能性をすでに持っていると信じる理由がきっとわかると思う。この本ではまた、どのようにしてキムと私が、無一文の状態からスタートしたにもかかわらず若くして豊かに引退することができたか、その方法も説明するつもりだ。また、だれもが大金持ちになり、若くして引退できる力と可能性を持っているにもかかわらず、実際に金持ちになる人とならない人がいる理由も説明したい。その鍵はすべてレバレッジにある。

これまでの四冊では、主にキャッシュフローの力についてお話しした。この本ではレバレッジについてお話しする。一冊全部をそれにあてるのは、レバレッジがとても重要な言葉だからだ。私たちの生活のほとんどすべてに関連していると言ってもいい。
この本では、次にあげる三つの重要なレバレッジに焦点を合わせてお話しする。

## ●第一部　頭脳のレバレッジ

この本で一番大事なのはここだ。ここを読めば、人を金持ちにするのがお金ではないことがわかる。世界で一番強力なレバレッジは人間の頭脳で、その力はあなたを金持ちにも貧乏にもできる。前にも言ったように、借金のレバレッジは利用することも、乱用することも、恐れることもできるが、頭脳という強力なレバレッジに関しても同じことが言える。

## ●言葉はレバレッジだ

第一部を読むと、言葉の持つ力がどんなものかわかってくる。金持ち父さんはいつもこう言っていた。「言葉はレバレッジだ。言葉は強力な道具――頭脳にとっての道具――だ。だが、借金のおかげで金持ちになることもあれば貧乏になることもあるように、言葉も使いようによってはきみを金持ちにも貧乏にもする」。この第一部では、言葉の持つ力と、金持ちが金持ちの言葉を、貧乏人が貧乏人の言葉をどのように使っているかについてお話しする。

金持ち父さんはよくこう言っていた。「頭脳は最も強力な資産にも、最も強力な負債にもなり得る。適切な言葉を頭の中で使っていれば大金持ちになれる。だが反対に間違った言葉を使っていたら、頭のせいできみは貧乏になる」。第一部を読むと、金持ちの言葉、貧乏人の言葉、遅い言葉、速い言葉……などがどんなものかわかるようになる。また、金持ち父さんが「お金を儲けるのにお金は必要ない」と言った理由もわかるだろう。金持ち父さんはこう言っていた。「金持ちになる道はまず言葉から始まる。そして、言葉はただで手に入る」

## ●なぜ投資は危険ではないか？

この本を読むと、なぜ、「投資は危険だ」と言う人たちが投資の世界で一番損をする人たちの仲間なのか、その理由がわかる。ここでも鍵となるのは言葉だ。頭の中で「これが現実だ」と考えていることが現実になる。投資は危険だと考える人たちが、なぜ数ある投資の中でも一番危険なものに手を出すのか、その理由もこの本を読むとわかる。それは、彼らの頭の中にある「現実」のせいだ。また、投資が必ずしも危険ではない理由もわかるだろう。もっと安全で、より多くの利益を生む投資を見つけるためにしなければならないのは、まず言葉を変えることだ。

先ほども言ったように、レバレッジの力は利用することも、乱用することも、恐れることもできる。この第一部では、頭脳のレバレッジをお金の面でマイナスではなくプラスの方向に使う方法を紹介したい。金持ち父さんはこう言っている。「たいていの人は、世界で最も強力なレバレッジである頭脳を、自分が貧乏になるために使っている。それはこの力の正しい使い方ではない。間違った使い方だ。『それを買うお金はない』『私にはそれはできない』『投資は危険だ』『私は絶対に金持ちにならない』などと言う時、その人はこの世で最強のレバレッジを使っている。ただし、自分に不利に使っているんだ」

若くして豊かに引退したいと思っている人は、自分に不利にではなく、有利に頭を使う必要がある。それができなければ、この本の第二部や第三部に書かれていることは、たとえ実際は簡単にできることであっても、あなたにはできない。反対に、頭脳というこの最強のレバレッジを思い通りに使えるようになれば、そのあとの二つの段階は簡単だ。

## ●第二部　プランのレバレッジ

シリーズ三作目の『金持ち父さんの投資ガイド』（日本語版は入門編と上級編の二分冊）で、「投資はプランだ」という話をした。キムと私が若くして引退するためにはプランが必要だった。私たちの場合、何も持っていなかったので、それはゼロから始めるプランだった。そのプランには「終点」——あるいは「出口」——があり、時間の制限もあった。私たちが決めた期限は「十年以内」だった。実際には九年後、一九九四年に私たちは引退した。私が四十七歳、キムが三十七歳の時だった。

ゼロから始めたにもかかわらず、出口に達した時には、働かなくても一年にだいたい八万五千ドルから十二万ドルの収入があった。収入はすべて投資からのものだった。ものすごい大金というわけではなかったが、私たちの年間の支出は五万ドル以下だったから、この時点で私たちは経済的自由をすでに手に入れていた。

## ●金持ちになるために、若くして引退する

若くして引退してよかったことの一つは、金持ちになるために使える自由な時間が持てるようになったことだ。フォーブス誌による金持ちの定義は「年収百万ドル以上」となっている。つまり、フォーブス誌の基準では、引退した時の私たちはまだ金持ちになっていなかった。そのことを知っていた私たちが若くして引退することにした理由の一つは、それによって「金持ちになるための時間を持つ」ためだった。投資をすることとビジネスを起こすことに時間を費やす——それが私たちの引退後のプランだった。今、私たちはかなりの数の不動産を所有しているばかりでなく、出版社、鉱山会社、ＩＴ関連会社、石油会社を立ち上げてきたし、株式にも投資をしている。金持ち父さんがよく言っていたように「仕事を持っていることが問題なのは、金持ちになる邪魔をするからだ」。別の言い方をすると、私たちは金持ちになるための時間が欲しかったから若くして引退した。今、投資とビジネスからの年間収入は数百万ドルにものぼり、株式市場の暴落にもかかわらずそれは着々と増え続けている。すべてプラン通りだ。

『金持ち父さんの投資ガイド』にも書いたように、たいていの人は貧乏になるプランを持っている。だから「引退したら私の収入は減る」と言う人がこんなにたくさんいるのだ。そういう人はこう言っているのと同

じだ。「私は一生せっせと働き、引退後、前より貧乏になる計画を立てている」。産業時代にはこのプランでもまあよかったかもしれないが、情報時代の今は、貧乏になるしかない、どうしようもないプランだ。

現在、たくさんの労働者が401（k）、個人退職年金《IRA》、退職年金プラン《スーパーアニュエイション》（オーストラリア）、登録《R》退職貯蓄プラン《RSP》（カナダ）といった年金プランをあてにしている。私はそれらを「情報時代の年金プラン」と呼んでいる。情報時代の今、労働者は引退後の生活に自分で責任を持たなければならなくなっている。産業時代には、引退後のお金の面倒は会社か政府が見てくれた。今あげた情報時代の年金プランには、一つ悲劇的な欠点がある。それは、そのほとんどが株式市場の動きに連動していることだ。みなさんもご存知の通り、株式市場は上がったり下がったりする。今、一生懸命に働いている何百万という人たちが、自分の未来の経済状態、経済的安定を株式市場に「賭けて」いると思うと心穏やかではいられない。例えば彼らが八十五歳になった時、年金プランがあてにならなくなったら――使い果たしてしまったり、盗難にあったり、株式市場の暴落にあったりしたら――一体どうなるのだろう？　それでも彼らに「仕事に就いて、引退後のためにお金を貯めろ」と言うのだろうか？　私が心配しているのはそうなった場合を考えてのことだ。本を書いたり、セミナーで教える理由も同じだ。私は、情報時代に備えてよりよい教育、よりしっかりした準備が必要だと信じている。今の情報時代には、みんなお金についてもっと多くのことを知らなければいけない。お金に関してもっと自分で責任を持ち、引退後の生活を会社や政府に頼らないようにする必要があるのだ。

ここでちょっと数字を見てみよう。二〇一〇年までに、七千五百万人のベビーブーマーの第一陣が引退し始めた。彼らが一人につき月千ドルを、それまで自分が拠出し、政府が「くれる」と約束していた年金プランから引き出し、そのほかにもう千ドルを金融市場から引き上げ始めたとする。単純に計算して、一カ月あたり七千五百万人×千ドル、つまり七百五十億ドルが政府の年金プログラムから、さらに七百五十億ドルが金融市場から出ていくことになる。この二つの動きは、政府と金融市場の両方に大きな打撃を与えるだろう。そうなったら、政府はどうするだろうか？　税金を上げるのだろうか？　七百五十億ドルが「入ってくる」

のではなく「出ていく」ようになったら、金融市場はどうするだろうか？　株式投資の専門家たちはそれでもなお、「買って、持ち続けなさい。長期の投資をしなさい。ポートフォリオを分散（diversify）させなさい」と勧めるのだろうか？　ファイナンシャル・アドバイザーたちは「平均して見ると、株式市場はこれまでずっと上向きだ」と言い続けるのだろうか？

　私は未来を見せてくれる水晶玉を持っているわけではないし、そもそも未来を予言するつもりもない。だが、これだけは言える。この二つの巨大機関から合計千五百億ドルのお金が出ていくこと――入ってくるのではなく――は、経済に少なからぬ波風を立てるだろう。そして、古い経済をもとにした古い年金プランのせいで大勢の引退者が経済的苦境に陥るだろう。また、アメリカでは会社の年金プランや個人の年金プランを持っていない人もたくさんいる。そういう人はどうするのだろう？　新たに仕事を探すのだろうか？　一生働き続けるのだろうか？　子供や孫の家に同居させてもらうのだろうか？

　一生せっせと働き続けるのは貧乏になるためのプランだ。それなのに、多くの人がこのプランを持っている。今たくさんお金を稼いでいる人の中にもそういう人がいる。彼らは今一生懸命働いているが、明日のための蓄えは何もない。多くのベビーブーマーの場合、一番大切な資産である時間はもうあまり残っていない。

　今のような話をすると、こんなふうに言う人がいる。「引退したらそんなにたくさんのお金は必要じゃない。家のローンも払い終わっているし、生活費も減るはずだ」。確かに、生活費は減るかもしれないが、医療費は確実に上がる。今でもすでに、医療、健康維持、歯科治療にかかる費用の支払に苦しむ労働者は大勢いる。何千万という人が引退し、生きるために健康管理が必要なのに払うお金がないという事態になったら、一体どうなるだろう？　高齢者医療保険《メディケア》が助けてくれると信じている人もいるかもしれないが、そういう人は、復活祭にプレゼントを運んでくるウサギ「イースターバニー」の存在も信じているに違いない。

　最近テレビで、連邦準備制度理事会の元議長アラン・グリーンスパンが「学校でファイナンシャル・リテラシー（お金に関する読み書き能力）を教え始める必要がある」と言った理由もこのあたりにあるのかもしれない。私たちは子供に、政府や会社が引退後の生活の面倒を見てくれると教えるのではなく、お金の面での面倒は自分で見るのだと教え始める必要がある。

若くして豊かに引退したいと思っている人は、たいていの人が持っているプランよりもいいプランが必要だ。第二部では、そのような引退をするためのしっかりしたプランを持つことが生み出す、とても重要なレバレッジについてお話ししたい。

## ●第三部　行動のレバレッジ

次に紹介する垣根の上の三羽の鳥の話は、だれでも一度は耳にしたことがあるだろう。三羽の鳥が垣根にとまっていた。そのうち二羽が「どこかへ飛んでいこう」と決めた。さて、残っているのは何羽か？――答えは「三羽」だ。その理由は、何かをしようと「決めた」だけでは、そうするとは限らないからだ。現実の世界に話を戻すと、アメリカで金持ちが人口の五パーセント以下しかいない理由は、残りの九十五パーセントも金持ちになりたいと望んでいるかもしれないが、実際に行動に移すのはたった五パーセントだということだ。

シリーズ四作目の『金持ち父さんの子供はみんな天才』で、間違いを犯した子供を学校システムがどのように罰するかお話しした。だが、人間がどのようにして物事を学ぶか考えてみればわかるが、私たちは間違いから学ぶ。たいていの人は、何度も転びながら自転車の乗り方を覚えた。歩けるようになった時もそうだった。それなのに、学校に通い始めると、転ばないように仕込まれる。転ぶのはばかな人間だと教えられる。垣根の上の三羽の鳥のように、じっと座って正しい答えを記憶する人間が頭のいい人間だと教えられる。これではアメリカで金持ちが人口の五パーセントしかいないのも無理はない。マイクロソフトの創業者ビル・ゲイツやデル社のマイケル・デル、ＣＮＮのテッド・ターナー、フォード・モーター社のヘンリー・フォード、ゼネラル・エレクトリックのトーマス・エジソンといった世界の富豪たちを見るとわかるが、彼らはみな高等教育を終えていない。

だからといって、学校が悪いと言っているわけではない。情報時代の今、学校と教育の重要性はいまだかつてないほど大きくなっている。私が言いたいのは、成功を収めるためには時として、これまで「やれ」と教えられてきたことを「やらない」ことを学ぶ必要もあるということだ。もっと成功したい人は、子供がどのようにして学ぶかを観察し、その通りにするだけでいい。成功のために私が学ばなければならなかったことの一つは、間違いを犯すことに対する恐怖、転ぶことに対する恐怖、恥ずかしい思いをすることに対する恐怖を克服する方法だ。たいていの子供は生まれつき、転んで学ぶ方法を知っている。だが、少し大きくなると、そうしないように学校で教えられる。間違いを犯したり、失敗したり、恥ずかしい思いをすることに対する恐怖を克服する方法を学ばなかったら、私は若くして豊かに引退することなどできなかっただろう。

## ●だれにでもできる金持ちになるための三つの方法

いつも言っているが、金持ちになるためにしなければならないことは単純で簡単だ。ほとんどだれにでもできる。この本をみなさんにお届けできて私がとてもうれしく思っている理由の一つは、第一部と第二部を読めば、だれでも、若くして豊かに引退するために必要な「単純で簡単なこと」を実践する準備ができることだ。第三部では、いくつかあるこの単純で簡単なことについて、詳しくお話しする。あなたを金持ちにし、若くして引退できるようにしてくれる資産の主だったものとしては次の三つがある。

**1. 不動産**
**2. 紙の資産（株式、債券など）**
**3. ビジネス**

第三部を読むと、とても重要なこれら三つの資産を手に入れるために、自分にどんなことができるかがわかってくる。キムと私が若くして豊かに引退できたのは、お金のために働くのではなく、資産を獲得するために時間を費やしたからだ。

この本を読めるだけの力があれば、これらの重要な資産――人口の五パーセントの金持ちが獲得する資産――を手に入れるための簡単な行動プランを実行に移すこともきっとできると思う。ただし、そのためには、まず第一部と第二部を読まなくてはいけない。ここを読まないと、たとえ簡単でも、行動を起こすのは無理かもしれない。何年も前に金持ち父さんが言っていたように、「金持ちになる道は適切な心構え、言葉、プランから始まる。その三つが手に入れば、行動するのは簡単だ」。

ここで最初の質問に戻ろう――ダビデはなぜ巨人ゴリアテに戦いを挑んだか?

金持ち父さんの答えはこうだった。「ダビデがゴリアテに戦いを挑んだのは、自分自身の中に隠された巨人を見つけるためだ」。金持ち父さんはこうも言った。「私たちの中にはダビデとゴリアテが住んでいる。人生で多くの人が成功できないのは、ゴリアテに出会った時に逃げ出してしまうからだ。ゴリアテがいなかったら、ダビデは人間として巨人に成長することはなかっただろう」。金持ち父さんはお金の世界で「巨人」になるよう自分の息子と私を励ますためにこの話を使った。つまり、ダビデのように巨人を殺す代わりに、自分たちが巨人になるように励ましてくれたのだ。

この本のテーマは経済的自由を手に入れることだ。キムと私は、自分たちが働かなくてもいいように、代わりにせっせと働いてくれる資産を獲得し、作り出すことでその自由を手に入れた。そのあとは、先ほどあげた不動産、紙、ビジネスの三つの資産を含むポートフォリオを充実させる努力を続け、それを巨人に成長させただけだ。私たちは若くして引退し、その後、これらの資産を作り出すために利用できるあらゆるレバレッジを使うことで、さらに金持ちになった。今は、資産が生み出す収入がどんどん多くなる一方で、私たちが働く時間はどんどん減っている。この本は、私たちと同じようにしたいと思っている人たちのために書いた。これは、あなたが経済的自由を見つけ、生計を立てるためにせっせと働くことから解放されるよう手助けする本だ。

最後に一言。ダビデは自分が持てる限りのレバレッジを使うことで巨人になった。あなたにも同じことができる。あなたの中に隠れている巨人を引き出すこと、それがこの本のテーマだ。

# 第一部

# 頭脳のレバレッジ

私たちが利用できるレバレッジの中で、一番大きな力を持っているのは頭脳のレバレッジだ。レバレッジで問題なのは、それが私たちに有利にも不利にも働くという点だ。若くして豊かに引退したいと思っている人がまずしなければならないのは、頭脳の力を自分が金持ちになるように使うことだ。この世の中には、お金のこととなると使い方を間違って、貧乏になるために頭脳の力を使っている人が多すぎる。

金持ち父さんが言っていたように、「金持ちと貧乏人の最大の違いは、貧乏な人の方が金持ちよりもよく『それを買うお金はない』と言うことだ」。金持ち父さんはまたこうも言った。「私は日曜学校で『言葉は肉となって……』と習った。貧乏人は貧乏人の言葉を使い、貧乏人の言葉が貧乏人を作る。言葉は確かに肉となる」。本書の第一部を読むと、「金持ちの言葉」と「貧乏人の言葉」の違い、「速い言葉」と「遅い言葉」の違いがわかってくる。そして、自分が使う言葉を変え、考え方を変えることで、未来の自分の経済状態を変える方法を見つけることができるようになるだろう。言葉と考え方を金持ちのものに変えることができれば、若くして豊かに引退することは簡単だ。

第一章

# 若くして豊かに引退する方法

妻のキムと親友のラリーと私は、無一文から始め、十年以内に金持ちになって引退した。私たちがその旅をどのようにして始めたか、それをこれからお話ししたい。この話をするのは、若くして引退するための旅を始めるにはもう少し自信が必要な人、疑いの気持ちをなくす必要のある人がいるかもしれないからだ。そういう人は私たちの話を聞いたらきっと元気が出るだろう。この旅を始めた時、キムと私はほとんどお金を持っていなかった。自信もなく、疑いの気持ちでいっぱいだった。人間はだれでも疑いの気持ちを持っている。その気持ちにどう対処するかが違いを生む。

## ●旅はこうして始まった

一九八四年十二月、キムと親友のラリー・クラーク、私の三人はカナダのバンクーバー近郊のホイスラー・マウンテンでスキーをしていた。とても寒かったが、山肌は深い雪で覆われ、スロープはどこまでも続き、そこを滑るのは実に気持ちがよかった。夜は、背の高い松の木の間に寄り添うように建ち、深い雪に屋根まで埋もれそうになっている小さな山小屋で過ごした。

私たちは毎晩暖炉を囲んで座り、将来のプランについて話し合った。望みは高かったが、それを実現するために必要なものはほとんど持っていなかった。キムと私はなけなしのお金で食いつないでいる状態で、一方ラリーは、新たにビジネスを起こそうとしていた。話は毎晩遅くまで続いた。最近読んだ本や見た映画の話もした。持ってきていた学習用テープを一緒に聴いて、学んだ内容を突っ込んで話し合ったりもした。

年が明けた一月一日、私たちは新年の目標を決めた。毎年やっていることだったが、この年はいつもとは少し違っていた。ラリーが、ただ目標を決めるだけでなく、それ以上のことをしたがったからだ。つまり、頭の中の「現実」を変えることによって人生を変えるような目標を決めようと提案したのだ。ラリーはこう言った。「ぼくたち三人がそろって経済的に自由になるにはどうしたらいいか、そのためのプランを紙に書くのはどうだい？」

私はラリーの言葉をちゃんと聞いていたし、何を言っているかもわかった。だが、彼の言っていることを自分の現実の中にうまくはめ込むことができなかった。それについては、私も前から話していたし、そうなったらいいと夢に描いてもいた。それに、自分はいつかきっとそうなるだろうとも思っていた。だが、いつもそれは遠い先の話で、今どうこうしようというものではなかった。だから、私の現実にすっと入ってこなかった。「経済的自由？」そう聞き返す自分の声を耳にした瞬間、私は自分がどんなに弱気な人間になってしまったかに気が付いた。それは前とはまったく違う人間の声に聞こえた。

「ぼくたちはこれまでに何度もそのことについて話しているけれど、話したり夢見たりするのはやめて、真剣に取り組む時期が来たと思うんだ」。ラリーはそう続けた。「きちんと紙に書いてみようよ。そうすればどうしたってやらなくちゃいけなくなるってことはきみも知っているだろう？　紙に書いて、それからおたがいに助け合って一緒に旅をするんだ」

ほとんど無一文だったキムと私は顔を見合わせた。疑いと戸惑いの表情が浮かんだ私たちの顔を、暖炉の火が照らし出した。「いい考えだとは思うけれど、ぼくとしては今年何とか生き延びることだけに焦点を合わせたい気がするよ」。私はベルクロを使ったナイロン製財布のビジネスから手を引いたばかりだった。一九七九年にこの会社がうまくいかなくなってから五年間、私は再建のために必死で働いた。だが、結局は手を引いた。早々に手を引いた理由は、会社自体が大きく変わってしまったからだ。当時私たちの会社はすでにアメリカ国内での製造を止めていた。どんどん激しくなる競争に太刀打ちするために、中国や台湾、韓国に工場を移していたのだ。私がこのビジネスから手を引いたのは、自分が金持ちになるために子供たちを低賃金で長時間働かせることに耐えられなくなったからだ。確かにこのビジネスは私のポケットにお金を入れてくれてはいたが、それと同時に私の魂から命を奪っていた。また、私はパートナーたちともうまくやっていけなくなっていた。それぞれに異なる方向に成長し、意見が合わなくなっていたのだ。このビジネスから手を引いた時、私の手元に残ったのはごくわずかだった。それでも私には、魂に反するようなビジネスを続けたり、話の通じないパートナーと共に仕事を続けることはできなかった。あのような手の引き方は自慢できるものではない。だが、もう潮時だとわかっていた。このビジネスに携わっていた八年の間に、私は多くを学んだ。ビジネスの起こし方も学んだし、壊し方、再建の仕方も学んだ。手元に残ったお金はわずかだったかもしれないが、教育と経験の面で、お金に換えられない貴重なものを得た。

「おいおい、どうしたんだ。ずいぶん弱気じゃないか」。ラリーがそう言った。「今年は一年だけの目標を立てる代わりに、ぜひこいつをやってみようよ。何年かかけて実行する大きな目標を立てよう。自由を手に入れることを目標にしようよ」

「でも、ぼくたちにはあまりお金がないんだ」。私はキムの方を見ながらそう言った。キムも同じことを心配して顔を曇らせていた。「きみも知っての通り、ぼくたちはまた何もかも最初からやり直そうとしているんだ。ぼくたちの望みは、ただ、次の六カ月、あるいは一年を何とか生き延びることだけだ。生き延びることしか考えられない今、経済的自由なんて考えられるわけないよ」。そう言いながら、私は自分の弱気な発言にまたショックを受けた。ひどい自信喪失に陥っていた。燃料切れに近かった。

「かえっていいじゃないか。新規蒔き直しだと思えばいい」。ラリーはすっかりその気になっていた。何を言ってもあきらめそうになかった。

「でも、お金が全然なかったら、いったいどうやって若くして引退できるっていうんだ？」私はそう反論した。弱気な自分がどんどん大きくなっていくのがわかった。自分に自信が持てず、何かに真剣に取り組むにはまだ早いという気がしていた。短期間でいいからお金の心配をせずに生き延びたい。それだけが望みで、将来のことは考えていなかった。

「ぼくは一年で引退しようなんて言っていないよ」。私のあまりに弱気な反応に少しいらいらしながらラリーが言った。「ただ、今から引退のためのプランを立てようって言ってるんだ。目標を紙に書いて、きちんとプランを立てて、そこに焦点を合わせようよ。たいていの人は手遅れになるまで引退のことを考えない。あるいは、六十五歳で引退するプランしか持っていない。ぼくはそうはしたくない。もっといいプランが欲しいんだ。請求書の支払のためだけに一生せっせと働くなんていやだ。ぼくは人生を楽しみたい。金持ちになりたい。まだ若くて、何でも楽しめるうちに世界を旅行したい」

ラリーはそのような目標を立てることの利点を私にわからせようと必死だった。黙って座ってそれを聞いている私の中で、小さな声が聞こえた。経済的自由や早期引退のための目標を設定することが現実的でない理由を告げる声だった。それを聞いていると、現実的でないどころか、不可能にさえ思えた。

ラリーは話し続けた。キムや私が聞いていようがいまいが構わないといった様子だったので、私は空返事をするだけで、ラリーの話は頭から締め出し、彼が少し前に言ったことについて考え始めた。そして、心の中で自分に話しかけた。「早く引退するための目標を設定するっていうのはいい考えだ。それなら、なぜぼくはそれに抵抗しているんだ？　いい考えに抵抗するなんて、ぼくらしくないじゃないか……」

それから突然、私の耳に金持ち父さんの言葉が聞こえてきた。「きみにとって最大の挑戦は、自分に対する疑いの気持ちと怠け心に挑戦することだ。自分がどんな人間になるか、それを決め、限界を定めるのは自信の不足と怠け心だ。自分を変えたいと思ったら、この二つに挑戦しなくちゃいけない。きみを小さいままにとどめておくのも、きみが望むような人生を歩む邪魔をするのもこの二つなんだ」。大事なことを私にわからせようとする金持ち父さんの声は続いた。「きみの前に立ちはだかっているのは、きみ自身と、自分に対する疑いの気持ちだけだ。ずっと同じままでいるのは簡単だ。変化せずにいるのは簡単だ。たいていの人は一生同じままでいることを選ぶ。自信の不足と怠け心に挑戦すれば、自由へ続く扉を見つけることができる」

山小屋で新年を迎えるためにハワイを発つ直前に、私はこの話を金持ち父さんから聞かされた。金持ち父さんには、私がハワイから出て行こうとしているのがわかっていた。家族のもとを去り、自分にとってとても居心地のいい場所をあとにすること、何の保障もない世界に思い切って足を踏み出すだろうということがわかっていたのだ。金持ち父さんと話をしてからわずか一カ月後、私は雪に覆われたこの高い山の頂で、小屋の中に座り、金持ち父さんと同じことを言う親友の声を聞きながら、自分の無力、弱さ、そして不安を感じていた。成長するか、あるいはあきらめて家に帰るか、その瀬戸際に立っているのがわかった。私に必要だったのは、自分の弱さを思い知るこの瞬間だった——私はそう悟った。決定の時、選択の時がまた訪れていた。自信の不足と怠け心を放っておくこともできるし、思い切って自分自身に対する認識を変えることもできる。前に進むか、後戻りするか、それを決める時が来たのだ。

自由について話し続けるラリーの言葉にまた耳を傾けてみると、彼が本当に話しているのは自由についてではないことがわかった。その時私は、自信の不足と怠け心に挑戦することが、自分にできる一番重要なことだと悟った。それに挑戦しなければ、私の人生は後戻りするしかない。

「よし、やろうじゃないか」。私はそう言った。「経済的に自由になるための目標を立てよう」

こうして三人で目標を決めたのが一九八五年の正月だった。一九九四年にキムと私は経済的自由を手に入れた。ラリーは会社を起こし、その会社は一九九六年、Inc.《インク》誌上で「最も速く成長した会社」の一つに選ばれた。そして、一九九八年、四十六歳の時にラリーは会社を売って引退し、一年間の休暇をとった。

## ●「一体どうやったんですか?」

私がこの話をするといつも「一体どうやったんですか?」と聞かれる。

私の答えはこうだ。「大事なのは『どう』ではありません。『なぜ』キムと私がそうしたかです。『なぜ』がなければ、『どう』やったって不可能だったでしょう」

キムとラリーと私がどうやって経済的自由を手に入れたかを話すことはできるが、それはあえてしない。なぜなら、私たちがどうやったかはそれほど重要ではないからだ。どうやったかを教えてくれと言われて、私に言えるのはこれだけだ――一九八五年から一九九四年まで、キムとラリーと私は、金持ち父さんが教えてくれた、偉大なる富へ続く三つの道に焦点を合わせた。その三つの道とは次のようなものだ。

**1. ビジネスに関する技術《スキル》を高める**
**2. お金の管理に関する技術を高める**
**3. 投資に関する技術を高める**

この三つについてはたくさんの本が出ていて、私が同じ内容で書いても、ただの「ハウツー」本が一冊増えるだけだ。私がやり方《ハウツー》よりも重要だと思うのは、私たちがなぜそうしたかだ。そして、その答えは、私が自信のなさや、怠け心、過去から引きずってきたものに挑戦したいと思ったからだ。やるべきことをやるために必要な力は、この「なぜ」が与えてくれた。

金持ち父さんはよくこう言った。「大勢の人が私に物事のやり方を聞く。どうやったか話しても、相手はそうしないことが多いってことに気付くまでは、私もちゃんと答えていた。でも、そのうちに気付いたんだ。大事なのは『どうやって』ではなくて『なぜ』だっていうことにね。たいていの人が、自分にできることをやらないでいるのは、そうするだけの強い理由を持っていないからだ。理由が見つかれば、金持ちになるために『どう』したらいいか、その方法を見つけるのは簡単だ。たいていの人は、自分の心を見つめて、なぜ自分は金持ちになりたいのか、その理由をまず見つけようとせずに、ただ楽に金持ちになれる道を探す。ところが、楽な道には一つ問題がある。それは、たいていが行き止まりだということだ」

## ●自分自身と議論する

冷え冷えとした山小屋の中に座り、ラリーの話に耳を傾けていたあの夜、私は心の中でラリーと議論している自分に気付いた。ラリーが「それを一つの目標にして、紙に書き、プランを立てようよ」というたびに、私の中でそれに反発する声が聞こえた。

「でも、ぼくたちにはお金がぜんぜんないんだ」

「ぼくにはそんなことはできない」

「それは来年考えるよ。キムとぼくがもう少し落ち着いたらね」

「きみにはぼくたちの状況がわかっていない」

「ぼくにはもっと時間が必要だ」

金持ち父さんは数年をかけて、私にたくさんのことを教えてくれた。その教えの一つはこうだった。「いい考えに反論している自分に気が付いたら、反論するのはやめた方がいいかもしれない」

あの夜、金持ちになって若いうちに引退することについてラリーが話し続けている間に、私は金持ち父さんのこの警告を思い出した。金持ち父さんはさらにこう説明した。「何か欲しいものやしたいことがあるのに、『私には買えない』とか『私にはできない』と言う人は大きな問題を抱えている。欲しいものやしたいことに対して『買えない』とか『できない』と言うなんてばかげている。欲しいものを手に入れるのを自分で邪魔するなんて、なぜそんなことをするんだ？　そんなのはまったく理屈に合わない」

暖炉の火がパチパチと音を立てるのを聞きながら、私は欲しいと思っているものに反論している自分に気が付いた。「金持ちになって早く引退するのもいいんじゃないか？」とうとう私は自分にそう聞いた。「一体そのどこが悪いっていうんだ?」閉ざされていた心の扉がゆっくりと開き始めた。私はもう一度自分に聞いた。「なぜぼくはいい考えに反論しているんだ? なぜ自分自身に反論しているんだ? これはいい考えだ。何年も前からぼく自身話していることじゃないか。確かにぼくは三十五歳で引退したかった。だが、もうすぐ三十七歳になろうというのに、今のぼくは引退どころじゃない。実際のところ、ほとんど破産状態だ。それならなぜ反論なんてしているんだ?」

そう自分に問いかけてみると、いい考えに反論し続けてきた理由が見えてきた。私は二十五歳の時に、金持ちになって三十歳から三十五歳までの間に引退するプランを立てた。それは私の夢だった。ところが、ナイロン製の財布のビジネスを失ったあと、すっかりやる気をなくし自信喪失に陥った。あの夜、暖炉の火のそばで、自信のなさが自分に反論させていることに気が付いた。私は自分が手に入れたいと思っている夢に向かって反論していた。その理由は、また失望するのがいやだったからだ。大きな夢を持っていると、それが実現しなかった時に感じる痛みも大きい。その痛みから自分を守りたくて反論していたのだ。私は夢を持ち、失敗した。あの夜、私が反論していたのは夢自体に対してではなく、また失敗することに対してだった。

「オーケー、大きな目標を立ててみよう」。私はラリーに向かって静かにそう言った。いい考えに反論するのはどうにかやめた。まだ反論したいことはあったが、そのせいで前に進めなくなるのはいやだった。結局のところ、議論をしていた相手はほかのだれでもない、自分自身だった。つまり、私の中にいる「小さな」人間が、成長したい、もっと大きくなりたいと思っているもう一人の私に反論していただけだった。

「よし」とラリーが言った。「そろそろ弱気から脱出する頃だと思っていたよ。本当を言って、きみのことが少し心配になり始めていたんだ」

私がそうしようと決めたのは、「なぜ」の答えを見つけたからだ。私には、自分がなぜそれをやろうとしているか、理由がわかっていた。ただし、あの時は「どう」やるかはまったくわかっていなかったが……。

## ●若いうちに引退しようと決心した理由

読者の中にも、これまでに「自分にすっかり嫌気がさした」と思ったことのある人がいると思うが、あの大晦日の夜、キムとラリーと一緒に暖炉を囲んでいた私はまさしくその通りだった。一向に変わろうとしないそれまでの自分にすっかり嫌気がさし、変わる決心をした。それは頭の中だけの変化ではなかった。もっと奥深いところから出てくる変化だった。大きな変化の時が来ていた。私には自分が変われるとわかっていた。なぜなら、変わりたいと思う理由を見つけていたからだ。

次に、私の個人的な理由——なぜ、若くして豊かに引退することを目標にすると決めたか——をいくつか紹介しよう。

1．無一文でいつもお金のことで苦労しているのに嫌気がさしていた。財布製造会社のおかげで、ほんのしばらくの間、金持ちの状態を経験したが、ビジネスがうまくいかなくなると、すぐにまた苦労が始まった。金持ち父さんは私にとてもいい教育をしてくれていたが、当時の私は教えを受けただけで、まだ金持ちになっていなかった。

2．平均的でいることに嫌気がさしていた。学校の先生たちはいつも「ロバートは頭はいいんだが、身を入れてやらない」と言っていた。先生たちはまたこうも言っていた。「あの子は頭はいい。だが、生まれつき才能に恵まれた子供たちほど賢くは絶対になれないだろう。平均よりちょっと上どまりだ」。山小屋で過ごしたあの夜、私は平均的でいるのがすっかりいやになった。平均的であることをやめる時期が来ていたのだ。

3．八歳の時、家に帰ると母親が台所のテーブルの前で泣いていた。請求書があまりに多くて、どうしようもなくなっていたからだ。父は少しでも多くのお金を稼ごうとできるだけのことをしていたが、学校の教師ではそれほどたくさん稼げるはずはなかった。父は「心配するな。私がなんとかするから」と言うだけだった。だが、実際はなんともならなかった。父の対処法は、学校に戻り、もっと一生懸命働き、年に一度の昇給を待つことだった。その間にも請求書はどんどんたまり、母は頼る相手もなく、孤軍奮闘を余儀なくされた。父はお金について話をするのが嫌いだった。たまにそうすることがあっても、ただ怒るだけだった。

今でも覚えているが、私は八歳のあの時、母を助けるための答えを見つける決心をした。山小屋でのあの夜、私は探し求めていた答えを見つけたことに気が付いた。いよいよその答えを現実のものにする時期が来ていた。

4．理由のうち一番胸が痛み切実だったのは、その時、私の人生に若く美しい女性、キムの存在があったことだ。私は生涯の心の友《ソウル・メイト》を見つけたが、相手の女性は私を愛したせいで経済的な苦境に立たされていた。山小屋で過ごしたあの夜、私は父が母にしたのと同じことを自分がキムにしていることに気付いた。親から受け継いだ同じパターンを繰り返していたのだ。それに気付いた時、私は一番肝心な「なぜ」を見つけた。

以上が私にとっての「なぜ」だ。あの夜、私はこれらの理由を紙に書き、大事にしまった。その先の話は、シリーズ二作目の『金持ち父さんのキャッシュフロー・クワドラント』にも書いたので、読んだ人は覚えているかもしれないが、山を降りてから状況は一層悪化した。あの本は無一文になったキムと私が、三週間車の中で寝泊りした話から始まる。つまり、若くして引退しようと決心しただけでは状況はよくならなかった。それでも私たちが前進し続けることができたのは、今挙げたような理由のおかげだった。

ラリーの場合も、その後しばらくはあまりうまくいかず、一九八〇年代に経済的に非常に苦しい時期を経験した。彼もまた、「なぜそうするか」という理由を持っていたおかげで、前進を続けることができた。

## ●あなたは「なぜ」金持ちになりたいのか

「どう」やったら金持ちになるか、その方法を人に教えることはできない――私も金持ち父さん同様、そのことに気が付いた。私はまず「なぜ」金持ちになりたいのか人に聞く。しっかりした理由がなければ、どんなに簡単な方法もむずかしすぎて実行できない。金持ちになる方法はいくらでもある。だが、「あなた」が金持ちになりたい理由、一人一人異なるその理由はいくつもない。理由が見つかれば方法は見つかる。ことわざにもあるように、「意志あるところに道あり」だ。私の場合、意志を見つけることが道を見つけることを可能にしてくれたと言っていい。意志がなかったら、道はもっとはるかに険しいものだったに違いない。

### ●頭脳のレバレッジを高めるために①

私は何年も前に、情熱が愛情と憎しみからできていることを学んだ。情熱を持っていなければ何事もやり遂げることはむずかしい。金持ち父さんはよくこう言っていた。「何かが欲しかったら情熱を持て。情熱は人生にエネルギーを与える。持っていないもので何か欲しいものがあったら、その欲しいものが『大好きなのはなぜか』、そして、それを持てないことが『とてもいやなのはなぜか』、その理由を見つけることだ。二つの理由を一緒にすれば、行動を起こし、欲しいものを手に入れるエネルギーを見つけることができる」

そこで、まず、大好きなものと大嫌いなものを比較対照した表を作ってみよう。

例えば、私の場合、その表は次のようになる。

| 大好きなもの・こと | 大嫌いなもの・こと |
| --- | --- |
| 金持ちであること | 貧乏であること |
| 自由であること | 仕事をしなければならない状態にあること |
| 欲しいものを何でも買えること | 欲しいものを持てないこと |
| 高価なもの | 安物 |
| やりたくないことは他人にやってもらうこと | やりたくないことをやること |

みなさんも次の表に記入してみて欲しい。もっとスペースが必要なら——それは大いに結構——大きな紙を用意しよう。あなたがより多くの情熱を持って人生を送れますように！

| 大好きなもの・こと | 大嫌いなもの・こと |
| --- | --- |
| | |

静かに座り、大好きなもの、大嫌いなものを見つけて紙に書いたら、今度は「なぜ」を書く番だ。将来の夢、目標、経済的に自由になるプラン、早く引退するプラン、できるだけ若い時に引退するプラン……それらを紙に書こう。書いたら、夢の実現をサポートしてくれそうな友人に見せるのもいいだろう。夢や目標、プランを書いたこの紙を定期的にながめよう。しょっちゅうそれについて話したり、サポートしてくれるように人に頼むのもいい。そして積極的に常に学び続ければ、知らず知らずのうちに変化が起こってくる。

最後に一言。「お金はあなたを幸せにしない」と言う人がよくいる。この言葉には確かに一理あるが、次のようなことも確かだ——お金は私が大好きなことをするための時間を買ってくれ、私が大嫌いなことをしてくれる人を雇ってくれる。

## 第二章

# なぜできるだけ早く引退するのがいいか？

ほぼ十年間、必死で努力を続けた結果、私は四十七歳で経済的自由を手に入れた。その年、一九九四年に、一人の友人が電話をしてきてこう言った。「ビジネスを売ったら、そのあと少なくとも一年間は休みをとるようにしろよ」

「一年間の休み？」私はそう聞き返した。「ぼくは引退して、これから死ぬまで休みをとるつもりだよ」

「いいや、きみはそうしないよ」。友人のニールはそう言った。ニールはそれまでに、数人の仲間と組んでいくつか大きなビジネスをゼロからスタートさせていた。テレビの音楽チャンネルMTV、カントリーミュージック専門のCMTも、彼らが一九八〇年代に起こしたビジネスだった。そういったビジネスのうちいくつかを売ったあと四十一歳で引退したニールは、自分が経験から学んだことを、友人である私に伝えようとしていたのだ。「きみは三カ月もしないうちに退屈して、また新しいビジネスを始めるよ。きみにとって一番むずかしいのは、何もしないでいることだ。だからこそ、新しくビジネスを起こすことを考える前に、少なくとも一年待つことを目標にするように勧めるんだ」

私は笑って、もうすっかり引退したことを何とかニールにわからせようとした。「新しいビジネスを始めようなんて計画はまったくないよ。ぼくは引退したんだ。仕事に戻るつもりはない。この次会った時には、ぼくのことがわからないかもしれないよ。スーツも着ていなくて、髪も長くしているだろうからね。浜辺をこれ見よがしにうろつくサーファーと見間違えると思うよ」

私の言葉を聞いてもニールは引き下がらなかった。自分が言いたいことをどうしても私に聞かせ、理解させたいと思っていた。彼にとってそれはとても大事なことだったのだ。私たちはそれから長い間話し合った。そのうち、ニールの言葉が少しずつわかってきた。そして、ニールが次のように言った時には、私も真剣に耳を傾けた。「きみのようなチャンスに恵まれる人はごく少数だ。仕事をやめて何もしなくてもお金に困らない人は、それほどたくさんいない。中年、つまり人生の一番の稼ぎ時に完全に引退できる人は多くない。たいていの人は、たとえそうしたくても、お金がないから仕事をやめられない。たとえ仕事が大嫌いでもやめるわけにはいかないんだ。だから、この贈り物を軽い気持ちで受け取ってはいけないよ。こんな幸運を与えられる人は少ない。だからしっかり受け止めるんだ。一年は休みをとって何もしないようにするんだ」

次にニールは、起業家の多くが、ビジネスを売るとすぐまた新しいビジネスを始める……と説明を続けた。「以前、ぼくはビジネスを起こし、それを売ってはまたすぐに別のビジネスを始めていた。三十五歳までに三つのビジネスを立ち上げ、売った。ぼくはお金はたくさん持っていたが、仕事をやめられなかった。やめるっていうのがどういう意味なのかわからなかったんだ。仕事をしていないと自分が何の役にも立っていないような気がして、時間を無駄にしているように感じたんだ。だから、どんどん一生懸命働いた。そのせいで、自分の人生や、家族とすごす時間は削られていたんだけれどね。それからやっと、自分が一体何をやっているか気が付いた。そして、何か違うことをやろうと決心したんだ。最後にビジネスを売って、数百万ドルの小切手を銀行口座に入れたあと、ぼくは一年間の休みをとることにした。家族と自分のために一年を費やすと決めたんだ。これは人生で最良の決定の一つだったよ。自分だけの時間、何もしないでいたあの時間はとても貴重だった。きみは気付いているかい？　ぼくたちが五歳の時から学校で勉強し、学校を出てからは仕事をし続けているってことに……。少なくとも一年間、何もせずにただいろいろなことを考え、一人きりで自分自身を見つめるなんていう贅沢は、ごく少数の人にしかできない」

ニールの話は続いた。ニールとその家族は、家の用事を片付けるとすぐに、フィジーの離れ小島に引越し、海岸に落ち着いた。「数カ月の間、ぼくはただ海岸に座って、透き通るような水色の海を見つめ、家族みんながが夢に描いていた生活を子供たちが楽しむのをながめていた」。そして、フィジーでの生活を充分満喫すると、今度は家族でイタリアに移り、そこでまた数カ月、何もせずにのんびりと過ごした。「正常な人間に戻るのに、まる一年かかったよ」。ニールはそう言った。「目を覚まして、あれをやらなくちゃ、あの会議に出なくちゃ、あの飛行機に乗らなくちゃ、あの請求書を支払わなくちゃ……などと考えるのをやめることがどんなに大変か、実際にそうするまでぼくには想像もつかなかった。生活のペースを緩め、身体からアドレナリンを締め出し、きちんと物事を考えられるようになって、人間として完全な状態に戻るためには、まる一年ゆったりと過ごす必要があったんだ。四十一歳だったぼくは、それまで三十六年間、どこかにたどり着こうと走り続けてきた。そして、とうとうそこにたどり着いたんだ」

## ●引退して一番つらかったこと

ニールは正しかった。引退生活で私が一番つらかったのは、何もやることがないことだった。学校生活、授業やテスト、会議、飛行機での出張、締切……そういったものに長年どっぷり漬かってきた私は、朝起きてすぐに何かするように完全に条件付けられていた。今でもよく覚えているが、引退する直前の私は、仕事に伴うプレッシャーや心配がいやでたまらなかった。「あと六カ月だけだ。そうすれば自由になれる。引退して何もしないでいられるんだ。ビジネスが売れて、このめちゃくちゃな生活から解放されるのが待ち遠しい！」と思っていた。

一九九四年九月、ビジネスに関連する資産の売却、移転の手続きがすべて終わった。私は得たお金の一部を銀行に預け、賃貸用のアパートや倉庫を新たに二つ三つ見つけて投資したあと、正式に引退した。私が四十七歳、妻のキムが三十七歳の時だった。私たちはもう一生働かずに残りの人生を充分に楽しめるだけの経済的自由を手に入れていた。そして、ニールの警告通り、ビジネスを売ってから数週間もしないうちに、私はそわそわし始めた……。前と同じように朝早くに目を覚まし、その日、何の予定もないことに気付く。電話をする相手もいなければ、かけてくる相手もいない。行くところもなく、家で一人でごろごろしていると、自分が何の役にも立っていないように思え、だれにも必要とされていないように感じられた。人生を無駄にしているような気がして、自分が非生産的に思えた。何かしたくてたまらなかったが、することは何もなかった。ニールは正しかった。私にとって、何もすることがないのは何よりつらいことだった。

キムには投資と不動産ポートフォリオを管理するという仕事があった。彼女はそれを楽しみながら、自分のペースでやっていた。あの頃キムはよく、台所をうろうろして時間をつぶしている私を見つけてこう言った。「何かやることを探しているの？」

「いや。ただ、何もしないでいる方法を探しているんだ」

「そうなの。じゃ、それが見つかったら教えてね。私も一緒にそうするから」。キムはにこりとしてそう言った。「友達に電話して、一緒に何かしたらどう？」

「それはやってみたよ。でもみんな仕事で忙しいんだ。遊んでいる暇はないんだよ」

二、三カ月、何もしないでいる努力を続けたあと、キムと私は、ニールが一年間の休暇の一部を過ごしたフィジーに出かけることにした。たとえそれが何もしないためであっても、ともかくどこかに行けると思うだけで、私の心は躍った。

フィジーに行くと決めてから三週間後、私たちは水上飛行機で島に到着し、レイとトロピカルドリンクを持って笑みを浮かべる地元の人たちの出迎えを受けた。透き通るような水色の海に突き出た長い桟橋を二人で歩きながら、私はおとぎの国に到着したような気分になった。そして、今にも小さな太っちょの男が姿を現し、「だんな、飛行機だぁ、飛行機だぁ」と叫ぶのではないかと思った。

この島はニールから聞いていた以上に美しかった。実際、信じられないくらいの美しさだった。「これこそハワイのかつての姿、そして本来あるべき姿だ」。ハワイで育った私はそう思わずにいられなかった。だが、いくらすばらしくても、私にはテンポが遅すぎた。パラダイスが頭をおかしくさせるとは自分でも信じられなかったが、朝起きて、健康的な果物の朝食をとり、少しジョギングをして、そのあと夜まで海岸で時間をつぶしていると、一時間もすると私は気が変になった。海岸は限りなく美しかったが、私にはもうアメリカに戻って新しいビジネスを始める準備ができていた。なぜ少なくとも一年間は休みをとるなどとニールに約束したのか、自分でもわからなかった。パラダイスで私ががまんできたのはせいぜい二週間だった。キムはいつまでもいられたと思うが、私はアリゾナの家へ戻りたくてうずうずしていた。なぜ家に戻る必要があるのかはよくわからなかったが、ともかく私たちはパラダイスをあとにして家路についた。

家でじっとしていても海岸にいるのと大して変わりはなかったが、少なくともそこには自分の車があり、気晴らしのできるなじみの場所があった。ある日、近所に越してきた人があいさつにやってきた。その人も引退していたが、私より二十歳ほど年上の六十八歳で、『フォーチュン５００』に名を連ねる大企業の元重役だった。その人は毎日のようにやってきて、ニュースや天気、スポーツなどについておしゃべりするようになった。いい人だったが、何もせずに一緒にいるのは、仕事をしていた頃に出席したどんな退屈な会議よりもつらかった。彼がやりたいことといったら、庭の手入れとゴルフだけだった。彼にとって引退はまさに天国だった。ビジネスの世界に戻りたいなどとは毛頭思わず、何もしないでいい自分の時間があることをただ喜んでいた。私は、これ以上一緒にいたら自分も同じになってしまうと思った。カントリー・クラブで男性だけが集まってトランプを楽しむクラブに入らないかと誘われた時、私は、何もしないでいるために何かすることを見つける必要があると悟った。

とうとうがまんできなくなった私は、ある日キムにこう言った。「ぼくはビズビーに移るよ。何もしないで忙しくしていられるところに行かなくちゃだめなんだ」。数日後、私はキムと二人で持っていた小さな牧場に移った。そこは景色は最高だが、人のあまり行かない静かな場所だった。谷間に隠れるように広がる敷地には背の高い樫の木が立ち並び、小川がところどころ地下に姿を隠しながら流れ、たくさんの鹿が遊びに来た。また、ニューメキシコ州とアリゾナ州とメキシコが境を接するあたりの山には、気持ちよさそうに寝そべるピューマの姿も見えた。私はやっと一年の休暇をとる場所――何もしないで忙しくしていられる場所――を見つけた。ラジオもテレビもない山中の小屋で何もせずに二、三日過ごすと、ようやく気持ちが落ち着き、のんびり一年の休暇をとる気になった。すると呼吸までもがゆっくりとしてきて、物事をやるペースも遅くなった。そして、差し迫った会議や締切からのプレッシャーではなく、静けさと落ち着きが毎日の生活の一部になった。「こんな幸運を与えられる人は少ない。だからしっかり受け止めるんだ」とニールが言った一年の休暇がやっと始まったのだ。私がペースを緩めてこの休暇をとれるようになるまで、ほぼ六カ月かかった。

### ●もう一度人生を始める

山小屋で何もせずに一人きりで過ごしている間に、私は人生を振り返った。若さに任せてやったばかなことや、一時の感情にかられてやったことすべてを思い出した。自分がこれまでにしたさまざまな選択についても考えた。中にはあまり賢明ではない選択もあったが、そのすべてが今の自分を作り上げるのにどんなに大切な役目を果たしてきたかを考えた。ハイスクール時代のことや、成長期を共に過ごした友人――今ではほとんど会わなくなった友人たち――のことを思い出す時間も持てた。大学時代の友達のことも思い出し、一体どうしているだろうかと考えた。一人で過ごしたこの数カ月は、自分が今のような人間になるのに、若い頃の友人たちがどんなに大きな役割を果たしているかを考えるチャンスを与えてくれた。

山小屋の中で一人座りながら、私は、時間を戻して少年時代の友達ともう一度一緒に過ごせたらどんなにいいだろうと何度も思った。もう一度若い頃に戻って、ただ無邪気に笑いたかった。だが、私に残っていたのは大切な思い出だけだった。もっとたくさん写真を撮ったり、手紙を書いたり、連絡を取り合ったりすればよかった……。だが、みんな忙しい生活を送るようになり、それぞれに別の道を歩んでいた。音を立てて燃え盛る暖炉の炎の前で若い頃の思い出を「再生する」のは、へたな映画を見るよりずっとよかった。この休暇は、過去の思い出を細かいところまで鮮やかによみがえらせるために必要な一人きりの時間を与えてくれた。おもしろいことに、そうやって振り返って見ると、最悪だと思っていた時期さえそれほどひどくは思えなかった。自分の人生に感謝し、共に生きる人たちや、そこで起こったいいこと、悪いこと、そのすべてを大事なものとして受け入れるようになった。時にはめちゃくちゃになったこともあった人生だったが、この時私は、ほかのだれのものでもない、自分だけの人生に心から感謝する気持ちになった。

また、静かにこのような時間を過ごしているうちに、人間はだれでもよくも悪くもなる可能性を持っていることにも気が付いた。私たちはだれでも偉大な人間になる可能性を持っている。でも、若い頃の私の人生は「偉大さ」には縁がなかった。知能指数がずばぬけて高い神童でも、音楽の天才でも、運動の花形スターでもなかった。また、学校で幅を利かせる集団の一員でもなく、パーティーによく誘われるわけでもなかった。振り返ってみると、私の人生はごく平均的だった。だが、山にこもって一人で静かに考えたおかげで、その平均的な人生が私にとってとても特別なものになった。

家族や古くからの友人、スポーツを一緒にやった仲間、昔のガールフレンド、かつてのビジネスパートナーたちのことを考える時間もあった。それまでに自分がしてきた選択について考えた時には、もし別の選択をしていたらどうなっていただろうとも考えた——大学時代のガールフレンドと結婚して、彼女が望んでいたように、子供を持ち、どこかに落ち着いていたら？　パイロットになる決心をせず、ベトナムの空を飛ぶこともなかったら？　あの頃友達のほとんどがそうしたように、戦争に行くことを避けていたら？　ベルクロ付きのナイロン製財布の製造ビジネスを始める代わりに、学校に残って修士号をとっていたら？　ビジネスを最終的に成功させる前に、二つのビジネスを失う経験をしていなかったら？　キムに会わず、彼女と結婚していなかったら？　本当に大変だった時期に、キムが私についてきてくれなかったら……？

いろいろ考えた中で一番大事だったのは、人生が与えてくれた成功と失敗のおかげで、私が何を学び、どんな人間になったかということだった。

確かに過去は変えられない。だが、過去に対する自分の考え方を変えることはできる。その時まで、私の人生はただぼんやりとかすんでいた。毎日の生活に追われて駆け抜ける私の横を、ヒューヒューと飛んでいく人々や出来事の連続にすぎなかった。山での孤独な時間は、人生を止めて、じっくりながめるチャンスを与えてくれた。

過去にやったことで、あまり自慢できないこと、もう二度とやらないぞと思うこともたくさんある。しなければよかったと思う間違いや、言わなければよかったと思う嘘もたくさんある。知らないうちに傷つけてしまった大切な友達や家族もたくさんいる。心から愛していたのに、ちょっとしたことで意見が合わなかったために口をきかなくなった人たちもたくさんいる。あの一年の休暇の間に、私はこのような出来事が人生にどんなに大きな意味を持っているかに気が付いた。静かな山奥で何もせずに一人でいた間に、過去の友人や家族、自分自身とのつながりを取り戻し、私の人生の一部になってくれたことをすべての人に感謝する気持ちになった。過去に「ありがとう」と言い、未来への準備をする時間が持てたのだ。

今、セミナーや講演で、一年間の休暇をとることについて話をする機会があると、私はこう言う。「早めに引退して、中年のあの時期に休暇をとって一番よかったのは、それによって人生を新たにやり直すチャンスを与えられたことです」

## ●自分の人生を思い通りに生きる

ビジネスを売り払い、引退生活に入って十八カ月たってやっと、私はアリゾナ州南部の山をあとにした。山をおりた時も、次に何をするかは本当にはわかっていなかった。ただ、これからは物事を違ったふうにやりたいと自分が思っていることはわかっていた。私のコンピュータには『金持ち父さん　貧乏父さん』の未完成の原稿データが入っていて、書類かばんにはゲーム『キャッシュフロー101』のアイディアをまとめたものが入っていた。第二の人生はすでに始まっていた。今回はほかのだれのものでもない私の人生だ。それは、両親や学校の先生、友人たちの希望や夢、あるいは子供じみた夢などに振り回された人生ではなかった。私は当然前よりも歳をとっていたし、賢く、頭もよくなっていて、無謀なところも少なくなり、多少は信頼に値する人間になっていた。私の第二の人生は始まっていた。今度は自分の思い通りに生きる「私の」人生だった。

そして、できるだけ早く引退することを私が人に勧める最大の理由はここにある。早く引退すれば、新しい人生をスタートするチャンスが与えられる。

## ●頭脳のレバレッジを高めるために②

早い時期に引退できるかどうかはともかく、だれでも一カ月に少なくとも一時間は自分の人生を振り返るための時間をとるといい。人生を振り返る時間を持ったことで、私は次のような発見をした。

1. 大事だと思っていたことがそれほど大事ではなかった。
2. 大事なのはどこに行こうとしているかではなく、自分の本当の状態だ。
3. その時に目の前にいる人よりも大切な人はいない。だから、その人と一緒にいる時間を大切にする。
4. 時間は貴重だから、無駄にせず、充分に味わう。
5. 時には、ずっと忙しくしているよりもちょっと立ち止まる方がむずかしい場合がある。

私の場合、早く引退して一番よかったのは、たとえいつも忙しくストレスと問題ばかりを抱えた人生でも、それを大切に受け止められるようになったことだ。することが何もなくなった時、私は何をしていいかわからない自分に気付いた。今は、活気にあふれた忙しい人生を心から大切に思っている。なぜなら、何もせずにいるのがどんなものか知っているからだ。だから、人生のどのような時期にある人でも、ちょっと立ち止まって、今という時を大切に味わう時間を持つべきだと思う。明日になれば、それはただの思い出になってしまうのだから……。

# 第三章

# 私はこうやって早期引退を実現した

一九九九年春、ロサンゼルスでおよそ二百五十人の銀行幹部職員を前に話をすることになった。午前の部で最初の講演者だったため、前夜、自宅のあるフェニックスから飛行機でロサンゼルス入りした私は、朝食をとったあと、ホテルの部屋で椅子に座り、一体何を話したらいいだろう……と頭をひねった。セミナーでよくする財務諸表についての話や、ファイナンシャル・リテラシー、資産と負債の違いといった話はその日の聴衆にはふさわしくないように思えた。彼らはただの銀行員ではなく、モーゲージ（不動産担保貸付）を専門とする抵当銀行業務に携わる人《モーゲージ・バンカー》たちだったから、私が一番よく話題にする財務の基本など当然知っていると思われたからだ――少なくともそうあって欲しいと私は願っていた。

講演は九時半から始まることになっていた。八時になっても、その日の聴衆にふさわしい話の切り口、新しいアイディアはまったく思いつかなかった。机の前に座っていた私は、ホテルがサービスとして届けてくれたその日の朝刊に目をやった。第一面に、ゴルフカートに乗った幸せそうな夫婦の写真が載っていて、その上に太い活字で「私たちは早く引退することに決めた」と書いてあった。

この夫婦は、過去十年間急騰を続けた株式市場のおかげで４０１（ｋ）年金プランが非常にうまくいったため、予定より六年早く引退することに決めた――記事はそう続いていた。夫は五十九歳、妻は五十六歳だった。記事には夫婦の言葉も引用されていた。「投資信託がすごくうまくいって、ある日、自分たちが億万長者になっていることに気が付いたんです。それで、あと六年働き続ける代わりに、生活をダウンサイジングすることに決め、大きな家を売ってこの引退者用のコミュニティに小さめの家を買い、差額を高利回りの

CD（譲渡性預金）にして、生活費を抑え、今は毎日ゴルフ三昧というわけです」

私の頭の中に、講演のテーマが浮かんできた。記事を読み終えると、私はシャワーを浴び、身支度を整えて、銀行員たちが待つ会場へと向かった。九時三十分ちょうど、司会者の紹介を受けてステージに上がった私は、例の新聞を高く掲げ、引退したばかりの夫婦の写真を指差しながら、「私たちは早く引退することに決めた」と見出しを読んで話を始めた。五十九歳と五十六歳という夫婦の年齢も指摘し、コメントを二つ三つ読み上げた。それから新聞を下に置き、「妻のキムと私も同じように早く引退しました。一九九四年のことです。私は四十七歳、キムは三十七歳でした」と言うと、会場をぐるりと見回し、二組の夫婦の間の引退時期や年齢の違いがみんなの頭にしっかり入るのを待った。十秒ほど黙ってから、私は質問した。「ここで、ちょっとお聞きします……私はどうやってこの男性より十二年早く引退できたのでしょう？　妻の場合は十九年早かったわけですが、何がその違いを生んだのでしょう？」

会場は水を打ったように静まり返っていた。これはあまり幸先のよいスタートではなかった。講演はまだ始まったばかりで、ただ話を聞くのではなく頭を使って考えるように聴衆に要求しても無理なことはわかっていた。自分の引退と記事の話を比べることで、生意気でうぬぼれた人間であるかのような印象を聴衆に与えたことも察しがついた。それでも、私は自分が言いたいことを何とかみんなにわかってもらいたかったし、いずれにしても後戻りするには遅すぎた。取っておきの小話をしたのにお客さんがまったく笑ってくれない……そんなお笑い芸人のような気分になった。

ともかく話を続けようと、私はまた質問した。

「みなさんの中で早く引退しようと計画している方は何人いらっしゃいますか？」

今度も反応はなかった。だれも手を挙げず、会場はどんどん気まずい雰囲気になってきた。私はステージの上で今にも息絶えそうだった。早く何か手を打たなければならない。聴衆を見渡すと、そのほとんどが私より若いことがわかった。同年輩の人も少しいたが、その人たちも早く引退したという私の話に感心した様子はなかった。私は急いで付け加えた。

「みなさんの中で四十五歳以下の方は何人いらっしゃいますか?」

突然、会場が生き返り、反応があった。部屋のあちこちでゆっくりと手が挙がった。手を挙げたのは六割ぐらいだった。つまり、四十五歳以下の人が六割いた。みんな若かった——少なくとも私と比べると。私は戦略を変え、ターゲットをこの若い聴衆に絞って言った。「みなさんの中で、四十代で引退し、そのあと一生経済的に自由になって働かずにいられるようになりたいと思っている人は何人いらっしゃいますか?」

今度は前より勢いよく手が挙がった。意思の疎通が少しうまくいくようになり、聴衆も興味を持ち始めたようだった。私と同年輩かそれより上の人たちは、自分のまわりで手を挙げ、この業界にとどまったまま年をとるのはいやだと意思を表明している若い仲間をながめながら、居心地悪そうにし始めた。年上の聴衆のそんな反応に気が付いた私は、彼らを仲間はずれにしないためにすぐ何かする必要があると思った。

私は笑顔のまま、みんなが手を下げるのを待った。それから、私より年上の人たちの方を見ながらこう言った。「私はモーゲージ・バンカーのみなさんに感謝したいと思っています。なぜなら、私が早く引退できたのはあなた方のおかげだからです。不動産ブローカーや株式ブローカーのおかげではありません。ファイナンシャル・プランナーでも、会計士でもなく、あなた方、つまり世界中のモーゲージ・バンカーのみなさんが、私が父よりおよそ二十年早く引退することを可能にしてくれたのです」

聴衆の様子を見ると、気まずさが少し和らいだのがわかった。これなら話を続けられる——私はそう思った。モーゲージ業界に感謝の意を表したことが功を奏したようだった。ざっと見たところ、聴衆の八割ほどが私の話に注意して耳を傾けていた。私はさらに続けて、先ほどと同じ質問を繰り返した。「では、私が新聞に載っている夫婦より早く引退できたのは、どうしてでしょう? 私が早く引退するのをモーゲージ・バンカーのみなさんはどのようにして助けてくれたのでしょう?」

また会場がしんと静まり返った。自分たちが私にとってどのような助けになったか、彼らにわかっていないことがはっきりしてきた。だが、同じように黙りこくっていても、今回は少なくとも、聴衆は前より興味を持って話を聞いていた。私は彼らが答えにくい質問をするのはやめにして、ステージに用意されたフリップチャートの一枚目に大きな文字で次のように書いた。

## 借入金 vs 自己資本

それから聴衆の方に向き直り、「借入金」という文字を指差しながらこう言った。「私が早く引退できたのは、引退資金を得るために借入金を利用したからです。一方、新聞に出ている、401（k）をやっていたという夫婦は自己資本を利用しました。だから引退までに私より長く時間がかかったのです」

私の言葉の意味をみんながしっかり理解するまで、私は少し待った。しばらくすると、聴衆の一人が手を挙げてこう聞いた。「新聞に載っている男の人は引退するために『自分のお金』を使い、あなたは『私たちのお金』を使ったということですか？」

「その通りです。私はあなた方のお金を使って借入金を増やしました。一方、この男の人は借入金をなくそうとしたのです」

「だからこの男の人の方が時間がかかったというわけですね」。聴衆の中から別の声がした。「あなたより十二年多くかかったのは、引退するために自分のお金、自己資本を使ったからなんですね」

## ●十八年の余分な人生

私はにこりとしてうなずいた。「で、私は四十七歳で引退したおかげで、六十五歳で引退した人と比べて十八年間、余分な人生を与えられたわけです。まだ若い時の十八年がどんなに貴重か、みなさんにもおわかりでしょう？　私の妻の場合は二十八年の余分な人生です。みなさんの中で、早く引退して、まだ若くて元気のあるうちに人生を楽しみたい、お金の心配をせずに自分のやりたいことができる自由を謳歌したいという人は何人いらっしゃいますか?」

部屋のあちこちでたくさんの手が挙がった。その人たちの顔を見ると、前より笑顔の人が増えていた。みんな興味を持ち始めているようだった。それでもまだ、足を組み、腕組みをしたまま座っている人もいた。そういう人たちは私の話をあまり好意的に受け止めていないようだった。何でも批判的に見たがる「すね者」や疑り深い人はどこにでもいるもので、そういう人はその姿勢を崩していなかった。彼らの耳には私の言いたいことが届いていないようだったが、少なくとも、話を始めた時の最悪の状態からは脱しつつあり、聴衆の一部は私の考えについてくるようになっていた。

最前列に座っていた若い男性が手を挙げ、質問した。「あなたがどのように借入金を使い若くして引退したか、またその男の人がどのように自己資本を使ったか、もう少し詳しく説明してくれませんか?」

「もちろんですとも」。私は詳しい説明をするチャンスを与えられて大喜びでそう答えた。そして、もう一度新聞を手に取り、写真を指差して言った。「この人は予定より六年早く引退しました——六十五歳を一般的な退職年齢とした場合ですが。そうできた理由は株式市場が好調だったからです。つまり、自分自身のお金を市場に投資したから、うまくいったのです。でも、もしあなた方からお金を借りて、そのお金を同じ市場に投資していたとしたらどうでしょう? もっとよかったんじゃありませんか?」

会場に気まずい空気が走った。私の言葉が多くの聴衆の気にさわったのだ。先ほどの若い男性が、今度はいぶかしげな表情を浮かべて聞いた。「でも、株式市場に投資するのなら、私たちはお金を貸しませんよ」

「なぜですか?」と私は聞いた。

「危険すぎるからです」

私はうなずいた。「危険すぎるからこの男の人は自分自身のお金、つまり自己資本を使わなければならなかったんです。この人の年金プラン、401(k)はうまくいって、選んだ株も値上がりしました。市場が好調だったからこの人はうまくいったんです。市場が好調だったのは、この人と同じような何百万人という人が同じ時に同じことをしていたからです。だからこの人は早く引退した。でも、私より時間がかかった。なぜなら、この人は基本的には自分のお金、つまり自己資本を使って、株式資本という形の他人の自己資本を買っていたからです。ここで興味深いのは、この人が投資した先が、そこに投資したいからと言ってお金を借りに来ても、危険すぎるからという理由で普通あなた方がお金を貸さないところだったという点です。銀行は株式市場に投機的に投資するお金を貸しますか？」

　部屋にいたほとんど全員が首を横に振った。

「つまりあなたは、この人がラッキーだったと言いたいんですか？」別の人がそう聞いた。

「そうですね……この人がちょうどいい年齢で、市場のサイクルのちょうどいい時に、ちょうどいい場所にいあわせたとは言えますね。もし状況がひっくり返ったら、この人はこんなに早く引退したことを後悔するかもしれません」

「じゃ、あなたは私たちのお金を使って何に投資したんですか？」別の参加者がそう聞いた。

「不動産です。あなた方がお金を貸してくれるものがほかにありますか？　あなた方はモーゲージ・バンカーですよね？　投資銀行の人ではありませんよね？」

　その若い男性はうなずいて、静かに答えた。「確かに私たちはモーゲージ・バンカーです。株式や債券、投資信託を買うためではなく、不動産を買うためのお金を貸します」

「でも、この十年は、不動産よりも株式市場の方が値上がりしたんじゃないですか？」前から二、三列目の席に座っていた若い女性が聞いた。「私の４０１（ｋ）は、私が知っている不動産投資の大部分と比べて、ずっと大きく値上がりしましたよ」

「それはそうかもしれません」。私はそう答えた。「でも、あなたの４０１（ｋ）の価値が上がったのは、市場に勢いがあり、資本評価が上がったおかげでしょう？　あなたはいつもこの二つをあてにして投資することにしているんですか?」

「そういうわけではありません」

「私もですよ。私は資本評価が上がることだけを頼りに投資はしません。私がお金を儲けるためには、持っている不動産の評価額が上がる必要はありません。実際には、この十年で評価額が大幅に上昇したものがいくつかありますが、多くの株式や投資信託のように価値が下がったものは一つもありません」

「では、資本評価の値上がりをあてにして投資するのではないとしたら、あなたは何のために投資するんですか?」その若い女性がまた聞いた。

「キャッシュフローを得るために投資するんです」。私は静かに答えた。「あなたの401(k)は、毎月使えるお金として、いくらのキャッシュフローをあなたのポケットに入れてくれますか?」

「それは……ゼロです。私の年金プランの目的は、税金を払わずに資本評価を増やすことですから、お金はすべて引退後のための口座に入ったままです。毎月キャッシュフローを受け取るようにはなっていません」

「税制上の優遇措置と同時に、毎月のキャッシュフローも受けられるような投資用の不動産は持っていないんですか?」

「ええ、持っていません。全部投資信託に投資しています」

「で、あなたはモーゲージ・バンカーですよね?」私はちょっとからかうように、にやりとしながら言った。

「話を整理させてください」と女性が言った。「あなたは不動産を買うために私たちのお金を借りた。その不動産は毎月あなたにキャッシュフローをもたらしてくれる。あなたと奥さんが早い時期に引退できたのは、キャッシュフローがあったからで、一方私たちは、投資信託の資本評価の値上がりを願いながら、将来引退するのを楽しみにしている——自分たちが引退する時に株価が暴落していないことを願いながらね。つまり、私たちはあなた方が早く引退するのを助けたけれど、自分のことは助けていないということですか?」

「そういう見方もできますすね」。私はそう答えた。「だからこそ、みなさんとみなさんの仕事に感謝していると言っているんです。あなた方は私の引退資金作りに貢献してくれたのですから。みなさんの貢献は何百万ドルにも値します。そのおかげで私は早く引退できました。だから、あなた方も私と同じことを自分のためにして欲しいと思っているのです」

それからまもなく持ち時間が終わり、拍手の中、私はステージを降りた。会場はすっかり活気づいていた。私の話が特に若い聴衆の間にちょっとした興奮を巻き起こしたようだった。聴衆と握手を交しながら会場を出る間、いくつか感想が耳に入った。モーゲージ・バンカーといえども、反応は一般の聴衆と変わらなかった。その一部を次に紹介しよう。

「あの人が言っていることはリスクが大きすぎる」

「私なら、あの人には絶対お金を貸さない」

「あの人は自分が何を言っているかわかっていない」

「あんなことは今はできない。市場の状態が違うんだから」

「あの人は運がよかったんだ。市場が暴落してごらんよ、お金を貸してくれと泣いてすがってくるさ」

「トイレを修理するのはごめんだ。だから不動産は持たないんだ」

「不動産市場は必要以上にふくれあがっている。まもなく暴落するだろう」

「あんなことをやって不動産市場で大損をした人がいったい何人いると思うかい?」

「あんなに借金が多かったら、私ならお金は貸さない」

「引退しているなら、なぜここに来て話をしているんだ?」

## ●貧乏父さんの教えと金持ち父さんの教え

『金持ち父さん　貧乏父さん』に始まるシリーズの中で、私が「貧乏父さん」と呼んでいる実の父はよく次のように言っていた。「学校に行っていい成績をとり、安心できる安定した仕事に就いて、一生懸命働き、お金を貯めなさい」。父はまた、「借り手にも貸し手にもなるな」「一銭の節約は一銭の儲け」「それを買うお金がなければ買うな。いつも現金払いにしろ」といった、昔からよく言われる言葉を引用するのも好きだった。

もし自分が人に忠告する通りにしていたら、貧乏父さんの生活はかなり楽になっただろうが、多くの人と同様、父も自分が正しいと思っていることを言いはしたが、その通りにしなかった。父はお金を借りて家を買い、車を買った。「投資は危険だ」といつも言っていた父は決して投資しなかった。その代わりお金を貯めようとした。だが、少しでも貯まると、いつも何か緊急事態が持ち上がり、お金を引き出さなければならなかった。父は自分を貧乏にするものを買うためにお金を借り、もしかしたら自分を金持ちにしてくれるかもしれないものを買うためにお金を借りるのを拒否した。人生に大きな違いを生んだのは、このほんのわずかな違いだった。父が六十五歳になってもお金がなく、引退できなかったのは、一生変わることのなかったお金に対するこのような考え方、お金の取り扱い方のせいだった。ガンが進行し、もうこれ以上は働けないというその日まで父が働かなければならなかった理由もそこにある。父は一生せっせと働き続け、最後の六カ月はガン病棟で死の病と闘った。父は善良で、働き者だった。せっせと働き、借金をしないようにして少しでもお金を貯めることに一生を費やした。そして、それこそが、父が私に伝えようとした人生とお金に関する教えだったのだ。

私の親友の父親で私が「金持ち父さん」と呼んでいる人は、お金について実の父とは違う忠告をし、異なる考え方を見せてくれた。金持ち父さんは次のようなことを言ったり、質問したりした。

「百万ドル貯めるにはどれくらいの時間がかかるだろう?」この質問には次の質問がいつもくっついていた。

「じゃあ、百万ドル借りるにはどれくらいの時間がかかる?」

「長い目で見て、どちらの人がより多くのお金を持てるだろう? 一生せっせと働き続け、百万ドル貯めようとする人か? それとも、百万ドルを十パーセントの年利で借りる方法を知っていて、さらに、そのお金を投資して年利二十五パーセントの利益を得る方法を知っている人か?」

「銀行はどちらの人にお金を貸したいと思うだろう? お金のために一生懸命働いている人か? それとも、お金を借りて、それを安全に、賢く自分のために働かせる方法を知っている人か?」

「銀行に電話して『百万ドル借りたい』と言って、相手に『二十分で書類を用意できますので、サインをお願いします』と言わせるには、どんな人間で、どんなことを知っていなければならないか?」

「政府が貯金に課税し、借金に税制上の優遇措置を与えているのはなぜか?」

「お金の面でより賢く、よりよい教育を受けているのはどちらの人か? 百万ドルの貯金を持っている人か? それとも百万ドルの借金をしている人か?」

「お金に関して頭がいいのはどちらの人か? お金のために働く人か? それとも、お金を自分のために働かせる人か?」

「自分で教育を選べるとしたらどちらを選ぶか? お金のために働く方法を学ぶために学校に行くか? それとも、お金を自分のために働かせる方法を身につけるために学校に行くか?」

「銀行が不動産への投機のためのお金は喜んで貸すのに、株式への投機のお金は貸したがらないのはなぜか?」

「一番一生懸命働き、一番たくさん貯金をしている人が、それほど働かず、より多くの借金をしている人よりも多くの税金を払っているのはなぜか?」

　仕事やお金、貯金、借金といったことに関して、二人の父親がまったく異なる考え方をしていたのは明らかだ。中でも最大の違いは、金持ち父さんの次の言葉によく表れている。「貧乏な人や中流の人がなかなか金持ちになれないのは、彼らが金持ちになるために自分のお金を使おうとするからだ。金持ちになりたかったら、自分のお金ではなく、他人のお金を使って金持ちになる方法を知らなくてはいけない」

## ●注意　この本は借金についての本ではない！

若くして金持ちの状態で引退するための道具として借金を使うことについてはこの先でもふれるが、だからといって、この本はお金を借りて借金漬けになることについての本ではない。「はじめに」にも書いた通り、レバレッジは力だ。そして、力は利用することも、乱用することも、恐れることもできる。借金は弾丸の込められた銃のように慎重に扱わなければいけない。借金は銃と同じようにあなたを助けることも、殺すこともできる。それを扱う人がだれであっても同じだ。銃はすべて危険だと考えなければいけないのとまったく同じに、借金もすべて危険だと思って慎重に扱おう。

私がこの点を強調するのは、次のようなことがあったからだ。ある時、私たちのウェブサイトの掲示板に若い男の人が、自分は仕事をやめ、何枚かのクレジットカードを使って不動産を買い、借金をたくさん抱えていると書いてきた。「ぼくはロバートのアドバイスに従い、いい借金をたくさん抱えるようにしています」まず言っておきたいが、私はクレジットカードを使って不動産を買うことは絶対勧めない。投資の仕方を知っている人なら、投資用資金を得るためにこんなに危険な方法を使う必要はないはずだ。

私の知り合いにも、クレジットカードを使って不動産に投資をしている人はいる。だが、この方法は大きな危険を伴うので私は勧めない。その理由は、クレジットカードを使って不動産を買い、破産に追い込まれた人をたくさん知っているからだ。私が勧めているのは、教育を受け、借金を賢く使う方法を学ぶことだ。

この章は借入金と自己資本との違いについての話から始めたが、この本は決して借金についてだけ書かれたものではない。若くして豊かに引退したいと思っているすべての人にとって、借金よりももっと大切なことについて書かれている。

## ●二番目に大事な言葉

「はじめに」で紹介した、「お金の世界で一番大事な言葉はキャッシュフローで、二番目に大事な言葉はレバレッジだ」という金持ち父さんの言葉を思い出して欲しい。

モーゲージ・バンカーたちを前にして、早く引退するために彼らのお金を使うことについて話した時、私が実際に話していたのは彼らのお金を「レバレッジ」として使うことについてだった。金持ち父さんは多くの時間を費やし、まだ子供だった自分の息子と私にレバレッジの大切さを教えてくれた。

「はじめに」ではまた、レバレッジに関する話で金持ち父さんが大好きだったのが『ダビデとゴリアテ』の話だったことにもふれた。金持ち父さんは私たちがいやがらない限り、何度も繰り返しこの話を聞かせた。そして、こう言った。「おまえたち、いつもよく覚えておくんだ。ダビデがゴリアテに勝てたのは、レバレッジの原理を知っていたからだよ」

「ダビデは石投げ紐を使ったんだって思っていましたよ」。私はそう言った。

「その通りだよ。正しい使い方をすれば、石投げ紐はレバレッジになる。レバレッジの力がどんなものかわかってくると、どこにでもそれがあるのが見えてくる。金持ちになりたかったら、レバレッジの力を利用する方法を学ばなくちゃいけない」。金持ち父さんはまた、こんなことを私たちの頭に叩き込んだ。「ただの小さな人間でも、レバレッジの力を理解していれば、大きな人間たちを負かすことができる」

その後、私たちの成長に合わせて、金持ち父さんはレバレッジの例としてほかの話を探さなければならなくなった。自分の息子のマイクと私がお金に関するレッスンをおもしろいと感じるようにするために、金持ち父さんは私たちが興味を持ちそうな話題を使って教えてくれた。例えば、六〇年代にビートルズがはじめてアメリカにやって来て、私たちと同じくらいの年頃の子供たちが夢中になっていた時、金持ち父さんは彼らが莫大なお金を稼ぎ出していることに注目し、彼らを引き合いに出してこう言った。「ビートルズが人よりたくさんのお金を稼いでいるのは、より大きなレバレッジを持っているからだ」。金持ち父さんの説明は続いた――ビートルズはアメリカ大統領よりも、医者や弁護士、会計士、あるいは金持ち父さん自身よりも多くのお金を稼いでいる。それは、お金の世界におけるレバレッジの原理のおかげだ。金持ち父さんはこう言った。「ビートルズはテレビ、ラジオ、レコードをレバレッジとして使っている。だから金持ちなんだ」

「レバレッジって、テレビやラジオ、レコードだけなの？」マイクがそう聞いた。

私は「金持ちになるためにはロックスターにならなくちゃいけないんですか？」と聞いた。当時私は十六歳で、自分は歌があまり得意ではないことも、さわって音が出せるのはラジオくらいだということも知っていた。

金持ち父さんは声をたてて笑い、こう言った。「いいや、金持ちになるのにロックスターになる必要はないよ。それから、テレビやラジオ、レコードだけがレバレッジというわけでもない。でも、金持ちになりたかったら、何らかの形でレバレッジを使わなくちゃいけない。金持ちと貧乏な人、中流の人との違いは、それぞれが使うレバレッジの違いにある。金持ちは中流以下の人とは違った形のレバレッジを、より多く使う。ただそれだけで、どんどん金持ちになるんだ」

## ●レバレッジについて学ぶ

金持ち父さんはマイクと私に何度もこう言った。「お金に関するレバレッジを利用できることが、金持ちが貧乏な人や中流の人たちより有利な点だ」。また、よくこうも言っていた。「金持ちがほかの人たちより早く、ますます金持ちになるのは、お金に関するレバレッジを使うからだ」

金持ち父さんの教えを中心とした「金持ち父さんシリーズ」のこれまでの本は、キャッシュフローに焦点を合わせていた。今回はレバレッジという言葉に焦点を合わせるつもりだ。その理由は、若くして豊かに引退するためには、何らかの形のレバレッジを使う必要があるからだ。キムと私が早い時期に引退できたのは、一生懸命働いたおかげではなく、レバレッジのおかげだ。

次の章では、ほかのレバレッジの例をいくつか取り上げ、それについてお話しする。

この章の最初で、モーゲージ・バンカーを前に私が講演したこと、早く引退するために自分のお金ではなく彼らのお金をどのように使ったかについてお話しした。これは、レバレッジとして借金を使った例だ。レバレッジに関して問題なのは、それが両刃の剣のようにどちらの方向にも切れることだ。つまり、お金の面で成功するためにレバレッジを使うこともできるが、同じレバレッジでも使い方を間違えると足を引っ張られかねない。

中流以下の人の方が一生懸命に長い年月働き、借金の返済に苦労し続け、より多くの税金を支払っている理由は、とても大事なレバレッジが彼らに欠けているからだ。それは、ファイナンシャル教育のレバレッジだ。外に飛び出し、お金を借りて資産に投資する前に、借金は単にレバレッジの一つの形にすぎず、どんな形のレバレッジも両側に鋭い刃を持っていることをしっかり頭に入れておいて欲しい。繰り返しになるが、金持ち父さんはよく次のように言っていた。

「お金の面でより賢く、よりよい教育を受けているのはどちらの人か？　百万ドルの貯金を持っている人か？　それとも百万ドルの借金をしている人か？」

ここで私が一番言いたいのは、この本がファイナンシャル教育の本だということだ。どんな形のレバレッジを使うにしても、その使い方について充分な教育を受けることをまずお勧めする。

### ●頭脳のレバレッジを高めるために③

金持ち父さんはこう言った。「金持ちになりたかったら、いい借金と悪い借金、いい支出と悪い支出、いい収入と悪い収入、いい負債と悪い負債の違いを知る必要がある」

この章はレバレッジの一つの形としての借金を特に取り上げた章なので、ここで、あなたの借金をいい借金と悪い借金に分けて表にしてみよう。二つの区別がよくわからない人は、毎月自分のポケットにお金を入れてくれる借金がいい借金、毎月自分のポケットからお金をとっていく借金が悪い借金、と単純に考えていい。例えば、私の場合、賃貸用アパートを買った借金は毎月私のポケットにお金を入れてくれるいい借金だ。

一方、持ち家を買った借金は毎月私のポケットからお金をとっていく。

いい借金　悪い借金

表ができたらそれをじっくりながめて、これから自分がどうしたいか考えてみるのもいい。悪い借金を減らしていい借金を増やしたいと思う人もいるだろう。いい借金を増やすために努力すれば、若くして豊かに引退できるチャンスがぐっと大きくなる。だが、先ほども言ったように、そういった借金も含めて「すべての」借金を、弾丸の込められた銃を扱うように充分注意して扱うことをいつも忘れないようにして欲しい。

第四章

# どうしたら早く引退できるか？

二人の父親がいたおかげで、私は二つの異なるレバレッジの世界を見ることができた。実の父は高い学歴を持ち、よく働く人だった。一方、金持ち父さんはレバレッジをたくさん持っていた。金持ち父さんが、貧乏父さんよりも仕事の量は少ないのにずっと多くのお金を稼いでいたのはそのためだ。若くして豊かに引退したい人にとって、レバレッジの原理を理解することはとても大事だ。

広義に解釈した場合、「レバレッジ」は単に、「より少ないものでより多くをする力」を意味する。仕事とお金とレバレッジの話をする時、金持ち父さんはよくこう言った。「金持ちになりたかったら、仕事の量を減らしてより多くのお金を稼ぐ必要がある。そのためには、何らかの形でレバレッジを利用しなければいけない」そして、違いをはっきりさせるために次のように続けた。「ただ一生懸命働くだけの人が持っているレバレッジは限られている。物理的に一生懸命働いているのにお金の面で楽にならない人は、おそらくだれかほかの人のレバレッジになっているんだ」。また、こうも言った。「銀行の貯蓄口座や、引退後に備えたそのほかの口座にただお金を入れているだけの人は、自分のお金を他人にレバレッジとして使わせているのと同じだ」

## ●レバレッジはどこにでもある

私たちが子供の頃、金持ち父さんは次のような絵を描いてレバレッジの原理を説明してくれた（図①と図②）。

金持ち父さんはこう言った。「レバレッジはどこにでもある」。またこうも言った。「人類がほかの動物より優位に立つようになった一番の理由は、単に、より多くのレバレッジを探すように生まれついていたからだ。はじめは動物の方が人間より速く走れた。でも、今では人間の方が動物より速く、しかも遠くまで移動できる。それは自転車、自動車、トラック、電車、飛行機といったレバレッジの道具を人間が作り出したからだ。今では人間はどんな鳥よりも高く、速く、遠くまで飛べる」

## ●レバレッジは力だ

動物はだいたい、本来自分が持っているレバレッジだけを使う。そして、一般的に言って、それ以外のレバレッジを手に入れる能力がない。生まれつき人間より有利な点を持っていた動物たちが、結局はその優位

①レバレッジを使っていない人

②レバレッジを使っている人

性を失い、人類が地球を支配するようになったのはそのためだ。ある人間が別の人間より多くのレバレッジを使う場合も、これと同じことが起こる。金持ち父さんはこう言っていた。「レバレッジを持っている人間が、レバレッジを少ししか持っていない人間を支配する」。つまり、レバレッジを利用した道具を作り出すことによって人類がほかの動物より優位に立ったのと同じように、レバレッジを使う人はそうでない人に対して、より多くの支配力を持っている。これをもっと簡単に言うと、「レバレッジは力だ」ということになる。

人類がどのようにしてレバレッジを獲得していったか、金持ち父さんは次のように説明してくれた。「鳥は神から与えられた翼を独自のレバレッジとして利用している。人類は飛んでいる鳥を観察し、次に自分の頭脳を使って、自分たちも飛べる方法を発見した。アメリカからヨーロッパまで飛行機で飛べる人は、大西洋を越えるのに手こぎボートしか持っていない人よりもずっと有利なレバレッジを持っている」。また、こうも言っていた。「貧乏な人は金持ちよりも使うレバレッジの数が少ない。きみが金持ちになりたい、そして金持ちのままでいたいと思うなら、レバレッジの力を理解する必要がある」

ありがたいことに、今はコンピュータやインターネットをはじめ、レバレッジを利用した道具がどんどん新しく生み出されていて、それはこれからも増え続けるだろう。そういった変化に順応してレバレッジの道具を利用できる人間が、一歩先を行って成功を収める。どんどん増え続けるレバレッジの道具を使えないままの人は、お金の面で遅れをとり、生活を維持するためだけにせっせと働くことになる。レバレッジの効いた有利な道具を手に入れるためではなく、お金を稼ぐためだけに毎朝起きて働きに出かけるのでは、今の時代には遅れをとる。これほど短期間に、これほど多くのレバレッジの道具が発明されたことはかつてなかった。それらの道具を利用する人が前に進み、そうしない人はかつての動物たちのように遅れをとる。

ニューヨークの学校で国際貿易の歴史を学んでいた時、五千年前に人類が大海を船で渡るために帆と風の力を利用し始めたことを知った。この場合は、風と船の帆がレバレッジだった。そのおかげで人間はより少ない労力で、より遠くに、より多くの荷物を運べるようになった。そして、大きな帆のついた大きな船を使った人が、そうでない人よりも多くのお金を手に入れた。このことを知った時、私は、金持ちになるのが、自分の目の前にある天与のレバレッジを使うための道具を作り出す人であることに気付き始めた。今の私たちは、コンピュータのマウスを一回クリックするだけで、どんな船もかなわないほどの多量の荷物と富を動かすことができる。

### ●レバレッジを持たない人がレバレッジを持つ人のために働く

歴史を振り返って見ると、遅れをとる人はいつも、その時代に新たに作り出されたレバレッジの道具を使いこなせなかった人だったことがわかる。そういう人がレバレッジを使う人のために働き、物理的にもより多く働く。金持ち父さんはよくこう言っていた。「レバレッジを持たない人が、レバレッジを持っている人のために働く」

レバレッジを利用した移動手段を例にとろう。人類の頭脳が生み出したテクノロジーのおかげで、今の私たちは昔の人よりもずっと多くの選択肢を持っている。今では、ただ歩く代わりに、自転車や車、飛行機に乗って移動することができる。遠距離間を結ぶには、テレビ、電話、Eメールなどを使ってもいい。

移動手段の選択肢が増えたのと同様に、私たちが利用できるお金に関するレバレッジの種類も増えていて、そういったレバレッジの道具をたくさん使う人が金持ちになる。時代遅れの道具、あるいは適切でない道具を使う人は、お金の面での安全や将来の経済状態を危険にさらしている。今日、大勢の人が、引退後に備えた資金作りのために、投資信託という名の道具を使っている。投資信託は時代遅れとは決して言えないが、より洗練された投資家たちが選ぶレバレッジの道具ではない。この本を書いた理由はここにある。若くして豊かに引退したければ、投資信託のほかに、もっと速くお金が増え、もっと安全で、もっと情報に富んだレバレッジの道具を使う必要があるかもしれない。

## ●借金は、勝者のレバレッジにも敗者のレバレッジにもなり得る

中流以下の人たちが、お金に関するレバレッジの道具を危険すぎると思っているのは、なんとも皮肉なことだ。そう思っているから、たいていの人は、もっと早く自分を金持ちにしてくれるはずのレバレッジを使わない。中流以下の人たちは金持ちが使う金銭的レバレッジを使う代わりに、物理的レバレッジを使ってなんとかしようとする。物理的レバレッジとは、要するにせっせと働くことだ。金持ちがどんどん金持ちになる主な理由は、レバレッジの効いた道具を使うからだ。中流以下の人はそうしない──少なくとも、金持ちと同じ道具を同じようには使わない。

前の章で、収益を生む不動産を獲得するために借金を使う話をした。あの例では借金が私のレバレッジだった。ただ一生懸命に働き、貯めたお金──つまり、自己資本──で投資しようとする人よりも、私の方が大きな投資対象を手に入れることができ、早く金持ちになれるのは、このレバレッジのおかげだ。資産を手に入れるために借金を使う方法を知っている人は、借金の力を利用する方法を知らない人よりも、すぐれた金銭的レバレッジを持っていると言える。金持ち父さんはこう言っていた。「金持ちはお金の面で得をするために借金を利用し、中流以下の人は損をするために借金を利用する」

借金をレバレッジの道具として使うためには、充分なファイナンシャル教育が必要だ。これから先の章では、そのようなファイナンシャル教育を身につけるにはどうしたらよいかをお話ししたい。

「借り手にも貸し手にもなるな」とよく言っていた貧乏父さんは、また、こうも言っていた。「請求書はできるだけ早く支払え。住宅ローンもできるだけ早く返せ。借金があるのは危険だ」。貧乏父さんが死ぬまでせっせと働き、それでも経済的に楽にならなかった理由の一部は、そういった考え方や信条にあったと思う。金持ち父さんの仕事の量は貧乏父さんより少なかった。それなのに、年とともにどんどん収入が増えた。二人の人生があれほど違っていたのは、金持ち父さんが金銭的レバレッジの力を利用する方法を知っていたのに対して、貧乏父さんが知らなかったせいだ。そして、貧乏父さんがそれを知らなかったのは、危険だと思

っていたからだ。

中流以下の人は、借金を使って資産を買うのは危険だと思っているにもかかわらず、負債を買うための借金は喜んでする。これはなんとも皮肉な話だ。彼らが金持ちに遅れをとる理由の一つは、悪い借金の力をマイナスの方向に使っているからだ。金持ちはいい借金の力をプラスの方向に使う。せっせと働き、お金を貯め、借金をしないようにするだけの人は、借金を金銭的レバレッジとして使う訓練を受けている人より、お金の面で遅れをとる。平均的な人たちは借金を悪いものと考えるか、あるいは間違った方向に使う。だから、たいていの人は、借金を返してお金を貯め、引退しようとする。彼らにとっては、借金をしないでいること、お金を貯めることが、賢く、安全な生き方なのだ。確かに、そういう人たちのファイナンシャル教育の程度――ゼロのこともある――を考えた場合、それは借金を間違った方向に使うよりは賢い選択だ。

## ●そのほかのレバレッジ

キムと私が早く引退するために使ったレバレッジは借金だけではない。私たちは十一のオフィスを持つビジネスを立ち上げたが、この新しいタイプの資産、つまりビジネスを立ち上げるためにはOPT(他人の時間)を使う必要があった。この場合のレバレッジは「人を雇うこと」だ。それによって、資産を築くまでの時間を短縮し、その資産をより大きく、より価値のあるものにすることができる。

たいていの人がもっと早く金持ちになれない理由は簡単だ。金持ちが資産を獲得したり作り出したりするのにレバレッジとして使っているのが、そういう人たちのお金(たいていの人が銀行に預けているお金)と、時間と労働(たいていの人が求める、安心できる安定した仕事)だからだ。私の場合も、この二つの金銭的レバレッジ、つまりOPM(他人のお金)とOPT(他人の時間)を利用しなかったら、あれほど早く、あれほど多くの資産を獲得することはできなかっただろう。

ありがたいことに、資産を獲得したり作り出したりするためにあなたが使えるレバレッジは、これ以外にもまだいろいろある。五千年前、人類が航海に風力を利用したのとまったく同じように、あなたも自分の役に立つたくさんの異なった種類のレバレッジを見つけることができる。レバレッジの原理を理解し、それを探し始めれば、数限りなく見つかる。何年も前に、金持ち父さんは私にこう言った。「人類はいつも、新しいレバレッジ、より強力なレバレッジを探してきた。そう生まれついているんだ」

漁に出る前にわざわざ時間をかけて、魚を獲る網を作る人のことを考えてみよう。網を持っている人は、素手で魚を捕まえようとする人よりも有利なレバレッジを持っている。もちろん、これはその人が網の使い方を知っている場合にのみ言えることだ。また、千エーカーの畑を持っている農夫は、百エーカーの畑しか持っていない農夫よりも大きなレバレッジを持っている。この場合も漁と同じで、その人に大きな農地を有効に使うだけの能力があるかどうかによって状況は大きく異なる。コンピュータはすばらしいレバレッジの道具だが、この場合も、それがどう使われるかが問題だ。

次に、そのほかのレバレッジの例をいくつか挙げる。最初に挙げる健康、時間、教育、人間関係の四つは、どれも、早い時期に金持ちで引退するという目標の達成の助けにもなるが、妨げにもなり得る。

## 健康

当然ながら、健康はとても大事なレバレッジの一つだ。人は健康を失ってはじめてその大切さに気付くことが多い。早く引退したとしても、健康を害して人生を楽しむことができなければ意味がない。

## 時間

時間もまた大事なレバレッジだ。お金の面で遅れを取り始めると、人生で成功するために必要な時間を見つけるのがむずかしくなる場合が多い。遅れを取り戻すことに必死になっていると、前触れなしに突如現れるチャンスをつかむ準備がなかなかできない。「あの人は運がよかったんだ。ちょうどいい時にちょうどいい場所にいたんだから」。よくそんな言葉を耳にするが、もっと正確な言い方はこうだと思う。「あの人は運がよかった。なぜなら、チャンスが目の前に現れた時、それを利用するのに必要な教育も経験も持っていて、準備がしっかりできていたからだ」

早く引退したために持てた余分な時間は、私がさらに金持ちになるのを助けてくれた。いまの私にはチャンスを探し、それを見極めるための充分な時間がある。

教育

教育も大事なレバレッジの一つだ。ハイスクールを中退した人と大学を卒業した人が一生のうちに稼ぐお金の差が、何百万ドルにもなる場合もある。だが、実際には、大学は出たもののファイナンシャル教育をほとんど受けていない人の方が、大学の卒業証書を持っていなくてもしっかりとしたファイナンシャル教育を受けた人より大きく遅れをとることがよくある。多額の学資ローンを抱えて大学を卒業する人は実に多い。だが、もっと困るのは、そのような大卒者のうちの多くが、ただひたすら仕事に就くことを望み、そのあとさらに多額の消費者ローンを抱えるようになることだ。学歴は立派だが基本的なファイナンシャル教育が不足している場合、支払わなければならない代価がこれだ。ファイナンシャル教育が足りないまま給料が高い仕事に就いている人は、給料の低い人よりも短い期間で、より多くの借金を抱えるようになる場合が多い。これはあまり頭のいいやり方とは言えない。

ファイナンシャル教育はあなたが早く引退するのを助けてくれるだけでなく、あなたが築いた富を何代にもわたって維持するのを助けてくれる。

人間関係

仕事上の人間関係、あるいはプライベートな人間関係の中でもレバレッジは見つかる。次に挙げるのはそのいくつかの例だ。

私はこれまでに、無能なオーナーや経営者が経営する会社で働いているせいで苦労している人をたくさん見てきた。一方、お金に関してよく知っている人たちと付き合っているおかげで金銭面で成功している人たちも見てきた。

教職員組合、パイロット組合といった労働組合は人間関係のレバレッジの一つの形だ。米国医師会のような、専門技術を持った人からなる組織も同じだ。労働組合やこのような組織に属する人たちは、職業的レバレッジを持っていると言える。彼らは強い金銭的レバレッジを持っている人たちから自分たちを守るためにそういう形をとっている場合が多い。

優秀なファイナンシャル・アドバイザーがついているおかげで金銭的にうまくやっている人も多い。また、その反対に無能なアドバイザーのせいでお金の苦労をしている人もたくさんいる。金持ち父さんはこう言っていた。「こんなにも多くのファイナンシャル・アドバイザーが『ブローカー』と呼ばれる理由は、彼らの方がきみよりももっとお金《ブローカー》がないことが多いからだ。だから、だれにアドバイスを求めるか、充分に注意しなくちゃいけない」。金持ち父さんはこうも言っていた。「無料のアドバイスが一番高くつくことがよくある。無料のアドバイスとは、貧乏な友人や親戚たちからの、お金や投資、ビジネスについてのアドバイスだ」

よく耳にする「パワー・マリッジ」という言葉は、強い力を持った二人が一緒になってさらに大きな力を生み出すような結婚を意味する。一方、世の中には、愛情や調和が欠け、おたがいにプラスにならない結婚を続けているために経済的に苦しんでいる夫婦もたくさんいる。私の場合、大切な友であり、ビジネスパートナーでもある妻のキムの存在がなかったら、今金持ちでいることはなかっただろうと思う。

結婚の話が出たついでに言っておくが、私は前に、「あなたの配偶者も金持ちになりたいと思っていない場合、あなたが金持ちになるのはほぼ不可能だ」とだれかが言っていたのを聞いたことがある。この言葉が百パーセント正しいかどうか、私にはわからないが、ある程度の真実は含まれていると思う。

つまり、あなたのまわりにいる人たちはレバレッジの大きな源となり得る。それはプラスに働くことも、マイナスに働くこともある。ここで自分のまわりにいる人を思い出し、お金の面であなたの足を引っ張っている人が何人いるか、また後押ししてくれている人が何人いるか、数えてみるのもいいかもしれない。人間関係が金銭的レバレッジの大きな源となることを忘れないようにしよう。金持ち父さんはよくこう言っていた。「金持ちになるのに大事なのは、何を知っているかではなく、だれを知っているかだ」

## 道具

配管工は適切な道具を使うことによってレバレッジを利用している。医者は医療器具を使って仕事をする。自動車は多くの人がレバレッジとして使っている。また、コンピュータのおかげで、今の私たちはインターネットを利用し、いながらにして世界とビジネスをすることができる。つまり、コンピュータもとても重要なレバレッジの道具だ。

## 余暇

レバレッジは余分な時間、つまり余暇の中にもある。テレビを見たり買い物をするのに何時間も費やす人を私はたくさん知っている。私がこれまでに会った人や、その業績について読んだ人の大部分は、仕事の時間ではなく、余暇を使って金持ちになった。ヒューレット・パッカードやフォード・モーターはガレージでスタートしたし、デル社は大学寮の一室でスタートした。私の友人の一人は、週日は弁護士として働き、週末に不動産投資家として投資をしていた。今、彼は慈善団体へ弁護士サービスを無料で提供し、あとは一日中子供と遊んだり、ゴルフをしたりしている。この友人はまだ三十九歳になったばかりだ。

### ●自分にとって一番効果のあるレバレッジを見つける

ここでもう一度、要点を繰り返して強調しておきたい。今日、短期間に金銭的成功をもたらしてくれる資産を獲得する、あるいは作り出すためにあなたが利用できるレバレッジには、いろいろな形のものがある。前に例として出したOPMやOPTをレバレッジとして使いたくない人は、そうする必要はない。ただ、もしあなたが若くして豊かに引退したいと思っているなら、自分にとって一番効果のあるレバレッジを見つけることが絶対必要だ。

この本のテーマを要約していると言ってもいいので、ここで金持ち父さんの言ったことをもう一度繰り返しておく。「ただ一生懸命働く人は、限られたレバレッジしか持っていない。物理的に一生懸命働いているのに経済状態がよくならない人は、たぶん他人のレバレッジになって働いているのだ」。金持ち父さんはこうも言っていた。「貯蓄口座や、引退後に備えたそのほかの口座にお金をただ入れているだけの人は、自分のお金を他人にレバレッジとして使わせているのと同じだ」

### ●「アンド」が大切

レバレッジの定義の一つは「より少ない《レス》もので、より多く《モア》をする能力」だ。金持ち父さんはこの定義に次のように付け加えた。「レバレッジはさらにより少ない《レス・アンド・レス》もので、さらにより多く《モア・アンド・モア》をする能力だ」。この考え方は、とても大事だ。金持ち父さんはこう言っていた。「金持ちと中流以下の人との違いはこの二つの『モア』の間にある。それは『アンド』だ」

金持ち父さんはさらに詳しく次のように説明した。「金持ちはさらにより多く《モア・アンド・モア》のレバレッジを付け加えていく。だからさらにより金持ち《リッチャー・アンド・リッチャー》になる。中流以下の人はより多くのレバレッジを付け加えるのをやめてしまう。それをやめた時、その人の人生における経済状態が決まる」。別の言葉で言うと、人はレバレッジを増やすのをやめた時、貧乏になるということだ。中流の人の場合も同じだ。本当の金持ちはレバレッジを増やすことを決してやめない。

この考え方のいい例が、貧乏父さんの次のような言葉に表れている。「いい学校に行って、いい仕事に就けるようにするんだ」。中流の人の多くにとっては、学問的教育、職業的教育が教育のすべてで、それが終わった時点で教育は終わる。金持ちはそこでは終わらない。彼らは「さらにより多くのレバレッジ」のリストにファイナンシャル教育を付け加え、レバレッジをどんどん増やしていく。

貧乏な人と中流の人との違いは、教育面でのレバレッジのリストに含まれている教育が、貧乏な人の方が一般的に少ない点にある。貧乏な人は基礎教育すら受けていない場合もよくある。あるいは、中流の人のように職業的教育をそのリストに加えなかったために貧乏でいる人も多い。つまり、貧乏な人もある程度の教育を受けているし、中流の人はそれにもう少し教育をプラスしているが、その教育は金持ちになるには充分ではない。

これまでの本でもお話ししたが、教育には三つの異なる種類がある。

**1. 学問的あるいは学術的教育**
**2. 職業的教育**
**3. ファイナンシャル教育**

私の実の父「貧乏父さん」は職業的教育まででやめてしまい、ファイナンシャル教育には興味がなかった。そのことが父の人生の経済状態を決めたと言ってもいい。一方、親友マイクの父親の「金持ち父さん」はファイナンシャル教育を決してやめず、それによって彼の人生の経済状態――「金持ち」という状態――が決まった。貧乏な人の中には、いまあげた三つの教育の基礎がどれも不足しているために貧乏でいる人が多い。

今日、他人に遅れをとっている人の中には、ある程度のレバレッジは手にしているが、より多くのレバレッジを手に入れられないでいるためにそうなっている人がいる。十年前に大学を卒業したからといって、それだけで、さらにより多くのレバレッジを手に入れる努力をしなくていいわけではない。金持ち父さんはよくこう言っていた。「大学の卒業証書は、きみが学ぶことをやめたり、レバレッジを増やすのをやめる資格を与えてくれるわけじゃない」。金持ち父さんはさらにこう続けた。「同じように、銀行に預けた百万ドルも、きみが学ぶことをやめる資格を与えてくれるわけじゃない。実際、きみが学ぶのをやめれば、きみのお金は、学び続けているだれかほかの人のところへすぐに行ってしまう。つまり、本当のレバレッジはさらにより少ないものでさらにより多くをする能力だということを知っている人のところへ行ってしまうんだ」

## ●レバレッジの未来

今の時代には、親たちが使っていたレバレッジとは違う種類のレバレッジを使ったから、というただそれだけの理由で、ハイスクールに在学中にビジネスを起こして数百万ドルで売り、一度も職に就かずに引退する若者がいる。と同時に、今の仕事を続けるために学校へ戻らなければいけない五十代のベビーブーマーたちもいる。この違いは、「レバレッジ」と「アンド」という二つの言葉にある。今日、あなたの競争相手は、あなたと同じ町に住んでいる必要もなければ、同じ国に住んでいる必要すらない。金銭的な成功を収める人は、さらにより少ないもので、さらにより多くを喜んでやろうという人たちだ——払ってもらうお金を多くして、仕事を減らしたいと思っている人たちではない。

これから先の章で取り上げるお金の額を「現実的でない」と感じる人もいるかもしれない。もしあなたが今、五万ドル稼ぐのに苦労しているとしたら、働かずに一年に百万ドル稼ぐことを考えるのはむずかしくて当然だ。私が「さらにより多くのレバレッジを手に入れる」という考え方をここで強調しているのは、「さらにより少ないもので、さらにより多くをする」ことをこれからずっと考え続ける気持ちがあなたにあるなら、今いくら稼いでいるかには関係なく、働かずに一年に百万ドル稼ぐことが可能だからだ。反対に、そのことを進んで考える気がなければ、年収を五万ドルから百万ドルに増やすのはむずかしいかもしれない。
皮肉なことに、さらにより少ないもので、さらにより多くをするという考え方を取り入れる気がない人が、結局は「さらにより少ないもののためにさらにより多く働く」ことになる。ありがたいことに、その反対も成り立ち、さらにより少ないもので、さらにより多くをする考え方を喜んで取り入れようという人は、さらにより少ないもので、さらにより多くを稼ぐようになる。そのためにあなたがしなければいけないことは、この考え方を頭の中に入れておくことだけだ。そうすれば、若くして豊かに引退することがもっと簡単になるだろう。

### ●頭脳のレバレッジを高めるために④

紙を一枚用意して、次の質問に対する答えを書こう。

**どうやったら、今私がやっていることをより多くの人に、より少ない労働で、より安く提供できるか?**

何も思いつかないという人も、がんばって考え続けて欲しい。これはとても大事な質問だ。もし答えが見つかり、それに従って行動を起こすことができれば、あなたは百万長者《ミリオネア》どころか億万長者《ビリオネア》にだってなれる。金持ち父さんがこの質問を「百万ドルの質問」と呼んでいたのはそのためだ。
次の章からは、レバレッジの道具の一つとしての「頭脳の力」についてお話しする。今挙げた質問の答えを見つけることは、若くして豊かに引退するために絶対欠かせない。

第五章

# 頭脳のレバレッジで現実を広げる

**●買える人と買えない人がいるのはなぜか？**

『金持ち父さんの投資ガイド』で紹介した金持ち父さんの教えの一つはとても大事なので、ここでもう一度取り上げたい。

その教えはこんなエピソードで始まる——金持ち父さんと息子のマイク、私の三人が美しい海岸沿いの土地を歩いていた時、金持ち父さんが立ち止まり、目の前に広がる土地を指差しながら、「つい最近この土地を買ったんだ」と言った。私はそんなに高価な土地を買うだけの余裕が金持ち父さんにあったことに驚いた。まだ少年だった私にも、ハワイの海岸沿いの土地は値段が高いことはわかっていた。金持ち父さんはその時はまだ金持ちではなかったから、「そんな投資をする余裕がどこにあったのだろう？」と、私は不思議に思った。

金持ち父さんは、「自分では買えない投資を買えるようにする」ためのとても大切な秘密を私たちに教えようとしていた。それは、金持ち父さんを金持ちにした秘伝の一つだった。

簡単に言うとこうなる——当時それほどお金を持っていなかった金持ち父さんが高価な土地を買うことができたのは、「買える」ことを自分の現実の一部にしたからだ。貧乏父さんは当時金持ち父さんより多くのお金を稼いでいたが、同じ状況に置かれたら、きっと「私には買えない」と言っただろう。なぜなら、高価な不動産を買うという考えが、貧乏父さんの現実の外側にあったからだ。

## ●現実についての一番大事な教え

金持ち父さんは何年もかけて私にたくさん大事なことを教えてくれた。それらの教えは、私の人生の方向と結果に大きな影響を与えた。次に紹介する、人間の「現実」が持つ力についての教えは、中でも一番大事な教えだ。

『金持ち父さん　貧乏父さん』を読んだ人は、金持ち父さんが息子のマイクと私に、「それは私には買えない」と言うのを禁じたことを覚えているかもしれない。金持ち父さんは人が頭の中に持っている現実の力を知っていた。金持ち父さんのこの教えの裏に隠されたもう一つの教えはこうだった――

### 自分が現実だと思うものが現実だ

信心深かった金持ち父さんは、旧約聖書の「そして言葉は肉となった」という言葉をよく引用した。そして、まだ幼かった私たちにわかるように、それをもっと身近な言葉に言い換えた。金持ち父さんはマイクと私によくこう言った。「『そして言葉は肉となった』というのは、きみたちが『これが現実だ』と考えること、あるいは口に出して言うことが、自分にとっての現実になるということを意味している」。美しい海岸沿いの土地を目の前にした時、金持ち父さんは充分なお金を持っていなかったのに、「私には買えない」と言うことを拒否した。そして、その代わりに、それから数カ月かけて「どうやったら買えるか」と考えた。自分の現実の外側にあったものを、現実の一部にするために努力したのだ。金持ち父さんをどんどん金持ちにしたのはお金ではない。最終的にそれを可能にしたのは、金持ち父さんが持っていた「現実を広げる能力」だ。

## ●投資は危険か？

みんなよく「投資は危険だ」と言う。そういう人にとっては、その考え方が現実なのだ。そして、それが現実だと思っているから、本当は投資は必ずしも危険とは限らないのに、それが現実になる。確かに投資にはいつも危険が伴う。通りを横断したり自転車に乗るのに危険が伴うのと同じだ。だが、だからといって、それらの行為自体が危険であるとは限らない。多くの人が投資は危険だと考えているのは、ただ自分が頭の中でそれが現実だ、本当のことだと思っているからだ。

数カ月前、大きな銀行に勤めていて、投資アドバイザーとして名の知られた人物と一緒に、ラジオでインタビューを受けた。その投資アドバイザーが呼ばれたのは、私が『金持ち父さん　貧乏父さん』で紹介した考え方に反論させるためだった。彼はまずこう切り出した。「ロバート・キヨサキ氏は金持ちになりたかったら自分のビジネスを起こすべきだと言っています。キヨサキ氏には、たいていの人には金持ちになりたかったら自分のビジネスを起こすべきだと言っていますが、ビジネスを起こすのはとても危険なことです。統計によれば、新たに起こされたビジネスのうち九割は最初の五年以内に失敗しています。だからキヨサキ氏の考え方は危険なんです。このような事実についてキヨサキ氏がどうおっしゃるか、ぜひお聞きしたいですね」

ラジオの解説者は自分の番組でちょっとした論争が巻き起こりそうなのを喜んで、うれしそうに私に聞いた。「さて、キヨサキさん、ご指摘のあった事実についてどうお考えですか？」

それまでにも同じような話を何度も聞かされていた私には、言葉によるこの攻撃を冷静に受け止める準備ができていた。ちょっと待って軽く咳払いをしてから、私はこう答えた。「その統計は私も見たことがありますし、それが引用されるのを聞いたこともあります。それに、私の経験から言っても、その統計は正しいと思います。五周年を迎える前に消えていったビジネスはこれまでにたくさん見てきています」

「じゃ、なぜビジネスを始めろと勧めるんですか？」投資アドバイザーが少し怒ったような声で聞いた。

「まず言っておきたいのですが、私はビジネスを始めろと勧めてはいません」。私はそう答えた。「私はだれもが自分のビジネス、つまり自分がやるべきことに注意を払うべきだと言っているんです。『自分のビジネスに注意を払え』というのは、具体的には自分の投資ポートフォリオに注意を払えということです。これは必ずしも自分でビジネスを始めることを意味しません。もっとも、順調にいっているビジネスのおかげで大金持ちになる金持ちは多いですけれどね」

「じゃ、リスクについてはどうなんですか？」投資アドバイザーがそう聞いた。「十のビジネスのうち九までが失敗することについてはどう思っているんですか？」

「そうですよ。その点についてはどうなんです？」私たち二人のやりとりが激論に発展しそうもないのに気付いた解説者は、うれしそうな様子を少し引っ込めてそう聞いた。

「まず、新しく起こされた十のビジネスのうち九つが消えていく一方で、一つは生き延びていることに注目していただきたいと思います。失敗の確率が九十パーセントだと知った時、私は少なくとも九回は失敗する覚悟をしておく必要があると思いました」

「九回失敗する覚悟ができていたんですか？」投資アドバイザーがそう聞いた。

「ええ。実際のところ、私はうまくいかなかった九つの方も経験しています。それも、二回もね。三回目にやっとうまくいったんです」

「で、失敗した時、どんな気持ちでしたか？」投資アドバイザーがそう聞いた。彼は銀行に雇われている従業員で、ビジネスオーナーではなかった。「やってみただけの価値はありましたか？」

「最初に失敗した時はとてもみじめでしたよ。二回目はもっとみじめでした。でも、私にとってはそれだけの価値があったと思います。もしこの二回の失敗がなかったら、普通より十八年も早く引退することはできなかったでしょうし、今、経済的自由を手にしていることもなかったでしょう。二回とも失敗から回復するには少し時間がかかりました。でも、確かにみじめな気分にはなりましたが、必要ならば十回だろうが二十回だろうがやり直す覚悟ができていました。もちろん、そんなに何度も失敗したいとは思っていませんでしたが、そうなってもいいという覚悟はありました」

「私にはそういうのは危険すぎるように思えますが……たいていの人にとってはそうですよ」。投資アドバイザーがそう言った。

「私もそう思いますよ」。私はそう答えた。「特に、失敗してもいいという覚悟ができていなかったり、失敗は一回だけであとはやめようと思っていたりする場合はそうです。失敗が悪いことだと思っている場合はもっと困ります。私は金持ち父さんから、失敗は勝利の一部だということを理解するように教えられてきました。確かに私はこれまで成功してきましたが、それでも失敗の確率は変わっていないことをいつも意識しています。今でも、ビジネスを始める時はいつも、十のうち九は失敗することを念頭に置いています」

「どうしてそんなことを言うんですか?」解説者がそう聞いた。

「それは、いつも謙虚な気持ちを忘れず、失敗の確率が高いことを頭に入れておく必要があるからです。ビジネスを立ち上げ、大金を稼ぎ、すっかりうぬぼれて、自分の成功の確率が高くなったと思い込んで新しいビジネスを始める人を、これまでにいやというほど見てきました。過去の経験や成功から、多少は成功の確率が増えることはあるかもしれませんが、だれでも、新しく立ち上げたビジネスの十のうち九が失敗するという数字に変わりのないことを頭に入れておくだけの謙虚さを常に持っている必要があるんです」

「なるほど、それでわかりました」。解説者が続けた。「だから、今でもあなたは新しいビジネスを立ち上げる時に、慎重にするんですね。十のうち一の成功の可能性を尊重しているというわけだ」

「その通りです」と私は答えた。「私の友人にも、自分を過信して、それまでやっていたビジネスから得たお金をそっくり新しいビジネスに注ぎ込み、すべて失ってしまった人が何人かいます。人生で成功したいと思ったら、過去にどんなに成功していようと、それには関係なく、いつも失敗の可能性のあることを頭に入れておかなければいけません。トランプのブラックジャックで稼ぐプロはだれでも、エースと絵札の最強の組み合わせを一度手にしたからといって、次の回にいいカードが配られる可能性が増えるわけではないことを知っています」

「そのことはよく覚えておきましょう」。解説者がそう言った。

「それでも危険すぎると思う私の気持ちに変わりはありません」。投資アドバイザーが口をはさんだ。「あなたも、あなたの書いた本も危険です。たいていの人はあなたがやっているようなことはできません。たいていの人は自分でビジネスをやる用意ができていないんです」

「あなたもそう思いますか?」解説者が私に聞いた。

「今のお話も、ある意味で正しいと言えます。現在のアメリカの学校システムでは、ビジネスオーナーではなく、従業員になるための訓練をしています。だから、たいていの人は自分でビジネスをやる用意ができていません。その意味ではアドバイザーのご意見に賛成です」

私は賛成の意を表す自分の言葉が相手にしっかり届くのを待った。投資アドバイザーの言葉に挑発されかかってはいたが、言い争いになるのは何とか避けたかった。しばらく待ってから、私はこう続けた。「でもこれだけは言わせてください。昔、といってもまだ百年もたっていませんが、その頃、たいていの人は自分でスモールビジネスをやっていました。親戚が農業をやっていたり、スモールビジネスのオーナーだったという人は多いのではないでしょうか。そういう昔の人たちは、みんな起業家だったんです。百年前の人たちは、リスクがあっても自分でビジネスをやるだけの強さを持っていたんですね。従業員になる人がどんどん増えたのは、ヘンリー・フォードのような人が巨大ビジネスを作り始めるようになってからです」

私は話を続けた。「実際のところ、仕事が増えているのはほとんどがスモールビジネスのおかげですし、政府が集める税金のうち大部分がスモールビジネスからのものです。リスクがあるにもかかわらず、ビジネスを新たに始める人がどんどん増えているからこそこうなっているんです。彼らがいなかったら、失業率はもっと高いでしょう。自ら進んでリスクをとろうとするこういう人がいなかったら、アメリカは経済的に立ち遅れた国になっていたでしょう。資本主義下の自由企業制は、リスクをとり成長するためのチャンスをすべて私たちに与えてくれています。リスクをとってビジネスに乗り出す人がいなかったら、この国の今日のような繁栄は望めなかったでしょう。リスクをとる人が国を繁栄させるんです」

インタビューはさらに十分ほど続いた。解決策も出なければ意見の一致もなかった。私たちが異なる現実を背景として持っているのは明らかだった。意見の食い違う会話が続いている間、私の耳には金持ち父さんの声が聞こえた。「実生活で引き起こされる論争の多くは、その人の持っている現実の違いから生まれる」

**●リスク対見返り《リワード》の割合はあなたに有利**

あの投資アドバイザーに言いたかったことの一つは、リスク対見返りの割合が私にとって有利だということだ。だが、そんなことを言ったら、必ず議論になり、どちらが正しくてどちらが間違っているかを決めるテストが始まっていただろう。だからあの時は言いたいことを言わなかったが、みなさんには説明したい。私が言いたかったのは、私がやっていることには確かにリスクが伴うが、だからといって必ずしも危険とは限らないということだ。

何年も前、金持ち父さんは息子のマイクと私に、リスクと見返りについて理解することと、勝利の方程式を持っていることの重要性を説明してくれた。この勝利の方程式は、失敗を含む方程式だ。金持ち父さんは新しく起こされたビジネスのうち九割が失敗することを知っていた。だが、それと同時に、十回のうちたった一回の成功から得られる見返りが、九回の失敗をはるかに上回ることも知っていた。金持ち父さんはさらに次のように自分の考えを説明してくれた。「たいていの人は、何が賢く、何が危険かだけを基準に考える。ファイナンシャル・インテリジェンスの高い人は、リスクとそれに対する見返りを基準に考える」。つまり、言い換えるとこうなる。ファイナンシャル・インテリジェンスの高い人は、よく考えずにそれが危険すぎるとか、正しいとか間違っているとか、いいとか悪いとか言う代わりに、リスクと見返りをはかりにかける。そして、見返りが充分に大きければ、勝利を手にするまでに何度失敗することになろうと、それには関係なく、成功のチャンスを増やすための戦略や計画を立てる。

## ●勝者の戦略と敗者の戦略

例として、一人の友人の話をしよう。彼は株式のデイ・トレードに、簡単な独自の「リスク対見返り」戦略を使っている。この友人は、二十の取引《トレード》のうち一つは相場が上向きになる可能性が大きいことを知っている。彼はそれをもとに、「マネー・マネジメント戦略」と名づけた方式を考え出した。もし、市場に投資できるお金が二万ドル——これは彼が持っている現金総額二十万ドルの十分の一にあたる——あったとすると、彼は一つの取引に千ドルしか使わない。つまり、彼の戦略は、二十回のうち十九回失敗してもいいだけの資金を常に持っていることだ。彼が十四回続けて失敗して一万四千ドルを失ったあと、次の市場の動きに乗って突然五万ドルを儲けるのを私も見たことがある。この勝利の戦略には、二十回のうち十九回失敗する確率が計算に入っている。もっとも、実際に彼が十九回続けて負けたことは一度もない。勝利をものにすると、そのたびに彼は確率をもとに戻す。つまり、次の取引からまた二十回分を数え始める。彼は自分がどんなにお金を持っていようと、確率に変わりのないことを知っている。今でも、二十回のうち十九回は負けることを計算に入れてトレードしている。

失敗するのを避け、百発百中で勝つことを期待するごく普通の人たちは、敗者の戦略を持っている場合が多い。一度も失敗せずに常に勝つことを期待するのは、敗者の「現実」だ。金持ち父さんが言ったように、「勝利の戦略には失敗が含まれていなければいけない」。今、たいていの人が立てている引退後に備えたリタイアメント・プランには、負ける可能性が含まれていない。たいていの人は、株価が常に上がり、引退後は、自分が生きている限り、それまでの蓄えが必要を満たしてくれると単純に期待している。これは失敗を考えに入れていないプランだ。だから、敗者のプランなのだ。勝者は、どんな計画でも失敗を考えに入れていないといけないことを知っている。

私が海兵隊にいた頃、そこには常に「不測事態対応計画」があった。それは、事態が思い通りに進展しなかった場合に備えた計画だ。今日、多くの人は「引退後不測事態対応計画」を持っていない。つまり、リタイアメント・プランに引退後の市場の暴落や、長生きして蓄えが底をつく可能性を含めていない。言い換えれば、たいていの人のプランは敗者の戦略だ。なぜなら、そこには失敗を犯す余裕がまったくないからだ。

## ●敗者は負けるのは悪いことだと思っている

ダイレクトメールを使って市場を開拓してものを売る人たちの大部分は、出したメールのうち九十八パーセントは売上げにつながらないのが普通だということを知っている。だから、そういうプロたちは、二パーセント（中にはもっと低い数字を使う人もいる）の反応があることを前提としてマーケティング戦略を立てる。彼らは二パーセントの「見返り」が、反応のない九十八パーセントにメールを出すのにかかる費用を埋め合わせてくれることを知っている。彼らは二パーセント、あるいはそれより少しいい割合で反応があることがわかると、次は単純にダイレクトメールを出す相手の数を増やす。その時も、九十八パーセントは反応がないことを覚悟している。九十八パーセントの時間を失敗に費やしても、わずか二パーセントの時間が勝利につながれば、それで大金持ちになれるとわかっているからだ。

金持ち父さんはこう言った。「敗者とは、負けるのが悪いことだと思っている人だ。彼らは余裕がないので負けられない。そして、どんな犠牲を払っても、負けるのを避けようとする。負ける人の多くは確かなものにしか賭けない。たとえば、仕事による安定とか、固定給とか、保証された年金とか、銀行預金に対する利子といったものだ。敗者が負け続け、勝者が勝ち続ける理由は単純だ。敗北が勝利の一部であることを勝者が知っているからだ」

子供だったマイクと私に金持ち父さんはよくこう聞いた。「百回のうち九十九回負けてもいいと思っているかい？」

金持ち父さんが私たちに期待していた答えはこうだった。「勝利に対する見返りが、九十九回負けるリスクとそれにかかるコストより大きければね」。それからさらに説明を求められると、私たちはこう答えた。

「もし百万ドル儲けられることがわかっていて、リスク対見返りの割合が一対百で、賭けるお金の最低限度が一ドルだったら、ぼくたちは百ドル札を一ドル札にくずして、一ドルを百回賭ける戦略を使います。そして、一度勝ったら、また同じ割合を使って最初に戻ります。なぜなら、リスク対見返りの割合はめったに変わらないからです。賭け金を増やすことはあるかもしれませんが、それは百回のうち九十九回失敗しても大丈夫なだけのお金がぼくたちにできた場合に限ります」

金持ち父さんは私たちを訓練するのに、このような簡単な方法を使った。そして、正しいか間違っているか、危険か安全かといったことを基準にするのではなく、リスクと見返りをもとに考えることを教えてくれた。金持ち父さんは賭け事は好きではなかったし、私たちに賭けをするように勧めていたわけではない。ただ、リスクと見返りをもとに考えるように私たちを訓練していたのだ。

## ●ライト兄弟はなぜ正しかったか？

金持ち父さんはマイクと私に、第二次大戦中、軍隊にいた時、休暇でノース・カロライナ州キティー・ホークへ行った話をしてくれた。「きみたちもいつかキティー・ホークに行って、ライト兄弟、オーヴィルとウィルバーがどんなに賢かったか、その目で確かめてこなくちゃいけない。あの二人は、世界ではじめての飛行にリスクが伴うことを知っていた。だが、彼ら自身は危険ではなかった」。金持ち父さんは、ライト兄弟が失敗を繰り返すために、草と砂で覆われた広大な平地を選んだことを説明してくれた。

「あの若者たちは自分たちが失敗することを知っていた。だから、失敗しても大丈夫なような場所を探したんだ。二人は橋や絶壁の上から飛び降りたりしなかった。広くて、強い風の吹く平らな土地を見つけ、飛べるようになるまで何度も失敗を繰り返したんだ。

二人が尻込みせず、賢いやり方でリスクをとったおかげで世界は大きく変わった。きみたちもいつかきっと、この二人の勇敢な若者が、飛べるようになるまで失敗を繰り返すために選んだあの広大な平地を見に行かなくちゃいけない。たいていの人は失敗を避ける道を選び、ただそれだけの理由で、お金の面で決して空高く舞い上がることができないでいる」

二〇〇〇年八月、私は草と砂で覆われたその広大な平地に立ち、金持ち父さんが五十年ほど前に見たのと同じものを見た。目の前に広がっていたのは、空を飛べるようになるまで失敗を繰り返すのに最適の土地だった。私はライト兄弟について金持ち父さんが教えてくれたことを思い出し、しばし思い出にひたった。

金持ち父さんは次のような図をよく描いて見せてくれた（図③と図④）。

この図について、金持ち父さんは次のような説明をした。「人が『私にはそれは買えない』『きみにはそれはできない』『私にはそれはできない』『それは不可能だ』などと言う時、その人は自分の現実の中から話をしていて、現実の外側にあることについて意見を述べているんだ」。そして、さらにこう続けた。「『人類ではじめて空を飛ぶ人間になる』とライト兄弟がみんなに宣言した時、多くの人は『人間は絶対飛べない』と言った。実際のところ、立派な伝道牧師だった二人の父親までがそう言ったんだ」

金持ち父さんが描いたこの簡単な図を見ると、あの当時、人類が空を飛べるという考えがたいていの人の現実の外側にあったことがよくわかる。つまり、「人間は絶対飛べない」という言葉は、彼らがすでに知っている現実の範囲内から出たものだった。

あれほど多くの人が「人間は絶対飛べない」と言った理由は、「飛べる」という考えが当時のたいていの人の現実の外にあったからだ。一方、ライト兄弟にとっては可能性の範囲内にあった。そして、彼らはその可能性を現実にするために、何年も努力した。お金に関することで、金持ち父さんがやったのに貧乏父さんはやらなかったことも、これと同じだ。

最近、「箱（決まりきった考え方の枠）の外で考える用意がある」という言い回しがよく使われるが、金持ち父さんはよくこう言っていた。「だれでも一日くらいは箱の外で考えることができる。問題は、何年もの間それが続けられるかどうかだ。もしそれができれば、その人はどんどん金持ちになる」

あの投資アドバイザーに「リスクより見返りがずっと大きいとわかってさえいれば、ビジネスを立ち上げて十回のうち九回失敗してもかまわないと思っている」と言った時、私にはその言葉が相手に届いたとは思えなかった。また、「たぶん失敗するとわかっていながら私はビジネスを立ち上げた。つまり、成功するとは思っていなかったが、それでも、失敗を経験し始めなければいけないのはわかっていた」と言った時も、あの投資アドバイザーの耳には本当には届いていなかったと思う。そのような考え方は、どうやら彼の現実に入っていなかったようだ。ここで大事なのは、だれが正しくてだれが間違っているかではなく、人間が持っている現実が異なるということだ。現実が異なるから、私たちは違う考え方をし、世界を違ったふうに見る。

**③自分の現実の中から話をする**

**④可能性を現実にしようとする**

## ●頭脳のレバレッジで現実を変える

私は何でもいいからさっさと始めて失敗を経験しろと勧めているわけではないし、カジノでブラックジャックをやることを勧めているわけでもない。それは、宝くじを買って引退後に必要なお金を当てようとするのと同じくらいばかなことだ。今私がみなさんに知ってもらいたいのは、個人の現実の違いについてだ。

ここでの教えは、「頭脳は私たちにとって最強のレバレッジの道具だ」ということだ。たいていの場合、何であれ私たちが「現実」だと考えるものが「現実」になる。投資は危険だと思っている人は、頭の中にあるその現実を実際の現実にするのに必要な、ありとあらゆる現実を見つけ出す。その人が新聞を広げると、投資で損をした人たちの話ばかりが目に入る。つまり、人間の頭には、何であれ自分が現実だと思っているものだけを見て、それ以外の現実は視野に入れないようにする能力がある。ライト兄弟に向かってみんなが「人間は絶対飛べない」と言ったのも、コロンブスに向かって人々が「世界は平らに決まっている」と言ったのも同じ理由からだ。これから先も、人間はいつもそれぞれの現実を持ち続ける。

若くして豊かに引退するために必要で、私たちが努力すれば手に入れられるもののうち一番大事なものの一つは、自分自身の現実をコントロールする力だ。これができるようになれば、さらにより少ない努力でさらにより多くのお金を儲けることが、さらにより楽になる。自分の現実をコントロールし、変えることができなければ、さらにより多くのお金を手に入れるのにかかる時間が、あなたが望むより長くなるかもしれない。金持ち父さんが金持ちになった一番の理由は、現実を変え続ける能力を持っていたことだ。海岸の土地を買ったから金持ちになったわけではない。現実を変える能力のおかげだ。あの土地を買ったあと、金持ち父さんはすぐに、自分の新たな現実を試すために、より大きな土地を探し始めた。

同じように、私の実の父、貧乏父さんがいくら一生懸命働いても経済的に楽にならなかった理由は、現実を変える能力を持っていなかったからだ。いつも「私にはそれは買えない」と言っていた父は、その言葉によって現実を作り上げていた。貧乏父さんはとても頭のいい人だった。自分から進んで現実を変えようと思えば、金持ち父さんが買ったのと同じような土地を買うことだってできたに違いない。だが、父は行く手をさえぎっているのが自分の現実であることを知らなかった。百万ドルもする土地は自分には買えないと本気で思っていた。そういった考え方が父の現実だったのだ。

結局のところ、金持ち父さんと貧乏父さんの一番大きな違いは、現実の違いだけだった。一方の父は、そんな経済的な余裕はないにもかかわらず、「どうやったらあの海岸沿いの土地を買えるだろう?」と自分に問いかけ、現実を広げる道を選んだ。そして、もう一方の父は「私にはそれは買えない」と言う道を選んだ。もう一度繰り返すが、一方の父を金持ちに、もう一方を貧乏にしたのは、あの海岸沿いの土地ではなく、彼らが選んだ現実だ。

## ●私たちの現実は頭の中で作られる

一番強力なレバレッジは私たちの頭の中にある。なぜなら、私たちの現実はそこで作られるからだ。キムと私は、若くして豊かに引退するために、現実を常にコントロールし、変化させ、広げる必要があった。今、私たちはみんなにこう言う。「一生懸命働いて年収五万ドルを稼ぐ状態から、ほとんど働かずに百万ドル稼ぐ状態に到達するための第一歩は、現実を変えることから始まる」

現実の変化は、必ずしもより大きな現実や、よりよい現実への変化を意味するわけではない。それは単にちょっとした見方の変化でもいい。例えば、洗練されていない投資家の多くがよくするように、「それは危険すぎる」と言う代わりに、「危険に対する見返りの割合はどうなっているのか?」「勝つ前に私は何度負ければいいのか?」と自問したり、「あの土地は高すぎる」と言う代わりに、その土地を買える状態にある人たちについての本を読んだり、そういう人たちに、どうやってそうなれたのか聞いたりすることだ。重要なのは、その土地ではなく、あなたの現実を変化させることだ。

金持ち父さんは、自分の現実を常に変化させ、コントロールし、広げる能力を持っていた。そして、現実を常に広げることができたおかげで、仕事の量をどんどん減らしながらますます金持ちになった。一方、貧乏父さんは自分の現実の範囲内で生きる道を選んだ。つまり、自分が現実だと思う世界の中で生きた。その現実が父にとって唯一可能な現実だったのだ。父が仕事の量をどんどん増やしながら、貧乏なまま引退したのはそのせいだ。父には一つの固定された現実しかなくて、それをコントロールし、変化させ、広げる方法を知らなかった。「お金には興味がない」「引退したら収入が減るだろう」「それは私には買えない」「私は絶対に金持ちにはなれない」と言い続け、その言葉が父の人生の現実となった。

若くして豊かに引退したいと思っている人は、現実を変え、もっと大きくする必要がある。そして、そうすることを習慣にしなくてはいけない。金持ち父さんがマイクと私にいつも言い聞かせていたように、「思考と言葉が肉になる」。

自ら進んで自分の現実の外側でものを考え、可能性の中から生まれたアイディアが現実になるまで、そのことを考え続ける必要がある——あの大晦日の夜、寒いカナダの山の上で私はそのことに気が付いた。ライト兄弟が、当時の大部分の人の現実の内側ではなく外側で生きることを自ら選び、それを何年も続けたのとまったく同じように、キムとラリーと私の三人も、何年もの間、たいていの人の現実の外側で生き続けなければならなかった。おかげでよく、ほかの人と意見が衝突したり、夢ばかり見ているとか、ばかだとか、むこう見ずだとか、危険だとか非難を受けたりした。自分たちの現実の中に、目に見える結果が生まれるまでに、私たちは少なくとも四年間、信念だけを頼りに進み続けなければならなかった。言い換えると、自分たちの現実を、可能性の中にある目標まで押し広げるまでに四年から八年かかったということだ。

今、金持ちになるのに何が必要かと聞かれると、私はこう答える。「自分の現実を広げる能力が必要です。自分から進んでそれを広げる気持ちがなければ、金持ちになるのにとても長い時間がかかります」

## ●頭脳のレバレッジを高めるために⑤

マイクと私に現実を広げさせるために金持ち父さんが勧めた方法の一つは、私たちが「こう生きたい」と思っている人生を生きた人たちの伝記を読むことだった。例えば、金持ち父さんは私たちにジョン・D・ロックフェラーやヘンリー・フォードの伝記を読むように勧めた。最近になってからは、ビル・ゲイツやリチャード・ブランソン、スティーブ・ジョブズといった人が書いた本や、彼らについての本を私は読んでいる。「もう年をとりすぎているから」と言う人に出会うと、私は「カーネル・サンダースについての話を読む気がありますか?」と聞く。カーネル・サンダースが金持ちになり始めたのは、六十歳を過ぎてからだった。女の人で、「お金の世界は男の人の世界だから、私は成功できない」と言う人がいると、私は、ザ・ボディショップの創業者アニータ・ロディックの話を読んだことがあるか聞く。また、「私は若すぎる」と言う人には、三十代前半で世界一の金持ちになったビル・ゲイツについて読んだことがあるか尋ねる。こういった人たちの話を読んでも現実を広げることができない人は、たぶん何をしてもだめだろう。

そのほかにも、すばらしい本がある。それはビル・フィリップスが書いた"Body for Life"(命のための身体)だ。これは私のお腹が出てきたのに気が付いた友人が勧めてくれた本だ。読み終えたばかりだが、早速この本の中で取り上げられているプログラムを試してみている。ビル・フィリップスは、金持ち父さんが私に教えてくれたのと同じようなことを言っている。彼のテーマが肉体的な健康で、金持ち父さんのテーマが経済的な健康だという違いはあるが……。

テーマの違いはあっても、そのプロセスは同じだ。例えば、ビル・フィリップスは、体重を減らし始める前にその理由を見つけることについて書いている。金持ち父さんは「なぜ」が大事だと言っていた。ビル・フィリップスはそのほかに、夢と目標についてすばらしい洞察を加えていて、その二つが健康増進のプロセスになぜ大事か説明している。健康であることと金持ちであることを比べて、私が一番相関関係を感じたのは、食べることと現実を広げることだ。

ビル・フィリップスは食事を減らすのではなく、増やすことを勧めている。つまり、体重を減らし、体力をつけ、健康を取り戻したいなら、一日六回食事をとるようにと勧めている。彼はこう言っている——食べ物の量を減らして体重を減らそうとする人の多くは、ただ短期間食事制限をするだけで、その期間中に脂肪ではなく筋肉を失う。そして、そのあとドカ食いをしてもとの食生活に戻り、体脂肪をさらに増やす。脂肪が増える理由は、摂取カロリーが増えたのに、余分なカロリーを燃焼するための筋肉が前より減っているからだ。このリバウンドのパターンは私にはおなじみだ。

金持ち父さんは、けちになり、節約ばかりしてお金を使わず、収入の範囲内で切り詰めた生活をすることで金持ちになろうとする人たちについて、今のビル・フィリップスと同じことを言っていた。そのような生活態度をとることで経済的に豊かになる人はあまりいない。金持ちになりたいと思ったら、もっとお金を使わなければいけない。ただし、どのようにして、何に対して使うべきか知っている必要がある。金持ち父さんが言っていたように、世の中には「いい支出と悪い支出」がある。たいていの人は身体にいい食べ物と悪い食べ物があることを知っている。食べ物を充分にとらないことで体重を減らそうとする人の場合とまったく同じように、使うお金を減らすことで金持ちになろうとする人は、ただ経済的な体力を弱めるだけだ。そのあと突然、彼らもドカ食いに走る。ただし、彼らの場合は食べるのではなく、お金をどんどん使う。そして、ドカ食いをする人がよく、カロリーばかり高くて栄養の偏った「ジャンクフード」をお腹に詰め込むように、「ドカ使い」する人は安物のガラクタを買いあさる。

ビル・フィリップスはまた、「失敗を『認知』したあと、最大の力が発揮される」と言っている。彼が言いたいのは、もうこれ以上進めなくなった時、つまり失敗をした時、はじめて人間は回復し始め、新たに成長するということだと思う。言い換えれば、人は限界を超えるところまで自分を追い込み、身体を壊して、それではじめて健康に目覚め、真の健康を手にできるということだ。金持ちになる場合も同じことが言えると思う。たいていの人は、なんとしても失敗を避けようとするから成功できない。ラジオ番組で一緒になった投資アドバイザーが、十のうち九は失敗するからという理由で、ビジネスを始めることに反対したのと同じように、たいていの人は失敗は悪いことだと思っている。金持ち父さんは私に、失敗は学習と成功に欠かせないと教えてくれた。私自身、これまで、失敗する前より失敗したあとの方が多くを学んできた。確かに失敗は時には苦しみを伴うが、感情をコントロールする力や、お金に関する私の能力を強くしてくれたのはそのあとに続く回復のプロセスにほかならない。

## ●自分の現実を超えよう

「失敗しない」ことに「成功してきた」、ただそれだけの理由で成功できないでいる人を私はたくさん知っている。そういう人は、自分が認める現実、自分にはこれが可能だと思っている現実の範囲から外に出ないで生きてきた人だ。それをやらないと、人生で自分に何ができるのか、その可能性を見つけることもできない。前にも言った通り、金持ち父さんを最終的に金持ちにしたのは、常に現実を変え、広げ続ける能力だった。ビル・フィリップスも健康について同じことを言っている。自分の強さはこれくらいだ……と自分が考える現実の範囲内に留まっていたのでは、より健康にはなれない。もっと健康に、もっと金持ちになりたいと思ったら、自分の現実を超える必要がある。新しい可能性の世界で生きる必要があるのだ。ありがたいことに、常に自分の現実の境界を超えるようにしていると、最良のレバレッジを手に入れることができる。つまり、より健康になれたり、より金持ちになれたり、より長い間若くいられたりするレバレッジが手に入る。あるいは、もっと美しくなるレバレッジだって手に入るかもしれない……。私にとっては、そのようなレバレッジこそ、人生の目的にするだけの価値のあるレバレッジだ。

自分の現実を自ら進んで広げる気持ちのある人は、まず手始めに、自分が達成したいと思っている目標をすでに達成した人たちに関する本を読んだり、テープを聴いたりするといいかもしれない。貧乏父さんは私に、リンカーン大統領、ケネディ大統領、ガンジー、キング牧師といった偉大な指導者たちについての本を読むように勧めた。つまり、二人の父はどちらも、現実を広げるために本を読むように私に勧めた。ただ、二人は別の現実を持っていたから、私にのぞいてみるように勧める現実も違っていた。今、私は、両方の現実を知ることができてよかったと思っている。

若くして豊かに引退したいと真剣に思っている人がまずやらなければいけないのは、自分自身の現実を変えることだ。

# 第六章
# あなたは何が危険だと思うか？

私の二人の父は強い人だった。そのような二人を父に持ったおかげで、私は異なる現実をはっきり認識する機会に恵まれた。確かに時には混乱することもあったし、二つの現実がまったく相反することもあった。だが、二つの異なる現実に耳を傾けなければならなかったことは、長い目で見て私にとってとてもプラスになった。私には、二人とも「自分が正しい」と思っていること、そして時にはもう一方が間違っていると思っていることがわかった。

私の実の父は州政府の昇進のはしごを駆け上った。一介の教師からハワイ州の教育局長の座まで登りつめるのは速かった。その昇進の速さを見て、みんな、父はいずれ政界に打って出るだろうと噂し始めた。

父が政府の昇進のはしごを登っていたのと同じ頃、金持ち父さんは大金持ちになることを目標に、貧乏から抜け出すために懸命に努力していた。息子のマイクと私がハイスクールに通い始めた時には、金持ち父さんはすでに金持ちになっていて、さらに金持ちになる道を歩んでいた。それまで二十年間、金持ち父さんがこつこつ続けてきたプランが効果を発揮し始めていたのだ。それから突然、みんなが金持ち父さんと金持ち父さんのやっていることに注目するようになった。金持ち父さんはもう、どこの馬の骨ともわからない、名もない一個人ではなかった。ハワイの一等地をいきなり買い始めたこの人物はだれだ？——みんなそう思って注目し出した。金持ち父さんはまったく何もないところから始めた。ゼロから長期的なプランを立て、それを実行し、今や、ハワイの金持ちや有力者が映るレーダーのスクリーンにその姿を現しつつあった。

四十歳を超えた時、金持ち父さんは当時私たちが住んでいた小さな町から行動を起こし、ワイキキの海岸にある大きな土地をいくつか買おうとした。地元の新聞は、リゾート不動産市場に乗り込んできたこの新しいプレーヤーについて書きたてた。金持ち父さんがワイキキの海岸にある大きな土地と、別の島にある海岸沿いのいくつかの地所を実際に手に入れるまで、それほど時間はかからなかった。もう金持ち父さんは、本島からはるか離れた小島の小さな町に生まれた貧しい少年ではなかった。華やかな表舞台に立っていた。そして、人々もそれに気付いていた。

## ●正反対の考え方

二人の父がめざましい出世を続けている間、私はニューヨークの軍士官学校《アカデミー》に通っていた。すでに金持ちの息子になっていたマイクは、ワイキキビーチの中心にあるペントハウスに住み、ハワイ大学に通いながら、どんどん大きくなる父親の「帝国」を治めるため訓練を受けていた。ペントハウスに住んでいると言うとすごいことのように聞こえるが、実際は、そのペントハウスはホテルの最上階にあり、マイクはそこから学校に通いながらホテルを経営していたのだ。

クリスマス休暇で二人とも実家に戻っていた時、マイクと私は金持ち父さんのオフィスへ出かけ、大学で習ったことや、新しく出会った人たちについて話をした。アメリカ各地から集まった若者たちに会う機会に恵まれていた私は、マイクと金持ち父さんに次のように言った。「ぼくは、人がお金についてどんなに違った考え方をしているか気が付きました。とても裕福な家庭の子供にも、とても貧乏な家庭の子供にも会いました。あそこの学生は、ほとんどが学問の面でとても頭のいいのは確かなんですが、中流以下の家庭の子供たちは、どうも裕福な家庭の子供たちとは違ったふうに考えているようなんです」

私の最後のコメントに対する金持ち父さんの反応は速かった。「違ったふうどころじゃない。正反対に考えているんだ」。机に向かって座っていた金持ち父さんは、黄色い大型のレポート用紙の束をつかむと次のように書いた。

中流の人
仕事による安全
大きな家
お金を貯める
金持ちは欲張りだ

金持ち
ビジネスを起こす
賃貸用アパート
お金を投資する
金持ちは気前がいい

書き終わると金持ち父さんは顔を上げ、また私の方を見て言った。「人間の現実は、その人が『これは賢い』と思っていることや『これは危険だ』と思っていることによって決められている」

金持ち父さんが書いた表を見ながら私はこう聞いた。「つまり、中流の人は仕事による安全を求めるのが賢いことで、ビジネスを起こすのは危険だと思っているというわけですか？」私にはその「現実」がよくわかっていた。なぜなら、それは実の父である貧乏父さんの現実だったからだ。

「その通りだ。で、仕事による安全について、ほかにどんなことがあるかな？」

私はしばらく考えたがよくわからなかった。「あなたが求めている答えが何なのか、よくわかりません。父を含めて多くの人が、仕事によって安全を得るのが賢いことだと思っているのは事実です。ぼくは何を見落としているんでしょう？」

「きみが見落としているのは私の現実だよ。さっき、中流の人と貧乏な人は正反対にものを考えるって言っただろう？　じゃあ、私の側の正反対の現実はどんなものだと思うかい？」

私の現実の中に少しずつ入り始めていた金持ち父さんの現実が、突然、ぐっと入り込んできた。「ビジネスを起こすのが賢いことで、仕事による安全を求めるのは危険だとあなたは思っているってことですか？　正反対というのはそういう意味ですか？」

金持ち父さんはうなずいた。

「あなたはビジネスを起こすのは危険だと思っていないんですか？」

金持ち父さんは頭を横に振った。「そうは思っていない。ビジネスを立ち上げる方法を学ぶのだって、ほかのいろいろなことを学ぶのと同じだ。一生、仕事による安全にしがみついていることの方が、ビジネスを立ち上げる方法を身につける危険を冒すよりずっと危険だ。一方の危険は短期的だけれど、もう一方は一生続くわけだからね」


金持ち父さんとこの話をしたのは一九六〇年代の終わりだった。その頃はまだ経営規模縮小《ダウンサイジング》などという言葉はだれも知らなかった。当時、たいていの人の頭にあったのは、学校へ行き、仕事に就き、一生働き続け、引退後の生活は会社や政府に面倒をみてもらう……という考えだけだった。家庭や学校で私たちが教えられていたのは、「いい従業員になれるように、いい教育を受けろ」ということだけだった。確かに、はっきりと口に出しては言われなかったが、従業員としての適性を増すために学校へ行くという考え方が暗黙の了解としてそこにあった。今日では、たいていの人が、仕事による安全が過去のものだと知っている。だが、一九六〇年代の当時は、仕事による安全を求めるのが賢いやり方だという考えに疑問を持つ人はいなかった。

## ●節約は本当に節約か？

私は、金持ち父さんの表で「金持ちは欲張りだ」「金持ちは気前がいい」と並べて書かれているところに目をやった。そして、自分の現実が何であるかを知った。私の家庭では、金持ちは冷酷で強欲、お金にしか興味がなくて、貧しい人のことなど気にかけないと考えられていた。


表を指差しながら金持ち父さんが言った。「考え方の違いがわかるかい？」

「正反対です」。私は静かにそう言った。「違っているなんてもんじゃありません。金持ちになるのがとてもむずかしい場合が多いのはこのせいなんですね。金持ちになるには、ただ『違ったふうに』考えるだけではだめなんだ」

金持ち父さんはうなずき、私の頭にそのことがしっかり刻み込まれるのを待って、こう言った。「金持ちになりたいなら、今自分が考えているのと正反対の考え方をする方法を学ぶ必要があるかもしれない」

「考え方だけですか？　違ったふうに物事をするのも必要じゃないんですか？」

「必ずしもそうじゃない。仕事による安全を求めて働くとしたら、一生の大部分をただせっせと働くことになるだろう。一方、ビジネスを起こすために働くとしたら、はじめは仕事による安全を求めて働くよりも一生懸命働かなければならないかもしれないが、先に行けば行くほど仕事の量は減って、もしかすると十倍も、百倍も、あるいは千倍ものお金を儲けられるかもしれない。さあ、どっちが賢いやり方だと思うかい？」

「じゃあ、投資についてはどうなんですか？　ぼくの両親は投資は危険だといつも言っています。そして、お金を貯めるのが賢いやり方だと思っているんです。あなたは投資する時、違ったふうに『する』んじゃないですか？」

金持ち父さんは私の言葉を聞くとにやりとして、こう言った。「お金を貯めることとお金を投資することに必要な活動はまったく同じだ。考え方はまったく正反対でも、やることは同じだ」

「同じですって？」私はそう聞いた。「でも、どちらかのほうがリスクが高いんじゃないですか？」

「いやそうじゃない」。金持ち父さんはまたにやりとしながら言った。「よし、これから、人生でとても大事な教えを授けてあげよう」。もう青年になっていた私は、子供の頃、マイクと一緒に金持ち父さんから教えてもらったことに詳細を付け加えられても大丈夫になっていた。「でも、それを教える前に、一つ質問をしてもいいかな？」

「もちろんですよ。何でも聞いてください」

「きみのご両親はお金を貯めるのに何をしているかい？」

「いろいろやってみていますよ」。質問の意味をしばらく考えたあと、私はそう答えた。

「たとえばどんなことだい？　二人が長い時間かけてやっていることを一つ挙げてごらん」

「そうですねえ……父と母は毎週水曜日、スーパーマーケットがその週のお買い得食料品の広告を出す日に、新聞を隅から隅まで見て、一週間の食費の予算を立てます。そして、安売りをしている店を探し、割引クーポンを切り取るんです。二人はこれにかなりの時間をかけます。実際、うちの食事の内容はスーパーで何が安売りされているかで決まっているようなものです」

「それから二人は何をする？」

「町中を車で回ってあちこちのスーパーに立ち寄り、広告に載っていた品物を買います。安売りの食料品を買うことで、ずいぶんお金を節約してるって二人は言っています」

「それはそうだろうね」。金持ち父さんはそう言った。「で、衣料品も安売りで買うのかい？」

　私はうなずいた。「そうです。車を買う時も同じです――新車でも中古車でもね。お金を節約するために、買い物にたくさん時間をかけるんです」

「つまり、ご両親はお金を節約して貯めるのが賢いことだと思っているんだね？」

「それは絶対確かです。実際、何か安売りになっているものを見つけると、大量に買い込んで大型冷凍庫にしまっています。ついこの間も豚の肩ロースが安売りになっているのを見つけて、六カ月分を買い込みました。節約ができたといって二人は大喜びしていましたよ」

　金持ち父さんはプッと吹き出した。「肩ロースだって？」笑いながら金持ち父さんはそう言った。「いったい何ポンド買ったんだい？」

「わかりませんが、とてもたくさんです。うちの冷凍庫はまたいっぱいになっています。でも、二人が買ったのは豚肉だけじゃありません。ほかの店でやはり安売りしていたハンバーガーも買って冷凍しました」

「きみのうちにはそういう特売品専用の冷凍庫があるのかい？」まだクスクス笑いながら金持ち父さんが聞いた。

「そうですよ。父と母はできる限り節約しようと、一生懸命やっています。割引クーポンを切り取ったり、安売りの店で買い物をするのに多くの時間を使っています。そのどこがいけないって言うんですか?」

「いや。別にいけないってわけじゃない。ただ、現実が違うだけだ」

「あなたは同じことをしないんですか?」

金持ち父さんはにこりとして言った。「きみがそう聞いてくるのを待っていたよ。さあこれで、人生で学べる教えの中で一番大事な教えの一つをきみに授ける準備ができた」

## ●賢いやり方と危険なやり方

「あなたがぼくの父や母と同じことをしないという教えですか?」私は前の質問に対する答えを聞きたくて、もう一度そう聞いた。

「いいや。私もきみのご両親とまったく同じことをするという教えだよ。実際、きみは私がそうするところを見てきているんだ」

「えっ? あなたも特売品を買って冷凍庫をいっぱいにするんですか? あなたがそんなことをするのをぼくは一度も見たことがないと思いますよ」

「いや、それは見たことはないだろうな。でも、ポートフォリオをいっぱいにするために、安売りされている投資を探して買うところは見ているはずだよ」

金持ち父さんのその言葉を聞いて、私はしばらく黙って考えた。「あなたはポートフォリオをいっぱいにするために買い物をして、ぼくの両親は冷凍庫をいっぱいにするために買い物をする……つまり、あなたとぼくの両親は買い物という同じ活動をしているけれど、買うものと、それを使っていっぱいにするものが違うってことですか?」

金持ち父さんはうなずいた。二十歳の私の頭にその教えをしっかりと刻み込ませたいと思っていたのだ。

「あなたとぼくの両親は同じことをするけれど、ぼくの両親はどんどん貧乏になり、あなたはどんどん金持ちになる。それが教えなんですか？」私はそう聞いた。

金持ち父さんはまたうなずくと、こう言った。「それも教えの一部だよ」

「じゃ、教えの残りの部分って何ですか？」

「よく考えてごらん。今日これまでに、何について話してきたかな？」

私はしばらく考えた。そのうち、ピンときた。「そうか！　あなたとぼくの両親は同じことをしているけれど、現実が違うんだ」

「わかってきたようだね。じゃ、賢いことと危険なことの違いについてはどうだい？」

「そうか！」私は大声で言った。「ぼくの両親は、お金を貯めるのは賢いことで、投資は危険だと思っているんだ」

「もう少し先まで考えてごらん」。金持ち父さんがそう言った。

「ぼくの両親は投資は危険だと思っている。だからお金を節約するためにせっせと努力する。でも、実際は、二人がやっていることもあなたがやっていることと同じなんだ。父や母も、投資に関する自分たちの現実を変えて、豚の肩ロースを安く買って節約するのと同じことを投資に関してやれば、どんどん金持ちになれるはずなんだ。あなたはぼくの父や母と同じことをしているけれど、対象が違って、ビジネスや投資用不動産、株式、債券、そのほかのビジネスチャンスなんかを見つけて買うんですね。あなたはポートフォリオのための買い物をして、ぼくの父や母は冷凍庫のための買い物をする……」

「つまり、きみのご両親も同じことをしているけれど、違う現実をもとにそれをやっているんだ。人間が貧乏だったり中流のままでいるのは、その人の活動のせいじゃない。現実のせいだ」

「父と母が貧乏なのは、二人の頭の中にある現実のせいなんだ」。私は静かにそう言った。「何を賢いことだと思っているか、そして何が危険だと思っているかによって、その人の人生における社会経済的地位が決まる」。私は大学の経済学の授業で習ったばかりの単語を使ってそう言った。

金持ち父さんは話を続けた。「私たちは同じことをしているが、異なる考え方をもとに活動している。私は金持ちの考え方をもとに活動し、きみのご両親は中流の人の考え方をもとに活動している」

「あなたがいつも『自分が現実だと思うものが現実だ』と言うのは、それだからなんですね」。私はまた静かに言った。

金持ち父さんはうなずいて話を続けた。「で、きみの両親は投資が危険だと思っているから、お金を損した人、あるいはもう少しで損しそうになった人などの例ばかりが目に入る。二人の持っている現実が、それ以外の現実を見えなくしているんだ。二人は自分たちが現実だと思っているものを見る。たとえそれが本当の現実というわけではなくてもね」

「同じように、仕事による安全を求めるのが賢いことだと思っている人は、なぜそれが賢いのか、なぜビジネスを立ち上げるのが危険なのか、その理由を強化するような例を見つける。人は自分が信じたいと思っている現実を正当化しようとするんだ」。マイクがそう付け加えた。

「その通りだよ」。金持ち父さんがそう言った。「わかったかい？　教えは頭に入ったかな？」

私はまだ教えを消化している最中だったが、一応うなずいた。それから、黄色いレポート用紙に書かれた表の一行を指差して、「大きな家、賃貸用アパート」と声に出して読んだ。「つまり、ぼくの父と母はいつも、より大きな理想の家を求めて、いい買い物はないかと探している。一方、あなたはより大きなアパートを求めて市場を探すんですね。あなたもぼくの両親も同じことをしているけれど、あなたはどんどん金持ちになっていくのに、ぼくの両親は住宅ローンをどんどん増やしている。これも、考え方と現実の持つ力の例ですね。そうでしょう？」

「そうだよ。ところで、きみのご両親はなぜいつも、より大きな家を買おうとするのかな？」

「それは父の給料が上がり続け、税金も上がっていくからです。父の会計士が、もっと大きな家を買ってローンを増やし、税金の控除を増やすように勧めるんです」。私はそう答えた。

「それで、お父さんはそれが賢いことだと思っている……そうだね？　お父さんは持ち家が資産で、借金を増やせば政府から税制上の優遇措置が受けられると思っているから、そうするのが賢いと信じている」

私はうなずきながら次のように付け加えた。「それに、二人は賃貸用のアパートを買うのはリスクが大きすぎると思っています」

「きみのお父さんも私も同じように税制上の優遇措置を受けているが、私の場合はそのおかげで金持ちになっているのに、きみのご両親はそのせいでさらに家計が苦しくなって、一生懸命働かなければならなくなっている。私は『いい借金』に対する税制上の優遇措置を受けているが、きみのご両親は『悪い借金』に対する税制上の優遇措置を受けているんだ。さあ、これで、賢いやり方だと思ったり、危険だと考えることがその人の現実を決める仕組みがわかったかい？」

マイクと私はそろってうなずいた。「前よりよくわかってきたよ」。マイクがそう答えた。

## ●金持ちは欲張りか？

「でも、この最後の行はどうなります？」私は「金持ちは欲張りだ」「金持ちは気前がいい」と書かれた行を指してそう聞いた。

「まず言っておくけれど、欲張りだとか気前がいいというのは、貧乏か金持ちかということにはまったく関係がないんだ。この世の中には、欲張りで貧乏な人もいるし、気前がよくて貧乏な人もいる。金持ちだって同じだ」。金持ち父さんは話を続けた。「いつもきみたちに言っているように、金持ちになるにはたくさんの道がある。けちになって財産を増やすこともできるけれど、問題は、そうやって財産を増やしても結局はけちのままだということだ。あるいは、お金目当てに結婚して金持ちになることもできる。これは結構やられていることだけれどね。でも、この場合も結局どうなるか、私たちはみんな知っている。それから、いかさまをやって金持ちになることもできる。でも、もっとずっと簡単に金持ちになれるのに、なぜ刑務所送りになる危険を冒さなくちゃいけないんだ？　また、幸運に恵まれて金持ちになることもある。でも、この場合はすべてを自分の知性ではなく、運にまかせなくちゃいけないのが問題だ」

この話は前にも何度も聞いたことがあった。この時、気前よくすることで金持ちになる方法についてぜひもっとはっきり聞きたいと思っていた私は、次のように問い詰めた。「じゃ、『金持ちは欲張りだ』というのと『金持ちは気前がいい』というのはどういうことなんですか？」

「より少ない労力でより多くをするという話をきみたちにしたのを覚えているかい？」私の質問に金持ち父さんはそう聞き返してきた。

マイクと私はうなずいた。

「より少ない労力でより多くをするのは、気前よくすることでもあるんだ。実際のところ、金持ちになる一番簡単な方法は、気前よくすることなんだ」。金持ち父さんはそう言った。

「より多くの人の役に立つことで金持ちになる話だね」。マイクが言った。

「その通りだ。どうやったらより多くの人にサービスを提供できるか——もっと金儲けがしたいと思った時に、考えなくちゃいけないのはただそれだけなんだ」

マイクが今度は私の方を向いてこう言った。「ぼくの父さんはきみの前でこれを言ったことがないけれど、きみにはこの新しい教えを聞く準備がもうできていると思う。何といったって、ぼくらは大きくなって、前より少しはわかるようになっているからね」

「何をわかるっていうんだい？」私はそう聞いた。

「ぼくから言ってもいいのかな？」マイクが金持ち父さんに聞いた。

「もうそこまで話したんだから、言いかけたことは言ってしまった方がいいだろうよ」

マイクはまた私の方に向き直って、静かに話を始めた。「きみのお父さんは、いつもきみに金持ちは欲張りだって言っている。そうだろう？」

　私はうなずいた。「ああ、かなりはっきりとね」

「きみのお父さんがそう言うのは、金持ちは自分の下で働く人が仕事に就いている期間が長ければ、それだけ多くの給料を払うべきだと思っているからだ。お父さんはそれを年功序列とか、終身在職権とか呼んでいる。そうじゃないかい？」

　私は黙ってうなずいた。

「でも、わかるかい？　たとえ長く勤めていても、仕事の量や種類は同じという場合が多いってことが……」。マイクが気遣うようにやさしく聞いた。

「それはわかるよ。でも、ぼくの父さんはそんなふうには見ていない。父さんは忠義と年功に対して昇給があるのが正当だと心から信じている」

「つまり、きみのお父さんは、金持ちは忠義と年功に対してお金を払おうとしないから欲張りだと思っている。そうだね？」

「そうだよ」

「同じ量の仕事に対してより多くのお金を要求するのは欲張りじゃないのかい？　あるいは、自分の仕事として決められたこと以外に仕事をしたからといって、それに対して残業手当や、余分なお金を要求するのはどうだい？」

「でも、ぼくの父さんの世界ではそうやってみんなお金を稼いでいる。それが彼らの現実なんだ」

「それは言葉だよ」。金持ち父さんが口をはさんだ。「言葉が現実なんだ。私たちはみんな異なる現実を持っている。私の世界では、同じ仕事をしていながらお金をもっともらおうとするのは欲張りだ。私の世界では、もっとお金を欲しいと思ったら、まず、もらうお金は少なくして、労力を増やし、より多くの人にサービスを提供する必要がある。それから金持ちになるんだ」

「父さんがぼくたちにヘンリー・フォードの伝記を読ませたのは、そのためだったんだ」。マイクが言った。「ヘンリー・フォードが世界で有数の大金持ちになったのは、より多くの人に、より少ないコストで自動車を提供したからだ。父さんの考え方でいくと、ヘンリー・フォードはとても気前のいい人ってことになる。もっとも、彼が欲張りだったと思っている人もたくさんいるけれどね。そういう人は、自分たちの現実から考えているからそう思うんだ。ヘンリー・フォードは労働者を搾取していたってね。こういう意見の食い違いは、現実が異なっていることから生まれる」

「わかったよ」。私はそう言った。「大人になるにつれてぼくも気がついたよ。より少ないお金でより多くを喜んでやろうという人と、より少ない労力でより多くのお金をもらいたいという人との違いにね。ぼくの父さんの世界で、一番教える時間が短くて、一番給料をたくさんもらっているのは大学教授だ。『終身在職権』って呼ばれているこれが、ぼくの父さんがいいと思っている現実の、見ならうべきお手本なんだ」

「で、そこにいる人たちは、それが賢い考え方だと思う権利が与えられている」。金持ち父さんがそう口をはさんだ。「でも、私の考え方はそうじゃない」

「きみのお父さんがぼくの父さんより大きな家を持っている理由はこれさ」。マイクがそう言った。「ぼくの父さんは、これまで何年もかけて、より多くの家庭により安い値段で住宅を提供するために、アパートを買ったり建てたりしてきた。父さんが建てたアパートの数が増えれば家賃は下がる。父さんのような人がいなかったら、高い家賃に苦しむ低所得世帯がもっと増えていただろう。借りられるアパートの数が減るわけだからね。アパートの数が増えれば家賃は下がる。これは需要と供給の経済の基本原理だ。きみのお父さんは自分と家族のためにより大きな家を買おうとして一生懸命働いてきた。お父さんは他人が住む場所を供給しているわけじゃない。それでいて、金持ちは欲張りでけちだと思い続けている。それはきみのお父さんの現実だけど、ぼくの父さんの現実じゃない」

私は黙って座っていた。この問題について話すのに、マイクと金持ち父さんができる限り手心を加えてくれているのがわかってうれしかった。二人は、「欲張り」と「気前がいい」という二つの言葉の違いを私にわからせるために最善を尽くしてくれた。二十歳にして私は、自分の現実に変更を加え始めた。自分が望む現実を選ぶことができるのはわかっていた。そして、私が選ぼうとしていたのは金持ち父さんの現実だった。それは「金持ちの多くは気前がいい」という現実だった。これから自分が金持ちになりたいと思ったら、まず、もっと気前よくする方法を見つける必要がある——私にはそのことがはっきりとわかった。より少ない労力に対してより多くを要求することで金持ちになる道を試すことができるのはわかっていた。だが、もっと多くの人のためにもっと多くのことをしてあげることで金持ちになれることもわかっていた。私にはその現実を選ぶこともできた。金持ち父さんが言ったように、「違う考えではなく、正反対の考え」がそこにあった。二十歳にして私は、自分が育った家庭の考え方とまったく反対の考え方を始めた。若くして豊かに引退するために私に必要だったのは、どんどん欲張りになるのではなく、どんどん気前よくなるための方法を見つけることだけだった。私には、自分が育った家庭の考え方が欲張りな考え方に思えてきた。

## ●キャッシュフロー・クワドラントの教え

シリーズ二作目『金持ち父さんのキャッシュフロー・クワドラント』で、四つの異なるクワドラントに属する人たちについて書いた（図⑤）。

異なるクワドラントは、異なる現実を意味している。クワドラントを変わりたい人や、二つ以上のクワドラントに属するようになりたいと思っている人は、現実を変える必要がある。例えば、従業員（Employee）を意味するEのついたEクワドラントは、「仕事による安全」という現実から世界を見ているクワドラントだ。

一方、スモールビジネス（Small business）や自営業者（Self-employed）を表すSクワドラントは、個人の独立を重んじ、何でも自分でやる、あるいは自分だけを信じるかたくなな精神構造から世界を見ている。

このSクワドラントと、ビジネスオーナー（Business owner）を表すBクワドラントを比較するだけでも、そこに働くレバレッジの違いがわかる。スモールビジネスをやっている人とビッグビジネスをやっている人の大きな違いの一つは、どれほど多くの人にサービスを提供しているかにある。ビッグビジネスのオーナーは、できる限り多くの人にサービスを提供するためにシステムを構築することに全力を尽くす。スモールビジネスのオーナーはたいていの場合、自分個人の力とそこから生まれる人間的なかかわりだけを頼りに、できる限り多くの人にサービスを提供しようとする。Sクワドラントに伴う問題は、多くの場合、スモールビジネスのオーナーは時間が足りなくて、ビッグビジネスのオーナーほど多くの人にサービスを提供できないことだ。つまり、スモールビジネスのオーナーとビッグビジネスのオーナーの違いの一つは、スモールビジネスのオーナーが個人的にサービスを提供するのに対し、ビッグビジネスのオーナーはシステムを使ってできるだけ多くの人にサービスを提供するという点だ。

投資家（Investor）を表すIクワドラントは金持ちの活動の舞台だ。投資家はお金にお金を生ませる。お金が自分のために働いてくれるから、自分は働く必要はない。

**⑤キャッシュフロー・クワドラントは四つの異なる現実を意味する**

E…従業員（employee）
S…自営業者（self-employed）
　スモールビジネス（small business）
B…ビジネスオーナー（business owner）
I…投資家（investor）

## ●頭脳のレバレッジを高めるために⑥

ここでちょっと質問に答えて欲しい。

あなたが育った家庭では、次のそれぞれについてどんな現実を持っていただろうか？

1. 仕事による安全　　賢いやり方（　）　危険なやり方（　）
2. ビジネスを起こす　　賢いやり方（　）　危険なやり方（　）
3. 大きな家　　賢いやり方（　）　危険なやり方（　）
4. 賃貸アパート　　賢いやり方（　）　危険なやり方（　）
5. お金を貯める　　賢いやり方（　）　危険なやり方（　）
6. お金を投資する　　賢いやり方（　）　危険なやり方（　）
7. 金持ちは……　　欲張りだ（　）　気前がいい（　）

次に、今度はあなた自身の今の現実に基づいて、同じ質問に答えて欲しい。育った家庭の現実に基づいて先に答えるように言ったのは、それが深く感情にかかわる現実である場合があるからだ。この二つの現実を比べると、同じ家庭の中でも人によってどのように現実が違うか、いくらかわかってくるだろう。

若くして豊かに引退するために、私は育った家庭の現実の一部を否定しなければならなかった。そうしてからはじめて、自分自身の現実を見つけ、それを自分のものにすることができた。キムと私にとって、若くして豊かに引退するために必要だったのは、より少ない人にサービスを提供してより多くを支払ってもらうのではなく、より多くの人にサービスを提供する方法を見つけることだった。

## 第七章

# 仕事量を減らして収入を増やす

金持ち父さんはこう言った。「金持ちになりたかったら昇給を求めてはいけない。その代わり、どうやったらもっと多くの人にサービスを提供できるか考え始めるんだ。実際のところ、金持ちになろうと真剣に考えている人は決して昇給を求めてはいけない。給料が上がったとしても、きみは『間違った』種類のお金のために働いているんだ」

この本のはじめの方で、私が早い時期に引退できたのは、たいていの人がするように借金から抜け出そうとするのではなく、借金を増やしたからだという話をした。この考え方の根底にあるのは、世の中には「いい借金」と「悪い借金」があるという考え方だ。たいていの人は悪い借金にどっぷり漬かっている。所得に関しても同じことが言える。たいていの人は「いい所得」と「悪い所得」があることに気付いていない。そして、悪い所得のためにせっせと働いているから金持ちになれない。昇給を求める人は、悪い所得を増やしてくれと言っているようなものだ。若くして豊かに引退したい人は、正しい種類の所得のために一生懸命働かなくてはならない。

これまでの本の中でもお話ししたが、所得には次の三つの種類がある。

1．勤労所得……勤労所得はあなたがお金のために働いていることを意味する。多くの場合、この所得は給料という形で入ってくる。昇給やボーナス、残業代、手数料、心づけ（チップ）を要求した場合、あなたはこのタイプの所得を増やすことを求めている。

2．ポートフォリオ所得……ポートフォリオ所得は一般に、株式や債券、投資信託などの「紙の資産」から入る所得を指す。引退後に備えた口座のほとんどすべてが、将来のポートフォリオ所得をあてにしている。

3．不労所得……不労所得は一般に、不動産から入る所得を指す。特許の使用料や、歌曲、著作、そのほかの知的財産から得られる印税もこの所得に含まれる。

**●金持ち父さんが勤労所得を嫌っていた理由**

金持ち父さんにとって、せっせと働く対象として最悪な所得は勤労所得だった。その理由は四つある。

1．一番多く課税される所得で、しかも、税金の額や支払い時期に対して、本人のコントロールが最も効かない所得だから。

2．勤労所得を得るには自分自身がせっせと働かなければならず、そのために貴重な時間がとられるから。

3．勤労所得にはレバレッジがほとんど効かないから。この所得を増やすためにたいていの人がとる方法は、労働の量を増やすことだ。

4．労働に対する残存価値がない場合が多いから。つまり、価値が残らず、働いて給料をもらっても、また給料をもらうために働かなければならない。金持ち父さんの考えでは、このような所得のために働くことには、レバレッジを生む可能性がほとんどなかった。

子供の頃いつも私は、金持ち父さんが勤労所得を嫌うのを「変わっているな」と思っていた。金持ち父さんはこう言った。「親が子供に与えるアドバイスで最悪なのは、高給取りになるために学校へ行けというアドバイスだ」。金持ち父さんがそんなことを言ったのは、学校そのものに反対していたからではない。勤労所得を得るために一生働き続けろと子供に教えることに反対していたのだ。当時、私が知っていた人の大部分は、勤労所得がたくさんもらえる給料の高い仕事に就くことを夢見ていた。前にも言ったように、現実の違いは単なる相違以上で、まったく正反対だった。金持ち父さんはこう言った。
「勤労所得のために働くことに一生を費やせと教えるのは、生涯鎖につながれた、高給取りの奴隷になることを教えているようなものだ」

## ●金持ち父さんのお気に入りが不労所得だった理由

金持ち父さんには三種類、すべての所得があったが、三つのうちどれか一つを選べと言われたら、迷わず不労所得をとっただろう。その理由は、必要な労働の量が最も少なく、多くの場合払うべき税金も最も少なく、長期にわたって安定して、かなり高い率で見返りをもたらしてくれるからだ。つまり、金持ち父さんが不労所得のために一生懸命働いたのは、長い目で見れば、労働の量が減る一方で、ますます多くの人にサービスを提供でき、自分が年をとるにつれて収入を増やすことができるからだった。

若くして豊かに引退するために、私はどのタイプのお金のために一生懸命働くべきか知る必要があった。キムと私が若くして引退できたのは、私たちが立てたプランが、勤労所得（たいていの人はこのために働く）ではなく不労所得のために私たちを働かせるプランだったからだ。もう一つの違いは、ポートフォリオ所得（たいていの人はこれをあてにして引退する）ではなく不労所得が多い状態で引退するプランを立てたことだ。実際、たいていの人はポートフォリオ所得をあてにして引退するが、これは最良の所得とは言えない。なぜなら、三つの所得のうち、二番目に多く税金のかかる所得だからだ。税金は人間の一生で最大の支出だ。この章ではその理由も説明したい。

金持ち父さんが三つのタイプの所得をどれも持っていた理由は、それぞれに長所と欠点があったからだ。貧乏父さんは一つの所得だけのためにせっせと働いた。このような二人の違いは、二人が働き続けた一生を通して見た場合、大きな違いを生むことになった。

私の父は二人ともよく働いたが、得ようと目指したお金の種類が違っていた。実の父である貧乏父さんは「高い給料のとれる仕事に就けるように、学校に行くんだ」といつも言っていた。一方、金持ち父さんは「大事なのはいくら儲けるかではなくて、いくら持ち続けていられるかだ」と言っていた。そして、次のように続けた。「勤労所得は、一番一生懸命に働かないといけないが、持ち続けられる量が最も少ない所得だ」

## ●五十パーセント・マネー

金持ち父さんは給料の形で受け取る勤労所得を「五十パーセント・マネー」とよく呼んでいた。その理由は、勤労所得の場合、どれだけ稼ごうと、常に何らかの形で、政府がそのうち少なくとも五十パーセントを持っていくからだ。今、年に五万ドル稼いだとすると、少なくとも二万五千ドルは政府にいく。そのうち大部分は源泉徴収という形で給料をもらう前に差し引かれているので、本人は手にすることすらない。しかも、残りの二万五千ドルを受け取ったあとも、税金はついて回る。みんなよく知っているように、私たちはお金を稼いだり、使ったり、貯めたり、投資したりする時に課税され、さらに、死んだ時に課税される。実際のところ、死んだ時に課される税金は、きちんと準備をしていないと非常に高額になることがある。金持ち父さんがよく言っていたように、「死んだあとのお金に関するプランを持っていなければ、政府の用意したプランに従うしかない」。

金持ち父さんから見ると、一生懸命働いて稼いだお金の少なくとも五十パーセントを政府に持っていかれるのは、あまり賢いやり方ではなかった（数年前まで、税率は五十パーセントより高かった。この数年の間に引き下げられたが、その減税分を補うために、それまで人々が利用することができた税の抜け道の多くがふさがれた。金持ち父さんは自分が働き盛りだった頃、勤労所得を「八十パーセント・マネー」とよく呼んでいた。高い給料をもらっている人たちから当時政府が徴収していた税金が八十パーセントにもなっていたからだ）。

私の実の父である貧乏父さんは、所得に違いがあることを知らなかった。だから五十パーセント・マネーのためにせっせと働き、そのあと、実際は決して得にならない税制上の優遇措置を受けるために、どんどん大きな家に買い換えた。そして、異なるタイプの所得についてもっと詳しく学ぶ代わりに、昇進と昇給をあてにして学校へ戻り、勉強した。つまり、ほかの言い方をするとこうなる――父はせっせと働き、一生懸命に勉強し、より多く稼ぎ、どんどん増える税金を払い続けた。それもこれも五十パーセント・マネーのために働いていたからだ。

金持ち父さんには、より高い給料を得られる仕事に変わったり、給料を上げるために一生を費やす人たちのことがよく理解できなかった。「給料が上がれば、政府の取り分も増える」。金持ち父さんはよくそう言っていた。金持ち父さんにとっては、五十パーセント・マネーのために一生せっせと働き続けるのはファイナンシャル・インテリジェンスの高いやり方ではなかった。

## ●二十パーセント・マネー

今日、たいていの人が引退に備えて利用しているのは、金持ち父さんが「二十パーセント・マネー」と呼んでいたお金だ。これは売却益《キャピタル・ゲイン》、つまり株式や不動産などが値上がりした場合の差益を指す。このタイプの所得に対する税率も、数年前にはもっと高かった。つまり、売却益を得るためにせっせと働くのは、今は前より賢い方法になっている。政治家が選挙戦で「対立候補者は金持ちに税制上の優遇措置を与えようとしている」などと言う場合、それは投資から得られた収入になんらかの優遇措置を与えることを意味している場合が多い。

お金に関して人並み以上の賢明さを持ち、勤労所得のためにそんなに一生懸命に働かないという人も多い。そういう人は、会社が成功すれば二十パーセント・マネーになる可能性のある「ストック・オプション」を欲しがったりする（その一部は勤労所得として処理されるが、あとになって価値が上がった分は二十パーセント・マネーになり得る)。だが、ストック・オプションは会社の業績がふるわず、市場価格が上がらなければまったく価値のないものとなる可能性もある。

ここで言いたいのは、人はそれぞれのタイプの所得に適用される税制上の優遇措置とレバレッジを利用しているということだ。持てる者と持たざる者との間のギャップがどんどん広がっているのは、たいていの人が所得に異なるタイプのあることに気付いていないからだ。そういう人は間違った種類の所得のためにせっせと働いている。

## ●〇パーセント・マネー

キムと私が早く引退できた理由の一つは、金持ち父さんがよく「〇《ゼロ》パーセント・マネー」と呼んでいたお金、つまり、課税を繰り延べできるお金を利用したからだ。これは、すぐに課税されない売却益のことだ。繰り延べの期間は、私たちがそうすることを選んでいる限り続く。

一つ例を挙げよう。五千ドルの頭金で五万ドルの家を買ったとする。二年後にこの家を十万ドルで売った時、売却益が五万ドル出た。だが、私たちはその売却益に対する約二十パーセントの税金(約一万ドル)を払わないようにする方法を選んだ。つまり、株式や投資信託から同じだけの利益を得た場合には必ず払うことになるキャピタルゲイン(資本利得)税を払う代わりに、私たちは売却益を繰り延べし、その五万ドルに最初の頭金五千ドルを合わせた五万五千ドルを新しい投資に回した。

つまり、私たちは二年間で十倍の収益を得て、しかもその税金をすぐには払わなかったということだ。私たちは合法的に課税を繰り延べし、厳密に言うと政府のお金である税金分も含めて新たな頭金とし、三十三万ドルのアパート一棟を買うのに使った。そして、不足分二十七万五千ドルを補うために、銀行のお金と、売主のローンを差し引いたあとの純資産《エクイティ》の一部を利用した。つまり、私たちは若くして豊かに引退するために、他人のお金だけでなく、政府のお金も利用した。一九八八年から一九九四年の間、私たちはこのような投資と税金の戦略を何度も使った。

アメリカで紙の資産よりも不動産に投資する方が有利な理由の一つは、このような合法的な税制上の抜け道があるからだ。政府がこのような抜け道を用意しているのは、投資家たちに不動産投資を続けさせ、家を買うつもりのない人や、買いたくても買えない人のために住宅を供給させようとしているからだ。この税制上の優遇措置のおかげで、キムや私のような投資家が充分な数の賃貸住宅を供給し続けることができ、それによって住宅費が抑えられている。税制上の優遇措置を利用したこのような奨励策はまた、不動産業界を活発に保つのにも役立ち、ひいては国全体の経済を支えるのにも役立っている。というのも、不動産がアメリカ経済の大きな部分を占めているからだ。不動産業界が痛手をこうむれば、国の経済も痛手をこうむる。

## ●非課税の収入を増やすには

税金を払わずにお金を手に入れるにはたくさんの方法がある。非課税の地方債に投資するのも一つの方法だ。例えば、五パーセントの利子がつく非課税の債券を千ドル分買った人は、毎年五十ドルを非課税で手に入れられる。これはあまりすごい投資には思えないかもしれないが、このような形の収益が望ましいというケースはいくらでもある。

課税を繰り延べるもう一つの方法は、建物の減価償却を利用するやり方だ。例えば、十万ドルの価値のある賃貸物件を買ったとしよう。土地の価値が二万ドル、建物の価値が八万ドルとする。政府は建物に関して減価償却をすることを認め、減価償却分に関しては税金を払わなくてよいとしている。つまり、八万ドルの価値のある建物の減価償却期間が二十年とすると、一年に四千ドル分の収入が相殺され、その分は課税されないのと同じことになる。年に四千ドルでは大したことがないと思うかもしれないが、投資ポートフォリオの総額が何百万ドルにもなる場合、ほかにもある「実際にはお金の出て行かない損失」と合わせて考えると、相当なものになる。

金持ちが合法的に非課税のお金を得るために使う方法の一つは、ただ単純に不動産の売却益を繰り延べ続け、いよいよこの世を去る時になったら、不動産をまとめてチャリタブル・リメインダー・トラスト（一定期間は私益信託として機能するが最終的には慈善目的の公益信託となる）にするやり方だ。そうすれば、課税を繰り延べし、死ぬ間際まで使い続けてきたすべての売却益に対する税金を、永遠に払わなくてすむかもしれない。この世を去るにあたって、自分の邸宅をはじめとする遺産の一部を寄付する金持ちがこんなに多いのは、このような抜け道があるためだ。寄付をしたとしても、それらの資産に関する税金の繰り延べ分のおかげで遺族はすでに金持ちになっているから、もとになった資産はもう必要なくなっていることが多い。彼らには、別の資産を獲得するだけのお金がすでにある。ここでも、気前よくすることが充分な見返りをもたらしてくれる。

## ●いいアドバイスと悪いアドバイス

この段階での最良のアドバイスは、優秀なアドバイザーを見つけることだ。私は税金や遺産を扱う弁護士でも、税理士でもない。この分野はとても専門的で法律的にも複雑なので、特にすでに金持ちの人や、金持ちになる計画を立てている人は、できる限り最高のアドバイスを得なくてはいけない。金持ち父さんがよく言っていたように、「世の中で一番高くつくアドバイスは無料のアドバイスだ」。つまり、金持ちでもなく、また金持ちになる計画も持っていない友人や家族、親戚からのアドバイスだ。

悪いアドバイスの源は友人や家族、親戚だけではない。いわゆる「プロのファイナンシャル・アドバイザー」が悪いアドバイスをする場合もある。

多くの人は、持ち家は節税のための最良の道具だとアドバイスを受けている。私に言わせれば、これは悪いアドバイスだ。アメリカでは、利子としてあなたが支払う一ドルに対し、政府はおよそ三十パーセントの税金の控除を認めている。つまり、政府に一ドルあげれば三十セント節約できるというわけだ。もし、このやり方で納得がいく人は、私に一ドル送って欲しい。三十セントと言わず、五十セントお返ししよう。

多くのプロのアドバイザーがあなたに言わないでいる「ちょっとしたこと」は、これだけではない。もう一つの例は、勤労所得があるレベルを超えると、持ち家のローンの返済利子に対する税控除ができなくなることだ。勤労所得のためにせっせと働き、税金面で得になるからといって大きな家を買うのがあまり得策でないもう一つの理由がこれだ。

## ●一番いい抜け道は何か

前の章で、人が「これは賢い」あるいは「これは危険だ」と思うことの違いについてお話しした。そこで取り上げた最初の例は、貧乏父さんが、仕事による安全を求めるのは賢いやり方で、ビジネスを立ち上げるのは危険だと考えていた話だった。金持ち父さんはまったく正反対の見方をしていた。金持ち父さんに言わせると、「仕事による安全のために働く人は、仕事の量がどんどん増える一方で、稼ぎはどんどん減ることになる。私から見たら、ちっぽけな安全を手に入れるために支払うには高すぎる代価だ」。

今でも、私の子供時代と変わらず、労力を減らしてより多くを稼ぐ最良の方法はビジネスオーナーになることだ。この方法が世界で最良の抜け道であることは今も昔も変わらない。その理由の一つは、税金の払い方の違いにある。

**従業員は**
**1. 稼ぐ**
**2. 税金を払う**
**3. 残りを使う**

ビジネスオーナーは
1．稼ぐ
2．使う
3．残りに対してかかる税金を払う

今の時代、従業員は快適な生活を送るために必要な多くのものを税引き後のお金から買っている。例えば、従業員のほとんどは自家用車を税引き後のお金で買っている。一方、ビジネスオーナーは、その車が実際にビジネスのために使われ、一定の要件を満たしていれば、税引き前のお金を使って買うことができる。金持ち父さんの言う「五十パーセント・マネー」のために働いている人の場合、たとえ実際の値段はボスの車より安いとしても、自分の車の方がずっと割高になる可能性がある。フットボールの試合のチケットや旅行の費用、夕食代、子供の保育費といったものでさえ、税引き前のお金から支払うことが可能だ。従業員がこれらの費用を税引き後のお金から払っているのに対して、ビジネスオーナーは税引き前のお金から払うようにすることもできる（この場合、ビジネスの経費とするための正当な理由が必要だ。それに、制限がある場合もある）。つまり、アメリカではほとんどの人が五十パーセント・マネーのために働いているだけでなく、何かちょっとしたものを買う時に、ほぼ半分に減らされたあとのお金を使うので、結局はビジネスオーナーより多くを払う。この違いについて金持ち父さんと一緒に学んだ時、私はすぐに、仕事による安全のための代価が非常に高くつくことに気が付いた。

**●警告！**

この本は法律の教科書ではない。単に、所得の違いについてみなさんに気付いてもらうために書かれた本だ。ここでわざわざこんな注意をするのは、次のような理由による。それは、節税が合法的なのは、「より多くのお金を儲けるため」に税務戦略を使う場合に限られるからだ。同じ戦略でも、「税金を減らすため」だけの目的で使った場合は、厳密に言うと法律違反になる。これはとても大事な点で、できる限り優秀な税務アドバイザーを探すようにお勧めする理由もここにある。税金を減らすことだけを目的にいろいろなことをやって、政府によって厳しく罰せられた人は、私もこれまでにいやというほど見ている。税法に関する専門家からの適切なアドバイスには、多くの場合、お金には換えられない大きな価値がある。

### ●従業員には税制上の優遇措置がほとんどない

キャッシュフロー・クワドラントについて学び、理解できてくると、税制面で最も不利なのが従業員であることがわかる。実際のところ、税金を一番高い率で払っているのは、あまり高い給料をとっていない従業員たちだ——賃金労働者を守るために努力しているという政府にしてこんなものなのだ。スモールビジネスのオーナーや自営業者からなるSクワドラントでさえ、従業員のEクワドラントよりは多くの抜け道を持っている。

一番いいクワドラントはBクワドラントだ。その理由は簡単だ。Bクワドラントの人は、ほかのクワドラントに適用されるさまざまな税法を有利に利用することができるからだ。例えば私の場合、Bクワドラントに属する人間として、EやS、Iのクワドラントに許された税制上の優遇措置も利用することができる。EやSのクワドラントだけに属している人の場合は、必ずしもそうはできない。つまり、アメリカでは、だれかに雇われている従業員や、弁護士や医者などのように自営をしている専門職の人は、Bクワドラントの人が利用できる税の抜け道を利用できない。一方、Bクワドラントの人は、自分の都合に合わせて、EやS、Iのクワドラントに適用される法律も利用できる。ここでも、そういった法律を自分に有利に使うためには、有能なファイナンシャル・アドバイザーや税理士からのアドバイスと、しっかりした計画作りが絶対必要だ。

## ●どんな種類のお金のためにせっせと働いているか?

自分にこう聞いてみよう——私はどんな種類のお金のためにせっせと働いているか?

五十パーセント・マネーのために働いている人は、これから先も、もっと税金の割合が少ない所得のために働いている人たちより一生懸命に働かなくてはならないだろう。一番税金の割合が多くて、「高くつく」所得はEクワドラントの人の勤労所得だ。公認会計士(CPA)に聞いてみればわかるが、Eクワドラントに属する人の場合は、会計士がいくら腕を振るっても税を減らすためにできることはごくわずかだ。政府がこのクワドラントからの抜け道を、ほとんど全部ふさいでしまったからだ。

## ●401(k)の抱える問題

この制度には大きな欠陥がいくつかある。そのひとつは、401(k)でお金を貯め、運用がうまくいけば、売却益に対する二十パーセントの税金を払わずにそれを増やすことができるのは確かだが、引退してそれを引き出す時、勤労所得と同じ五十パーセントの税率で課税される点だ。つまり、自分では「ポートフォリオに投資している」、つまり、金持ち父さんの言うところの二十パーセント・マネーに投資していると思っていても、それを現金化する時には勤労所得の税率で課税されるということだ。別の言い方をするとこうなる——あなたは課税が繰り延べされる二十パーセント・マネーに確かに投資しているが、そのお金が必要になった時には五十パーセントの率で課税される。つまり、従業員として一生を五十パーセント・マネーのために働いたあげく、引退の時になっても、やはり五十パーセントの課税を受ける。

401(k)に伴う二つめの問題は、この制度はずっと貧乏でいるつもりの人にしか有効ではないことだ。引退後も所得が高いままの人は、引退に備えたお金に対しても高い率で税金を払い続けなければならない。なぜなら、所得が下がるのではなく上がってしまうからだ。

『金持ち父さんの投資ガイド』で、「安心していられること」「快適であること」「金持ちであること」の三つを目的とした異なるレベルのファイナンシャル・プランがあるという話をしたが、それぞれのプランに対して異なるタイプの投資手段があったことを覚えているだろうか？　４０１（ｋ）や貯蓄は、安心と快適さを目的としたプランには不可欠だ。だが、金持ちになることを目指したプランには含まれていない。

## ●社会保障制度と貯金の問題点

社会保障制度の問題点は、この制度が、貧乏でいたいと思っている人にしか適用されないことだ。引退後、社会保障手当だけでは生活費がまかなえないことがわかっても、勤労所得を得ようとして働きに出ると、政府が手当を減らし始める。つまり、たいていの場合、社会保障手当をもらえるだけもらおうと思ったら、ずっと貧乏でいなければならない。

貯金することが賢いやり方だと思っていて、持っているお金を全部銀行に預けておけばいいと信じている人たちの場合、彼らのお金は五十パーセント・マネーのために働いているのと同じだ。私も銀行に預けてあるお金はあるが、多くの人がそう思っているようにそれが賢い方法だとは思っていない。私にとって貯金は、安心と快適さを目的としたプランの一部であって、金持ちになるためのプランの一部ではない。自分のお金を五十パーセント・マネーのために働かせること、それと同時に、インフレーションの影響で目減りさせること、それは頭のいいやり方だと私は思っていない。それでも、安心と快適さのためのプランに貯金が有効であることに変わりはないが。

これから先の章を読むと、「学校へ行き、仕事に就き、せっせと働き、お金を貯め、４０１（ｋ）に積み立てろ」というアドバイスが、税金の面から見て最悪のアドバイスになりかねない理由がわかると思う。このアドバイスは、どの段階をとってみても、五十パーセント・マネーのために働くことを勧めている。私の実の父である貧乏父さんが貧乏なままだったのは、まさしくこれを自分と子供に言い聞かせていたからだ。お金に関して、父の頭にある現実はこれだけだったのだ。

## ●税金面でより有利な所得を得るにはどうしたらいいか？

若くして豊かに引退したいと思っている人は、金持ち父さんのアドバイスに従う必要がある。金持ち父さんのアドバイスは、自分のビジネスの面倒を見る、つまり他人のではなく自分の懐具合を心配するという考え方から始まった。

税金面でより有利な所得を得る方向に一歩踏み出すには、自宅を仕事場にしてスモールビジネスを始めたり、フランチャイズ権を買ったり、ネットワーク・マーケティングに参加したりするだけでいい。税制上の優遇措置を利用して、支出の一部のコストを低く抑えることができれば、それだけでも前に進んだことになる。だが、ぜひ覚えておいて欲しいが、前にも言ったように、そういったことをする目的は、税金を払わないためではなく、あくまでも、より多くのお金を儲けることでなければいけない。このやり方は目的によって、「脱税」とみなされることも「税金対策」とみなされることもある。

金持ちになりたい、そして金持ちであり続けたいと真剣に考えている人にとって、税金対策は自分でできることではない。あなたと一緒に、戦略的な税金対策を考え出してくれる有能なアドバイザーを見つける必要がある。

## ●ただ働きをして金持ちになる

『金持ち父さん　貧乏父さん』の中で、金持ち父さんが十セントの時給も払ってくれなくなって、私を無給で働かせた話をした。あの話をおもしろいと思う人は多いが、彼らの現実の中にはただ働きをすることは含まれていない。次のことをよく考えてみて欲しい――課税の繰り延べができる所得、あるいは税金を払わなくていい所得を得るために働きたいと思ったら、それは、たいていの場合、「ただ働き」を意味する。

労働に対して支払われるお金は、所得の中で税率が最も高い。学校で優秀な成績を収め、もうすぐ高給のとれる仕事に就ける……と胸を躍らせている若者を見て、私がよく暗澹とした気持ちになるのはそのためだ。そのような考え方、現実を持っている若者は、結局五十パーセント・マネーのためにせっせと働き、どんどん仕事の量を増やす。給料の高い仕事に就いた彼らは、四十歳になってふと疑問に思い始める――友達の中に自分より経済的に楽な暮らしをしている人がいるのはなぜだろう? 一生懸命に働く従業員が、しばらく働いたあと、金銭的にほかの人に遅れを取る理由は、勤労所得のために働いてきたからだ。彼らが一生懸命に働いてきたのは昇給とボーナスのためだった。

スタート地点では貧乏父さんの方が金持ち父さんより多くの勤労所得を得ていたが、最終的には金持ち父さんが貧乏父さんを追い越し、貧乏父さんが稼げる限界をはるかに超えるお金を稼ぐようになった。金持ち父さんはこう言った。「勤労所得、ポートフォリオ所得、不労所得のどの所得のために働こうが、いずれにしても時間を投資することになる。勤労所得のために働くことの問題点は、せっせと働き続けなければならないことだ。最終的には、ポートフォリオ所得や不労所得のために働いている人の方が、勤労所得のために働いている人が稼げる以上のお金を稼ぐようになる。それは、ポートフォリオ所得や不労所得のために働くことで、仕事の量を減らす一方で収入を増やし、しかも払う税金を減らすことができるからだ」

どうしてそうなるかは、次の表を見るとよくわかる。

| | |
|---|---|
| **勤労所得** | **五十パーセント・マネー** |
| **ポートフォリオ所得** | **二十パーセント・マネー** |
| **不労所得** | **〇パーセント・マネー** |

貧乏父さんが金持ち父さんに追い越されたのは、勤労所得はたいてい人間の労働から生み出され、ほかの二つの所得は資産から生み出されるという単純な理由からだ。時間の経過とともに、金持ち父さんはゆっく

りだが確実に、自分のために働いてくれる資産の数を増やし、規模を大きくしていった。一方貧乏父さんは、より多くの五十パーセント・マネーを得るために、自分の仕事をどんどん増やすことしか知らなかった。

Eクワドラントの人たちは、一番税金をコントロールできない。そして、引退後も、払う税金が一番多い。今、Eクワドラントから所得を得ている人は、ほかのクワドラントから所得を得るために何か始めることを考えるといいかもしれない。SクワドラントにはEクワドラントより少し有利な点がある。一番大きな利点は、課税前の総所得から支出の一部を控除できることだ。一方、EクワドラントとSクワドラントの両方に共通する問題点は、自分で実際に働かなければならないので、使えるレバレッジがごく限られていること、そして税金が高いことだ。税金を一番コントロールでき、自分の労働を注ぎ込まなくていいのでレバレッジも大いに効かせられるのはBクワドラントとIクワドラントだ。

若くして豊かに引退したいと真剣に考えている人は、ただ働きをすることを考えるといい。「ただ働きをして金持ちになるにはどうしたらいいだろう?」と自分に問いかける時、あなたは自分の現実を別の現実に向かって広げ始める。すぐに何も思いつかなくても、そのまま現実を広げる努力を続け、BクワドラントとIクワドラントで金持ちになった人たちの人生について学ぶのに時間を投資し、自分を教育しよう。

金持ち父さんはこう言った。「お金のために働いて金持ちになるのはむずかしい。本当に金持ちになりたかったら、資産を作り出したり、買ったり、新たに生み出す方法を学ぶことだ」。金持ち父さんはまたこうも言った。「昇給のために一生懸命働くのはとてもリスクが大きい」。その一番の理由は、多くの場合、昇給のためにせっせと働いていると、終わりのない「ラットレース」にどんどん深くはまっていくからだ。そして、二つめの理由は、ほかの人たちがお金の面であなたをどんどん追い越していくことだ。

大金持ちの多くは余暇を使って金持ちになった。だから、家族を養うなどの経済的責任を負っていて、今仕事に就いている人は、そのまま仕事は続けながら空いた時間を最大限に利用しよう。友達がゴルフや釣りに出かけたり、テレビでスポーツ観戦をしている間に、パートタイムのビジネスを始めることだってできる。

ヒューレット・パッカードもフォードもガレージから出発した。今は、これまでのどんな時代より短期間で貧乏から金持ちになれることを覚えておこう。マイケル・デルは三年間で大学生から億万長者になった。クラスメートたちが学校の宿題をやったり、町に繰り出してビールを飲んでいる間に、デルは寮の自分の部屋で何十億ドルもの価値があるビジネスを作った。今、彼のクラスメートの大部分は、五十パーセント・マネーのためにせっせと働いている。中には、昇進と昇給をあてにして学校に戻り、いまだにビールを飲みながらテレビでスポーツ観戦をしている人もたくさんいる。彼らは大きな家や四輪駆動車を持っていて、子供は私立の学校に通わせているかもしれない。そして、引退するまでに401（k）が充分な額になっていることをあてにしている。中には、「大学を中退したデルがなぜあんな幸運に恵まれたのだろう?」と、心の中で不思議に思っている人もいるかもしれない。デルの幸運は現実の違いから始まった。自ら進んで学ぶ気持ち――ただし、成績を上げるために学ぶのではない――、自ら進んでただ働きをしようという気持ちから始まった。

キムと私が早く引退できたのは、ビジネスを立ち上げ、不動産を買うために一生懸命働いたからだ。このプランのおかげで、仕事の量をどんどん減らす一方で収入を増やすことができた。私たちはお金のためには働かなかった。金持ち父さんのアドバイス通り、資産を作り上げたり、買ったり、生み出したりするために一生懸命働いた。高い給料のもらえる仕事に就くことや、昇給には興味がなかった。レバレッジがあまり効かない仕事をしたり、レバレッジが五十パーセントに弱められているお金のために働くことにも興味がなかった。私たちにとってはそれは賢いやり方ではなく、長い目で見た場合ずっとリスクの大きいやり方だった。

この本の後半では、より小さいリスクでより大きなリターン（利益）を得られる資産を手に入れるためにどうしたらよいか、その方法についてお話しするつもりだ。ただし、もう一度断っておくが、そのような資産を手に入れるためには、無償で働いたり勉強する必要があるかもしれない。たいていの人は、自分から進んで無償で働いたり勉強したりといったことはあまりやらない。だからこそ、若くして豊かに引退する人がこんなにも少ないのだ。

私は税金を納めることに反対しているのではない。税金は文明社会で生きるために必要な支出の一つだ。税金がなかったら、警察や消防、教師、清掃員、裁判所、道路、交通信号などは存在しない。それに、もちろん政治家もいない。この章で言いたかったのは、税金をいつ、どれくらい払うかを合法的かつ賢くコントロールする方法を学ぶことだ。

**●頭脳のレバレッジを高めるために⑦**

今、毎月どれだけの所得を得ているか、所得の種類別に次の表に記入しよう。

**1. 勤労所得　（　　　　）円**
**2. ポートフォリオ所得　（　　　　）円**
**3. 不労所得　（　　　　）円**

たいていの場合、引退したいと思っている人には不労所得とポートフォリオ所得が必要だ。不労所得とポートフォリオ所得を手に入れる方法を学ぶ時期が早ければ早いほど、若くして豊かに引退するためのレールに早く乗れる。そうすれば、早い時期に引退できるだけでなく、経済的により安心していられるようになるだろう。また、前より賢くなったように感じる人もいるかもしれない。なぜなら、五十パーセントの税金をとられる所得、つまりたいていの人がそのためにせっせと働いている勤労所得ではなく、税金が二十パーセント、あるいは課税が繰り延べできる所得を稼ぐことになるからだ。

この本の最後の方では、ローリスク・ハイリターンのポートフォリオ所得と不労所得をより多く手に入れるための方法も取り上げたいと思う。ただし、ここでも先ほどと同じで、そのような所得を得られるようになるためには、無償で働いたり、もっと勉強したりする必要があるかもしれない。新しい現実に足を踏み入れるには、ひたむきな学習と無償の労働が必要な場合が多い。

レバレッジをより多く利用できる所得を獲得するための旅に出発すると決めた人は、いつもライト兄弟のことを思い出そう。成績を上げるためではなく、自ら学びたいと思ったから学んだ人、将来の保障のないまま無償で働いた人、賢明な方法でリスクをとった人、そして、自分自身と世界を新しい現実に導いた人——ライト兄弟はその最高のお手本だ。

第八章

# 金持ちになる一番の近道

金持ち父さんシリーズ四作目の『金持ち父さんの子供はみんな天才』が出版されてまもなく、ある有力紙に書評が載った。このシリーズについてのマスコミの扱いは好意的なものがほとんどだ。みんな客観的で、公平な立場から書評を書いてくれている。だが、この書評の論調はちょっと違っていて、記者は私の文章能力の欠如を非難するところから話を始めていた。私には学校へ戻って作文の授業をもう一度受け直す必要がある――彼が言っているのは要するにそういうことだった。皮肉なことに、私はこの本の中で、自分が文章を書けなくて二度も英語の授業を落としたことを告白していた。十五歳の時、文章が下手だという理由で「ばか」とか「落ちこぼれ」というレッテルを貼られたのは、人生でとてもつらい出来事だった。

あの時以来、私は「物書き《ライター》」を自称したことは一度もない。文章を書くことは私が最も苦手とする技術で、学校であんなに苦労したのもまさにそのせいだった。『金持ち父さんの子供はみんな天才』は、読み書きが得意でなかった私が、どのようにしてその能力の不足を克服し大学まで終えることができたか、その過程について書かれた本だ。読み書きの才能に限らず、子供が持っている独自の才能を見つけ育てることについての本、また、子供が経済的に生き延びるための技術を育てる必要性についての本と言ってもいい。ところが、あの書評を書いた記者は、本の内容ではなく、私の作文能力を批判していた。学生時代ずっと私が悩まされたのも、これと同じような教師からの反応だった。

記者は最後に一言、彼にしてみれば精一杯好意的なコメントを付け加えていた。おそらく、そうすれば書評がバランスのとれた客観的なものになると考えたのだろう。記者はこう書いていた。「この本はあなたの子供をより雇用されやすくするのに役立つだろう」。これを読んだ私は、作文能力に対する記者の批判の正しさが証明されたようなものだと思った——こんな誤解を招くのだから。だが、それにしても、あの本の社会的な意義が唯一、子供をより「雇用されやすく」することだという指摘はあまりに的外れで、とてもいやな気分だった。私は、この記者は本を読んでもいないのではないかと思った。『金持ち父さんの子供はみんな天才』は子供をより雇用されやすくすることについて書かれた本ではない。むしろ、より「雇用されにくく」することについて書かれたものだ。若くして豊かに引退したいと思っている人は、より雇用されやすい人間になるのではなく、より雇用されにくい人間になることについて考える必要がある。ここでも、違いは頭の中の現実にある。

## ●より雇用されにくい人間になる方法

繰り返しになるが、頭脳のレバレッジの重要性を一言で言うとこうなる——あなたの「現実」は、あなたが「現実だと思っていること」にすぎない。もっと一般的な言い方をするなら、「あなたの考えていることが現実になる」と言ってもいい。「人の現実を変えるのはむずかしいですか?」と聞かれると、私は「それは場合によります」と答える。私の場合は、貧乏父さんが賢いやり方だと思っていたこと、つまり「貧乏父さんの現実」を脱ぎ捨て、「金持ち父さんの現実」を身につけるのは、個人的にとてもつらいことだった。中流以下の人間の現実から金持ちの現実へと人の現実を変えることは、何年もずっと右手でものを食べてきた人が、左手で食べる方法を学ぶのによく似ている。現実を変えるのも、左手で食べるのもむずかしいことではないし、辛抱強くやればだれでもできるはずだが、実際にやるとなるとそう簡単にはいかない。

金持ちになるのに一番てっとり早い方法は、現実をより速く変えられるようになることだ。たいていの人にとって、これは言うのは簡単だが実行はむずかしい。私の見る限り、たいていの人はたとえそれが経済的に苦しく窮屈な現実でも、自分の今の現実に留まっている気楽さの方を選ぶようだ。金持ち父さんは「たいていの人は収入を増やすよりも収入の範囲内で生活する方を選ぶ」と言っていた。つまり、たいていの人は、数年間少し快適さが失われるのをがまんして、現実を変えるためにせっせと努力し、そのあと死ぬまでのんびり暮らすよりも、快適さを維持したまま一生せっせと働く方を選ぶと信じていたのだ。先ほどの喩えを使って言うと、たいていの人は、左手で食べる方法を学んで金持ちになるより、苦労せずに右手で食べ続けて貧乏でいる方を選ぶということだ。金持ちになるには、言ってみれば頭の中の現実も、右利きから左利きに切り替えなければいけない。

## ●コンテンツ vs コンテクスト

ファースト・カンパニー誌に「学習入門」という見出しの次のような記事が載った。

「新しい経済《ニューエコノミー》の中で速く前へ進み、そのスピードを維持したいと思う個人、チーム、会社にとって、学習は最も重要な道具だ」

「だから、古い経済《オールドエコノミー》で『コンテンツ』が何より大事だったのに対し、新しい経済《ニューエコノミー》では『コンテクスト』が何より大事になっている」

つまり、言い方を変えると、どんなフォークを使うかより、右利きから左利きに変える方法を学ぶことの方が大事だということだ。

現在の学校システムは、私たちが生きている世界の「コンテクスト（状況・入れ物）」が情報時代の到来によってこんなに変わったというのに、それに目を向けるより、子供たちによりよい「コンテンツ（内容・中身）」を与えることに一生懸命になっている。あの書評を書いた記者は、私の本の唯一の社会的意義が、子供を雇われやすい人間にすることだと言っていたが、大部分の教師はまさにそれをやっている。つまり、子供をもっと雇われやすい人間にするような授業内容を考え出そうとしている。学校システムがコンテクストよりもコンテンツに焦点を合わせ続けているのは、そのような目的を持っているからだ。

世界のコンテクストは変わった。私の父や母が育った大恐慌の時代には、仕事はなかなか見つけられないもので、仕事によって安全を確保することが何より大事というのが一般的コンテクストだった。だから、父と母は、いい成績と仕事によって安全を確保することの重要性を強調したのだ。両親の時代には、いい会社で安定した職を見つけ、ずっと同じ会社でせっせと働けば、一生お金には困らなかった。引退後の経済的安定は会社が責任を持ってくれたからだ。一九九〇年代初期にダウンサイジングの嵐を経験した今の人たちはたいてい、雇用のコンテクスト、つまりそのルールがすっかり変わってしまったことに気付いている。

### ●小さなグラスには少ししか水が入らない

金持ち父さんはコンテンツ、コンテクストといった言葉はあまり使わず、その代わりに「現実」という言葉を使った。一方、「キャパシティ（能力・容量）」という言葉をよく使い、いつもこんなふうに言っていた。「貧乏な人は貧乏な現実を持っているだけじゃない。貧乏な現実を持っていることは、お金を自分のもとに留めておくキャパシティがその人にほとんどないことを意味する」

金持ち父さんが言いたかったのはこういうことだ——「私は決して金持ちにはならない」「私にはそれは買えない」「投資は危険だ」などと言う人は、それによって金持ちになる自分のキャパシティを減らしている。金持ち父さんはこう言っていた。「中流以下の現実を持っている人が突然お金を手にした場合、お金を扱うのに必要な頭脳的、感情的キャパシティを持ち合わせていないことが多い。だからお金が容量を超えてあふれ出し、どこかに行ってしまう」。「お金が指の間からこぼれていく」とか「どんなに稼いでも月末にはいつもお金が足りない」「余分なお金ができたら投資するつもりだ」などと人が言うのをよく耳にするのはそのためだ。

コンテクストに関する自分の考えを息子のマイクと私にしっかりわからせるために金持ち父さんが使った例で、私もよく使うものを次に紹介する。

金持ち父さんはよく、空のグラスを手にとり、水がたっぷり入った大きな水差しから水を注いだ。小さなグラスがいっぱいになって水があふれ始めるまでにそれほど時間はかからない。金持ち父さんが水を注ぎ続ければ、その間水はグラスからあふれ続ける。そこで、金持ち父さんはこう言う。「世界にはお金がたくさんある。金持ちになりたかったら、まず自分の現実――コンテクストと言ってもいい――を広げ、その豊富な水のうち、自分の取り分が入るだけの大きさにする必要がある」。セミナーなどでコンテンツとコンテクスト、キャパシティの三つの関係を説明する時、私は一目でわかるこの例をよく使う。まず、一オンスの小さな計量カップに水を注ぎ、次に小さめの普通のグラスに、そして次にもっと大きなグラスに水を注ぐ。これは、貧乏な人と中流の人、そして金持ちとがどれくらいのお金を自分のもとに留めておけるか、そのキャパシティの違いを具体的に示すのに役立つ、とても簡単な実演だ。

**●キャパシティを大きくする方法**

「現実、あるいはコンテクストを広げるにはまず何をしたらいいですか?」と聞かれると、私は「あなたの考え方を観察することから始めなさい」と答える。それから、「お金は単なる考え方にすぎない」という金持ち父さんのお気に入りの言葉を思い出すように言って、金持ち父さんが私にしてくれたのと同じアドバイスをする。

金持ち父さんは次のような言葉に注意するように言った。

「私にはそれは買えない」

「私にはそれはできない」

「それは間違っている」

「それはもう知っている」

「それはもうやってみたがうまくいかなかった」

「それは不可能だ。絶対うまくいかない」

「あなたにはそんなことはできない」

「それは違法だ」

「それはむずかしすぎてできない」

「私は正しくて、あなたは間違っている」

金持ち父さんは「皮肉屋と愚か者は、現実と可能性の両極端にいる双子の兄弟だ」と言い、次のように続けた。「愚か者はどんなに途方もない計画でも可能だと信じ、皮肉屋は自分の現実の外にあるものは何でも批判する」。金持ち父さんの説明の締めくくりはこうだった。「皮肉屋の現実は新しいものをすべて締め出し、愚か者の現実は愚かなアイディアを締め出せない。裕福な金持ちになりたかったら、新しいものを進んで取り入れる頭脳、柔軟性のある現実、そして、新しいアイディアを実現し、利益を生む事業へ変えられるだけの技術を持つ必要がある」

ファースト・カンパニー誌に引用されていた言葉を思い出そう。

「だから、古い経済《オールドエコノミー》で『コンテンツ』が何より大事だったのに対し、新しい経済《ニューエコノミー》では『コンテクスト』が何より大事になっている」

金持ち父さんだったら、同じことを次のように言っただろう。「速く金持ちになりたかったら、新しいアイディアを進んで取り入れる頭脳と、自分の今の能力を超えた可能性に挑戦できる技術を持つ必要がある。そのためには、すばやく変化、拡大、成長できる現実を持っていなければいけない。貧乏な人間の現実、つまり不足と制限から生まれた現実を持ったまま金持ちになろうとするのは、『スパイ大作戦《ミッション・インポッシブル》』並みの至難の業だ」

●なぜそうなってはいけないのか?

一九八五年、カナダの山奥で、妻のキム、友人のラリー、私の三人は、若くして豊かに引退するために、自ら進んで快適さを捨て、かなり大変な思いをしてでも——大げさではなく、実際それは時としてとても大変だった——現実を新しいものにしようと決心した。どうやって短期間で金持ちになり、若くして引退できたのかと聞かれると、私はただこう答える。「自分たちの現実を変え続けたんです」。現実を変えるにはどうしたらよいかと聞かれた時は、ロバート・ケネディがよく言っていた言葉をそのまま引用してこう答える。「世の中には、今あるものをそのまま見て、『なぜ?』と言う人がいる。私はこれまで存在しなかったものを夢に見て、こう言う。『なぜそうなってはいけないんだ?』」

早く金持ちになりたいと思っている人に必要なのは、今の現実が与えてくれる快適さを乗り越え、人生の新しい可能性の世界に足を踏み入れることだ。ロバート・ケネディの言葉通り、「なぜそうなってはいけないんだ?」と考えよう。

現実、あるいはコンテクストを短期間で広げられる頭脳を持っていることは、とても重要なレバレッジだ。実際のところ、あなたにとって最も重要なレバレッジと言ってもいい。変化のスピードの速い今の世界ではなおさらだ。金持ち父さんにとって、現実をすばやく拡大できる頭脳を持っていることはとても大事だった。実際、それこそが彼が持っていたすばらしい資質であり、経済的に成功し続けた理由でもあった。年齢を重ね、願わくば多少賢くなった今、私は金持ち父さんが息子のマイクと私に「それは買えない」と言うのを禁じたことの意味がもっとよくわかるようになり、心から感謝している。

これから先、現実を変化させ大きく広げる能力が、あなたにとって最も大事なレバレッジになる。これから先はコンテクストを変化させ、広げられる人間が豊かになり、そうできない人間を追い越し、先に進む。ファースト・カンパニー誌にあったように、新しい経済《ニューエコノミー》ではコンテクストが何より大事だ。がんばって、若くして豊かに引退したいと思っている人は、コンテクストをすばやく変化させ続けることができなければいけない。なぜなら、コンテクストがコンテンツを決定するからだ。コンテクストにコンテンツをプラスしたものがキャパシティーだ。

　これで、頭脳のレバレッジの重要性についての話はだいたい終わりだ。頭の中にある現実についての話も一応ここで終わりだが、人間の現実が持つ力についてのこの考え方はとても重要なので、あとの章でも繰り返しお話しすることになると思う。

　次の章では、ファイナンシャル・プランの持つレバレッジの重要性についてお話しする。プランを持つことが大事な理由は、たいていの人が夢は持っていてもプランを持っていないからだ。若くして豊かに引退したいと夢を持つことは大事だ。だが、その夢を実現するためには、夢と現実を結びつけるプランが必要だ。

　次の章では、あなたの「頭脳のレバレッジ」が試されることになるだろう。なぜなら、たいていの人の現実を超えるような金額が登場するからだ。自分の現実、あるいはコンテクストを超えた金額は、あなたにとってただの夢にすぎない。前にも言ったように、年に五万ドル以下しか稼いでいない人にとっては、あと数年のうちに百万ドル以上の収入を確保して引退することなどなかなか考えられない。いつかそうしたいと夢を見ている人はいくらでもいるが、それを実現するのはアメリカの人口の一パーセントに満たない。つまり、九十九パーセントの人にとっては、その現実は永遠に夢のままだ。

　ありがたいことに、適切な現実、あるいはコンテクストを持つことの重要性を理解し、さらに、プランを立てることの重要性も理解できれば、若くして豊かに引退できるチャンスはぐんと増える。

　現実を変え、しっかりしたプランを立てれば、働かずに百万ドル（あるいはそれ以上）を稼ぐことの方が、五万ドルの年収のために一生働くことより簡単に思えてくるかもしれない。そのために必要なのは、柔軟性を持った現実（コンテクスト）と、プランを立ててそれに従うことだけだ。次の章では、プラン――若くして豊かに引退するための、充分レバレッジの効いたプラン――を立てることについてお話しする。

# 第二部　プランのレバレッジ

次に紹介するのは、クリントン政権時代の労働長官、ロバート・ライシュがインタビューで語った言葉だ。

「金持ちと貧乏人の間のギャップがどんどん広がり、深刻な問題となりつつある」

「労働省長官としての私の目標は、国民に多くの仕事とより高い賃金を提供するために努力することだった。そのようにして何年か一生懸命働いていると、どうしても、仕事と賃金がすべてのように思えてくる。だが、実際はそうではない」

「もはや、仕事を持っているかどうかという単純な問題ではない。それどころか、人並みの給料をもらっているかどうかすら問題ではない」

「思いがけない収入の道が待っている新しい経済《ニューエコノミー》においては……二つの道が姿を現しつつある。それは高速車線と低速車線の二つで、その中間の車線はない」

ここで、あなたに質問だ。

あなたとあなたのプランは高速車線に乗っているか、それとも低速車線に乗っているか？

# 第九章
# あなたのプランは遅いか、速いか？

「ぼくにはスピードが必要だ」——映画『トップガン』

一生せっせと働き、節約し、引退後に備えた口座にお金を貯めるというやり方は、とてもスピードの遅いプランだ。世の中の九割の人にとっては賢明でいいプランかもしれないが、若くして豊かに引退したいと思っている人向きのプランではない。そういう人は、たいていの人のプランよりずっとスピードの速いプランを立てる必要がある。

もし機会があったら、『トップガン』のビデオを借り、そこに登場する若きパイロットたちがどんなに速く飛び、どんなに素早く、命に関わる決断をしなければならないか見て欲しい。あの若者たちにとって、スピードを制御する能力は大きな意味を持っている。なぜなら、自分が制御するスピードに命がかかっているからだ。今の時代は、人生やビジネスについても同じことが言える。ビジネスの世界における変化に適応するために、どれくらいのスピードで自分のコンテクストを変化、拡大させることができるか、それは金銭的な成功と豊かな生活を望むすべての人にとって非常に大きな意味を持っている。もう、持てる者と持たざる者のギャップの問題ではない。今日、最も急激に拡大しているギャップは、中流の人と金持ちとの間の金銭的なギャップだ。もっとはっきり言うと、産業時代向きの遅いプラン、あるいは遅いコンテクストを持っている人は、お金の面でどんどん遅れをとる。それも、同年代の人から遅れをとるのではなく、変化への適応がより速い頭脳や、結果が出るのが速いアイディアを持っている若い人たちに先を越される。このように、コンテクストを変化させる速度がどんどん速まっていることが、今日、二十五歳で億万長者の若者と、五十歳で年収五万ドルの仕事を探している人がいる理由だ。残念なことに、私と同年代のこの五十代の大人たちは、今でも、自分たちが歩いてきた道をたどるように子供たちに忠告し続けている。つまり、親が乗ってきた鈍行列車に乗るように勧めているのだ。

シリーズ三作目の『金持ち父さんの投資ガイド』のはじめの方で、投資はプランだという話をした。また、たいていの人は貧乏になるプランを持っているという話もした。金持ち父さんが言っていたように、これほど多くの人が「引退したら収入が減る」と言う理由はここにある。言い換えるなら、そういう人は、一生せっせと働いて、ただどんどん貧乏になっていく「プランを立てた」のだ。金持ち父さんはこう言った。「若くして豊かに引退したいと思ったら、仕事の量をどんどん減らしてくれる一方で、どんどん金持ちにしてくれるような高速のプランを立てなければいけない」

## ●高速プランを立てるにはどうしたらよいか?

お金についての金持ち父さんの基本的な教えの一つは、「お金は考え方だ」という教えだ。金持ち父さんはこれにこう付け加えた。「電車に急行と鈍行があるように、考え方にも高速と低速のものがある。お金に関することとなると、たいていは鈍行列車に乗り、急行列車が自分の乗った電車を追い越していくのを窓からながめている。早く金持ちになりたかったら、プランの中に高速の考え方を取り入れなければならない」

家を建てるとしたら、たいていはまず建築家を雇うだろう。そして建築家と一緒にいくつかの設計プランを立てる。それなのに、財産を築こう、将来のためのプランを立てようという時には、どこから始めていいかわからない。だから、いつまでたっても人生のファイナンシャル・プランを立てない。つまり、財産を築くためのしっかりした設計図がないのだ。お金に関することとなると、たいていの人は親のプランに従う。多くの場合、それは一生懸命に働いてお金を貯めるプランだ。そのプランに従って何百万という人が通勤電車に乗り、その窓から、お抱え運転手付きの高級乗用車や会社所有のジェット機、豪邸などをながめている。ラッシュアワーで動けなくなった自動車や電車、飛行機などの窓から外をながめて一生を過ごすつもりのない人は、もっとスピードのあるファイナンシャル・プランを立て始めるといいかもしれない。高速プランを立て、それを練り上げるにはまずどうしたらいいか、そのためのアイディアを次に紹介する。

## ●まず出口戦略を決める

よく、「投資を始めるにはどうしたらいいですか?」とか「何に投資したらいいですか?」と聞かれるが、それに対して私は、「あなたの出口戦略は何ですか?」という質問で答える。そして次に、「何歳で引退したいんですか?」と聞くこともある。

金持ち父さんは何度もこう言った。「プロの投資家はいつも、投資をする前に出口戦略を持っている」。出口戦略を持っていることは投資の基本だ。同じ理由から、金持ち父さんは次のようにも言った。「始める前に、いつも終わりから始めろ」。別の言い方をすると、投資を始める前に、まず、出口に達した時、つまり引退する時にいくら持っていたいか、どのようにして、いつ、どこでその時期を迎えたいかを知る必要があるということだ。例えば、だれかがあなたのところにやってきて、「休暇旅行のプランを立てるのにまずしなければならないことは何ですか?」と聞いたら、あなたはきっと「そうですね……まずどこに行きたいか決めることですね」と答えるだろう。あるいは、だれかが「何を勉強したらいいでしょう?」と聞いてきたら、「学校を卒業したら何になりたいんですか?」と聞き返すだろう。投資の場合も同じことだ。何に投資すべきか決める前に、まず、最終的にどうなりたいかを知らなければいけない。金持ち父さんが繰り返し、「出口戦略を知ることは大事な投資の基本だ」と言っていたのはこのためだ。

自分が勤めている会社や政府が引退後の面倒を見てくれるわけではないことに気付き、投資をしている人は多い。今、多くの人は長期にわたる経済的安定を得るために投資している。多くの人が投資するようになったのはいいことだが、その一方、心配なのは、多くの投資家が投資を始める前に出口戦略についてあまり考えていないことだ。

### ●働くのをやめる時、あなたはいくら持っているだろうか？

たいていの人が引退、つまり出口からの退場を考える六十五歳を一つの目安とした時、あなたはどれくらい収入のある状態で引退したいと思っているか？

何年か前、だれかから連邦政府の統計をもらった（今では最新の統計とは言えないが、その数字はあまり変わっていないと思う）。そこには、米国保健教育福祉省が行った二十歳から六十五歳までの国民の追跡調査の結果が次のように示されていた。

六十五歳になった時、百人のアメリカ人のうち
三十六人は死亡していた
五十四人は政府や家族の援助を受けて暮らしていた
五人は必要に迫られてまだ仕事を続けていた
四人は恵まれた生活を送っていた
一人は金持ちになっていた

この統計は、たいていの人が一生せっせと働き貧乏なまま引退するという、先ほどの私の話を裏付けているように思える。彼らは貧乏なまま引退するプランを立てていたか、あるいはファイナンシャル・プラン、つまり出口戦略にまったく注意を払わなかったか、そのいずれかだ。

この数字を見て、みなさんに考えて欲しいのは、「六十五歳になって退場する時、この統計のどのグルー

プに属していたいか、あるいはどのグループに属する計画を立てているか?」ということだ。私の実の父、貧乏父さんは学歴も高くよく働く人だったが、より多くの教育を受けるために、常により高度な教育機関に戻って学んでいた。それでも結局、晩年に父がたどり着いたのはピラミッドの底辺にすぎなかった。一方、金持ち父さんはこの表の「金持ち」の基準をはるかに超えるところまでのぼりつめた。二人とも最初はほとんど何もないところから出発したが、プランと出口戦略が異なっていた。一方の父は貧乏なまま引退するプランを、もう一方の父は金持ちで引退するプランを持っていた。どちらも六十五歳をすぎてからも働いていたが、一人は必要に迫られて働き、もう一人は働くのが楽しいから働いていたという点が違っていた。

## ●あなたの出口戦略の目標は何か?

連邦政府の統計を見た私は、出口戦略を決定するのにもっと役に立つ比較を行うためには、さらに細かい区別が必要なことに気がついた。そこで、西暦二〇〇〇年の貨幣価値を基準とした収入の分類を、この統計に付け加えてみた。六十五歳で引退する時、働かずに得られる収入は次のように分類できる。

**貧乏な人　年収二万五千ドル以下**
**中流の人　年収二万五千ドルから十万ドル**
**裕福な人　年収十万ドルから百万ドル**
**金持ち　年収百万ドル以上**
**大金持ち　月収百万ドル以上**

残念なことに、アメリカで引退時に「裕福な人」の基準を超えているのは百人中たった一人しかいないというのが悲しい現実だ。連邦政府の統計によれば、百人のうち三十六人は死んでいる可能性が高い。この三十六人は、仕事の世界から退場する前に、この世から退場する人たちだ。そして、残り六十四人のうち五十九人が、裕福レベルに達しないまま引退時期を迎える。このレベル以上に達するのは百人中わずか五人だ。このような状況になっている理由の一つは、たいていの人が、はっきりした出口戦略のない「低速」のファイナンシャル・プランしか持っていないからだ。

投資セミナーに集まった投資家たちに向かって、私はよく「退職する時、どのグループに属していたいですか?」と聞く。つまり、「あなたが目指している出口のレベルはどれか?」と聞く。この質問に対して、たいていの人が中流レベルで出口に到達すれば満足だと答えるのは、実に興味深いことだと思う。答えを聞いたあと、私はこう言う。「それで満足だという人は、いま乗っている鈍行列車に乗り続けていればいいでしょう。鈍行列車がそこまであなたを運んでくれますから」。それからさらに次のように説明する。「鈍行列車は、安定した仕事を見つけ、せっせと働き、収入の範囲内で暮らし、お金を貯め、長期的な投資をするというスケジュールに従って走っています」

「鈍行列車に乗って裕福レベルまで行くことができますか?」と聞かれると、私はこう答える。「ええ……給料の高い、安定した仕事に就いてそこまで到達するのは可能です。でも、そのためには若い頃から投資を始め、質素な生活をして、収入の大部分を投資に回し、市場が暴落しないように祈り、そして、五十五歳までは引退しない、というのでなければだめです」。それからさらにこう続ける。「安定した仕事と質素な生活によって裕福レベルまで行くプランには、支払わなければならない代価があります。それは、このような保守的なプランでは、多くの場合、その先の金持ちレベルや大金持ちレベルに達するのがむずかしいということです」。もし、あなたの望みが、中流レベル、あるいは裕福レベルで引退することだけだったら、あなたにはこの本は必要ない。今言ったようなレベルについて、あるいはそのようなコンテクストや現実を持っている人のために書かれた本はほかにいくらでもある。中流レベルと裕福レベルは退場時の最終的な状態としてはかなりいい。私が心配なのは、それらのレベルに達することのない、人口の約半分の人たちのことだ。

## ●急行列車に乗ろう

私と同じように、ほとんど何もないところから実社会で生活を始めようとしていて、若くして引退したい、それも金持ち、あるいは大金持ちのレベルで引退したいと思っている人は、たぶん仕事による安定に頼るのをやめて急行列車に乗る必要がある。急行列車に乗るために必要なのは、柔軟性のある頭脳と高速のアイディア、ビジネスと投資に関するよりよい教育、そしてより高速のプランだ。別の言葉で言うと、普通の人とは異なるコンテクスト（状況・入れ物）とコンテンツ（内容・中身）を頭の中に持って、それをもとに活動する必要があるということだ。仕事に依存した安定と長期の投資を軸としたプランを使って裕福レベルに達した人は、金持ちや大金持ちのレベルで要求される厳しさに対処できるだけのコンテンツやコンテクスト、キャパシティ（能力・容量）を持っていない。これを別の言葉で言うと、そういう人は裕福レベルに達した時、お金は持っているかもしれないが、その上のレベルに必要な現実を持っていないということだ。金持ち父さんが言っていたように、「たくさんお金を持っているだけでは、金持ちとは言えない」。

妻のキムと私は、裕福レベルで人生のラットレースから抜け出そうと決めた。つまり、それが私たちのゴールだった。一九八五年、まずゴールを決めた私たちは、次にそこから逆算して出口戦略、つまり投資プランを立てた。そして、それからやっと入口戦略を決めた。もう出口戦略が決まっていたから、何をすべきか、どこから始めるかはわかっていた。私たちにとってそれは、ビジネスを立ち上げ、不動産に投資するために急行列車に乗ることだった。それはまた、週末を何回か犠牲にすること、テレビを見る時間を少し減らすことを意味していた。また、友人や親戚から「どうして仕事に就かないんだ?」とか「どうしてそんなに一生懸命働くんだ?」と聞かれることも意味していた。

懸命に働いたこと、仕事による安定をあてにしなかったこと、そして、急行列車の厳しいスケジュールを守ったことで、私たちは充分な見返りを得た。キムが三十七歳、私が四十七歳の時、私たちは目標を達成した。プランを立ててからゴールに到達するまで九年かかった。私たちは一九八五年にプランを立て、一九九四年に出口に到達した。一九八五年に選んだプランは、私たちを裕福レベルまで短期間に引き上げてくれると同時に、私たちが金持ち、あるいは大金持ちレベルまで進む資格を持った「適格」者になるのに必要な教育と経験を与えてくれるプランだった。ここでのキーワードは「資格を持った」、あるいは「適格」だが、これに関してはこの章の後半、あるいは後の章で詳しくお話しするつもりだ。

投資からの年間不労所得が十万ドル以上になったところで、私たちは金持ちレベルに進めるようになった。その理由は簡単だ。つまり、次のレベルに進むだけの時間とお金と基本的な資格が手に入ったからだ。私たちは五年で裕福レベルから金持ちレベルへ到達した。次のゴールは、純利益から投資のためのコストを引いた「残余利益」で大金持ちレベルに達することだ。物事が計画通りに運べば、三年で到達できるはずだ。

理論上は、どのレベルにおいても私たちの基本的プランは単純だった。つまり、ビジネスを立ち上げ、不動産に投資する——ただそれだけだった。今でも私たちはビジネスを立ち上げ、不動産投資を続けている。プラン自体の単純さは変わらないが、教育と経験の量はどんどん増えている。ビジネスを立ち上げ、不動産を買う速度が速くなったのは、この教育と経験のおかげだ。私たちは間違いを犯し、それを正し、そこから学んできた。間違いと、そこから学んだことのおかげで大きさが変化したものがある。それは、コンテクストとコンテンツ（知識と言ってもいい）、より大きなプロジェクトやより多くのお金を扱うキャパシティ、そして、より大きく、より複雑な事実や数字を処理するスピードだ。私たちは急行列車に乗ったおかげで、鈍行列車を使って裕福レベルに達する人たちとは異なる資格をビジネスと投資の面で与えられた。

私たちのスタートはゆっくりだった。だが、その後、教育、経験、同じ考えを持つ友人を着実に増やしていった。単純なそのプランに従って進むうちに、コンテクスト、コンテンツ、キャパシティがどんどん広がり、ビジネスを立ち上げるスピードや、収入を生む不動産を獲得するスピードが速くなった。同年代の多くの人が、人生で一番多く稼げる時期に差しかかろうとしている今、私たちの収入の可能性は、まさに上昇を開始しつつあるように思う。彼らが八万ドルから三十五万ドルの年収で満足している一方で、キムと私の所得は超特急列車に乗り込もうとしている。この列車のいいところは、収入がどんどん増える一方で、仕事の量がどんどん減ることだ。すべては私たちのプラン通りに運んでいる。

一九六〇年代、私がハイスクールの学生だった頃、貧乏父さん、つまり私の実の父は金持ち父さんよりずっとたくさん稼いでいた。ところが、私が大学に入る頃には、金持ち父さんが貧乏父さんの二十倍以上稼いでいた。貧乏父さんは人生で一番稼げる時期にあったが、それにもかかわらず、そうだったのだ。二人の父がともに六十代半ばになった時、貧乏父さんの方は経済的にぎりぎりの生活をしていた。社会保障と高齢者医療保険がなかったら、父はホームレスになっていたか、子供と同居して面倒を見てもらっていただろう。同じ時期の金持ち父さんの純資産はざっと見積もって一億五千万ドル。そして、さらに増え続けていた。六十五歳の時の金持ち父さんの年収は、貧乏父さんが一生に稼いだ額よりも多かった。二人の人生はプラン通りになった。元労働長官のロバート・ライシュが言ったとおりだ。

「二つの道が姿を現しつつある。それは高速車線と低速車線の二つで、その中間の車線はない」

## ●自分に合ったプランを作り出す

私がざっと見渡したところ、人口の九割が同じプランに従っている。だから、九十九パーセント以上の人が結局裕福レベルまで到達することができないのだ。裕福レベル、あるいは金持ちレベルまで到達しようと努力する人はいるが、そのプランを実現させることができない。

人それぞれに独自のプランを作り出すことの重要性を私が強調するのは、人はだれでも長所や欠点、希望や欲望を持っていて、それらを考慮に入れる必要があるからだ。私の場合、独自のプランを作り出す必要があることはよくわかっていた。それは、私が貧乏父さんのように学問の面で秀でていなかったからだ。私にも能力の発揮できる分野はいくつかあったが、教育システムが「この子は頭がよい」と認めるような分野ではなかった。独自のプランを作り出すための最初のステップは、自分が持って生まれた才能と、一番よく学べる方法とを見つけ出すことだ。

『金持ち父さんの子供はみんな天才』の中で、七つの異なる才能と四つの異なる学習方法を紹介した。現在の教育システムはたった一つの才能——言語的才能、読み書きの才能——と、たった一つの学習方法しか認めていない。私の持って生まれた才能、私に合った学習方法は、貧乏父さんが率いていた組織、州政府の教育局が価値を認めるものではなかったが、それでも父は、私がそれを見つけるのを手伝ってくれた。今、私がお金を稼いでいるのは、学校で学んだおかげではない。自分のプランに従って学んだおかげだ。

たとえあなたがもう学校に通っていなくても、あるいは学校に通う子供を持っていなくても、人それぞれの才能と学習方法を見つけるのはとてもよい訓練になる。若くして豊かに引退したい人にとって、自分の才能と独自の学習方法を知ることはそのためのプランの重要な部分を占める。

## ●変化したコンテクスト

一九七〇年代の終わり頃、ラリーと二人でゼロックス社を辞職した日のことは今でもよく覚えている。昔ながらの「仕事《ジョブ》」という意味では、あれが私の最後の仕事になった。数十年後の今、私の元同僚たちは、技術革新や会社の財政危機のあおりを受けてリストラされるのを心配している。この数十年間に生じた大きな差は、お金の面だけの違いではない。それは新しい現実と古い現実との間のギャップだ。

その当時は、仕事を見つけ、会社の昇進のはしごを登るのが賢いやり方だった。今でも覚えているが、ラリーと私が辞職した時、こんなにもすばらしい会社ですばらしいチャンスに恵まれているのになぜやめるのか、まわりの人はわかってくれなかった。何といっても、私たちはそれぞれの部署で売り上げ成績トップの座にあり、会社の実績もまだ伸びていて、未来は輝いているように見えたのだから……。あの好景気に会社を辞めるのは、確かに理屈に合っていなかった。それに、高給のもらえる仕事をやめるのは、一般に受け入れられるやり方ではなかった。当時受け入れられていたやり方は、会社の昇進の階段を着実に登り続け、いつか部長になる、あるいはうまくいけば地域担当の副社長になることだった。

今、一九七五年以降に生まれた若者たち、つまりゼロックスをやめた当時の私たちとほぼ同じ年齢の人たちと話をすると、その多くが、会社の昇進のはしごを登りたいとは思っていないことがわかる。彼らの多くにとって今風のやり方は、自分の会社を起こし、IPO（新規株式公開）によって株式を公開し、若くして引退するか、あるいはまた新しい会社を起こすことだ。二十年の間に起きたコンテクストの変化はとても大きい。今私と同年代の人の中には、IPOが何なのかすら知らない人もいるが、その子供たちは知っている。子供たちは自ら起業家になることや、いずれ自分の会社の株式を公開するだろう起業家と一緒に働くことを願っている。その理由は、金持ちになるための高速車線に乗りたいからだ。自分の親が抜け出られないでいるラットレース、せっせと働いてきた私たちの世代の何百万人という人間を結局は貧困に導くラットレースではなく、早く金持ちになる高速車線を走りたいと思っているのだ。

### ●変化にどう対応するか？

私の友人の中には服装や音楽、テクノロジーなどの変化をひどく嫌う人が何人かいる。彼らはラップ音楽は大嫌いで、ウェブ上でビジネスをやったことがなくて、いわゆるドットコム会社がどんどんつぶれているのを喜んでいる。こういう人は、仕事による安全や社会保障、高齢者医療保険などの産業時代の考え方や約束を今でも信じている人たちと重なっている。

変化に対して戦いを挑む人もいれば、背を向けて逃げ出す人もいる。私にはそういう友人もいて、彼らはインターネットによって影響を受けない、あるいは脅威にさらされないような仕事を必死で探している。そのうちの一人は教職に就いたが、子供を教えるのが好きだからというわけではなく、世界で起きている変化から隔離された聖域に逃げ込みたかったからだ。彼が求めていたのは、仕事によって安定が保証され、首にされないことだった。彼にとって学校システムは、変化に満ちた世界からの避難所だった。

別の友人は、インターネットによって絶対影響を受けないビジネスを買い取った。彼女は「ウェブでのビジネスのやり方を学ぶには年をとりすぎたわ。だからウェブの影響を受けないビジネスをやりたいの。引退後の生活のためのお金はまったくないから、私のプランは動けなくなるまで働くことよ」と言っている。

これらの例は、時代とともに変化しない現実、あるいはコンテクストを表している。彼らはおそらく、どんどん広がる中流と金持ちのギャップに取り残されていくだろう。より素晴らしいチャンス、豊かさ、富のあふれた陸地を目指して船は出航しようとしている。そして、多くの人が、後に取り残される道を選ぼうとしている。ただ、頭の中のコンテクストを変えられないという理由だけで……。彼らはすでに過ぎ去った時間にはまり込んだまま抜け出せないでいる。

### ●どうやって未来を見るか？

ロンドンからニューヨークに飛ぶ飛行機の中で、ＩＢＭの重役と隣り合わせた。自己紹介し合い、おたがいのことが少しわかってから、私はこう聞いた。「未来に向けてどんな準備をしていますか？」その男の人はこう答えた。「未来を見る時、大人たちが犯す間違いは、それを自分の目で見てしまうことです。こんなにも多くの大人が、これからやってくる変化を見ることができないのはそのためです。十年後の世界がどんなになっているか見たいと思ったら、十五歳の少年や少女たちを見ればいいんです。彼らの目から世界を観察すれば未来が見えてきます。自分の世界観を捨て、若い人の見方で世界が見られるようになれば、もっと大きな世界、とてつもなく大きな変化とチャンスにあふれた世界が待っていることがわかるでしょう。これから先には、自動車がヘンリー・フォードに、石油がジョン・Ｄ・ロックフェラーに、コンピュータがビル・ゲイツに、そしてインターネットがヤフー、グーグル、フェイスブックなどを立ち上げた若者たちにもたらした富をはるかに超える富を生む、ビジネスや投資のチャンスが待っています」

次に私はこう聞いた。「ハイスクールのティーンエイジャーが独力で億万長者になる、といったことがもうすぐ起こるでしょうか？」

「それはもう絶対ですよ」とその人は答えた。

最後の船に乗り遅れたために金持ちになり損ねたと思っている人も、心配には及ばない。富とチャンスに満ちた国へ向かう別の船が、今、出港の準備をしている。問題はあなたがそれに乗るかどうかだ。

## ●歴史は繰り返す

学生時代、私が好きだった科目は経済と経済史だ。経済史は、時代の先頭に立つ経済学者たちと関わりを持っていることが多い。たとえば、アダム・スミス、デヴィッド・リカード、トーマス・マルサス、ジョン・メイナード・ケインズなどだ。彼らの生涯と世界観を学ぶと、テクノロジーと人類、経済がどのように発展してきたかがわかり、とてもおもしろい。

経済史上には、ラッダイトと呼ばれた人々にちなんで、その名前で呼ばれる一時期がある。ラッダイトとは、産業革命期のイギリスで、自分たちの仕事が奪われるのを恐れて、工場や工場内の機械を破壊する暴動を起こした職工たちのグループを指す。今、だれかのことを「あの人はラッダイトだ」と言う場合は、テクノロジーの変化を激しく非難する人や、テクノロジーの発展に脅威を感じている人、あるいは、テクノロジーがいつのまにか姿を消して、世界がもとに戻るようにとただ願っている人などを意味することが多い。元祖ラッダイトたちはもうずっと前に姿を消しているが、現代のラッダイトたちがそれに取って代わっている。歴史は確かに繰り返す。

## ●あなたは時間の中に凍りついていないか？

テレビで「変身」番組を見たことのある人は多いだろう。服装のセンスのすごく悪い人を連れてきて、スマートに変身させる番組だ。ヘアスタイリスト、イメージ・コンサルタント、カラーコーディネーターといったスペシャリストがよってたかって、その人のどうしようもないセンスに奇跡的な変化を起こす。変化の中には、本当に奇跡としか言いようのないものもあるし、さらには人生を一変させるようなものさえある。

私の友人に、プロのイメージ・コンサルタントとして世界で五指に入る人がいる。つまり、金持ちを相手に、洋服を選んだりして外見のイメージを変え、それによって報酬を得るプロだ。私がお金を払って身なりの整え方についてアドバイスを受けるプロの一人でもある。服を選んだり髪形を決めたりするのにわざわざ他人にお金を払う理由は、一つの時代の中に凍りついてしまいたくないからだ。私は時代と一緒に動いていたい。コンテクストとコンテンツの変化と歩調を合わせていたい。流行が変われば、それに合わせて自分も変わりたい。私が自分のイメージを変えるのは、時間の中に凍りつく、つまり過去に閉じ込められるのではなく、時間と共に動いていたいからだ。

このイメージ・コンサルタントは、ある時私にこう言った。「人は自分が人生を最もエキサイティングに感じた時代に凍りついてしまうことがよくある。それは自分が一番成功したと感じた時期かもしれないし、一番楽しかった時期、一番生きている実感を感じた時期、男性、女性として一番魅力のあった時期、あるいはそういったことがすべて重なった時期かもしれない。ぼくの年齢でまだヒッピーみたいな格好をしている人たちがいるのはそのせいだ。あの人たちの多くは、ベトナム戦争反対の運動が盛んだった時代に、とても生きがいを感じていたんだ。一方、それと同じ年代の人で、今でも野戦服を着ている退役軍人がたくさんいるのも同じ理由からだ。彼らにとっても、あの戦争は最も生きがいを感じた、つまり自分の人生に何か意味があると感じた時期だったんだ」

もう何年も前に卒業したというのに、今でも大学のロゴの入ったスウェットシャツを着ている人も、洋服を通して過去をなつかしがっている。時間の中に凍りついている人の例はほかにもある。年をとるにつれて自分の親と同じような行動をし始める人、外見も、服装の趣味もどんどん親に似てくる人たちもそうだ。それとは反対に、若く見せたいからと子供っぽい服を着る人も、自分が一番魅力的だった時代に戻りたいと思っているからそうする。こういう人たちは時代とともに変わるのではなく、過去に凍りついて動けなくなっている。そのことは服装を見るとわかる。ここで本当に問題なのは服装を変えることではなく、一つのコンテクストの中に凍りついていることだ。こういう人たちは年をとるにつれてどんどん頑固に、どんどん頭の柔軟性を失っていくことが多い。

一方、私たちのまわりには、流行を追いすぎる人、トレンディすぎたり「飛び」すぎている人もいる。私はそんなふうになることを勧めているわけではない。私が勧めているのは、ファッショナブルで洗練されたやり方だ。なぜなら、時代と歩調を合わせることはとても大事だからだ。今世界で起こりつつあることの最前線にいない人は、過去にいると思っていい。

過去にいる人は、することも、投資の対象も過去のものになりがちだ。過ぎ去った時代の投資は、あなたを金持ちにするどころか、値下がりしてあなたの足をひっぱる。このような過去の投資を買う理由の一つは、その人自身が過去から抜け出せないでいることだ。

若くして豊かに引退したい人は、すでに起こったことではなく、「これから起こること」に投資をする必要がある。投資の世界では、「早起きは三文の得」という昔ながらの諺に多くの真実が含まれている。

## ●未来を見ることがあなたを金持ちにする

金持ち父さんは息子のマイクと私によくこう言った。「金持ちになりたかったら視力をよくしなければいけない。時代の先端に立って、未来を見通さなければいけない」。そして、自動車に対する需要の増大から石油の重要性が高まることを見抜いたジョン・D・ロックフェラーが、どのようにして金持ちになったかを話してくれた。また、金持ちだけが自動車を持っていた時代に、中流の人たちが自動車を欲しがっていることを見抜いたヘンリー・フォードの話もよくしてくれた。もっと新しい例をとるなら、ビル・ゲイツだ。彼はＩＢＭのお偉方、彼より年上で頭もよいはずの大人たちが、「コンピュータの未来は大型コンピュータにあり」と思っていた時、小型のＰＣの持つ可能性を見抜いたおかげで億万長者になった。ＩＢＭの年寄りたちは、ヘンリー・フォードのようには考えなかった。そのために会社の未来を手に入れ損ない、マイクロソフト社にそれを渡してしまったのだ。もし私がＩＢＭに投資していたとしたら、目先の効かないそんな人間は首にして、給料を会社に返させただろう。だが、実際はそうはならなかった。彼らはボーナスをもらい、投資家たちは未来を失った。ヤフー、グーグル、フェイスブックをはじめとするインターネット関連の有名会社を創業した若者たちは大学を卒業する前に億万長者になったが、それも未来を見ていたからだ。

石油の時代やコンピュータの時代、あるいはインターネットの時代に向かって航海する船に乗り遅れた人も、心配には及ばない。先ほども言ったように、また別の船が出港の準備している。だが、過去にとらわれていては、次の船にも乗り遅れてしまうかもしれない。あるいは、最悪の場合は、大きくて安全そうだし豪華だからという理由で、沈没する運命にある「タイタニック号」に乗り込んでしまうかもしれない。特に、世界のコンテクスト、コンテンツが急激に変化している今のような時代には、その可能性は大きい。

映画『トップガン』には、戦闘機のパイロットたちが昔からよく口にする言葉が登場する。それは「今だ、撃て！」(Take the shot !) という言葉だ。この映画を見た人は覚えているかもしれないが、敵機を狙い撃ちにできるチャンスは一秒の何分の一しかない。長く待ちすぎたり、その時に準備ができていなければ、チャンスを逃す。お金の世界でも同じことだ。目標を射止めるチャンスの窓は細くしか開かない。時間の中に凍りつき、過去にしばられ、両親と同じような服装をし、ビジネスや投資のために必要な技術を持たず、準備をまったくしていなかったら、チャンスを目にすることすらできないかもしれない。チャンスの窓を見逃すばかりではない。同じように時間の中で凍りつき、何も生み出さない、間違ったチャンスに向かって弾を撃ってしまうかもしれない。

あるとき、一人の友人が私のところへ来てこう言った。「きみのアドバイス通り賃貸用不動産に投資したよ。高級住宅地に十五万ドルの二世帯用タウンハウスを買ったんだ。なかなかいいスタートだろう?」

私は友人に心から「おめでとう」と言った。確かに、彼の言う通り、スタートとしては悪くなかった。問題は、彼が狙って撃った目標が、すでに時代遅れのものだったことだ。この友人は「パーティーに遅れて到着した」。そうすべき時に撃たなかったのだ。それでも、彼がやったことは、スタートとしては悪くなかったし、多くの場合、これは何も始めないよりずっとましだ。なぜなら、たとえお金を損したとしても、少なくとも、お金には代えられない知識と経験を得るからだ。

とは言え、彼が本当は撃つべき時に撃たなかったのは事実だ。こんなことを言うのは、一九八九年から一九九四年にかけてキムと私が目標に向かって撃っていた時、この友人はそれを見ていたからだ。私たちは下向きの市場に買いに入った。私たちが「きみも買うべきだ」と言うと、彼はこう答えた。「いや、危険すぎるよ。ぼくは失業するかもしれないんだ。きみも知っての通り、うちの会社は大幅なリストラをやっているからね。それに今、不動産の値段は低すぎる。まだ下がっているじゃないか。このまま下がり続けたらどうするんだ? 不況になったらどうするんだ?」

## ●未来に備えて準備をしよう

チャンスの窓は開き、そして閉じた。十年後、不動産の価格がピークにあり、株式市場が揺らぎ始めた時、この友人は撃ち始めなければならないことに気が付いた。だが、今彼が狙っている目標はもう時代遅れで、先の見通しはまったくない——彼自身がそうであるのと同じに。友人は時間の中に凍りついていて、同じように時間の中に凍りついた目標を狙って撃っている。彼は少なくとも何かしようとしているが、大きな代価を支払うことになるだろう。その代価は、高すぎる値段のついたタウンハウスに彼が支払った代価より大きい。なぜなら、その家は資産とは言え、たとえ利益を生むにしてもごくわずかのキャッシュフローしかもたらさず、評価額が上がるのにも長い時間がかかるだろうからだ。だが、少なくとも彼はやってみた。たとえその標的が時代遅れの目標であっても……。私は彼がその第一歩を踏み出したことをとても誇りに思う。それは両親の足跡、産業時代の足跡をそのままたどるのではない、新たな第一歩だったのだから。

キムと私は今でもビジネスと不動産に投資をしている。私たちとあの友人との違いは、過去ではなく未来に向かって開かれたチャンスの窓を探していることだ。未来と歩調を合わせ、一九八九年から一九九三年の間のようにチャンスの窓が開いた時、すぐに標的に向かって撃てる準備をしておくのが大事なのはそのためだ。あの時、チャンスの窓は不動産と株式の両方の市場で開いた。二〇〇一年に株式市場は暴落し、ナスダックは半値以下になった。一九二九年の大恐慌の時でさえ、株式市場は四十二パーセントしか下がらなかった。ダウンサイジングもまた盛んになった。友人はパニックになりかかっている。例のタウンハウスに高く払いすぎたかもしれないと気付いたのだ。私にとって、チャンスの窓がまた開こうとしている。

私は投資セミナーで、キムに投資の経験談をしてもらうことがある。キムがよく話すのは、私たちが一九八九年に投資を始め、一九九四年に買うのをやめた話だ。そして、そのあと、一九八五年から一九八九年の間、私たちがプラン通り、投資のための準備をしていたことを付け加える。その間、私たちはビジネスを立ち上げ、不動産投資について学んだ。覚えている人もいると思うが、一九八五年から一九八九年というと、不動産の価格が非常に高かった時代だ。キムと私は、窓が開いた時に撃つ準備をしていた。そして、それが開いた時、友人はパニックに陥り、私たちは投資物件を買い始めた。友人のプランには、窓が開いたときに備えて準備することは入っていなかった。今、パーティーに遅れてやってきた彼は、高すぎる投資対象に投資している。一番の問題は、彼が次に来るものに対して準備していないことだ。私より若いにもかかわらず、年寄りの着るような服を着たこの友人は、年寄りがやるような投資をしている。

アメリカンフットボールで優秀なクォーターバックというのは、ボールを受け取るレシーバーがいない場所にボールを投げられる人のことを指す。つまり、クォーターバックはレシーバーがどこに行くかを判断し、実際にはまだいないその場所に向かってボールを投げなければならない。それがいつもできれば、そのクォーターバックは大金持ちになる。サッカーの選手も、敵のゴールキーパーのいないところに向かってボールを蹴らなければいけない。若くして豊かに引退するつもりの人も同じことをしなければならない。つまり、まだそこにはないチャンスに備えるように自分のプランを立てなければいけない。だからこそ、現在に生きること、時代と歩調を合わせて歩くこと、そして未来を見通すことが大事なのだ。

若くして豊かに引退したいと本気で考えている人は、未来——まだ存在しない未来——に備えたプランを自分のプランに含めなければいけない。ジョン・D・ロックフェラーが自動車の未来に備え、ビル・ゲイツとマイケル・デルがコンピュータ時代に備えたのとまったく同じように、あなたも未来に待っているチャンスに対する準備をしておく必要がある。そうしなければ、時代遅れになった過去の投資対象に投資することになる。そして、過去の投資対象には未来がない場合が多い。

## ●未来を見るために歴史を学ぶ

若くして豊かに引退するためには、まだ存在しない未来に備えて自分を訓練する必要がある。飛行機で隣り合わせたIBMの重役が言ったように、「未来を見る時、大人たちが犯す間違いは、それを自分の目で見てしまうことだ。こんなにも多くの大人が、これからやってくる変化を見ることができないのはそのためだ」。おそらくIBMは、若き日のビル・ゲイツが残した教えを学んだのだろう。その教えとは、未来を見たければ、自分より若い人たちの目から見る必要があるということだ。ファッションや音楽、テクノロジーの変化にどう反応するかは、その人がどのように考え、その人の頭の中のコンテクストにどれくらい柔軟性があるかを表す。過去から抜け出られないでいる人、現在に取り残されている人は、完全に未来をつかみ損なうかもしれない。

未来を見るもう一つの方法は、過去を学ぶことだ。私が思うに、歴史は繰り返す傾向を確かに持っている。まったく同じ形で繰り返すわけではないが、それは繰り返す。多くの大人が未来を取り逃したり、未来に置き去りにされたりするのは、未来に備えた彼らのプランに、過去をとらえた見方が足りないからだ。

サンフランシスコで、大学を出たばかりの若い女性のレポーターと話をしていた時のことだ。私が「投資信託は危険だ、近く株式市場が暴落すると思う」と言うと、この女性はとても腹を立てた。そして、株式ブローカーから聞いた話や考え方を私に聞かせ始めた。「私が投資しているファンドは過去三年、ずっと最高の評価を受けている投資信託です。平均すると二十五パーセント毎年値上がりしています。株式市場は投資対象としては最高です。確かに一時的に下がることはありますが、過去四十年順調に伸びているんですから。お金を投資するには株式市場が一番いいんです」。このレポーターは、結局、この時のインタビューを放送しなかった。私の考え方が彼女が見ている未来にあてはまらなかったからだ。その後、彼女があれほど信じていたファンドは五十パーセント以上値下がりしてしまった。

女性レポーターが言っていた事実やデータは、ある意味では正しい。だが、問題は、そのデータが充分過去にさかのぼったものではなかったことだ。彼女が株式市場の歴史をもっとよく知っていたら、平均して七十五年毎に不況がやってくることに気付いたはずだ。これは、これから先も七十五年毎に不況が来るということを必ずしも意味しないが、このような過去の歴史は、過去四十年間、市場がなぜ上昇してきたか、その理由をはっきり示している。市場の暴落と不況が最後に訪れたのは一九二九年だ。その後、市場が一九二九年以前のレベルに戻るまでにおよそ二十五年、つまり一九五五年までかかった。私がレポーターと話をしたのは一九九八年だったから、彼女が言っていたのは事実で、確かに市場は四十年間上昇を続けていた。彼女の未来の展望がゆがんでいたのは、その展望に過去が充分に入っていなかったからだ。金持ち父さんは私にいろいろなことをやらせたが、その一つは経済史の本を読むことだった。未来のことを知りたい、理解したいという人に私が勧めるのは、ロバート・ハイルブローナーの書いた『入門経済思想史　世俗の思想家たち』という本だ。過去を学ぶことによって未来を見ようとする人に、この本はとても役に立つ。

私は投資講座で教える時、受講者に財務諸表を書かせる。それから、そこに現れた自分の過去を振り返るように言い、未来もそうなるのかどうか聞く。目の前にあるもの、つまり、悪い借金、悪い収入、悪い支出、悪い負債ばかりで未来のない財務諸表が気に入らない人、あるいは、過去の財務諸表から予想される未来が悪い借金、悪い収入、悪い支出、悪い負債だらけの未来に思えるという人に、私は次のようにアドバイスする——過去に凍りついた自分を解凍し、時代の波に乗り、古い服を捨ててワードローブを一新し、新しい友達を作り、未来を見ることを始めなさい。自分のコンテクストを変え、未来のチャンスをわくわくした気持ちで待てるようになれば、若くして豊かに引退できる可能性がきっと増える。

今アドバイスとして挙げた変化のうち、いくつかはとても簡単なことだ。それなのに、たんすの中身を一新するといったちょっとした変化でも、たいていの人にとってはとてもむずかしく、私はいつもそのことに驚かされる。たいていの人は店に出かけて新しい服を買う。でも、本当に「新しい」ものには変えない。つまり、過去の時代、人生が喜びと興奮に満ちていた時代、あるいは一番成功していると自分が感じていた時代に着ていたような服をまた新たに買うだけだ。多くの人は未来をとても恐れている。未来がとても楽しく、とてもかっこよく、とてもエキサイティングなものになるという可能性を恐れている。だから過去に凍りついたままでいるのだ。

この本の「はじめに」で、若くして豊かに引退するのは簡単だと書いた。確かにそれはむずかしいことではない。多くの人にとっては、自分の過去を脱ぎ捨て、不確実性に満ちた未来に思い切って足を踏み出すことの方が、金持ちになって若くして引退するよりずっとむずかしい。たいていの人にとっては、自分の両親や過去の遺物であるコンテクスト、服、そのほかいろいろ蓄積されてきたものにとらわれたままでいる方が安心だし、安全に感じられる。人口の半分以上の人が貧困かそれに近い状態で引退する理由はここにある。彼らは鈍行列車に乗り込み、一生それに乗り続ける。すべてプラン通りに……。

## 第十章

# 豊かな未来を見ることのレバレッジ

投資講座で出口戦略に関する次のような表を見せても、受講者の多くは、働かないでも十万ドル以上の年収があって経済的に自由でいられるという未来を頭に描くことができない。

**貧乏な人　年収二万五千ドル以下**
**中流の人　年収二万五千ドルから十万ドル**
**裕福な人　年収十万ドルから百万ドル**
**金持ち　年収百万ドル以上**
**大金持ち　月収百万ドル以上**

十万ドル以上の大金を手にした状態を想像すらできない人がたくさんいる理由は、そのことが自分の現実の中にないからだ。たいていの人は、「そんな大金が手に入ったら……」と夢見たり、「いつかきっと手に入れるぞ」と言ってみたりはするものの、実際は何もせずに夢を見ているだけで終わる。前に紹介した統計はこの現実を裏付けている。

### ●未来は今日作られる

多くの人がお金の面での目標を達成できないのは、「いつか」とか「たぶん」「将来は」といった言葉を使うからだ。金持ち父さんはいつもこう言っていた。「未来は、明日ではなく今日きみたちがすることによって作られる」。先ほどの数字を見ながら、次のように自分に聞いてみて欲しい。「私が今日やっていることは、明日そうなって欲しいと私が望んでいる目標まで私を連れて行ってくれるだろうか？」

現実は厳しく、アメリカ人の九十九パーセントは最終的に年収十万ドルを超えるのがやっとだ。たいていの人は両親と同じプランに従い、彼らの足跡を追う。つまり、同じことをして、同じ目標に到達する。

私がベトナムから帰ってきた時、マイクはすでに投資からの収入だけで年に百万ドル近く稼いでいた。海兵隊員としてわずか九百ドルの月給しかもらっていなかった私は、とてもがっかりしたのを今でもよく覚えている。マイクの世界と自分の世界、マイクの現実と自分の現実の間の隔たりの大きさを思うと、挫折感と絶望感に襲われた。

『金持ち父さんの投資ガイド』を読んだ人は、私が海兵隊を除隊する前に、金持ち父さんが私とひざを突合せて、じっくりプランを練る手伝いをしてくれたことを覚えているだろう。あの本で紹介した金持ち父さんの言葉通り、「投資はプランであって、商品や手法じゃない」。

## ●プランは夢に到達するための橋

金持ち父さんは、私が大きな川の岸辺に立っているところをさっと簡単に線で描き、こう言った。「プランは夢に到達するための橋だ。きみの仕事は、夢を実現するためのプランを立てること、つまりこの橋を実際に作ることだ。ただこちら側の岸に突っ立って、向こう側のことを夢見ているだけでは、夢はいつまでたっても夢のままだ。まずプランを実現することだ。そうすれば夢も実現する」

一九八五年から一九九四年の間、キムと私は「夢を夢見る」のではなく「プランの実現」に努めた。私たちがやったのは、戦闘機のパイロットの大部分がいつもやっていることと同じだ。私たちはチャンスの窓が開いた時に備えて、毎日訓練した。そして、それが開いた時、狙いを定めて撃った。そのあと、窓はまた閉じた。

金持ち父さんが言ったように、「未来は、明日ではなく今日きみたちがすることによって作られる」。言い換えるなら、今日やっていることが未来だということだ。お金にひどく困っていたにもかかわらず、キムと私が仕事に就こうとしなかったのは、将来従業員になるつもりがまったくなかったからだ。その代わり、せっせとセミナーに出席し、ビジネスを立ち上げ、よりよい不動産へ投資をする方法を学んだ。お金はなかったが、私たちは毎日、よりよいビジネスを立ち上げ、よりよい不動産投資をするための訓練をしていた。つまり、明日やろうと計画していたことを今日やっていた。今、私たちはビジネスを立ち上げ、不動産に投資している。明日もたぶん、同じことをしているだろう。私は貧乏父さんが引退してからやったのと同じことをやるつもりはない。父は社会保障からの給付金で足りない分を補うために仕事を探した。仕事を見つける準備をすることで人生を歩み始めた父は、仕事を探しながら一生を終えた。二〇二〇年までには、私と同年代の大勢の人が貧乏父さんと同じことをしているだろう。つまり、社会保障からの給付金で足りない分を補うために仕事を探している。彼らは今やっているのと同じことを明日もやる。

## ●現実を変える

貧乏父さんがほとんど毎日やっていたことがもう一つある。それは「お金ができたら投資する」と言うことだ。「私にはそれは買えない」ともよく言っていた。何か新たな行動を起こすようにプレッシャーをかけられると、父はよく「いいか、今日は時間がなくてそれはどうしようもない。それについては明日話そう」と言った。これが父にとっての毎日の現実で、人生の終わりになってもその現実は変わらなかった。私が思うに、父が貧乏だった最大の理由は、たくさんお金を稼いでいたにもかかわらず、貧乏な人間の現実を持っていて、その現実を自ら変えようとしなかったからだ。

前にも言ったように、金持ちになる一番簡単な方法は、現実を常に変化させ、よりよいものにしていくことだ。だが、多くの人にとって、現実を変える、あるいは今日やっていることを変えることが、金持ちになるまでの過程で一番むずかしい部分であるのも確かだ。ハワイに戻ると、今でも自分の親たちがやってきたのとまったく同じことをやっている友人に大勢出会う。友人から、何をやっているのかと聞かれると、私は「ビジネスを立ち上げ、不動産に投資している」と答える。すると、友人の多くは私の両親が言っていたのと同じことを言う。つまり「そんなことはぼくにはできない」「投資のことは前から考えている。たぶん、いつかお金ができたらやってみるよ」などと言う。そして、私が、投資を始める前にそのための準備をしたり、勉強をする必要があると言うと、友人たちはたいていこう答える。「おいおい、ぼくがどんなに忙しいか、わかっているのかい？ 投資の勉強をする暇なんてないよ。政府は無料の投資講座を開催すべきなんだ。そうすれば、もしかしたら何回かは出席するかもしれない。投資のための勉強をするのに、なぜお金を払わなくちゃいけないんだ？ どっちにしろ投資は危険すぎる。それより銀行に預けておいた方がいい」。金持ち父さんがよく言っていたように、「その人の言葉を聞けば、その人の未来がわかる」。

若くして豊かに引退したいと思っている人は、自分の言葉に耳を傾け、自分の未来を見ることから始めるといいかもしれない。そして、自分に次のように聞こう。「こういう言葉を使い続け、こういう考え方を持ち続けたら、どのレベルで出口から出て行くことになるだろう？ 貧乏、中流、裕福、金持ち、大金持ちのどのレベルだろう？」 若くして豊かに引退したいと真剣に考えていて、自分のプランを変えたいと思っている人は、まず、プランと自分が使う言葉と毎日の行動を変えることによって、現実を変えよう。どんな夢を持っていようと、あなたの未来はあなたが今日やることによって決まる。金持ち父さんがよく言っていたように、「毎日ソファーに座り、テレビを見ながらお菓子を食べているばかりでは、白馬に乗った王子様やおとぎの国のお姫様にめぐり会うのはむずかしい」。

## ●未来を今日始めよう

年をとってから貧乏なままで引退する人がこんなに多いのはなぜだろう？　それは、たとえそれが未来につながらないことでも、自分が今やっていることをやめられないからだ。そういう人は自分のコンテクスト、つまり、仕事による安全や、一生懸命働くこと、お金を貯めることを柱とする考え方の枠組みを変えられない。多くの人は、年をとっても過ぎ去った昔と同じような服を着て、両親の生きた産業時代の考え方にしがみつき、そして、現在や未来と歩調を合わせることができないでいる。問題はその人がどの時代に生きているかではなく、その人の持っているコンテクストだ。

ではどうしたら、裕福で自由な未来を今日始めることができるだろうか？　ありがたいことに、ここでも最初の一歩を踏み出すのに必要なのはあなたの頭だけだ。つまり、毎日の言葉、考え方、行動を変えることからそれは始まる。まず、自分はどこで多くの時間を過ごすか、だれと一緒にいるかを考えてみよう。今自分のいる場所から、轟音を立てて流れる川の向こうにある夢まで橋をかけるためには、プランを実現しなければいけない。そのことを認識するのが第一歩だ。金持ち父さんが言っていたように、「夢ばかり見ている人は、夢を夢見る。金持ちになる人はプランを立て、夢まで届く橋をかける」。

あなたの未来を今日始めるために、まず未来に向けてプランを立てよう。たいていの人の場合、プランの第一段階としてやるべきことは、「今やっていることのうち、未来にはやっていたくないと思うこと」をやめることだ。一生会社勤めをして勤労所得のために働きたいと思っていないのなら、不労所得やポートフォリオ所得のために働く方法を学ぶにはどうしたらいいか、自分に聞くことから始めよう。そして、何か答えが見つかったら、それをプランの中に含めよう。それは、もっと多くを学ぶことかもしれないし、もっとたくさんの本を読むことかもしれない。あるいは、テープを聴いたり、セミナーに出席したり、自宅でできるビジネスを始めたり、新しい友達を作ったりすることかもしれない。大事なのは、明日やりたいと思っていることを今日やることだ。

## ●未来は頭で見る

「自分の目でまだ見えないとしたら、一体どうやって未来を見たらいいんですか？」「今、年収五万ドルを見ることさえできないのに、一体どうやったら年収百万ドルが見えるんですか？」こんな質問もよく受ける。

これはコンテクストを広げるのに絶好の質問だ。答えは、何年も前に金持ち父さんが私にしてくれた話の中にある。

ある時、金持ち父さんは黄色のレポート用紙に大きな文字で次のように書いた。

**眺望《サイト》は人が目で見るもの**
**展望《ビジョン》は人が頭で見るもの**

展望をよりよく見えるようにしてくれるのは何かと私が聞くと、金持ち父さんは「言葉と数字だ」と答えた。財務諸表の読み方を学ぶことの重要性を金持ち父さんが強調したのは、それが読めなければ、お金の面での自分の将来を見ることができないからだ。実際のところ、財務諸表が読めなければ、将来だけでなく過去も現在も見えない。私がゲーム『キャッシュフロー』を作ったのは、金持ちが使う数字や言葉を教えることによって、みなさんの「展望を見る頭の視力」を向上させるお手伝いがしたかったからだ。これまで多くの人が「効果があった」と言っている方法の一つは、友達同士で定期的に集まり、『キャッシュフロー１０１』を一緒にやることだ。『１０１』をマスターしたら、ほかの人にゲームのやり方を教えて、新たな行動を起こすためのきっかけを与えてあげてもいいし、あるいは上級者用の『キャッシュフロー２０２』に進んでもいい。ゲームをやる時は、「きみの未来は今日だ」という金持ち父さんの言葉を忘れないようにしよう。

どうしてそんなに短期間で金持ちになったのかと聞かれると、私は「毎日ゲームをしている」と答える。

実際、このゲームをやり、人に教え、自分の生活の一部にしていくと、未来を展望する視力がどんどんよくなる。なる。金持ち父さんはこうも言っていた。「将来健康な歯でいたいと思ったら、今日歯を磨くことだ」

## ●速く金持ちになるプランには、それに合った言葉が必要

「速い」プランを立てたいと思ったら、「速い」言葉を使えるようにならなければいけない。多くの人が短期間で金持ちになれない理由は、自分のプランの中で、速い言葉ではなく遅い言葉を使っているからだ。もっと速く金持ちになるという展望を現実的なものにするには、もっと速い言葉を使わなければいけない。

若くして豊かに引退したいと思っている人、短期間で金持ちになりたいと思っている人は、もっと新しくて時代の先端をいく、スピードのある言葉を使う必要がある。より速く、より効果的な言葉を使わないでいるのは、きこりが次のように言っているのと同じだ。「チェーンソーを使えばもっとたくさん木が切れてお金が儲かるかもしれないが、そんなことはどうでもいい。私は親父がくれたこの斧を死ぬまで使い続けるつもりなんだから……」。今、多くの人はこれと同じことをしている。つまり、仕事に出かけ、両親からもらった斧を今も使い、お金を稼いだり投資したりしている。

チェーンソーを使わずに斧で木を切る話をしたあと、私は「あなたもまだお父さんの斧を振り回していませんか？」と聞く。

すると、ちょっと戸惑い、困惑した表情を浮かべて、相手が次のように聞いてくることがある。「お金の管理に関して、今も私が両親と同じことをやっているかどうか、それを聞いているんですか？」

それに対して、私は「そうです、私が聞いているのはまさにそれです」と答え、こう続ける。「今、多くの人は親と同じ職業に就いてはいません。でも、お金や投資、引退といったこととなると、親とまったく同じことをするんです。つまり、お金に関することとなると、多くの人が今もまだ、親からもらった斧を振り回しているということです」

そして、もっと詳しい説明を求められると、こう付け加える。「斧と同じように、言葉も道具です。お金に関することとなると、何百万という人が、木を切るのに斧を使うのと同じように、スピードの遅い、時代遅れの言葉を道具として使っています」

## ●言葉は頭が使う道具

ある時、私の投資講座で、頭のよさそうな若い女性がこう聞いた。「つまり、お金に関して、スピードの速い言葉と遅い言葉があると言うことですか?」

私はこう答えた。「まったくその通りです。お金が一つの考え方だとしたら、考え方というものは言葉から成り立っています。たいていの人はスピードの遅い言葉を使っています。それはその人にスピードの遅い考え方をさせます。そして、それは富を築くのに時間がかかることを意味します」

「言葉は道具?」その女性は、まわりにいた人にかろうじて聞こえるくらいの小さな声でそう言った。

私はうなずきながら、こう言った。「金持ち父さんはこう言いました。『言葉は頭が使う道具だ。これほどたくさんの人がお金のことで苦労しているのは、自分の頭に、古くてスピードの遅い、時代遅れの道具を与えているからだ。金持ちになりたかったら、まず道具を最新のものにしなくてはいけない』」

「古くてスピードの遅い言葉……つまり道具ということですが、その例を挙げていただけますか?」女性はそう聞いた。

「いいですよ。たいていの人はお金を貯めるのは賢いやり方だと思っています。でも、それはスピードの遅いやり方です。お金を貯めることで金持ちになることもできますが、時間という代価をたくさん支払わなければなりません。それはあなたに寿命として与えられた時間から支払うんです。だから、私に言わせると、『貯める』というのは遅い言葉です。私の実の父である貧乏父さんは、お金の貯め方を教えてくれました。金持ち父さんはお金を貯めませんでした。その代わりに、資金を調達する方法を教えてくれました」

「でも、資金を調達する方法を知らない人はどうなるんですか?」別の受講者がそう聞いた。

「その場合は、お金を貯めるか、あるいはいくらか時間を投資して資金の調達方法を学ぶことですね。それは学ぶことのできる技術ですから」

「でも、人にお金を出してくれと頼むのはむずかしいんじゃありませんか?」別の受講者が聞いた。

「はじめは私にもむずかしかったですよ。何でも新しいことを学ぶ時はそうです。自転車の乗り方を覚える時とまったく一緒ですよ。私もはじめはとても不安で、失敗もしました。私はそれらの失敗から学びます。だから、年をとればそれだけ多く学べ、経験も増えて、資金調達が楽になるんです。一方、年をとるばかりで、相変わらずせっせと働いて、お金を貯めて楽になろうとしている人もいます。これはとても時間のかかるプランです。おそらくは親から受け継いだ、古くてスピードの遅い言葉を道具として使っているプランです」

「だから、私が月に百ドル貯めるのに苦労している一方で、あなたは同じ一カ月で何百万ドルものお金を調達できるというわけなんだ」。別の受講生がそう言った。「言葉は道具だ、言葉には速い言葉と遅い言葉がある、とあなたが言うのは、そういう意味なんですね」

私はただうなずき、こう付け加えた。「言葉は頭が使う道具です」

## ●より速い言葉を使うためのプラン

若くして豊かに引退するプランを立てたいと思っている人は、持っている語彙を最新のものにする必要があるかもしれない。そして、語彙を変えれば、考え方のスピードも上がるかもしれない。

**遅い言葉——給料の高い仕事**
**速い言葉——キャッシュフロー**

貧乏父さんはいつも人に「給料の高い仕事に就け」と勧めていた。一方、金持ち父さんはいつも人に「資産からのキャッシュフローが大事だ」と忠告していた。

高い給料がもらえる仕事を見つければ、はじめの頃は、金持ちへの近道をしているように思えるかもしれない。だが、たいていの場合、最終的にはそれはとても時間がかかる。二人が仕事を始めた時、貧乏父さんの方が金持ち父さんより多くのお金を稼いでいたことを思い出して欲しい。最初はそうだったが、晩年の二人の収入の差は、太平洋ほどもあった。実際のところ、たとえ高い給料をもらえる仕事に就いていたとしても、仕事によって金持ちになれる人はごく少ない。

次に、資産からのキャッシュフローの方が、仕事から得られる収入よりも金持ちになるのに役立つ理由をいくつか挙げる。

まず三つの異なるタイプの所得をもう一度見てみよう。

**勤労所得　五十パーセント・マネー**
**ポートフォリオ所得　二十パーセント・マネー**
**不労所得　〇パーセント・マネー**

勤労所得はたいてい、その人の労働、つまり仕事から得られる収入を意味する。

ポートフォリオ所得はたいてい、株式、債券、投資信託といった紙の資産から得られる収入を意味する。

不労所得はたいてい、不動産から得られる収入を意味する。

いつも言っていることだが、どんなことであれ、お金に関して何か決める場合には、優秀なプロのアドバイザーから税金についてアドバイスを受けることが大事だ。ある人にとっては合法的な税金対策が、ほかの人にとっては違法だという場合もある。ここでみなさんに学んで欲しいのは、言葉がどんな違いを生み出すことができるかだ。

勤労所得と不労所得には税金に大きな違いがある。レバレッジという観点から見ると、税金はたいていの人にとって、反対方向に働くレバレッジ、あるいはマイナスのレバレッジだと言っていい。勤労所得のためにせっせと働いている人は、不労所得のためにせっせと働いている人と比べて、少なくとも二倍は一生懸命働かなければならない。勤労所得のために働くのは、二歩前に進んでは一歩下がるようなものだ。

## ●仕事をやめてからも税金はかかる

「一生懸命働いて、お金を貯め、401(k)に投資する」と言う人たちは、五十パーセント・マネーのために働いている。そういう人が定年後401(k)からお金を引き出し始めると、そのお金は「勤労」所得の税率で課税される。これは、金持ち父さん流の呼び方をするなら、五十パーセント・マネーということだ。また、貯金につく利子にも「勤労」所得と同じ率で課税される。

「政府の社会保障給付金では生活費が足りないから、仕事を続けなければならない」と言う人は多い。よくあることだが、社会保障給付金で足りない分を補おうと仕事を始めると、政府はすぐに、あなたが稼いだ勤労所得に課税する。そればかりでなく、「仕事に就いている」という理由で給付金を減らし始める。金持ち父さんが「たいていの人は貧乏になるプランを立てている」と言ったのは、そのあたりのことがよくわかっていたからだ。金持ち父さんは引退後の勤労所得に関する政府の法律を知っていた。政府は、貧乏なままで、もっとお金を稼ごうとしない人だけを助ける。定年退職者の中には、税金のせいで、仕事に戻らずに貧乏なままでいる方がいいと思っている人がたくさんいる。

ここで私が言いたいのは、こういうことだ――「一生懸命働いて、お金を貯め、401(k)に投資する」と言う人は、とても遅い言葉を使っている。その人のファイナンシャル・プランのスピードがとても遅いのはそのせいだ。ファイナンシャル・プランの中でこのような言葉を使う道を選んだ場合、引退後の収入として年収十万ドルの裕福レベルに達することはできるかもしれないが、たいていの場合は、それ以上の金持ちレベル、大金持ちレベルに進むことはできない。金持ち父さんが言ったように、「たくさんのお金を持っているだけでは金持ちとは言えない」。金持ちは異なる語彙を持っていて、それが、金持ちではない人とは違った経験を彼らにさせる。例えば、お金を貯めるのではなくて資金を調達する方法を学ぶといった経験だ。

### ●お金を貯める vs お金を作り出す

遅い言葉と速い言葉の例をもう一つ挙げよう。

**遅い言葉――お金を貯める**
**速い言葉――お金を作り出す**

金持ち父さんは、たいていの人にとってはお金を貯める方法を学ぶのはいいことだと言っていたが、自分自身はお金を貯めなかった。「お金を貯めることに焦点を合わせたのでは、時間がかかりすぎる。それに、貯金したお金には充分なレバレッジがない」。また、こうも言っていた。「たいていの人が貯めているのは税金を払ったあとのお金だ」。つまり、十ドル貯金しようと思ったら、実際は二十ドル稼がなければいけない。もとが勤労所得、つまり五十パーセント・マネーだからだ。さらに、貯金につく利子にも税金がかかる。

お金を貯めることに焦点を合わせる代わりに、金持ち父さんはお金を作り出せるように自分を訓練することに時間をかけた。金持ち父さんはこう言った。「ビジネスを立ち上げ、お金を投資する方法を知っていれば、莫大なお金を作り出せるから、お金がありすぎるという問題を抱えるようになる。その時きみが銀行に預けているお金は、『貯金』ではなくて『余分なお金』だ」

『金持ち父さんの投資ガイド』の中で、お金に関する問題に二つの種類があるという話をした。お金が充分ないことと、お金がありすぎることだ。たいていの人は一つめの問題、つまり、お金が充分にないという問題しか知らない。こういう人は、確かにお金を貯める方法を学ぶ必要がある。金持ち父さんのファイナンシャル・プランは、お金がありすぎる状態になるためのプランだった。金持ち父さんが抱えていた問題は、預金口座にお金がありすぎることで、金持ち父さんはいつもその余分なお金を投資する先を探していた。世の中にはお金が豊富にあるというのが金持ち父さんの現実、あるいはコンテクストだった。一方、貧乏父さんの現実では、お金はなかなか手に入らないものだった。だから、お金を貯めるのに一生苦労した。

「お金のために働く」のと「お金を作る」のではどこが違うのだろうか?

『金持ち父さん　貧乏父さん』を読んだ人は、幼かった私が貧乏父さんの言ったことを文字通りに受け取って、お金を実際に「作ろう」とした話を覚えているかもしれない。私は鉛でできた歯磨きチューブを溶かし、石膏型に流し込んでコインを鋳造することでお金を作ろうとした。あのあと、貧乏父さんは「お金を作る」ことと「贋金を鋳造する」ことの違いを私に説明しなければならなかった。貧乏父さんにはお金の作り方を私に教えることはできなかった。その理由は簡単だ。彼が知っていたのがお金のために働くことだけだったからだ。現実のお金の世界では、金持ちの多くはお金のために働くのではなく、お金を作ることで金持ちになっている。例えば、ビル・ゲイツが世界一の大金持ちになったのは、お金のために働いたのではなく、お金を作り出したからだ。彼は、会社を起こし、その会社の株式を売ることで世界一の大金持ちになった。

自分で起こした会社の株式を売るのは、お金を作る一つの手段だ。原則として、何であれ、あなたが作り出したものに対して売り手と買い手がいて市場が成立すれば、あなたはお金を作っていることになる――もちろん、この理屈が成立するにはほかにもいろいろな要素が関係してくるが。

例えば私の本だが、これもお金を作っている。本屋を通して、私の本に対する市場が存在する限り、私の本は私のためにお金を作り出してくれる。私がお金のために働いているのではない。もし、私が医者で、支払いを受けるために自分が実際に働かなくてはいけないとしたら、私はお金のために働いている医者だ。一方、同じ医者でも、新薬を発明し、それを錠剤にしたものを薬局を通して売っているとしたら、その薬が医者のためにお金を作り出していることになる。医者がお金のために働いているのではない。

要するに、お金のために働くのは時間がかかることが多く、お金を作る方法を見つける方がずっと手っ取り早い場合があるということだ——ただし、自分が何をやっているか、きちんとわかっていることが条件だが。お金のために働き、そのあとでお金を貯めるプランを立てている人は、両親からもらった斧、刃がなまっていて、木を切るのにおそろしく時間のかかる斧を振り回しているのかもしれない。

## ●そのほかの「遅い言葉」と「速い言葉」

これまでにあげた言葉のほかにも、富を築くスピードを遅くする言葉と、お金を作り出すスピードを速くする言葉とがある。

**遅い言葉——増価**
**速い言葉——減価**

増価と減価の意味が完全にわからなくても心配には及ばない。私もこの二つを完全に理解するには少し時間がかかった。どうしてももっとよく理解したいという人は、会計士かプロの不動産投資家に頼んで、その概念を説明してもらうといい。ここでは、この二つの言葉があなたのファイナンシャル・プランにどのように利用できるか、簡単な例をお話しする。

先日テレビで、株式市場に投資する方法を学ぶハイスクールの子供たちについての特集番組をやっていた。

インタビューを受けた生徒は、「ＸＹＺ社の株を買ったんですが、値上がりしてたくさんお金を儲けました」と言っていた。別の言い方をすると、この学生は売却益《キャピタル・ゲイン》、つまり自分が選んだ株式の価値が上がること、増価をあてにして株に投資したことになる。たいていの人が自分の持ち家を「いい投資だ」と言うのは、家の価値が上がることを期待しているからだ。

　私は友人たちから「新しく開発されたゴルフコースのまわりのコミュニティ（共同開発住宅地域）の一区画を買ったんだ。これはいい投資だと思う。五年後には土地の値段が二倍になっているだろうからね」といった話を聞かされることがある。彼らにとっては、そういう形で利益が戻ってくることがいい投資なのだ。確かに、うまくいけば、実際に五年で元手が倍になることもあるだろう。

　金持ち父さんが息子のマイクと私に使うように言ったのは、この友人たちの言葉とは違う言葉だった。何であれ投資を買うことについて、金持ち父さんはいつもこう言っていた。「利益は売る時ではなく、買う時に生まれる」。言い換えれば、投資対象の価値が上がるのを決してあてにしなかったということだ。金持ち父さんにとっては、価値の上昇は言わばおまけのようなものだった。金持ち父さんは、投資対象からすぐに利益が生まれること、つまりキャッシュフローをあてにして投資した。金持ち父さんはまた、「見せかけのキャッシュフロー」のためにも投資した。この呼び方は金持ち父さん独特のものだが、減価償却のことを指している（減価償却の例としては、建物の例を第七章で取り上げた）。金持ち父さんはすぐに生まれるキャッシュフローと減価償却が大好きだった。その理由は、投資対象の価値が上がってお金を作り出すまで、待つ必要がなかったからだ。金持ち父さんはよくこう言っていた。「株や不動産の価値が上がるのを待つのはあまりに時間がかかりすぎるし、危険すぎる」

　ここで大事なのは、お金を作り出せるようになるのがまだ先の話で、それを待っているとしたら、あなたのプランは遅いプランだということだ。プランが遅いのは、あなたが遅い言葉を使っているからだ。そのために考え方も遅くなっている。金持ち父さんの言葉をもう一度ここで繰り返しておく。「利益は売る時ではなく、買う時に生まれる」。不動産を買って毎月お金を損しているのに、「値上がりして売れば、取り戻せる」と言う人はいくらでもいる。

オーストラリアには、不動産を買い、毎月損をしているのに、損金に対して政府が税制上の優遇措置を与えてくれるからという理由で、それがいい投資だと思っている人が大勢いる。私に言わせれば、それは敗者の考え方だ。そういう人に私はよく次のように聞く。「なぜ毎月利益を生み、なおかつ税制上の優遇措置を利用できるような不動産を買わないんですか?」これに対してよく返ってくる答えはこうだ。「とんでもない。私の会計士は毎月損をして税制上の優遇措置を利用できるような不動産を探すように言ったんです」。より多くの利益を生む急行列車ではなく、危険の多い鈍行列車に乗り込むとはまさにこのことだ。

## 遅い言葉——危険を避ける
## 速い言葉——コントロールする力を持つ

貧乏父さんは「それは危険すぎる」「安全第一にしろ」「そんな危険を冒す必要がどこにある?」などとよく言った。そして、そのような考え方を正しいと信じる気持ちが強くなればなるほど、人生のお金に関する部分をコントロールする力を失った。安全第一で従業員でいることに留まっていた父は、そのせいで税金に対するコントロールを失った。また、「投資は危険だ」「私はお金に興味がない」などと言うことで、ファイナンシャル教育に対するコントロールもどんどん失っていった。その結果、どんどん多くの税金を払い——それは引退してからも続いた——、安全だとされているだけで、結局は損をしたり、どうにもならないような投資しかしなかった。

私の遠い親戚に、軍隊に二十五年間いて士官で除隊した人がいる。彼は今、テレビの前に座り、投資情報チャンネルを見ている。自分が持っている株の価値がどんどん下がるのをながめているのだ。そして、どんどん元気をなくしている。こうなったのもひとえに、彼に自分のポートフォリオの価値をコントロールする力がないからだ。ある日、この人は、自分がかなりの量の株を持っている会社の社長が新しい自家用飛行機に乗り、「うちのスタッフは全員、百万ドルのボーナスをもらっている」と豪語するのを見た。この親戚は、怒り狂った株主たちと声を合わせて抗議はしたが、それ以外に彼にできることはほとんどなかった。

『金持ち父さんの投資ガイド』の中で、金持ち父さんによる「投資家に必要な十のコントロール能力」について話した。自分の人生と未来をコントロールする力をある程度持ちたいと思っている人にとって、この十のコントロール能力は必要不可欠だ。今、私が心配しているのは、アメリカをはじめ多くの西側諸国の人口の九十パーセントの人が、お金の面での自分の将来をコントロールする力をほとんど持っていないことだ。開発途上国ではこの数字はもっと高くなる。

金持ち父さんは私に、お金の面での自分の将来をコントロールする力をどんどん強くするプランを立てるように言った。「高速車線でプレーする人間になるためには、コントロールする力をどんどん強くするためのプランを持っている必要がある。高速車線上で大きな意味を持つのは、お金よりもむしろコントロールだ」。この十のコントロール能力についてもっと詳しく知りたい人は、『金持ち父さんの投資ガイド』を読んで欲しい。

危険とコントロールについて最後に一言——金持ち父さんはこう言った。「安全を求めれば求めるほど、その人は自分の人生に対するコントロールの力を放棄する」。今、二つの世界が姿を現し始めていると思う。一つは、私が「責任ある社会」と呼ぶ世界だ。これは、自分の人生と、人生から得られる最終的な結果に対して、自分で責任を持つことが大事だと考える人たちの集団だ。もう一つは、私が「被害者社会」と呼ぶ世界で、この集団に属する人たちは、会社や政府など、自分以外のだれかが自分の人生に責任を持ってくれてしかるべきだと考えている。どんな組織、家族、あるいは会社にも、たいていこの二つの異なる社会に属する人がいる。どちらの側の人も、それぞれが自分のコンテクスト、あるいは現実から世界をながめ、自分が正しいと思っている。私は、この二つの社会を分ける要因の一つが、危険とコントロールに関する本質的価値観の違いにあることに気が付いた。被害者社会の人間は、危険を冒すことを避けるために、自分の人生に対するコントロールを他人に引き渡す傾向がある。そして、そのあと、コントロールしてくれと自分から頼んだ相手がその力を乱用していると感じて、腹を立てたりする。つまり、被害者にとっての加害者は多くの場合、本人なのだ。

これから先、このような被害者はたくさん出てくると思う。ファイナンシャル・アドバイザーなど、お金のプロにコントロールを委ね、彼らのアドバイスをうのみにしてきた人たちだ。未来の被害者の多くは、「長期的な投資をしろ。投資を分散し、買いに出て持ち続けろ——市場は過去四十年、値上がりし続けているのだから。そして、安全第一にしろ」と何度も聞かされ、それを信じたために被害者になる。彼らは自分たちがそれを信じたかったからプロのアドバイザーの言葉をうのみにした。だから、有能なアドバイザーを選ぶのに失敗していたら、被害者になって当然なのだ。

## 遅い言葉——投資信託
## 速い言葉——レギュレーションD・ルール506

今日、何百万という人が、お金の面での自分の未来と安全を株と投資信託に「賭けて」いる。個人的には、私は株式市場をあまり信じていない。それに、投資信託でお金を儲けるには時間がかかりすぎることや、自分のお金を使わなければいけないことも知っている。前にも言ったように、私は金持ちになるのに自分のお金を使うよりも、どこかからお金を借りてくる方が好きだ。銀行は投資信託を買うお金はなかなか貸してくれない。

投資信託は時間がかかると私が言うもう一つの理由は、紙の資産はどんなものでも、そこから得られる大きな利益、つまり価値の上昇による利益の大部分は、その会社の株式が公開される前、創業の時にすでに生み出されているからだ。金持ち投資家が会社の株式に投資を始める時は、多くの場合、ＳＥＣ（証券取引委員会）が私募や証券売出しに関して定めた「レギュレーションＤ・ルール５０６」などに決められた条件に従って投資する。言い換えると、金持ちは会社がまだ株式を公募していない「私会社」の時に投資するということだ。一方、一般の投資家はその会社が「公開会社」になってから投資する。この違いはとてつもなく大きな違いになることがある。市場の動向によるが、例えば公開前のインテル社に二万五千ドル投資していたとしたら、その二万五千ドルは今、四千万ドル以上になっていたかもしれない。

ここで私が言いたいのは、金持ちは一般大衆がその会社の存在すら知らない時に、すでにそこでお金を儲けているということだ。これは、金持ちが多くの場合、ずっと小さいリスクで、ずっと大きなリターンの可能性のある投資をしていることを意味する。つまり、投資信託用に会社の株が買われる時には、すでにそこからの利益は生まれている。一般の大衆は、公開会社の株式を集めた投資信託を買うが、それは、まだその会社が私会社の時に金持ちが投資したのと同じ会社だ。言い換えると、金持ちは投資信託、つまり公開された株式に投資する代わりに、「レギュレーションＤ・ルール５０６」とも呼ばれる私募債の目論見書に基づいて投資する。投資信託を使った場合と、ＩＰＯ、つまりレギュレーションＤ・ルール５０６を使った場合の金持ちになる速度の違いは驚くほど大きい。金持ち父さんが言っていたように、「投資信託に投資するのは、食物連鎖の一番最後で投資するようなものだ」。

今これを読んで、「ＩＰＯは株式市場が上げ調子で好調な時はよかったが、下げ相場の時はだめじゃないか……」と思った人がいるに違いない。確かにそれにも一理ある。だが、市場の状況がどうあれ、一般大衆には提供されない私募のチャンスが金持ちにあることに変わりはない。金持ちがする投資のための言葉や語彙、専門用語を知ることが、より速く金持ちになれる可能性を増やすのはこのためだ。

近い将来、金持ちはもっと金持ちになるだろう。それは、彼らがＩＰＯ以前の株式売り出しにかかわってくるようになるからだ。その時には、金持ち投資家はもうテクノロジーやコンピュータ関連、あるいはドットコム会社などには投資をしていないだろう。その代わり、時代の最先端を行くバイオテクノロジーや遺伝子工学の会社、「システム」「ネットワーク」といった言葉が会社の名前に含まれているところに投資している。彼らは、利益がすでに出てしまってからしか一般の人が存在を知ることのできないような会社や不動産プロジェクトに投資する。彼らが投資するのは投資信託ではなく、私募債、リミテッド・パートナーシップといった投資手段《ヴィークル》だ。

**遅い言葉――小売価格を払う**
**速い言葉――卸で買う**

だれでも、商品に小売価格とは別に卸売価格があることをよく知っている。投資についても同じことが言える。金持ちがどんどん金持ちになるのは、彼らが小売価格ではなく卸売価格で買うからだ。

『キャッシュフロー』のゲーム盤を見るとわかるが、そこには「ラットレース」と「ファーストトラック」の二つがある。ラットレースにいる投資家は小売価格で買い、ファーストトラックにいる投資家は卸売価格で買う。金持ちがどんどん金持ちになるのは、卸の段階で値のついた投資にアクセスできる人たちの「友人・知人」だったり「家族」だったりするからだ。

**遅い言葉――株式を買う**
**速い言葉――株式を売る**

ビル・ゲイツはマイクロソフトの株を買って世界一の大金持ちになったわけではない。「売り株主」と呼ばれる種類の人間だったからだ。株式の小売と卸売の話からわかるように、金持ちがどんどん金持ちになるのは、株式を卸で買って売る「売り株主」である場合が多いからだ。たいていの場合、売り株主になるためには、創業者本人か、創業者の友人、あるいは家族である必要がある。

## 遅い言葉——学校に通う
## 速い言葉——セミナーに通う

貧乏父さんは何度も学校に戻った。そして、シカゴ大学、ノースウェスタン大学、スタンフォード大学といった名門校に通った。父は新たな学歴を加えたあといつも、わざわざ時間を投資して学校へ戻ったのだから……と昇進を期待して胸を躍らせ、目を輝かせていた。

金持ち父さんはセミナーに通った。そして、こう言っていた。「もし、いい従業員になりたい、あるいは医者や弁護士、会計士のような専門分野で腕の立つ人間になりたいと思っているのなら、学校へ行けばいい。学位とか昇進、仕事による安全に興味がなければ、セミナーに行けばいい。セミナーは、会社での昇進や仕事による安全を強化すること以上の結果を求める人間のためにある」

私は学校ではなく、セミナーで教えている。学校に集まる生徒とセミナーに集まる生徒とはタイプが違う。妻のキムと私は、一年に最低二回は一緒にセミナーに出席することに決めている。二人で一緒に行くのは、たとえ出たセミナーがひどいものだったとしても、それに出席することで私たちの夫婦の絆、友情、ビジネスの上でのパートナーシップなどが強まるからだ。情報や教育は、一緒に学べば、同じ経験をしたことで人を結びつける力を持っている。一方、一緒に学ばなければ、人と人との間に溝を作ることもある。

これまでに、私たちはたくさんのセミナーに出席してきた。マーケティング、セールス、システム開発、従業員対策、そしてもちろん投資などに関するセミナーだ。低所得者層用の住宅に投資するために政府からお金を借りる方法についてのセミナーにも出席した。政府主催のこのセミナーの受講料はたった八十五ドルだが、私たちはそこで学んだことから何百万ドルものお金を作ろうと思っている。昇進ではなく結果が欲しい人がセミナーに出席するというのはこういうことだ。

学生時代作文が得意で物書きになったが、書いたものが私の本ほど売れていないという人に出会うことがあるが、そういう人に、直接販売の講座、あるいはセールスのトレーニング、コピーライティングなどのクラスに出席するように勧めると、とても腹を立てる人が多い。『金持ち父さん 貧乏父さん』の中で言ったように、私は「ベストセラー作家」ではあるが、「最優秀作家」ではない。

先日、娘さんをかなりいい州立大学に通わせた友人に会った。彼は娘の四年間の教育に八万五千ドル支払ったことについて、ちょっと自慢げだった。娘さんは年収五万五千ドルの仕事を見つけたばかりで、父親は大喜びしていた。

娘の話をしたあと、この友人は私のセミナーの値段を聞いた。三日で五千ドルくらいだと言うと、びっくりして息を呑み、「ぼくには高すぎて無理だよ。そんな短期間にしては高すぎる」と言った。さらに、三日間で何を教えるのか聞かれた私は「最初の日は、ビル・ゲイツのようにビジネスを起こして、ＩＰＯを使ってその株式を公開する方法を学ぶ。それから、ＩＰＯを自分でやるのではなくて、それをやる人の友人や家族になる方法も学ぶ。これは、自分がビル・ゲイツのような人間になるんじゃなくて、ただ卸売価格で株式を買いたいと思っている人のために、念のために教えるんだ。で、二日目と三日目で、投資用の不動産を見つける方法、その良し悪しをすばやく分析する方法、資金を集める方法などを学ぶ。要するに、ドナルド・トランプのような人の考え方や投資方法に似たやり方で考えたり、交渉したり、取引を分析したりするにはどうしたらいいかを教えるんだ。最終目には、ヘッジ・ファンドマネジャーがトレードするように——これは投資信託のファンドマネジャーのやり方とはまったく違う——、オプション・トレードを利用するにはどうしたらいいかを教えることもある。それから、税金を少なくし、資産を守るために会社を利用する方法も教える。セミナーには、高速車線にすでに乗っている『インサイド投資家』を呼んで、世界で一番レバレッジの効いた投資を見つける方法を話してもらう。一番大事なのは、出席者が、自分と同じように考える、自分と同じような人と出会えることだ。つまり、自分と同じスピードで動いている人たちに出会って、新しい友達ができる」

私の話を聞いても、友人は「三日にしては高すぎる」と言うばかりだった。

### ●オーディオ教材を有効に使う

繰り返して言うが、言葉にはスピードの遅い言葉と速い言葉がある。私にとっては、五万五千ドル、あるいはそれ以下の給料で一生働く方法を学ぶために四年間と八万五千ドルを費やすよりも、三日間と五千ドルを費やして何百万ドル――もしかしたら何十億ドル――も稼ぐ方法を学ぶ方がいい。一九七四年、海兵隊を除隊しゼロックス社に就職したが、貧乏父さんのように従業員になってEクワドラントに留まるつもりが自分にないことがわかった時、私はナイチンゲール・コナント社が出しているオーディオ教材を定期的に送ってもらうことにした。それはビジネスやモチベーション(動機づけ)、リーダーシップなどの面ですばらしい業績をあげた人たちの話を集めたものだった。アール・ナイチンゲールによる"Lead the Field"(トップを走れ)というタイトルのテープを買い、セールス担当地域を車で走り回りながら、そのテープを何度も繰り返し聴いたことは今もよく覚えている。実際、今でも一年に一回は、ジムでエクササイズをしながら、あるいは車の運転をしながらこの教材を聞き返している。

人から「どうやったら『よき師』を見つけられますか?」と聞かれると、私はよくこう答える。「ナイチンゲール・コナント社からカタログを送ってもらい、史上最高のよき師たちの言葉に耳に傾けることから始めなさい」。金持ち父さんがよく言っていたように、「本当の金持ちは家で、余暇を使って金持ちになる」。金持ち父さんはまたこうも言っていた。「きみを金持ちにするのは、きみのボスがやるべき仕事じゃない。

きみがやるべき仕事なんだ」

ナイチンゲール・コナント社のオーディオ教材シリーズに名前を連ねる偉大な指導者の中には、テンプルトン財団の創立者ジョン・テンプルトン卿をはじめ、ブライアン・トレイシー、ジグ・ジグラー、デニス・ウェイトリー、オグ・マンディーノ、セス・ゴーディン、ハーヴィー・マッケイなどがいる。私はこれまでに、車を運転したり、エクササイズや散歩をしながらこれらの教材に耳を傾け、より多くを学び、より多くのお金を儲け、また、先へ進むためのインスピレーションを得たり、新しいアイディアを思いついたり、新しいやり方を発見したりしてきた。偉大な指導者たちの話を集めたこのシリーズには、お金には換えられない大きな価値がある。それでいて、費用は百ドル以下だ。たったそれだけで、偉大なる教師、指導者たちと何時間でも好きなだけの時間を過ごすことができる。そのためにあなたがしなければいけないことは、ただオーディオプレーヤーの巻き戻しボタンを押すだけだ。そうすれば彼らはあなたが聞きたいことを何度でも繰り返してくれる。これらの教材を聴いても大学の卒業証書がもらえるわけではない。だが、私はそのおかげで経済的自由を得た。そして、これが一番大事なことだが、あるがままの自分に正直でいることに自信が持てるようになった。

## ●なぜコンテンツだけを求める人がいるのか

学校へ通う人とセミナーに出席する人との間の大きな違いの一つは、やはりコンテクストとコンテンツにある。これまでの経験から気が付いたことだが、セミナーに通うタイプの人は学校に通うタイプの人から「セミナーから何を得たか?」と聞かれても、自分が得たものを説明できないことが多い。その理由は、多くのセミナーが、コンテンツを増やすことよりもコンテクストを広げることを目的としているからだ。コンテクストを広げたばかりの人は、自分が何を得たか具体的に説明できないことが多い。学校に通うタイプの人、つまり従業員でいる道を選ぶ人は、たいていそのようなあいまいさを理解できない。コンテクストは同じままでコンテンツだけを増やしたい人は、現実が広がったことを喜びさらに新しいコンテンツが出てくるのを心待ちにするタイプの人を理解できない。コンテンツだけを欲しがる人は、自分のコンテクストがめちゃくちゃにされるととても動揺する。彼らがコンテクストを広げるよりコンテンツを増やしたがるのはそれだからだ。確かに、目標が何であれ、どちらのタイプの人も先に進むことはできる。ただし、より速く進めるのは、コンテクストを広げ、コンテンツも増やそうとする人だ。

### ●ラットレースとファーストトラックのどちらに乗っているか？

先日ある人からこう聞かれた。「キャッシュフローゲームを一度やりました。次は何をしたらいいですか？」

それに対して私は「キャッシュフロー１０１を一度やったんですか？　たった一度ですか？」と聞いた。

「ええ、一度だけです」。その人はそう答えた。

「ゲームに何時間かかりましたか？」

「三時間くらいです」

「あなたはラットレースから出られましたか？」

「いいえ、最後まで出られませんでしたけれど、学ぶべきことは学びました」

「何を学んだのですか？」

「私は退屈でした。ラットレースにいるのは退屈で疲れるということを学びました。それに、自分はゲームがまったく好きじゃないこともわかりました。だから、次に何をしたらいいか教えて欲しいんです。ゲームはしたくありません。金持ちになりたいんです。ですから、次に何をしたらいいか教えてください」

私はゲーム盤を取り出し、ラットレースにあたる円を指差した（図⑥）。そして、慎重に言葉を選びながらゆっくり話し始めた。「つまり、あなたにとってこのゲームは、つまらないただのゲームにすぎないということですね？」

相手の男の人はうなずき、にこにこしながら言った。「そうです。それに、私はゲームなんてしたくないんです。実社会で金持ちになりたいんです」

「で、あなたはこのゲームは実社会ではないと思うんですね？」

「そりゃそうですよ」。その人は薄ら笑いを浮かべながら言った。「このゲームは私にはあてはまりません」

「それはなかなか面白い意見ですね」。私はラットレースの円をまだ指差したままそう言った。「私にとっては、このゲームは実社会と同じです。一つ聞いていいですか？　あなたはいまどちらに乗っていますか？　ラットレースですか？　それともファーストトラックですか？」

**⑥キャッシュフローゲームは実社会と同じ**

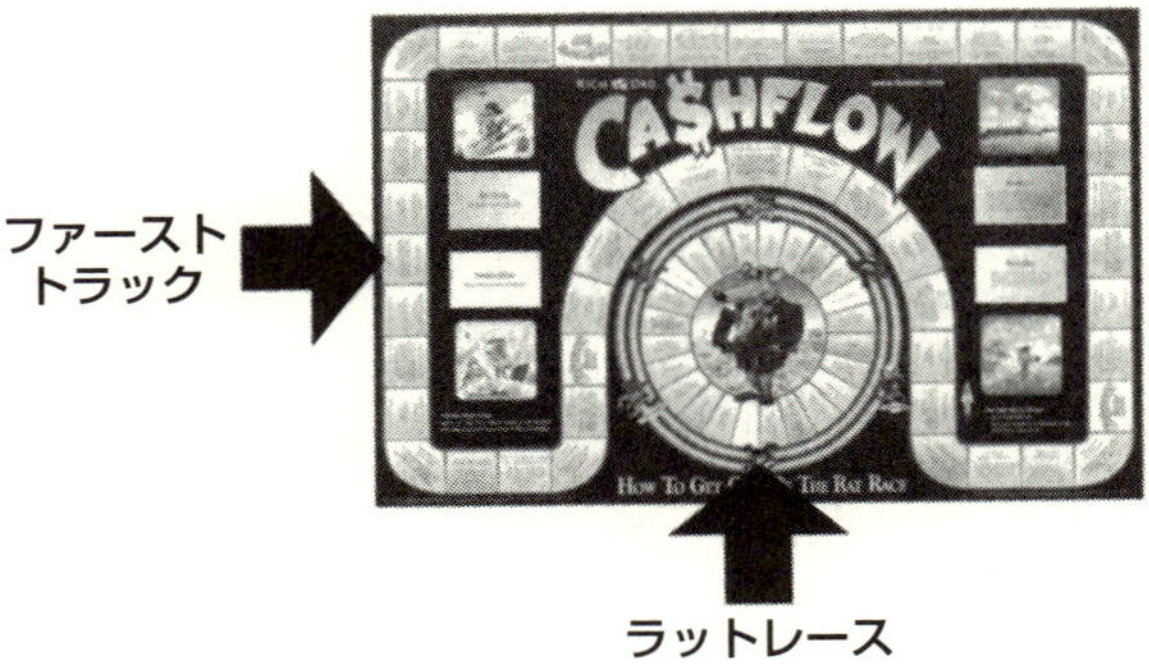

その若い男の人は、わけがわからないという表情を浮かべただけで、何も言わなかった。

そこで私はこう続けた。「私にとっては、このゲームは実社会と同じです。そして、実社会では、私たちはだれもがこの二つの道のどちらかに乗っているんです」。その時たまたま手元に、前に紹介した元労働長官ロバート・ライシュの話が載っている記事を持っていた私は、それを引っ張り出し、彼の言葉を声に出して読んだ。

「もはや、仕事を持っているかどうかという単純な問題ではない。それどころか、人並みの給料をもらっているかどうかすら問題ではない」

「思いがけない収入の道が待っている新しい経済《ニューエコノミー》においては……二つの道が姿を現しつつある。それは高速車線と低速車線の二つで、その中間の車線はない」

「ファーストトラックが実際に存在するとあなたは言いたいんですか？」男の人はそう聞いた。

私はうなずいた。「そうですよ。それにラットレースも存在します。アメリカ人の九十九パーセントはラットレースから投資をしています。その人たちはどんどん遅れをとっています。ロバート・ライシュが言っているように、『中間の車線はない』んです。つまり、みんなどちらかの車線に乗っているんです。さあ、あなたはどちらの車線から投資をしていますか？」

「そうですね……私は給料の高い仕事に就いていて、たくさんのお金を稼いでいます。ですから、ファーストトラックから投資していることになりませんか？」

「私はそうは思いませんが、本当のところはわかりません。もっと話を聞かないと判断がつきません。あなたはどんなものに投資していますか？　あなたは大金持ちで、年に二十万ドル以上稼いでいますか？」

「４０１ｋに三十五万ドルあります。年収は十二万ドル以上です。これで私はファーストトラックにいることになりませんか?」

「私はそうは思いません。少なくとも、証券取引委員会の規則によるとあなたはファーストトラックに乗る資格はありません」

「よくわかりません。私に足りないのが何なのか、教えてもらえますか?」

私はふうっと大きく息をした。やっと彼のコンテクスト——つまり頭——の扉を開き、新しいコンテンツである情報を取り込めるようにできたことにほっとした。いつも感じることだが、すべての答えを知っていると思っている人に何かを教えるのはとてもむずかしい。すでに水が縁まで入っているグラスにさらに水を注ぐのがむずかしいことはだれでも知っている。同じように、頭の扉が閉まっている人、あるいはほかのコンテンツで頭がいっぱいになっている人に新しいことを教えるのはむずかしい。

## ●お金を持っているだけではだめ

私はゆっくりと話を始めた。「私がこのゲームに二つの車線を作ったのは、私にとってはこのゲームが実社会と同じだからです。私たちは実社会でこの二つの車線のうちどちらかに乗っています。ロバート・ライシュが言っているように、中間の車線はないんです」

「つまり、ラットレースにいるか、ファーストトラックにいるか、そのどちらかだと言うことですか?」その男の人は前より少し興味を持った様子でそう聞いた。

「そうです。で、このゲームから学ぶべきことは、どうやったらラットレースから抜け出られるかなんです。このゲームの目的は、金持ちになって経済的に自由になる可能性に対して、あなたの頭の扉を開くことです。経済的に自由になるというのは、たいていの人がよく知っているラットレースから抜け出ること、一生せっせとお金のために働き、収入の範囲内で切り詰めた生活をするあくせくした生き方から自由になることを意味します。ゲームをしたり、ほかの人にゲームのやり方を教え続けていると、その可能性に対してどんどん頭の扉が開いていきます。そして、経済的自由が、頭の中や、コンテンツやコンテクストにおいてどんどん現実のものになっていくんです。反対に頭の扉が開いていなければ、ラットレースで一生を終わる百人中九十九人の仲間入りをする可能性が高くなります」

「たくさんお金を稼いでいてもそうなんですか?」

「とてもいい質問ですね」。私は大きな声で言った。「これまでで最高の質問と言ってもいいですよ。答えはこうです――お金だけでは、ラットレースから出ることも、ファーストトラックに乗ることもできません。金持ち父さんがいつも、『お金は人を金持ちにしてくれない』と言っていたのはそのためです」

「なぜですか?」その人はわけがわからないという顔で聞いた。「たくさんお金があればファーストトラックに乗れるんじゃないんですか?」

「これもまたいい質問ですね。答えは『ノー』です」。彼の頭の扉が開き始め、すべての答えを知っているふりをするのではなく、新しい考え方を取り入れられるようになったのを知って、私はすっかり気が楽になった。「ラットレースから出るにはお金以上のものが必要ですし、ファーストトラックで投資をするにもお金以上のものが必要です」

「よくわかりません。お金以上のものが必要だとしたら、何が必要なんですか? ラットレースから出るのにお金以上のものが必要だというのはまあわかりますが、ファーストトラックで投資するのにお金以上のものがなぜ必要なのか、私にはわかりません」

私は考えをまとめてからその質問に答えた。「ウォールストリート・ジャーナルや、金融・投資関係のそのほかの出版物に最近掲載された広告で、高そうな服を着て、いかにも金持ちそうな男の人が『私は投資のためのお金を持っている』と書かれた看板を持って街角に立っているのを見たことはありませんか?」

「ええ、確かに見たことはありますよ。でも、あれが何を意味しているのか、本当のところはわかりませんでした」。青年は小さな声で、ちょっと当惑した表情を浮かべながら答えた。

「一九九五年から一九九九年の間、あのような広告はとてもたくさんありました。ああいった広告に込められたメッセージは、株式市場、あるいは自分の仕事のおかげでたくさんのお金を儲けた人が大勢いて、今、金持ちのための投資、つまりファーストトラックでの投資先を探しているということです。でも、そこには問題がありました。それは、そういう人は確かにお金はあっても、ファーストトラックにある、もっと割のいい投資をするのは許されていなかったということです。ファーストトラックには、彼らに参加を許すおそまつな取引や、時には不正な取引はたくさんあっても、一番いい取引は、たいていの人には手が届かないようになっています。これは、たとえお金を持っていても同じことです」

「たとえお金を持っていても？　なぜですか？　私にはよくわかりません」

「それは、ファーストトラックではお金は重要ではないからです。実社会での投資では、お金はラットレースにしがみついている人たちにとってだけ意味があるんです」

「お金は重要じゃない？　それはなぜですか？」

「ファーストトラックの人はみんなすでにたくさんのお金を持っているからです。だから、もうお金は重要ではないんです。ファーストトラックでよりよい投資をするために大事なのは、何を知っているか、だれを知っているかです」

「つまり、大事なのはお金ではなくて、何を持ち札として持っているかだということですね」

「まさにその通りです」。私はにこにこしながら言った。「金持ちと中流以下の人との間では、いろいろなことが『違う』のではなくて、まったく正反対なんです。一方の側はお金が大事だと考えていますが、金持ちになってみるとお金がもう重要ではないことがわかります」

そのあと何分かかけて、私は出口戦略のレベルの違いについて話した。そして、年収十万ドルから百万ドルの裕福レベルに到達できる人はたくさんいるが、せっせと働き、つましい生活をしてお金を貯めることでそのレベルに達した人は、金持ちや大金持ちがやっている投資ができるようになるとは限らない、と説明した。多くの人がそうすることができないのは、お金は持っていても、ファーストトラックで投資するのに必要な教育と経験を持っていないからだ。彼らはお金はあっても、それ以外にテーブルに乗せるものがない。

## ●ラットレースから抜け出すプランを立てる

「だから、『私は投資のためのお金を持っている』という看板を持った裕福そうな男の人の広告が掲載されたりしたんですね」。その青年は、新しいコンテクストを少しずつ自分のものにし始めていた。「あの広告の人たちはお金は持っていたけれど、そのお金を欲しがる人はいなかった。なぜなら、ファーストトラックで投資する準備が彼らにはできていなかったから……」

「その通りです。だから金持ち父さんは『お金を持っているだけでは金持ちとは言えない』と言ったんです」

「じゃあ、私はどうしたらいいんでしょう?」

「そうですね……私があなただったら、まず、家に帰って、キャッシュフロー101を少なくともあと十二回やります。つまり、自分に割り当てられた職業が何であろうと、給料が高かろうと低かろうと、また市場の状況がどうであろうと、また、どんな障害に出会おうと、一時間以内にラットレースを抜け出せるようになるまでゲームをやり続けます。それから、ファーストトラックで使われる言葉に注目して、わからない言葉の意味を調べます。意味がよく理解できたら、実社会ですでにファーストトラックで投資をしている投資家を探し始めます。見つかったら、その人たちと一緒に時間を過ごすようにして、彼らの言葉に耳を傾け、彼らにとってお金以外で何が重要かを理解するように努めます。彼らが使っている言葉がわかるようになれば、それだけよくコミュニケーションがとれるようになり、彼らの世界、つまりファーストトラックの世界が見え始めます……」

「あなたはそういうことをやったんですね?」

「ええ、今もやっていますよ――毎日欠かさずね。先ほども言ったように、このゲームは実社会そのものです。あなたは必ず、ラットレースかファーストトラックのどちらかに乗っています」

「じゃ、どうやってあなたはラットレースから抜け出たんですか？　あなたが何もないところから出発したのは私も知っています」

「私にはプランがありました。ラットレースから抜け出す方法についてプランを持っていたんです。ここで大きな違いは、私のプランが最初から金持ちになるためのプランだったということです。たくさんのお金を手に入れることを可能にしてくれるプランです。でも、もっと大事なのは、それがファーストトラックに必要な言葉や教育、経験を手に入れることを可能にするプランだったことです。ですから、まず出口戦略を決め、しばらくの間投資してみて、それから、あなた独自のプランを考え出して、細かいところを決めていくようにするといいでしょう。そのプランというのは、ファーストトラックに必要な言葉や教育、経験を含んだプランですよ」

　若い男の人はうなずいた。もうすっかり頭の扉は開いていた。「引退してもラットレースに乗ったままの人もたくさんいるんですか？」

「たいていの人はそうですよ」。私は静かに言った。「そういう人の人生も、プラン通りに運んだと言えます。彼らは鈍行列車に乗って、人生の最後までそれに乗り続けました。私は鈍行列車には乗りたくありませんでした。だからもっといいプランを探したんです。私に効き目のあるプランをね。あなたもいいプランが見つけられるように祈っていますよ」

　青年はうなずき、「きっとそうしますよ」と静かに答えた。

## ●プランにレバレッジを加えるために

　私に言わせてもらうなら、これほど多くの人が一生せっせと働き、それでも貧しいままで終わったり、ラットレースから抜け出せなかったりするのは、彼らが遅いプランに従って生きてきたからだ。若くして豊かに引退したいと思っている人にとって、一つの重要なステップは、静かに腰を下ろし、「今、私はどんなプラン、だれのプランに従っているか?」と自問することだ。

ほかに次のような質問をしてみるのもいいだろう。

1. 私の人生の出口戦略はどんなものか?
2. 私の言葉、考え方は速いか、遅いか?
3. 今私はどの車線にいて、将来どの車線にいたいか?
4. 今日私はどんな種類の所得のために働いているか? 明日はどんな種類の所得のために働きたいか?
5. 安全を求めた場合、長期的に支払わなければならない代価は何か?

# 第十一章 一貫性《インテグリティ》のレバレッジ

一九八五年から一九八九年まで、キムと私には不労所得もポートフォリオ所得もまったくなかった。私たちはより大きなレバレッジの効いた勤労所得を得るために、自分たちのビジネスを立ち上げようとせっせと働いた。稼いだ余分なお金はすべてそのビジネスを強化するために使った。私たちは、自分たちがどんな所得を望んでいるか知っていた。自分たちが望んでいる所得がどんなものか、そして、それを得るためには勤労所得を不労所得とポートフォリオ所得に変えていかなければならないことも知っていた。でも、実際には不労所得とポートフォリオ所得はゼロのままだった。どんどん月日が流れる一方で、私の耳には金持ち父さんの声が聞こえていた。「不労所得とポートフォリオ所得を人生の一部にした瞬間、人生は変わる。その二つの言葉が肉になるんだ」

私の二人の父はともに、言葉の定義を知っていることがとても大事だと思っていた。二人が違っていたのは、注目する言葉が同じではなかった点だ。一人の父は私に学校で習う言葉の意味を調べさせたが、もう一人の父はお金やビジネス、投資に関する言葉を調べさせた。子供の頃、二人の父から違う言葉の意味を調べるように言われて、夜遅くまで辞書とにらめっこをすることがよくあった。

私は投資家を自称するたくさんの人と出会う。そういう人に、不労所得、ポートフォリオ所得がどれくらいあるかたずねると、たいていの人がそれほどないことを認める。中にはまったくない人もいる。それでも、投資家を自称しているのだ。二人の父はともに次のように言っていた。「人は言葉と行いが一致してはじめてそれだけの価値を持つ。言った通りのことをしない人は、大した人間ではない」。若くして豊かに引退する人がこんなに少ない理由の一つは、自分の言葉に忠実ではないからだ。たいていの人は自分にとって現実ではない言葉を使っている。

## ●単なる定義以上のことを知る

『金持ち父さん　貧乏父さん』を読んだ人は、資産と負債という言葉に対する定義が二人の父で違っていたことを覚えているかもしれない。私の実の父、貧乏父さんは、どちらの言葉の意味もわかっていると思っていたから、わざわざ調べようとはしなかった。たとえ、辞書で調べたところで、大して役に立たなかっただろう。その理由は簡単だ。学校で使う辞書にある定義では、違いがはっきり説明されていないからだ。

私は辞書を引くのが大嫌いだった。だが今でも、完全に理解できない言葉は調べる。どうしてそうするかというと、言葉は人間に与えられた道具の中で最も大きな力を持つ道具だと思っているからだ。金持ち父さんが言ったように、「言葉は頭が使う道具だ。言葉は、目では見えないことを頭で見えるようにしてくれる」。金持ち父さんはこうも言っていた。「貧乏人の言葉を使う人は貧乏人の考え方を持っていて、それだから貧乏な生活をしている」。勤労所得、ポートフォリオ所得、不労所得という三つの言葉の違いを知っていただけで、私をはじめ多くの人の人生にどんなに大きな変化がもたらされたか、ここでちょっと考えてみて欲しい。これらはどちらかというと簡単な言葉だが、その違いを知っているだけで人生が大きく変わる。

お金の面での自分の未来を変えたいと思っている人にとって、一番重要で安上がりな方法の一つは、自分が使う言葉の定義を知ることだ。大きな証券会社の中には、名の通った専門家をテレビに登場させ、PER（株価収益率）、配当再投資プラン、時価総額といった、投資をあおりたてる元気のいい専門用語を撒き散らしているところもある。こういった証券会社は、そのような言葉の定義を知ることがよりよい投資家になるために大事だと視聴者に思わせたいのだ。確かにその考え方は正しい。だが、若くして豊かに引退したいと本気で思っているなら、むしろもっと基本的で、もっと重要な言葉の定義を知っている必要がある。そういう人が理解すべき、もっと基本的で、不可欠、重要な言葉の例としては、個人の財政における流動比率、当座比率、流動性比率、利益に対する負債比率などがある。もちろん、それ以外に資産と負債の違い、勤労所得、ポートフォリオ所得、不労所得の違いなどを知ることも必要だ。

## ●言葉の力を活用する

むずかしい専門用語より、基本的な言葉として今挙げたものの方が重要な理由は、ＰＥＲ、配当再投資プラン、時価総額といった言葉が実際のところあなたとあまり関係のないものだからだ。特に、ビジネスや投資を始めたばかりの段階ではそうだ。あなたとあなたの人生にもっと基本的にかかわっているのは、資本に対する負債比率、流動性比率といった言葉だ。その理由は、それらの言葉が個人的にあなたの役に立つ、つまり実生活でそれらの定義を利用することができるからだ。これらの比率が自分にどのようにあてはまるか理解し、実生活に適用すれば、その言葉はあなたの生活の一部になる。つまり、言葉が肉となる。そうなってはじめて、あなたは言葉の持つ力を活用することになる。

ＰＥＲは普通、ＩＢＭやマイクロソフトなどのように株式が公開されている会社に対して使われる言葉だ。あなた自身が売りに出されているのでない限り――奴隷制度はもうだいぶ昔に廃止されたはずだ――ＰＥＲをあなたにあてはめることはできない。ＰＥＲが何か知らない人もいると思うので説明をすると、これは株価が相対的に高いか低いかを簡単に評価するための指標だ。買い物客が豚肉一ポンドあたりの値段を聞くのに似ている。一ポンドあたり二ドル九十九セントで売られている肉と一ドル十九セントで売られている肉とでは違いがある。賢い買い物客ならばだれでも、ポンドあたりの値段が安いからといって必ずしもそれが「いい買い物」とは言えないことを知っている。ＰＥＲが高い、低い、というのも同じことだ。

ＰＥＲは単に株価が一株あたりの利益の何倍になっているかを測るだけのものだ。例えば、株価が二十ドルで、一株あたりの利益が二ドルの株のＰＥＲは十だ。つまり、今のままの状態が続けば、二十ドルの元手を取り戻すのに十年かかるということだ。ある株のＰＥＲが高い、あるいは低いというだけでは、その株がお買い得かどうかわからない。一ポンドあたりの値段でその豚肉がお買い得かどうかわからないのと同じだ。私たちはただ安いというだけでは豚肉を買わない。買う前に知りたいことはほかにいくつもある。

ドットコム会社が全盛の頃、Ｐ（株価）ばかり高くてＥ（収益）のない株がたくさんあった。おかげで、株価収益率だけに目をつけて株を買った人はひどい目にあった。市場が暴落した時、Ｐばかり高くてＥのない株ではなく、割安の豚肉を買って冷凍庫にしまっておけばよかったと思った人は大勢いた。今では、一部のドットコム会社の株は冷凍の豚肉ほどの価値もない。本当にどうしようもないのは、今、何の現実も伴っていないのに、未来の約束をあてにして投資してもいいと信じている人たちだ。多くのドットコム会社の若き創業者たちは、正しいコンテクストは持っていたが、そこに正しいコンテンツを入れられなかった。そのコンテンツとは、ビジネスと投資に関する教育と経験だ。

ＰＥＲよりも重要で、基本的、不可欠な比率で私たちが理解しなければならないもの、そして、それを理解して利用すれば、より金持ちになる可能性、お金の面で成功する可能性が増す言葉はほかにもある。例えば、先ほど例に挙げた資本に対する負債比率も、私たちにとってもっと利用価値のある比率の一つだ。これが重要な理由は、だれにでも利用できるからだ。本当は、毎月必ずこの比率を使うべきだと言ってもいい。

例えば、長期および短期の借入金の合計が十万ドルで、自己資本が二万ドルだったとすると、あなたの資本に対する負債比率は次のようになる。

$100,000÷$20,000＝5

つまり、この場合の負債比率は五だ。問題はこれが何を意味するかだが、本当を言うと、これだけでは大した意味はない。だが、次の月にこの数字が十になったとしたら、それはあなたがうまく家計を切り盛りしなかったことを意味しているかもしれない。資本に対する負債比率が十になったということは、負債が二十万ドルに増えたか、自己資本が一万ドルに減ったか、いずれかだ。どちらにしても、これらの数字が先ほどのPERなどより大きな意味を持っているのは確かだ。なぜなら、これらの数字はあなたの生活に関係のある、実体を持った数字だからだ。金持ち父さんが言っていたように、他人ではなく自分のビジネス、自分の懐具合の面倒を見よう。これらの簡単な比率を知っていれば、あなたのビジネス――人生というビジネス――の面倒を見るだけでなく、それをうまく切り盛りする方法を教えてくれる道具として大いに役立つ。

## ●あなたの人生に比率を応用する

PERは、株式の公開されている会社の経営状態に対して、投資会社がどれほど信頼を置いているかを反映する傾向がある。それと同じように、あなたも人生の「経営者」として、自分の人生にあてはめることのできる比率を知っておく必要がある。次に紹介するのは、人生を金銭的にうまく切り盛りできる経営者になりたいと思っている人が把握しておくといい比率の例だ。

金持ち父さんが、いつも気をつけて動向をチェックするように言っていた比率の一つは、「裕福度」だ。この比率は次のようにして求める。

(不労所得＋ポートフォリオ所得)÷支出の合計

裕福度を測る目的は、不労所得とポートフォリオ所得の合計を支出の合計より多くすることだ。そうなれば、あなたは仕事をやめても、つまり勤労所得をゼロにしても、今のライフスタイルを続けられる。不労所得とポートフォリオ所得の合計が支出の合計より大きくなった時、つまり裕福度が一以上になった時、あなたはラットレースから出られる。これが、私が考案したボードゲーム、『キャッシュフロー101』のゴールだ。このゲームは不労所得とポートフォリオ所得を作り出す方法を教えてくれる。

例をあげて裕福度を計算してみよう。

{不労所得（$600）＋ポートフォリオ所得（$200）}÷支出の合計（$4,000）＝0.2

裕福度〇・二、つまり不労所得とポートフォリオ所得の合計が支出の合計の二十パーセントという数字を金持ち父さんが見たとしたら、不労所得とポートフォリオ所得を増やすためにもっと一生懸命働くことについて、長々と私にお説教しただろう。金持ち父さんの言葉を思い出して欲しい。「不労所得とポートフォリオ所得を人生の一部にした瞬間、人生は変わる。そして、その二つの言葉が肉となるんだ」。不労所得とポートフォリオ所得が何であるか、それを私が本当に理解すれば、私の人生は変わる、なぜなら私の人生の現実が変わるから――金持ち父さんはこのことを私に教えたかったのだ。

金持ち父さんは、裕福度はよく理解する必要のある、とても大事な比率だと思っていた。その理由は、人生というビジネスをどれくらいうまく経営しているかを測るのにとても役に立つ指標だからだ。金持ち父さんはこう言った。「たいていの人が貧乏なまま引退するのは、実際に不労所得やポートフォリオ所得がある状態がどんなものか、まったく知らないという単純な理由からだ。そういう人は、言葉の定義は知っているかもしれないが、その言葉を自分の人生の中で実体を持った部分にするだけの一貫性《インテグリティ》を持っていない」

五年の間、キムと私はその言葉の意味を知っていたし、人生にそれを取り入れたいと自分たちが思っているのもわかっていた。だが、実際にはどちらのタイプの所得も私たちにはなかった。それから突然、一九八七年の株式市場の暴落のあと、景気後退の時期が七年続き、私たちはチャンスの窓が開いたのを知った。言葉を現実にする時が来たのだ。今こそ、裕福度を一以上にする時だった。私たちは一九八九年にはじめて投資用の不動産を買い、一九九四年までに、月額にして一万ドルを少し超える不労所得を得るようになっていた。そのときの毎月の支出の合計は三千ドル以下だった。つまり、私たちの裕福度は三・三になった。今は、支出が大幅に増えたにもかかわらず、裕福度は十二以上だ。これこそ、言葉を自分の人生の一部にすることの持つ威力だ。

若くして豊かに引退したいと本気で思っている人は、金持ち父さんの裕福度を人生の一部にするといい。そうすればきっと、それがＩＢＭやマイクロソフト社のＰＥＲなどより、あなたにとって大きな意味を持っていることがわかるだろう。裕福度を毎月チェックすれば、昇給をあてにしてせっせと働いている人に比べて、ずっと速く自分の人生が変わっていくのがわかると思う。金持ち父さんの裕福度は、人生で何が大事かを考える上で、私に大きな影響を与えた。

これまでの半生を振り返って見て、私に一番お金をもたらしてくれたのは、金持ち父さんからのこういった単純な教えだった。今現在の私の個人的な資本に対する負債比率は約〇・七だ。つまり、私には借金がたくさんあるが、それでも夜はよく眠れるということだ。私は決して借金ゼロの状態ではないし、そうなるつもりもない。ここで言いたいのは、金持ち父さんからの単純な教えの方が、長い年月を費やして学んだ微積分、球面三角法、化学といったものよりずっと大きな影響を私の人生に与えたということだ。金持ち父さんの単純な教えがこれほど大きな影響を与えた理由は、私が生きている限りずっと私の人生に直接的なかかわりを持つ教えだからだ。これまでに、投資に関する決定をするのに微積分や球面三角法を使ったことは一度もないし、ＰＥＲを使ったこともない。それらを使わないのは、お金の面での私の成功にそれらが役に立たず、直接的な関わりをほとんど持っていないからだ。

## ●人生に力を与える

この章では、言葉と行動、そしてそれらを一致させる「一貫性」について話をしているが、ここで私が言いたかったことは二つある。一つは、ほんのいくつかの簡単な定義と単純な数字が、人の人生に大きな力を与えることがあり得るということだ。買い物上手な人ならだれでも豚肉一ポンドあたりの値段を知りたがるのと同じように、私たちはだれでも、資本に対する負債比率や裕福度、あるいは、ここでは詳しく取り上げないがそのほかにもいくつかある、簡単な計算で導き出せる指標を知っている必要がある。

二つめの要点は、成功するためには、ただ言葉の定義を知っていて、利口ぶって専門用語を振り回すだけではだめだということだ。最近、本当には理解していない言葉を使う人が多すぎる。投資関係の営業マンの多くは、客より自分の方がよくわかっていると思われたくて、PERなどといったむずかしい言葉を使う。一番大事なのは、若くして豊かに引退したい人は、お金に関する自分の語彙を常に増やす必要があるということだ。語彙を本当に増やすためには、言葉の定義だけではなくそれ以上を知ることが大事だ。つまり、言葉を人生の一部、現実の一部にすることが大事だ。例えば、私が「不労所得」と言う時、そこには情熱が込められている。なぜなら、私にとって、それが人生の重要な一部だからだ。私にとって不労所得という言葉は、多くの従業員にとって昇給という言葉が持つのと同じくらい重要な意味を持っている。私が昇給に対して情熱を燃やさないのは、それが私にとってあまり未来のない所得だからだ。

私は勤労所得を不労所得に変える方法を何年もかけて学んできた。実際に勤労所得を不労所得に変えることに時間をかければかけるほど、私の実生活での経験が増える。株式ブローカー、不動産ブローカー、ファイナンシャル・プランナーといった投資関係のサービスを提供する人たちの多くに関して私が疑問に思うことは、彼らは顧客に投資商品を売る、つまり、うまくいけばいつかあなたに不労所得やポートフォリオ所得をもたらしてくれるはずの商品を売っているにもかかわらず、自分自身は勤労所得のためにしか働いていない点だ。私には、それは一貫性を持っているとは言えない気がする。

### ●あなたのファイナンシャル・アドバイザーの鼻はどれくらい長いか?

金持ち父さんは童話が大好きだった。お気に入りの一つは、人間の少年になりたいと思った木彫りのあやつり人形の話、『ピノキオ』だ。この話の中でピノキオは嘘をつく。そして、嘘をつけばつくほど、木でできたピノキオの鼻は長くなった。ピノキオがやっと本当の人間の少年になれたのは、良心に目覚め、本当のことを言うようになってからだ。金持ち父さんは息子のマイクと私にこの話をする時、よく次のように付け加えた。「これも言葉が肉になる例だよ。この場合は木にもなったけれどね……」

今、お金の面での自分の未来と安全を株式市場に「賭けている」大勢の人のことを思うと、私はぞっとする。レイオフ（一時解雇）される人の数が増え、株式市場が大きな変動を続ける一方で、何百万人という人が自分たちの未来を心配している。つい先ほど読んだ新聞には、信頼していた投資アドバイザーや保険セールスマンのせいで、引退後に備えて貯めておいたお金を失った退職者たちの話が載っていた。記事によると、その人たちがお金を失ったのは、投資アドバイザーや保険セールスマンが自分の証券会社、あるいは保険会社によってきちんと認められていない「いんちき投資」を売り始めたからだった。彼らがそんなことをした理由は単純で、会社が彼らに払う歩合（彼らにとっての勤労所得）を減らしたからだ。だから彼らは自分を信じてくれている人、年をとってからいくらかでも不労所得やポートフォリオ所得を得ようと期待している人たちを相手に、新たないんちき投資を見つけてきて売りつけたのだ。

これから先、数十年のうちには、長く延びた木の鼻をつけたいわゆる専門家たちの言うことを聞いたばかりに、年をとってからお金の苦労をする人が大勢出てくるだろう。この専門家たちは、ピノキオのように木でできていて、「株価は常に上がる。投資信託は年に平均十二パーセントの利益を生む、長期の投資をしろ、分散投資をしろ、ドル・コスト平均法で損を平均化しろ」などと言う人たちだ。

## ●一貫性の持つ力

二人の父が重要性を強調した言葉は必ずしも同じではなかったが、「一貫性《インテグリティ》（integrity）」という言葉に関しては二人とも同じように重要性を強調した。そして、この言葉の定義の一つが、人が言葉と行いを一致させることだという点で同じ考えを持っていた。二人はこう言っていた。「人の言葉に耳を傾けるのは大事だ。だが、もっと大事なのは、その人の行いを見ることだ」。たとえば、だれかが「七時に迎えに行く」と言って、ちゃんと七時に迎えに来たら、その時のその人の一貫性は百パーセントだ。つまり、言葉と行いが一つになって完結している。一方、「七時に迎えに行く」と言っておきながら、結局来なくて、電話もしてこなければ、謝ってもこなかったら、その時のその人の一貫性はゼロだ。言葉と行いが合っていない。言葉と行いが一つになって完結していないのだ。

私の実の父は、辞書の integrity の定義の中に「全体」とか「完全」という言葉が含まれていることに注意するように私に言った。父はいつもこう言っていた。「人は言行が一致してこそのものだ」。そして、私たち子供に、言葉通りにすることの大切さをいつも思い出させた。父の口癖はこうだった。「とどのつまり、人間は言葉だ。最終的に人間が持っているのは言葉だけだ。言葉がよくなければその人自身もよくない」。父は「守るつもりのない約束は決してするな」ともよく言っていたが、その背景にはこの考え方があった。

先日ダラスで、二人の若者から、私のセミナーに出席させてもらえないだろうかと聞かれた。まったくお金がないので無料で出席させて欲しいという話だったが、とても熱心だったので、キムと私は招待券を二枚、受付で受け取れるように手配することを約束した。この二人の若者は会場に姿を現さなかった。その時私は、二人がいい仕事に就いているのにお金に困っている理由がよくわかった。

### ●一貫性を持ったプラン

経済的に豊かな人生を送るための私のプランの中で、簡単だが大きな効果があった方法の一つは、言葉に忠実であること、言葉と行いを一致させることで言葉の力を尊重し、一貫性を保つよう心掛けることだった。私が子供の頃からずっと、金持ち父さんは私に小さな決め事をしっかり守るように言った。「小さな決め事をちゃんと守れば、大きな決め事もちゃんと守るようになる。たとえ小さなことでも一度決めたことを守れない人は、もっと大きな夢を実現させることは決してできない」

今ここでこんな話をするのは、大きなプランを持ってはいるが、それを実現できない人が大勢いるからだ。大きなプランはあっても小さな決め事を守れない人が多いからそうなっている。金持ち父さんが言っていたように、「小さな決め事を守れない人は信用できない。小さな決め事に関して信用できないと思われたら、大きな夢を実現するのに手を貸してくれる人はいない。約束を守れなければ、人はきみを信用しない。きみ自身も、きみの言葉もあまり信じてもらえなくなる」。

私は、言葉の力に関する二人の父のアドバイスの正しさを目の当たりにしたことが何度もある。プレッシャーがかかった時に、行いに本性が現れる人はとても多い。ある友人は、私との約束の時間をいつも守らず、それでいて、なぜ私が自分とビジネスをしないのか不思議に思っている。この友人は仕事上のパートナーや雇っている従業員、銀行の人などとの約束も守らず、法律に触れない範囲ではあるが、そういう人たちをよくだます。彼は確かに成功してはいるが、新しくビジネスをやる相手を常に探さなければならない。なぜなら、きちんとした人間関係を築かずに、それを壊してばかりいるので、前のことを知らない、まったく新しい人たちとまたゼロから始めなければならないからだ。新しい人を探すのは彼にとって朝飯前のことではあるが、ピノキオの鼻のように、彼の木の鼻は伸びる一方で、だんだん隠すのがむずかしくなっている。

以前仲のよかった別の友人は、プレッシャーがかかると嘘をつく。本当のことを言わず嘘をつき、それでその場からうまく逃げ出せると思っている。追い詰められたり、正面切って問いただされたりすると、彼女は「私が悪いんじゃないわ。そうするしかなかったのよ。それに、嘘をついたわけじゃないわ。私が言ったことがあなたにわからなかっただけよ」などと言う。金持ち父さんが言っていたように、「小さな決め事を守れない人は信用できない。小さな決め事に関して信用できないと思われたら、大きな夢を実現するのに手を貸してくれる人はいない」。

だから、ぜひここでみなさんに二人の父の賢明な教えを伝えたい。それは、「必ず、言葉と行いが一つになるようにしろ」という教えだ。前に、速い言葉と遅い言葉についてお話ししたが、私のプランには、この二つの種類のいろいろな言葉を頭脳的、感情的、身体的に完全に理解することが含まれていた。金持ち父さんは、新しい言葉の意味を頭脳的、感情的、身体的に理解ができるようなプランを立てるように、何度も私に言った。例えば、こんなふうに言っていた。「株を小売ではなく卸売で買う方法を身につければ、きみの人生はすっかり変わるだろう。卸売で買うとどんなに金持ちになれるかわかったら、もう二度と小売では買いたくなくなるだろう」「お金を貯めることとお金を作り出すことの違いがわかったら、きみの人生はすっかり変わるだろう」「価値が上がることを願い、祈るよりも、減価償却することを考えた方がいい理由がわかれば、きみの人生はすっかり変わるだろう」「言葉を現実に変え人生の一部にするために全力を尽くせば、きみの人生は頭で言葉の定義を理解しただけの人の人生とはまったく違ったものになるだろう」

私のプランの中で特に重要な意味を持っていたのは、新たに学んだり、その存在を知った最新の言葉、よりスピードの速い言葉を、実際に人生で活用するように充分気を配ることだった。もし、ただ頭がよさそうに見せたいからといって、あるいは、人に感心されたいからといって、そういったお金に関する言葉を並べ立てるだけで人生で実際に使わなかったら、私は金持ち父さんの言う「一貫性に欠けた人間」になってしまうだろう。

金持ち父さんと貧乏父さんから学んだことで、私がみなさんにお伝えしたいことをまとめるとこうなる――プランを立てる時には、自分の人生に取り入れたいと思っている新しい言葉、よりスピードの速い言葉の持つ力を完全に理解し、それを充分に活用することをプランの一部として必ず含めよう。ただ定義を知っているだけではだめだ。それよりもっといけないのは、ただ、そのことをまったく知らない人にいいところを見せようとして、本当の意味も知らないのに通ぶって専門用語をやたら振り回すことだ。言葉を自分の「肉」の一部にしよう。そうすれば、言葉の力を自分のために役立てることがきっとできるようになる。

金持ち父さんはよくこう言っていた。「世の中には説教師と教師がいる。説教師は人にどうしろこうしろと言うが、自分ではそれをやらない人だ。教師は自分が今やっていること、あるいはすでにやったことを人に伝える人だ」。またこうも言っていた。「お金やビジネス、投資の世界には、説教師がやたら多すぎる」

若くして豊かに引退したいと思っている人は、お金に関する語彙を常に最新のものにするためにしっかり時間をかけよう。そして、口で言うだけでなく、言葉を行いにして一貫性を持とう。言葉が頭にとっての道具であること、言葉には、金持ちになるまでに時間のかかる遅い言葉と、速く金持ちになれる速い言葉があることを忘れないようにしよう。

## ●「今日」は勝者のための言葉

金持ち父さんはよくこう言っていた。「人生に一番害のある言葉は『明日』だ。この言葉を一番多く使うのは、貧乏な人、成功しない人、不幸な人、不健康な人だ。彼らはよく『明日から投資を始める』とか『明日からダイエットとエクササイズを始める』『明日から本を読む』などと言う」。金持ち父さんは、明日という言葉ほど、多くの人の人生をだめにする言葉はほかにないと言っていた。「私が明日という言葉が問題だと言うのは、それを一度も見たことがないからだ。明日は存在しない。明日は夢を見てばかりいる人、負けてばかりいる人の頭の中だけに存在する。何でも明日に先送りする人は、過去に犯した罪や昔からの悪い習慣が、結局は自分に追いついてくることにいつか気が付く」。金持ち父さんは明日についての話をいつも次のように締めくくった。「私は明日を一度も見たことがない。私にあるのは今日だけだ。今日は勝者のための言葉で、明日は敗者のための言葉だ」

これから先の章では、明日をよい方向へ大きく変えるのに役立つ簡単なことを、今日どのようにしてやるか、その方法をみなさんにお教えするつもりだ。

## 第十二章
# 童話のレバレッジ

### ●白鳥になった醜いアヒルの子

『ウサギとカメ』の話が大好きだった金持ち父さんは、ある時、私にこう言った。「私が成功したのは、いつもカメだったからだ。私は金持ちの家に生まれたわけじゃない。学校の成績もよくなかったし、きちんと卒業さえしていない。また、特にこれといった才能に恵まれているわけでもない。それなのに今の私がたいていの人よりずっと金持ちでいる理由は簡単だ。立ち止まらなかったからだ。私は学ぶことも、そして、人生における可能性についての現実を広げることも決してやめなかった」

金持ち父さんは童話や聖書の話が大好きだった。本書の最初で『ダビデとゴリアテ』の話を紹介したが、金持ち父さんは、石投げ紐のレバレッジの力を使って、体の小さな少年が巨人を倒すこの話が大好きだった。金持ち父さんは読書好きではなかったが、童話は大好きだった。童話からいろいろな教えを吸収し人生の指針とした。ゼロから出発したその人生は、最終的には、お金をどんどん生み出す発電所にまでなった。

キムと私がひどく貧乏で、ほんのわずかなお金で生活していた時、私はよく、静かな場所を見つけて一人で座り、金持ち父さんがしてくれたウサギとカメの話を思い出した。今でも金持ち父さんの言葉はよく覚えている。「これから先の人生で、きみは自分より頭がよかったり、速く先に進めたり、金持ちだったり、力が強かったり、才能に恵まれていたりする人に何度も出会うだろう。そういう人がきみより有利なスタートを切っているからといって、きみが競争に勝てないわけじゃない。自分を信じ、たいていの人がやりたくないと思うようなこともやり、毎日少しずつでも前進し続ければ、人生というレースはきみのものになる」

『三匹の子豚』も金持ち父さんが大好きだった童話の一つだ。金持ち父さんはよく、ウサギとカメの話と三匹の子豚の話を一緒にして話をしてくれた。私が十二歳くらいの時、金持ち父さんはこう言った。「人生においてお金に関わる部分を家に喩えると、貧乏な人はその家をわらで建て、中流の人は木で、そして、金持ちはレンガで建てる」。そして、次のように付け加えた。「カメのやり方で成功するには、ゆっくり進むのはかまわないが、必ずレンガの家を建てるようにすることが大事だ」

一九六八年、ニューヨークのアカデミーに通っていた私がクリスマス休暇で実家に戻った時、金持ち父さんと息子のマイクが新居に招待してくれた。それは金持ち父さんが新しく手に入れたホテルの最上階のペントハウスだった。「私が前にした話を覚えているかい?」金持ち父さんはバルコニーの向こうに広がる、白い砂の海岸と透き通るような水色の海をながめながら言った。「ウサギとカメの話と、三匹の子豚の話だよ」「ええ」。二人の新居のすばらしさにまだあっけにとられたまま、私はそう答えた。「よく覚えていますよ」「そうか。で、これがレンガの家さ」。金持ち父さんはにやりとしながら言った。

一九六八年のあの日、金持ち父さんはそれ以上何も言う必要はなかった。二つの話を何度も聞かされていた私には、それが現実のものになったのがわかった。金持ち父さんはカメだった。ウサギが通った道よりも長く、安全性も低く、時間もかかる道を通ってきたが、最後には先に頂上に到着し、さらに上に登ろうとしていた。その時、金持ち父さんは四十九歳で、そこに達するまでに何匹ものウサギを追い越して来ていた。

私にはまた、実の父が建てた家が木の家であることもわかっていた。ホノルルの高級住宅街に大金をはたいて建てた木の家……。貧乏父さんは昇進して、ハワイ州の学校システムのトップになったばかりだった。つまり父もまた、自分が登っていたはしごの一番上までたどり着き、金持ち父さんと同じように、みんなに注目されるようになってきた。違ったのは、一方の父が未来を自分の手でコントロールしていたのに対し、もう一方の父はそうではなかった点だ。一方の父は木でできた家に住み、もう一方はレンガでできた高層ビルに住んでいた。それから三年後、父は安心と安全をもたらしてくれるはずだった仕事を失い、手元には木の家だけが残った。

## ●醜いアヒルの子であることの大切さ

一九六八年、新居のペントハウスのバルコニーで、金持ち父さんは別の童話の話を持ち出した。子供の頃に金持ち父さんから一度も聞かされたことがなかった話だったので、その話が金持ち父さんにとって大きな意味を持っているとは、私はその時まで知らなかった。「『醜いアヒルの子』の話は知っているかい？」金持ち父さんはそう聞いた。

私はバルコニーの手すりから身を乗り出しながらうなずいた。

「私はね、これまでの人生でだいたいいつも、自分は醜いアヒルの子だと思っていたんだよ」

「冗談でしょう？　あなたが自分を醜いアヒルの子だと思うなんて、そんなはずないですよ」。金持ち父さんはとてもハンサムな人だったので、私には金持ち父さんの言葉が信じられなかった。

「十三歳で学校を中退した時、私はよそ者、つまりそこに適応できない人間、おいてきぼりをくった人間の立場から世界を見るようになった。両親の店で働いていると、ハイスクールのフットボールチームの連中がやってきて、私を小突き回したり、店をめちゃくちゃにしたりした。私より年上で、運動で体を鍛えたいじめっ子たちは、棚に並んだ缶詰を押しのけて床に落としたり、オレンジを道路に放り出したりして、『何かやれるならやってみろ』と私を挑発した」

「抵抗しなかったんですか？」

「二回ほど抵抗したけれど、めちゃめちゃにやられたよ。でも、今きみにこの話をしているのは、体の大きないじめっ子たちの話をするためじゃない。この世の中には、いろいろな種類のいじめっ子がいるってことを言いたいんだ」

金持ち父さんは一体何を言いたいのだろう……。私は何も言わず、ただバルコニーから下の景色をながめながら、金持ち父さんの言葉に耳を傾けた。

「知的ないじめっ子、つまり、学問に強いいじめっ子も私は知っている。そういう連中は店にやってきて、見下したような態度で私に話しかけた。自分の方がいい教育を受けているからというだけの理由でね。あの連中は自分がほかの人より賢いと思っていて、ただそれだけの理由で、学校に行っていない私のような人間を見下す権利があると思っているんだ」

「今ぼくが通っている学校はそんな連中ばかりですよ」。私はそう付け加えた。「そういう連中は、人より賢いと自分が思っている、あるいは成績がいいというそれだけの理由で、人と話す時にばかにしたように笑ったり、はなから相手にしないでいる権利があるとでも思っているみたいです」

金持ち父さんはうなずき、話を続けた。「店には、社会的ないじめっ子、つまり家が金持ちだからとか、きれいだから、セクシーだから、ハンサムだから、人気があるから、あるいは学校で幅を利かせている連中の仲間だから……そんな理由で人を見下す連中も来たよ。そんな子供たちが客として店に来ると、よく大声で笑われたり、うすら笑いをされたりした。今でも私は、学校で目立っていた連中の一人だった女の子にデートを申し込んだ時のことをよく覚えている。その女の子の友達は、私がその子を誘ったというだけで大笑いした。そのうちの一人は、『お金持ちの女の子は貧乏な男の子とはデートしないのよ。そんなことも知らないの？』と言った。その言葉は本当に胸に突き刺さるようだったよ」

「今でも同じですよ」と私は言った。「ぼくがアイビーリーグの学校に行っていないからという理由でデートを断った女の子もいますよ」

「そうだね。でも、きみは少なくとも大学に通っている。自分と同じ年代の子供たちが大学に行くようになると、私はとても孤独に感じた。あとに取り残されたような、そして、だれからも必要とされていないような気がした。だから、ずっと自分を醜いアヒルの子だと思っていたんだ」

私は金持ち父さんがそんな時代を過ごしたことを、その時はじめて聞いた。二十一歳だった私は、金持ち父さんの息子マイクと自分が、金持ち父さんに比べてずっと恵まれていることに気が付いた。金持ち父さんが学校をやめて家の仕事を始めた時、肉体的にとてもきつかったことは知っていたが、精神や感情面でどんなにつらかったか、それまで思いもよらなかった。

豪華なホテルのペントハウスのバルコニーに立って金持ち父さんの話に耳を傾けていた私は、自分が醜いアヒルの子だったという話を金持ち父さんがしているのは、私に同情してもらいたいからではないと気付き始めた。金持ち父さんはずっとにこにこしていたし、同情を買おうとしているにしてはとても幸せそうだった。そこで私はこう聞いた。「あなたは自分を奮い立たせ、前に進み続けるために醜いアヒルの子の話を利用したんですね。そうじゃありませんか？　自分を憐れむためにあの話を使ったんじゃない。そうでしょう？」

「その通りだよ。私は前に進み続けるために、醜いアヒルの子や三匹の子豚、ダビデとゴリアテ、あるいはウサギとカメの話を使った。運動のよくできるいじめっ子、社会的に有利な点を持ったいじめっ子、勉強のよくできるいじめっ子……ほんの一握りのそんないじめっ子たちのせいで落ち込んだりする代わりに、彼らの思い上がった態度を利用して、自分にもっとやる気を起こさせるようにしたんだ。今では私はレンガの家を持ち、そのレンガの家のペントハウスに住んでいる。きみに話したような童話や聖書の話の助けがなかったら、今の私はいない。私はもう醜いアヒルの子なんかじゃない。巨人ゴリアテを倒したダビデのように、レバレッジをできる限り利用し、カメのようにじっくりと時間をかけてレンガの家を建てたおかげで、私はここに立って、自分が生まれ育った通りを見下ろしている」

「あなたは白鳥になったんですか？」私はにこりとしてそう聞いた。

「さてね、そこまで言う気はないよ」。金持ち父さんは苦笑いした。「私が言いたいのは、人間はだれでも望みさえすれば、成長し、進化し、人生に大きな変化をもたらすことができるってことだ。もう一つ言いたいのは、童話が本当になることもあるってことだ。醜いアヒルの子は美しい白鳥になれるし、のろまのカメも競走に勝てるんだ」

**●醜いアヒルの子が金持ちの白鳥に**

前にも言ったように、投資セミナーで私はよく出口戦略の話をして次のような表を受講生に見せる。

**貧乏な人　年収二万五千ドル以下**
**中流の人　年収二万五千ドルから十万ドル**
**裕福な人　年収十万ドルから百万ドル**
**金持ち　年収百万ドル以上**
**大金持ち　月収百万ドル以上**

そして、今自分がやっていることをやり続けたら、どれが自分の現実になるか、ピノキオにならずに正直に答えるように言う。「今あなたがやっていることをそのままやり続けたら、六十五歳の時、どのレベルで引退することになると思いますか?」そう聞くと同時に、裕福レベルより上のレベルで引退する人は百人のうち一人いるかいないかだということも付け加える。すると、受講生の多くが、中流レベルで引退できれば充分だと言う。そういう人が一番心配しているのは、貧乏レベルで引退しないようにすることだ。だが、中には、私が聞いて欲しいと思っている質問をしてくる人もわずかながらいる。「裕福レベルより上に行くためには何をする必要がありますか?」この質問をした瞬間、その人はお金の世界で醜いアヒルの子から美しい白鳥に成長する可能性を手にする。

講座の内容がこのあたりまで進んだところで、私は金持ち父さんがよくしてくれた童話や聖書の話を持ち出すことがある。そして、「こういった話から学べる教えを大切にして、あなたの人生に活かすことができますか？　それらの教えを現実的なものとして、自分に可能なものとしてとらえることができますか？　貧乏な醜いアヒルの子から、金持ちでパワフルな白鳥に変身する自分の姿を想像できますか？」と聞く。受講生のうち何人かは「できる」と言うが、ほかの人はただぽかんと私の顔を見ながら、投資講座でなぜ童話の話なんか持ち出すんだ？……と不思議そうな顔をしている。

次に私はこう言う。「私が中流の人間の考え方から裕福レベルの考え方に変わるには、醜いアヒルの子が白鳥になるのと同じくらい大きな変化が必要でした」

## ●遅いプランから速いプランへ

ある時、私の講座を聞いていた若い女の人が「まず最初の一歩は何をすることですか？」と質問した。

私は答える前に、フリップチャートの白い紙の上に次のような図を描いた（図⑦）。

それから私はこう言った。「一九八九年、市場が暴落し、景気後退が始まってから二年後、キムと私はプランに従って投資をしていました。でも、それは遅いプランでした。私たちは十年間、毎年二つずつ不動産を買うことに決めていました。市場が暴落するとパニックに陥る人が出てきて、おかげで物件の数が増えました。結局、私たちは最初の一年で、プラスのキャッシュフローをもたらす小さな賃貸用不動産を五つ購入しました。投資として理にかなったこの小さな五つの家を見つけるのに、おそらく六百以上の物件を見たと思います。市場が下がるにつれ物件はどんどん増えましたが、残念ながらその時の私たちにはもうお金がありませんでした」

「つまり、チャンスはあったけれど、お金がなかったということですか？」先ほど質問した若い女の人がそう聞いた。

フリップチャートに描いたグラスを指差しながら、私はこう言った。「私は、自分たちがコンテクストの限界、つまり現実の限界に来たことに気付きました」

「つまり、現実を変える時が来たんですね?」別の受講生が聞いた。

私はうなずいた。「そうです。変化するか、あるいはチャンスの窓が開いたのを見逃すか、そのどちらかの時が来ていたんです」

会場はしんとしていた。みんなが聞き耳を立て、話の続きを待っているのがわかった。私は、「あなた方の中で、チャンスに出会ったけれど、利用できなかったという経験のある人は何人いますか?」と聞いた。

ほとんどの人が手を挙げた。

「そういうことが起こるのは、コンテクストとコンテンツが限界に来ているからです。コンテクストとは、あなたが『自分にはここまでできる』と思っている可能性の限界、コンテンツとは、あなたが問題や挑戦に立ち向かう時に使う、蓄積された知識のことです」

「限界に来たら、次はどうなるんですか?」別の人がそう聞いた。「私たちはどうしたらいいんですか?」

**⑦コンテクストの限界に来たらどうするか**

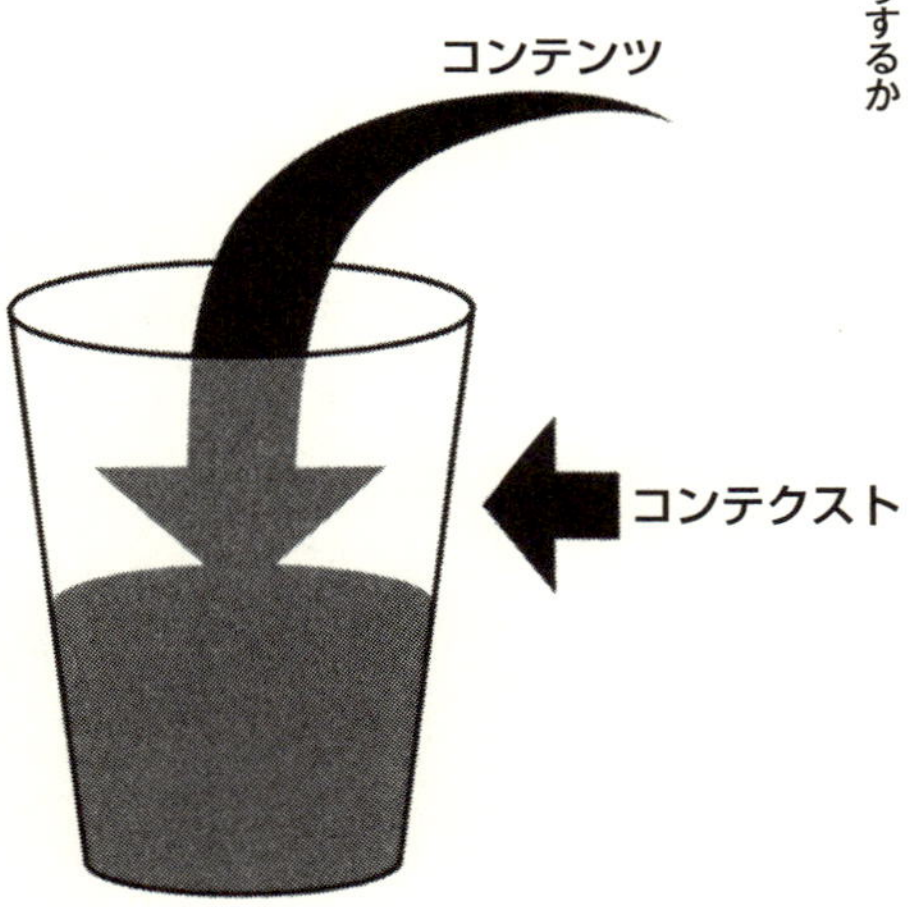

「たいていの人は『私にはできない』『私には買えない』と言ってあきらめてしまいます。友達に意見を求める人もたくさんいます。で、友達のうち何人かは『安全第一にしろ、危険を冒すな』とアドバイスします」

「じゃ、あなたはどうしたんですか?」また別の人がそう聞いた。「自分のプランは遅すぎる、チャンスの窓は開いているのにお金がない……そう気付いた時、あなたはどうしたんですか?」

「まず私がしたのは、自分がカメで、しかも今、競争をやめたがっていると認めることでした。それから、今は競争をやめる時ではなくて、先に進むべきだと自分に言い聞かせました。アヒルの子ではなくて白鳥にならなくてはいけない時が来ているのも私にはわかっていました。童話から学んだ教えを胸に、私はあきらめずに先に進むことにしました。具体的に何をすべきかわかっていないのは自分でも知っていましたが、何かしなければいけないことはよくわかっていました。どうしたらいいかわからない状態が何日も続き、それが何週間にもなりました。ある日、旅行から戻ったキムと私がスーツケースを床に置こうとしていると、電話のベルが鳴りました。私が一番気に入っていた不動産ブローカーからの電話でした。ブローカーは興奮した声でこう言いました。『たった今、とてもいい物件を見つけました。もし興味がおありでしたら、三十分お待ちします。ほかのお客様にはそれからお知らせします』」

「どんな物件だったんですか?」受講生の一人が聞いた。

「とてもいい場所にある、居室が十二戸のアパートで、値段は格安の三十三万五千ドル、頭金は三万五千ドルで、売り手は早く売りたがっているという話でした。不動産ブローカーは物件の詳細情報と、そこからの収益と支出に関するだいたいの見積もりをすぐにファックスで送ってきました」

「で、買うと言ったんですか?」

「いいえ。私はブローカーに三十分、時間をくれるように言いました。そして、すぐに車で現地に行ってみました。行ってみると、なぜそれがそんなにいい物件なのかがわかりました。で、公衆電話に飛んで行って、買うと言ったんです」

「お金がなかったのにですか？」別の受講生が聞いた。

「私たちはまったく何も持っていませんでした。五つめの分譲アパートの一室を買ったばかりで、完全に金欠状態でした。というのも、不動産に投資をする一方で、ビジネスに再投資をしていたからです。だからお金はなかったのですが、売り手の条件通りの買付申込をしました。つまり、三万五千ドルの頭金で、残りの三十万ドルは八パーセントの利子で五年で返すという条件です。これはとてもいい話で、見逃すわけにはいきませんでした」

「なぜそんなにいい話だと思ったんですか？」別の受講生が質問した。

「理由はたくさんありました。その一つは、売り手の夫婦もそこに住んでいて、家賃を一度も上げていなかったことです。借家人は友達ばかりで、もっとお金をくれとは言い出せない状態でした。だから、一般の家賃より少なくとも二十五パーセントは安くなっていました。もう一つの理由は、家主夫婦が年をとり、アパートの管理がむずかしくなってきたので、早く転居したいと思っていたことです。洗練された投資家ではなかった二人には、自分たちが持っている不動産の価値が見抜けなかったんです。それに、景気後退とともにその価値が下がることを恐れていて、早く売りたいと思っていました。それがいい物件だという理由はほかにもありました。というのは、そこからほんの一マイルほどのところにコンピュータ・チップの製造工場が建設中で、千人以上の従業員がその地域に引っ越してくる見込みがあったんです。つまり、これも家賃が高くできることを意味していました。でも、何と言っても一番の理由は、それを買うために銀行へ行ってお金を借りる必要がなかったことです。だから私はブローカーに電話をして、売主の提示した値段、条件の通りでいいと言ったんです。そのあと残った唯一の問題は、売主の夫婦が引越ししたいと言っている三十日後の期限までに、三万五千ドルを調達することでした」

「で、その三十日間、あなたは『どうやったら買えるか？』と自問し続けたわけですね」

「そうですね……二晩ほどは、キムも私もベッドの中で寝返りを打ち続け、汗をびっしょりかいて心配しました。どうやったら買えるかじゃなくて、なぜ自分たちはこんなにクレイジーなんだろうと自問し続けたんです。私はこう自分に聞きました。『なぜ私はこんなことをしているんだ？　私たちは今のままで結構うまくやっているじゃないか。投資も成果をあげているし……なぜ自分が快適と感じる範囲を広げる必要があるんだ？』もちろん三万五千ドルのことも考え続けました。そして、その額がたいていの人にとって税引き前の年収以上にあたり、自分はそれを一カ月以内に現金で用意しなければならないことに気が付きました。もうやめてしまいたいとも思いました。自信が揺らぎ、自分にはこんなことをやる資格はない、どうしようもない大ばかだと思いました。四晩ほどそんなふうに悩んだあと、やっと気持ちが落ち着いてきて『どうやったら買えるか？』と考え始めました」

「で、どうやって買ったんですか？」受講生の一人が質問した。「そもそも買えるようになったんですか？」

「心配したり、祈ったり、あきらめてしまわないようにあらゆる努力をしたあと、私はいつも利用している銀行へその物件に関する書類を持って行き、貸付担当者に説明しました。そして融資を断られると、その理由と、どんなふうにしたらもっといい返事を聞けたかたずねました。で、その返事を聞いてから、次の銀行へ行ったんです。今度は最初の銀行のアドバイスを取り入れたプレゼンテーションをしましたが、融資はまた断られました。で、また理由を聞きました。それを繰り返して五つめの銀行に行く頃には、銀行が欲しがっている情報、それを欲しがる理由、効果的なプレゼンテーションの方法などについて、膨大な量の知識を手に入れていました。確かにプレゼンテーションの方法ははじめの頃よりずっと手際よくなっていたのですが、その銀行でも断られました。私たちはもう半分あきらめながら、六つめの銀行に行きました。今度は前よりさらに万全の備えができていました。それに、この投資がなぜいい投資なのかという理由もよくわかっていました。五人の銀行員を納得させようといろいろやっているうちに、この投資がどんなに堅実か、さらによく理解するようになっていたんです。六つめの銀行でのプレゼンテーションはこれまでよりさらにわかりやすく、私たちがすでに所有していた五つの不動産の実績も含まれていました。その時までに私たちは、その物件が投資としてすぐれている理由を、銀行員たちの使う言葉や数字で説明できるようになっていました。六つめの銀行はお金を貸してくれると言いました。そして、二日後、銀行から三万五千ドルの小切手を受け取った私たちは、期日までの三日の間に、不動産取引の間に立って事務手続きなどを行う会社（エスクロー・オフィス）へ行って、居室数十二のこのアパートを買いました」

「それからどうなったんですか？」受講生の一人が聞いた。

「不動産市場はずるずると下がり続け、私たちは買い続けました。持っているお金はあいかわらずわずかだったのですが、それでも買い続けました。そして、一九九四年、市場が上向きに変わり、私たちは一生働く必要がない、経済的に自由な状態になりました。例の十二室のアパートは、毎月千百ドル以上を私たちのポケットに入れてくれていましたが、一九九四年に五十万ドルで売りました。売却益の十六万五千ドルは三十室のアパートへの買い換え資金に回し、課税繰り延べの扱いが受けられるようにしました。この三十室のアパートは今も持っています。そこからは月に五千ドルを少し超えるお金が私たちのポケットに入ってくるようになりました。ほかの不動産、不動産以外の投資からの収入を合わせて月に一万ドルを超える不労所得が入るようになって、私たちは裕福レベルに達し、引退しました。その時の私たちの毎月の支出は三千ドルほどでした。私たちは経済的自由を手に入れたんです」

「つまり、運がよかったからというわけじゃないんですね。ちゃんとしたプランがあって、それに加速度がついたおかげだったんですね」

「私たちはチャンスの窓が開いた時のための準備を充分にし、チャンスをつかんだんです。一九九四年以降、不動産の価格は急上昇し、あのような買い得物件や、売り急いでいる売主を見つけるのは少しむずかしくなりました」

## ●コンテクストを大きくする

「あなたは自分のお金はまったく使わずに、かなりのお金を儲けたってことになりますね?」受講生の一人がそう聞いた。

「ええ、あの物件についてはそうです。でも、私たちと同じことをするのはお勧めしません。まったくお金がなくて不動産に投資するのには、大きなリスクが伴う可能性があります。特に、自分がどんなものに投資しているかよくわかっていない場合や、物事が思い通りに行かなかった時に備えた余分なお金がない場合はリスクが大きいですね。頭金なしで不動産を買い、あとになって、そこからの支出が実際に受け取る収入よりずっと多いことに気付いた……という人はたくさんいます。私の友人の中にも、過剰な借入金をして不動産やビジネスを買ったために破産に追い込まれた人が何人かいます。だから、私は頭金なしで不動産を買うことをだれにでも勧めるわけじゃないんです。私が勧めたいのは、たくさんお金を借りなければならない取引をする前に、不動産を売ったり買ったりする経験、特に不動産を管理する経験を積むことです。あの十二室のアパートを買う前に、私たちは百件以上の物件を見ました。それに、そこから思いがけない損失が出ても、それを補うだけのキャッシュフローをビジネスの方から得ていました。頭金ゼロの不動産を買うことが問題なのは、借入金の額が大きい場合が多く、何かがうまくいかなかった場合、すぐにあなたを破産に追い込む可能性があるからです。もう一度言っておきます。私は、私たちと同じようにすることはだれにも勧めません。この話をしたのは、別に理由があるからなんです」

「その理由って何ですか?」別の受講生が聞いた。

私はまたフリップチャートのところへ行き、そこに描いてある絵に次のように書き足した(図⑧)。

「この話をしたのは、コンテンツを増やすだけでなくコンテクストも大きくしようという意欲の大切さを説明したかったからです」

「つまり、自分の現実を広げ、教育もたっぷり受けた今のあなたには、三十三万五千ドルの不動産を手に入れるのも簡単だ。そう言いたいんですか?」受講生の一人が聞いた。

「ええ、確かにとても簡単ですよ。今振り返ってみると、三万五千ドルの頭金を大金だと感じたり、十二室のアパートの取引をたいそうなことに思った自分がばかみたいです。でも、当時の私には大金でしたし、とても大きな取引でした。キムと私にとって大事だったのは、それまでのコンテクストとコンテンツより以上のことを進んでやろうという気持ちを持つことでした」

「つまり、たいていの人は自分が快適だと思っているレベル以上まで無理をしようとはしないんですね」別の受講生が言った。「たいていの人にとっては、安全第一にして『それは私には買えない』と言っている方が楽なんです」

「私の経験から言うとそうですね。裕福レベルより上に行く人が人口の一パーセントにも満たない理由は単純で、たいていの人が自分の現実、コンテクストやコンテンツ以上のことをやるのはとても厄介だと思って

⑧コンテクストを大きくすることが大切

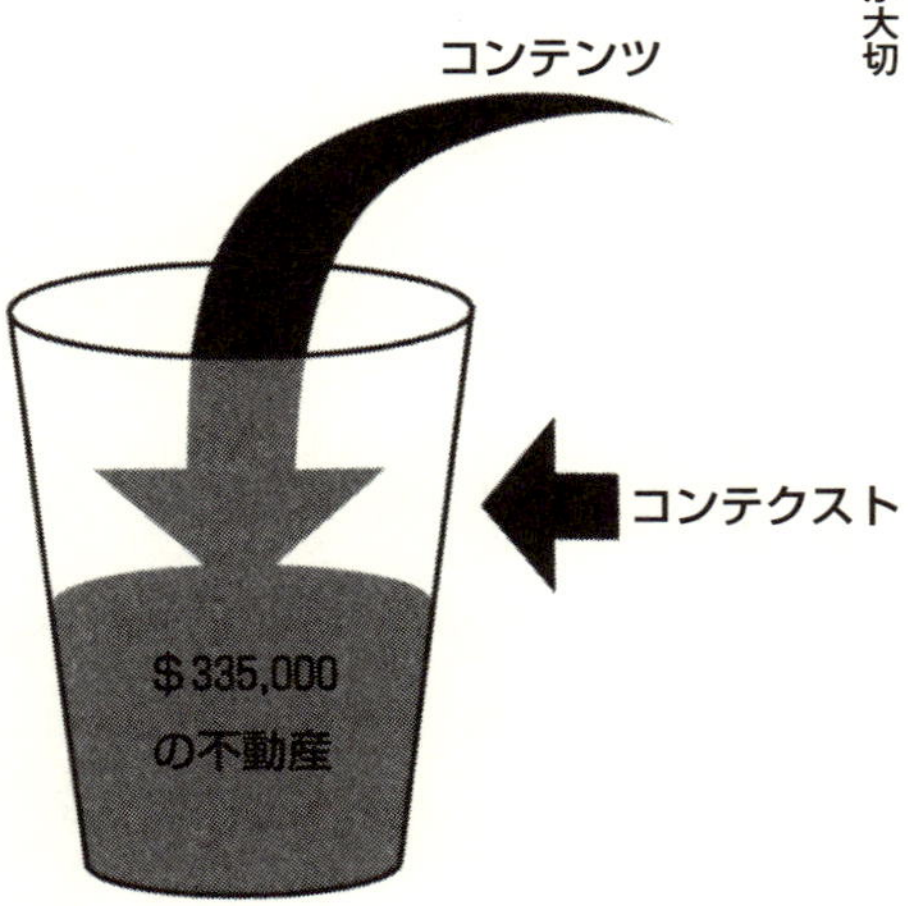

いるからです。たいていの人は経済的な問題を解決する時、自分の知識を広げて、もっと大きな問題が解決できるようにするのではなく、知っている範囲内で何とかしようとします。つまり、より大きな挑戦に向けて足を踏み出すのではなく、自分が快適でいられる範囲内にある問題を相手にして、一生戦い続けるんです。そういう人は、また醜いアヒルの子に戻ってしまう可能性のあるリスクはとらずに、貧乏だけど見栄えのよい白鳥のままでい続けようとします」

「あなたは醜いアヒルの子に戻った経験はありますか?」受講生の一人が少し皮肉っぽく聞いた。

「もちろんですよ」と私は答えた。「三十三万五千ドルのアパートを買ったあと、二百五十万ドルまで投資総額を上げるのは簡単だということがわかりました。一九九四年から二〇〇一年までの間、私たちはこの二百五十万ドルのレベルでうまくやり、大した苦労もなく、毎月の不労所得を一万六千ドルまで増やしました。もう完全に裕福レベルに達し、次の金持ちレベルに進む時期が来たんです。私たちのこれまでの道のりについて読んだことのある方は覚えていらっしゃると思いますが、私は一九九五年から一九九六年にかけて『金持ち父さん　貧乏父さん』の最初の原稿を書き上げ、一九九六年にボードゲーム『キャッシュフロー』を考案、作製してビジネスの世界に戻りました。そしてその同じ年に、IPOによって会社の株を公開する方法を学ぶ時期が来たことに気が付きました。そこでフランクに出会ったいきさつは、三作目の『金持ち父さんの投資ガイド』に書いた通りです。そして一九九六年に『金持ち父さん　貧乏父さん』が出版の運びとなり、一九九七年の秋には、キャッシュフロー・テクノロジーズ社を立ち上げました。私たちはコンテクストもコンテンツも友達も新しくして、新しい世界に足を踏み入れたんです。一方、不動産投資の方のコンテンツは二百五十万ドルのレベルのままでした」

「つまり、あなたはほかの分野ではコンテクストを大きくする方向に足を踏み出したけれど、不動産に関する現実は広げなかった。そういうことですか?」

「まったくその通りです。新たに立ち上げた小さな会社は、私たちが夢にも思わなかったほど大きな会社へと成長しました。フランクと五年間一緒に働いたあと二、三年の間に、私たちは四社から六社の会社の株をIPOのプロセスを使って公開するのにかかわりました。ビジネスにおいても、また、IPOのプロセスにおいても、何が可能かということについての私たちの現実は大幅に広がりました。ビジネスとIPOのプロセスに関する私たちのコンテクストは飛躍的に大きくなっていたんです」

「でも、不動産に関する現実は変わらなかった」。受講生の一人がそう言った。「それは三十三万五千ドルで十二室のアパートを買った時から変わっていなかったんですね。つまり、三十三万五千ドルから二百五十万ドルの間でストップしていた。あなたが言いたいのはそのことなんですね？」

「その通りです。お金に関する一つの分野で力を伸ばしたとしても、すべての分野で力を伸ばしたことにはなりません。二〇〇一年にキムと私が不動産に戻り、コンテクストを囲む壁をもう一度広げようと決めたのはそのためです」

### ●金持ちになるのがどんどん楽になる

何年も前、金持ち父さんは私にこう言った。「金持ちがどんどん金持ちになる理由の一つは、金持ちになる方程式を一度見つければ、あとは金持ちになるのがどんどん楽になるからだ。それが見つからなければ、いつまでたっても金持ちになるのはむずかしく思え、貧乏のままでいるのが自然に思える」

現実とコンテクスト、コンテンツについてこんなに多くのページを使ってお話しした理由は、それが金持ち父さんの方程式だったからだ。「私には買えない」とか「私にはできない」と決して言わず、現実を広げる道を選ぶ――これこそが金持ち父さんの基本的なやり方だった。もうご存知の通り、金持ち父さんは疑いの気持ちや恐怖心が頭をもたげた時、それを乗り越えて前に進むために童話や聖書の話を人生の指針として使った。でも、私が一番興味深く思ったのは、富が加速するという金持ち父さんの話だ。金持ち父さんはよくこう言っていた。「金持ちになる方程式とは、自分の現実を常に広げ、レバレッジを強化することだと一度気が付けば、金持ちになるのはどんどん楽になる。一つの現実から抜け出られない人、自分の現実が唯一の現実だと思っている人の場合は、たとえ金持ちになれたとしても時間がかかる」

つまり、金持ち父さんは、一度金持ちになれば、もっと楽に、もっと速く金持ちになれると教えてくれた。一度も金持ちになれなければ、金持ちになった人より苦労の多い人生、スピードの遅い人生を送ることになる。この教えを知っていた私には、自分たちが不動産に関する現実を再び広げる時期が来たことがよくわかった。それまでに私たちは、ビジネスとIPOのプロセスに関する現実を広げるのに五年以上の時間を投資し、今まで経験したことのなかったほどのスピードで金持ちになっていた。次のレベルに進めば、さらに楽に、速く金持ちになれることが私にはわかっていた。私がそれを知っていたのは、金持ち父さんがそうなるのを実際にこの目で見ていたからだ。

## ●五百万ドルのあとはとても簡単

二〇〇〇年の暮れ、株式市場が暴落を続ける一方で、私たちのビジネスは急速に拡大し、本やゲームが世界中で売られ、私たちが株式を公開していた会社もうまく軌道に乗り、まもなく利益を生み始めようとしていた。そんな時、キムが私にこう言った。「私、不動産に戻りたいわ。私たちが今もっている財産を維持するには、もっと安定した資産に投資する必要があると思うの」。それをきっかけに私たちは不動産市場に戻り、前から何も変わっていない自分たちの現実、古いコンテクストとコンテンツにぶち当たった。それはまるで、三十三万五千ドルのアパートを買うための三万五千ドルの頭金を集めるのに苦労した、あの頃の状態に舞い戻ったようだった。その時の私たちには、三十三万五千ドルのアパートを三棟、小切手で買うことだって楽にできた、つまり、ローンなしで現金で買うこともできた。それなのに、また前と同じように問題がいろいろと出てきた。物事は私たちの思い通りには進まなかった。それがわかった時、私は現実をもう一度広げる時期が来たのを知った。

その時まで、キムと私は四百万ドルくらいのプロジェクトを探していた。四百万ドルなら大丈夫と思ったのは、必要とあれば頭金として百万ドル以上払う余裕が自分たちにあることがわかっていたからだ。私たちはもう知識は充分持っていると思っていた。だが、物件を見つけることもできなければ、納得のいく資金調達、つまり、新しいプランに合った資金調達の方法も見つけられなかった。そこで私は、手広く不動産をやっている昔の友人に電話をかけた。ビルという名のこの友人の所在をやっと突き止め、私たちのやり方のどこが悪いのかたずねると、ビルはこう答えた。「四百万ドルというのは市場としてかなりむずかしい。銀行はそんなに大きな投資はしたがらないし、一方、洗練された個人の投資家に興味を起こさせるほどの規模のプロジェクトじゃないからね。でも五百万ドルを超えると、また楽になるよ」

ビルがそう言った瞬間、私は自分が現実の限界、コンテクストの限界に立っていることに気が付いた。四百万ドルは私にとって楽で快適なレベルで、その「快適ゾーン」のすぐ外側に五百万ドルがあった。私の頭の中で叫ぶ声がした。「四百万ドルのプロジェクトに興味を起こさせることさえできないのに、いったいどうやって銀行に五百万ドルの不動産投資に興味を起こさせるというんだ?」それは私の現実が私自身に大声で話しかける声だった。それと同時に、金持ち父さんの声も聞こえた。金持ち父さんは童話の教えを思い出せと言っていた。それから、方程式に従ってやっていさえすれば、金持ちになればなるほど、さらに金持ちになるのは簡単になることを思い出せとも言っていた。私は今こそ方程式に従い、現実を広げる時期が来たことを悟った。

## ●物事はどんどん楽になっていく

本書の最初で、銀行からお金を借りて早い時期に引退することがどんなに簡単かお話しした。キムと私は自分たちの現実を広げよう、快適ゾーンを越えた先まで行こうと決めたが、そうすると、政府からお金を借りるのも同じように簡単なことがわかった。

これも前にお話ししたが、税金はBクワドラントのビジネスオーナーとIクワドラントの投資家に有利なように、Eクワドラントの従業員やSクワドラントの自営業者、スモールビジネスオーナーには不利なようになっている。また、税金について不平を言う人はたいていEやSクワドラントに属していることも前に書いた。こんなふうになっているのは、BとIの側では、政府があなたのパートナーになりたいと思っているからだ。なぜ政府がそうしたがるか、その理由は簡単だ。仕事を生み出したり、住宅を供給したりするのがBとIの側だからだ。このこと自体は金持ち父さんから聞いていて、前から知っていたが、五百万ドルを超える不動産投資に目を向けるまで、つまりコンテクストを広げようと心に決めるまで、政府の手助けをする人に対して実際にどれほど政府が手を貸すか、私にはまったくわかっていなかった。

私たちの捜索は始まった。今度の私たちは、快適ゾーンをはるかに超える、もっと大きなプロジェクトを探していた。二〇〇一年に、政府が後援する低所得者層のための住宅を専門に扱う不動産ブローカーにはじめて会った時、キムと私は、その時点での自分たちの不動産ポートフォリオを見せた。ポートフォリオの合計は数百万ドルで、三十室から五十室程度のアパートが中心だった。

「アパートの経営についてはもうご存知ですね」。三十代後半のその女性はそう言った。「それはいいですね」

「なぜそれがいいんですか?」キムが聞いた。

「政府がお金を貸す相手に対して求めている条件の一つが、アパートの経営を成功させた実績があることなんです。お二人はもうそれを十年以上やっていて、しかも利益を出しています。このような政府からの貸付を受けたいと思っている人はたくさんいますが、その資格がある人はごく少数です。ご存知のように、投資用の不動産を二、三戸持っていたとしても、たいていの人は自分でその管理をしたがり、自分で家賃を集め、修理も自分でしようとするんです。ですから、そういう人たちはあなた方のようにもっと大規模な不動産を経営する方法を学べないんですよ」

キムと私はうなずいた。不動産の管理が単に家賃を集め、トイレを修理するだけではないことをよく知っていたからだ。それまでの十年の間に私たちは多くを学んでいた。だが、今は先へ進む時期が来ていた。先へ進むためには、新しい人と会ったり、新しい語彙を学んだりしなければならなかった。それに、もっと大きなゲームに自ら進んで参加する気持ちを持つ必要があった。自分たちの人生に新たに登場した二人の人物の話に耳を傾けながら、私たちはこの十年間に、自分たちが四百万ドルまでの不動産市場の中でうろうろするウサギや白鳥になっていたことに気が付いた。私たちは井の中の蛙になっていた。今は先に進み、もっと大きなゲームの場でまた苦労する、つまり歩みの遅いカメや醜いアヒルの子に戻る時期だった。

私たちの前で不動産ブローカーの隣に座っていたのは、政府発行の非課税の住宅債券を専門に扱う投資銀行業者だった。政府の融資プログラムにはどんなものがあるか聞くと、この男性はこう答えた。「あなたとあなたのプロジェクトが要件を満たしていると見なされれば、政府は九十五パーセントから百十パーセントまで融資をしてくれます」

「私たちが次の投資を買うお金を全部貸してくれるっていうんですか？　私たちの資産を買うお金を政府がくれるってことなんですか？」

「適任と認められれば、それ以上ということもありますよ」。投資銀行業者はそう続けた。「適任と認められれば、政府はそのプロジェクトに含まれる住宅の修理や修復のための資金まで貸してくれます」

「つまり、その住宅開発プロジェクトが一千万ドルかかるとしたら、政府は全額の一千万ドル、あるいはそれ以上を貸してくれるってことなんですか？　で、修理に三百万ドルかかるとしたら、それも貸してくれる、つまり、私たちが所有する不動産にかかるお金を全部貸してくれるってことですか？」

投資銀行業者はうなずいた。「政府は二千万ドル以上貸せる相手を欲しがっていますが、あなた方がスタートを切るには一千万ドルくらいがちょうどいいでしょう。一千万ドルの住宅開発プロジェクトをやれば、二千万ドル、それどころか五千万ドルのプロジェクトでも、それほどむちゃな話ではなくなります。もちろん、きちんとした実績を積めばの話ですが……」

私の耳に、「物事はどんどん楽になっていく」という金持ち父さんの言葉が聞こえた。でも、そんなに簡単になるのかどうか、にわかには信じられなかった。私はまだ半信半疑のまま、こう聞いた。「で、貸付の条件はどうなんですか？」

「利子を四十年間五パーセントから七パーセントに固定して、ノンリコース（遡及権《そきゅう》なし）とすることはできると思います」

「ノンリコース？」私はびっくりして息が止まりそうになった。「プロジェクトがうまくいかなくてお金が返せなくなっても、政府は私の個人的財産には手を出さないということですか？ 私の取引銀行は遡及権なしのローンをすごく嫌がりますよ。私がお金を借りる時にはいつも必ず、私が持っているものはすべて、いざという時には銀行のものになるようにするんです」

「それはそうでしょうね。でも、あなたにもおわかりかと思いますが、銀行の従来型の融資にはあてはまらないような条件が、ここにはたくさんあるんです」

「わかってきましたよ。でも、政府がこんなによくしてくれるなんて思ってもみませんでした」

「非課税扱いの政府の債券の中には、もっといいプログラムもあるんですよ。例えば返済免除ローンというのも時にはあって、あなたがいくつかのことをきちんとやれば、政府は貸したお金のことを忘れてくれます。これなんかは助成金に近いですね」

「政府はなぜそんなことをするんですか？」

「それは、この国が直面している大きな問題の一つが、低所得者用の住宅だからです。政府は、あなたのような人がいなかったら、何百万という人がホームレスになって、生活水準が低く犯罪率の高いスラム街に住むことになるのではないかと恐れているんです。政府はスラムで貧乏人を食い物にする悪徳家主を探し出し、刑務所に入れたりして、何とかしてそんなことをやめさせようとしています。その一方で、あなた方のように大規模な住宅開発プロジェクトをきちんと責任を持って運営できる実績を持った人に、喜んで多額のお金を出そうとしているんです」

「私がもっと金持ちになるためのお金を政府がくれるというわけですね」

「そうですよ」。投資銀行業者が答えた。その隣で不動産ブローカーが「その通りだ」と言うように、にこりとした。「ただのお金とはわけが違います。ものすごい額のお金です。これから二、三年、あなた方がうまくやれば、私はあなた方が何十億ドルというお金を借りるお手伝いができます。もし、あなた方がそこまでビッグに、そこまで金持ちになりたいと思っているならばですけれど……。去年、うちのある部門では、十億ドル以上のお金を政府に返さなければなりませんでした。要件に会う人が見つからなかったんです」

その時、キムがこう言った。「この話で一番いいのは、金持ちになるだけじゃなくて、たくさんの人の大きな助けになれることだわ。小さな子供を抱えた家庭のために、スラムを安全な住宅街に変えるなんて、考えただけで胸がわくわくするわ」

「政府があなた方にしてもらいたいと思っているのはまさにそれなんですよ。この国の問題の多くは、スラムから生まれています。犯罪の芽が出て、それが育つのもスラムです。スラムを安全な住宅街に変えることができれば、あなた方が利用できるお金はどんどん増えます。好きなだけ使えるようになるんです」

「つまり、私たちは政府のパートナーになることで金持ちになるってことですか?」

「好きなだけ金持ちにね」。投資銀行業者がにこりとして言った。「あなた方は、この十年の間やってきたことを続けさえすればいいんです。つまり、集合住宅を所有し、管理することです。十年の経験を有効に活用するだけでいいんです。そうすれば、私どもは喜んであなた方がもっと金持ちになるお手伝いをします。あなた方のように何年にもわたる経験を積んだ人を見つけるのがどんなにむずかしいかご存知ですか? 決心がついたら私たちにご連絡ください。こちらの不動産の方が物件を見つけ、私がお金をお好きなだけ用意します」

話はまもなく終わった。キムと私は二人に礼を言い、車に戻った。車に乗り込んだあと、しばらくは二人とも何も言わなかった。自分たちが耳にしたことが信じられなくて、ほとんどショック状態だった。だいぶ車を走らせてからやっと話ができるようになった。

「十年前に買った十二室のアパートのことを覚えている?」まず、キムが口を開いた。

「ぼくもちょうどそのことを考えていた」。私はそう答えた。

「あの時、『私には買えない』と言ってあきらめる道を選んでいたら、どうなっていたかしら? 三万五千ドルが手元にないからと、何もせずにいたら、私たちの人生はどうなっていたかしら?」

私は少し考えてからこう答えた。「今も同じことを言っていたと思うよ。あの時、三万五千ドルに足止めされていたとしたら、今だって同じことが起こっていたと思う」。それより少し前、駐車場から車を出している時、私の耳には金持ち父さんの言葉が聞こえていた。「未来はきみが今日何をやるかによって決まる。明日何をやるかによってではない」。私はキムの方を向き、こう言った。「もし十年前、『私には買えない』と言っていたら、おそらく今日も『私には買えない』と言っていたと思うよ」

そのあと、家に帰り着くまで私たちは何も言わなかった。興奮すると同時に、すばらしいチャンスが与えられていることに対する感謝の気持ちで胸がいっぱいだった。車が家に近づくと、また金持ち父さんの声が聞こえた。「一度金持ちになると、あとは金持ちになるのがどんどん楽になる」。その声はこう続いた。「多くの人が中流レベルの生活を抜け出ることができないでいる理由は、童話を信じていないからだ。童話を信じていないから、そこに込められた教えを学ぶことができない」。車から降りながら、私は心の中で金持ち父さんに感謝した。するとまた金持ち父さんの声が聞こえた。「善きにつけ悪しきにつけ、童話が現実のものになることをいつも覚えておくんだ」

## 第十三章

# 気前よさのレバレッジ

### ●本当に欲張りなのはだれか？

先日、夜テレビを見ていると、週末のニュースの解説者でかなり名の売れた人が興奮した口調でこう言っていた。「私は欲張りじゃないから、ビジネスには一度も手をそめなかったんですよ」

私は子供の頃よく、これによく似た話を耳にした。両親の家にやって来る人の多くは、大学、その他の教育機関、労働組合、平和部隊、あるいは政府の役所に勤めている人だった。あのテレビの解説者のようなあからさまな言い方ではなかったが、私の家でも、ビジネスをやっている人は単に欲張りだからそうしているのだという話や、そう匂わせるような話がよく出た。

金持ち父さんの考えはそれとは違っていた。金持ち父さんはよくこう言った。「程度の差こそあれ、私たちはみんな欲張りだ。生きるために必要最低限のもの、よりよい生活、引退後快適な生活ができるだけの備え……そういうものを望むのはごく自然だ。単にビジネスをやっているから、あるいは金持ちだからといって、その人がほかの人より欲張りということはない。それどころか、実際はその反対のことすらある」。金持ち父さんはこう続けた。「たいていの人が金持ちではない理由は、単に彼らの気前よさが足りないからだ」

前の章でお話ししたように、キムと私が所有する不動産の規模を大きくしようと決めると、政府からお金が流れ込む水門の扉も大きく開いた。金持ちになりたいと思っていた私たちにとって、まずやるべきことの一つは、もっと気前よくなるための方法を見つけることだった。私たちの場合それは、より多くの人に、より安い値段で、よりよい住宅を提供することを意味していた。

歴史を振り返ってみると、それぞれに形は異なるにしても、大金持ちたちはとても気前がよかったことがわかる。前にもお話ししたが、ヘンリー・フォードは、自動車が金持ちだけのための贅沢品だった時代に、手ごろな値段で大衆に自動車を提供することによって億万長者になった。実際、金持ちのためだけに車を作り続けた自動車会社は、今はもう姿を消している。一方、フォード・モーター社は全世界規模の大会社に成長し、ヘンリー・フォードの使命を果たし続けている。だから、若くして豊かに引退したいと思っている人は、より多くの人により多くを与える道を見つけるために常に努力する限りは、欲張りであっても一向にかまわない。そうすることができれば、大きな富に通じる自分の道がきっと見つかる。

## ●金持ちの比率

金持ち父さんは比率を使うのが好きだった。その理由は、金持ち父さんに言わせると、「ちょっとした比較から多くのことがわかる」からだった。金持ち父さんにとって比率は単なる比較だった。それはＰＥＲが単なる比較であるのと同じだ。お金に関して、金持ち父さんはこんなふうに言ったことがある。「中流以下の人がお金のことで苦労する主な理由の一つは、彼らの比率にレバレッジがまったくないからだ」。中流以下の人のレバレッジの比率を説明するのに、金持ち父さんが使った数字は一：一だ。

私がまだ大学に通っていた頃、金持ち父さんは自分に関する次のような比率を書いて私に見せてくれた。

| | |
|---|---|
| ビジネス | １：５ |
| 労働者 | １：３００ |
| 不動産 | １：４５０ |
| 現金 | １：６００万 |
| 株式 | １：２０００万 |

この数字を言葉で言い換えると次のようになる——金持ち父さんは五つのビジネスのオーナーで、三百人以上の労働者が金持ち父さんのために働いていて、賃貸不動産を四百五十戸持っていた（ただし、これには店舗、レストランといった事業用不動産は含まれていない）。これらの比率の下側の数字は、年とともにどんどん大きくなっていった。だから、仕事の量は減る一方で、どんどん金持ちになることができた。

貧乏父さんの場合は、比率は一：一で始まり、最後まで一：一だった。だからどんどん貧乏になっていった。一：一という数字からわかるように、貧乏父さんは一日の労働に対して一日分の支払いを受けることに価値があると信じていた。二つの仕事をやっていた時期もあったが、金持ち父さんの定義に従うなら、その時も貧乏父さんのレバレッジ比は一：一のままだった。金持ち父さんはこう言っていた。「たいていの人は、たとえ二つ仕事をやっていても、労働時間が増えるだけで、比率は変わらない」

一九八五年から一九九〇年にかけてのキムと私のレバレッジ比は次のようになっていた。

ビジネス　１：１
不動産　１：０
現金　１：ほとんどなし

私たちはビジネスを一つ立ち上げていた。家も一軒持っていたが、そこからは毎月お金が出ていくばかりだったので、資産とは呼べなかった。そして貯金はほとんどなく、株式などの紙の資産も資産とは呼べなかった。つまり、お金が出ていくばかりで、私たちのポケットにはまったくお金を入れてくれなかった。

一九九五年までに、私たちのレバレッジ比は次のようになった。

ビジネス　1：0
不動産　1：70
現金　1：30万

この時までに私たちはビジネスを売却する一方、もっと収入を生み出す不動産を買い、銀行預金を増やしていた。ここで重要なのは、私たちが働かなくても裕福レベルの生活を送れるだけのお金を不動産が生み出してくれるようになっていたことだ。

二〇〇〇年までに、私たちのレバレッジ比は次のようになった。

ビジネス　1：7
不動産　1：70
現金　1：数百万
株式　1：150万

このような比率の変化は、私たちが経済的にどのような進歩を遂げたかを反映していて確かに興味深いが、実際のプラスはビジネスから生まれていて、その真の金銭的価値、つまりキャッシュフローはここには反映されていない。これらの数字をあげたのは、みなさんに「すごい！」と思われたいからでもなければ（そもそも「すごい」というレベルではない）、自慢をするためでもない。本当を言うと、これらの数字を紹介するのは少し気がひける。とても個人的なものなので、できれば見せたくないというのが正直なところだ。それをあえて紹介した理由はただ一つ、私たちがたどってきた道、私たちのプランを具体的な数字でお見せしたかったからだ。また、ほとんど何もないところから、『三匹の子豚』のレンガの家のようにしっかりした経済的基盤を作ることが可能だということもお伝えしたいと思ったからだ。

超大金持ちのレベルと比べたらこれらの数字は大したことはないが、これから先、富にさらに加速し続けるという今の私たちのプラン通りにことが運べば、数年後には私たちは超大金持ちの仲間入りをしているはずだ。

いま紹介した数字から、私たちの過去数年のプランが、不動産の獲得からビジネス構築への移行のプロセスにあったことに気が付いた人もいるかもしれない。これからの五年間の私たちのプランは、ビジネスを築く一方で、政府からの資金援助を利用した、もっと大規模な不動産の獲得に焦点を合わせることだ。

今みなさんの胸にしっかり刻んでいただきたいのは、コンテクスト、つまり現実を常に広げ、そこに入れるコンテンツである教育をよりスピードのあるもの、よりよいものにする努力を怠らないことだ。私たちと同じような道をたどって富を得たいと思っている人にとって、いろいろな考え方を受け入れられるように頭の扉を開き、心の底にある疑いの気持ち、自分で決めつけている限界、自己満足などを乗り越え、積極的に学び、行動を起すことはとても大事だ。その重要性はいくら強調しても足りない。私たちと同じかあるいはもっと速いスピードで経済的に成長したいという人はたくさんいる。だが、その多くは、自ら進んでコンテクストを広げ、コンテンツを増やそうとしない。だから、一つのことにこだわってずっと悪あがきをしていたり、今度のプロジェクトこそ自分を金持ちにしてくれる……と願いながら、次々と新しいものに手をつけたりする人がいるのだ。これは大事なことなのではっきりと言っておくが、コンテクストとコンテンツを常に大きくできる人は、どんなプロジェクトを手がけようとどんどん金持ちになる。あなたを金持ちにするのは、新製品でも新しいアイディアでもない。コンテクストとコンテンツがあなたを金持ちにする。前の本でも言ったように、レイ・クロックはごく普通のハンバーガーを何十億個と売って億万長者になった。スターバックスはカップに入ったコーヒーを何杯となく売って世界的に有名なブランドとなった。

金持ち父さんはよくこう言っていた。「コンテクストやコンテンツを変えなければ、その人の比率は同じままだ」。私の友人に、大金を生む新しいアイディアをいつも持っている人がいる。先日この友人が電話をかけてきて、一番最近思いついた自分の企画に投資をしないかと誘った。それは彼がパートで働いている衣料品店で扱っていないブランドの服を売るというアイディアだった。彼はこう言った。「毎日うちの店にこのブランドの服を探す客が来るんだ。ボスはそれを扱う気はない。きみがお金を出してくれたら、今の店のちょうど向かいに店を出して、利益は山分けにするけれど、どうだい?」

キャッシュフロー管理、小売店経営、セールス、マーケティング、人を雇ったり首にしたりすることなどを学ぶためにセミナーに出席する気はあるかと私が聞くと、この友人はこう答えた。「なぜそんなことをする必要がある? ぼくはこの店で何年も働いている。店の経営についてこれ以上学ぶ必要なんかないよ」。私がこの話を断ったあとも、彼はまた電話をかけてきて新しいプロジェクトに誘った。私はその時も断った。

この友人の話を断った理由は単純だ。彼がコンテクストとコンテンツを自ら進んで変える気があるか、疑わしかったからだ。彼はただ金儲けをしたいだけだった。彼の年齢を考えたら、もし本当にお金の扱いがうまければ、すでに金持ちになっているはずだ。そうではないから、いつも次のすごいアイディア、次のビジネスチャンスが自分を金持ちにしてくれると思い続け、コンテクストとコンテンツが制限されていることが自分の足を引っ張っているのだと気付かない。たとえ衣料品店が開店できても、また、彼の思惑通りに商品が売れたとしても、彼のレバレッジ比は相変わらず一:一のままだろう。つまり、今のままのコンテクストとコンテンツでは、たとえ店を出しても、彼は一日中その店にいるだけで、それ以上にビジネスを広げるチャンスはほとんどないだろう。

## ●金持ちになるのがむずかしい理由

レバレッジ比が一:一の状態にあなたを縛りつけるようなコンテクストやコンテンツでは、金持ちになるのはむずかしい、あるいはほとんど不可能だと言ってもいい。その理由は、レバレッジの力がまったく働いていないからだ。

　キャッシュフロー・クワドラントの図をよく見ると、クワドラントの左側、つまりE（従業員）とS（自営業者・スモールビジネス）の側の方が金持ちになるのがむずかしい理由があなたにもわかると思う（図⑨）。EとSの側では、ごくわずかな例外を除いて、たいていの場合レバレッジ比は一：一だ。例えば、たいていの従業員は同じ時間を使って二つの会社で働くことはできない。パートタイムで別の仕事をしていても、比率は一：一のままだ。スモールビジネスのオーナーや自営業者の場合もだいたい同じだ。衣料品店をやりたいと言っていた私の友人も、たとえ自分で店を始めても、おそらく今もその店に縛られたままだっただろう。彼に二つ以上の店が経営できるとはどうしても思えない。一人の歯科医は一度に一人の患者の治療しかできないし、弁護士や会計士も、一日に働いて報酬を受けられる時間は限られている。

　私の税金アドバイザーはある時こう言った。「Sクワドラントで高い収入を得ている専門職の人たちの大部分は、年収十万ドルから十五万ドルで頭打ちになります」。そして、こう続けた。「これ以上の収入を得ている人は、高度に専門化していて、時間給、あるいは一つの仕事に対して請求する額が多いからそれが可能なんです。そういう人たちは年収五十万ドルあたりで頭打ちになります。それ以上を稼ぐ人はごく少数で

**⑨クワドラントの左側はレバレッジが働かない**

E…従業員（employee）
S…自営業者（self-employed）
　スモールビジネス（small business）
B…ビジネスオーナー（business owner）
I…投資家（investor）

す」。ここでも、問題は一：一のレバレッジ比だ。

童話についてお話しした前の章を思い出して欲しい。そこで取り上げた話の一つにウサギとカメの話があった。実社会で「ウサギ」が有利なスタートを切る理由としては、何か特別な才能を持っている、知能が高いなどが挙げられる。つまり、偉大な学者になれる素質を持っていたり、何でもすぐに習得できたり、すぐれた運動選手になれる才能があったり、映画スターになるのに必要な才能に恵まれていたりする場合だ。そういう人の多くは人生の早い時期に成功を収める。一方、私のような「カメ」が競争に勝つにはレバレッジ比を利用するしかないことを私は知っていた。このやり方は金持ち父さんのプランと同じだ。もし私が本当に頭がよくて、ロケット工学の学者になれるくらいだったら、おそらくもっと伝統的な形のビジネスの世界で成功し、企業の昇進のはしごを登ることもできただろう。だが、実際は、まだ子供の頃に学校で問題を抱えるようになり、競争に勝つためには独自の方法を見つけなければいけないことに気が付いた。今の私の収入は、人生の早い時期に給料の高い仕事に就いた同年輩の友人たちの多くが稼いでいる額より多い。その理由は、自分の「労働」のレバレッジではなく、「資産」のレバレッジを利用したからだ。

若くして豊かに引退したい人がしなければならないことの一つは、自分が勝てる見込みが一番大きいレースがどれか見極めることだ。例えば、あなたが野球選手で、チームとの十年契約で二億五千二百万ドル、さらにコマーシャルへの出演料も入るアレックス・ロドリゲスのような人間だったら、あなたに一番合っているのはEクワドラントだ。ロドリゲスの場合でもその十年間のレバレッジ比は一：一だが、一にあたる金額を考えればかなりいい比率だ。また、ジュリア・ロバーツのように映画一本で二千万ドル稼げる映画スターになれるなら、あなたにとってそれが一番いい方法であることは明らかだ。ジョージ・W・ブッシュ政権の財務省長官、ポール・オニールは、アルコア社の従業員として株式、ストック・オプションの形で一億ドル以上を受け取った。彼の場合、従業員としてのレバレッジ比は一：一だったが、報酬にかなりレバレッジが効いていた。もし、大企業の昇進のはしごを登り詰めることがあなたにとって一番成功の可能性がある思うなら、たとえレバレッジ比が一：一でも、あなたにとって一番いいのはそのやり方だ。キムと私が金持ち父さんと同じ道を選んだ理由は、そこで成功する可能性が一番高いと思ったからだ。その道は、資産を獲得し、レバレッジ比を常に高めるために努力することを私たちに要求する道だった。

**●カメ用の道**

私が金持ち父さんの道を選んだのにはもう一つ理由がある。その理由は、図⑩のキャッシュフロー・クワドラントを見るとわかる。

何年も前、金持ち父さんはクワドラントの左側を指差してこう言った。「EとSの側では収入の可能性が限られている。右側ではその可能性が無限大だ」

金持ち父さんはさらに次のように説明した。「自分の労働を切り売りしてお金に変えることに伴う問題は、自分にできる範囲に限度があることだ。お金を生み出す資産を手に入れる、あるいはそれを作り出す方法を学べば、ゆっくりだが確実に自分の収入を増やし続けられる。実際のところ、クワドラントの右側はゆっくりだが確実に資産を獲得し続けるカメにぴったりだ」

**⑩クワドラントの右側では収入の可能性が無限大となる**

金持ち父さんはこうも言った。「自分の労働を切り売りすることで問題なのは、労働には長期的な残存価値がないことだ。賃貸用の不動産を買って、利益が出るような形でそれを貸せば、その不動産を獲得するためにきみが費やした労働は、その後何年にもわたって繰り返し報われる。つまり、不動産の獲得のためにきみが費やす時間は一週間にも満たないかもしれないが、その労働に対してきみはその後何年にもわたって報酬を受けられる」。一つ例を挙げよう。一九九一年、キムと私はリゾート地の物件を五万ドルの一括払いで購入した。この物件はもともと十三万四千ドルで売られたものだったから、これはとてもいい買い物だった。安く買えたのは、抵当流れとなった物件を銀行から買ったからだ。一九九一年からずっと、この物件は毎月千ドル以上の純益を生んでいる。つまり、年に一万二千ドルを何年にもわたって私たちのポケットに入れてくれている。物件を買い、リゾート客を相手にした短期賃貸市場に出すために私たちが費やした時間は全部で八時間にも満たなかった。値上がりしたこの家を売り、売却益を得ようかと考えたこともあるが、今はそうすると手間がかかって面倒だと思うので、そのままにしている。

お金のために仕事に就いて働く場合、問題なのは、毎朝、仕事に行くたびに自分の労働の切り売りを始めなければならないことだ。お金のために働いていると、たいていの場合、その労働に長期的な残存価値がない。その上、収入の可能性にも限度がある。一方、ゆっくり時間をかけて資産の獲得のために働けば、収入の可能性は無限大だし、その収入は子供から孫へと何代にもわたって伝えることができる。あなたの仕事、職業は遺言に「子供に遺す」と書いたとしても遺せるものではない。

## ●生きることがより楽になる

金持ち父さんは、労働を切り売りしてお金のために働いていると、より多くのお金を儲けるには自分がせっせと働くしかないので、人生がどんどんつらいものになることが多いと言っていた。「人生のレバレッジ比が一：一のままだったら、人生はつらくなるばかりだ。レバレッジ比を常に上げるために働いていれば、人生は楽になり、収入もどんどん上がる」

物理学で使われる「量子飛躍」という言葉は、一般に「めざましい発展」の意味で使われることがある。また、直線的な増加より急激な増加を意味する「指数関数的増加」という言葉を使う人もいる。簡単に言えば、一足す一が二ではない増加の仕方だ。富の量子飛躍、あるいはお金の指数関数的増加の場合、一足す一は五や六、七、あるいはそれ以上になる。私の見たところ、せっせと働き、がんじょうなレンガの家を作ると、レバレッジ比一：一を守り続ける人には経験できないような富の量子飛躍が突然に訪れることがよくある。

例えば、一九八五年から一九九〇年の間、キムと私はお金の面で戦いの毎日を送っていた。それから突然、一九九〇年から一九九四年にかけて、富と金銭的成功の面で指数関数的増加を経験した。その後、一九九四年から一九九八年にかけての私たちの生活は、またあまり変化のない状態に戻った。私たちは資産を築くこと、もっと具体的に言うなら、ビジネスを築くことに向けてせっせと働いた。この間、不動産に関してはあまり大したことはやらなかったが、それは不動産の価格がとても上がっていて、いい物件を見つけるのに時間がかかりすぎたからだ。それから一九九九年に、突然、私の著書とゲームが売れ始めた。そして、それだけでなく、ほかのビジネスや投資の多くも火がついたように活発に動き出した。

これは突然に訪れた幸運、運良く出会った新しい友人、新しいチャンスのおかげのようにも見えるが、実際のところ、のちの指数関数的富の増加の源になったのは、あの数年間、たいした成果もなく、時には金銭面での後退を経験しながら、せっせと働き続けたことだった。このような成功が可能だったのは、人間の労働の価値が規則的でゆるやかな増加しかしないのに対し、資産の価値は指数関数的に増加することが多いからだ。例えば、私の会計士の計算によると、西暦二〇〇〇年、私が所有する会社のうちの一つの価値は四千万ドルまで増加した。この金額は、もし私たちが売りたいと思ったら売れるだろうと彼女が判断した値段だ。その同じ時期に、私の弁護士が時間給を値上げしたがその値上げ幅は一時間につき二十五ドルだった。これが、資産の指数関数的増加と労働の対価としての収入の規則的でゆるやかな増加の例だ。これはまた、クワドラントの左側では収入の可能性が限られていて、右側ではそれがほとんど無限大だということを示す例でもある。

量子飛躍のもう一つの例は、私たちが所有していた株式の数だ。一九九六年から一九九八年の間、私たちは株式が公開されていたある会社の株をせっせと買った。ところが、その会社が突然破産し、そこに注ぎ込んでいたお金の大半を失った。だが、持っていた株の価値は確かにほとんどゼロになったが、その会社の株の過半数を獲得するために努力する中でさまざまな経験をした私たちは、学んだことを生かして、もっとよい会社の株をとても安く手に入れることができた。そして、それをきっかけとして、その後も有望そうな新設会社の株をたくさん買った。これらの株は株式市場が全般的に下降を続ける中でかなり伸びている。

この本のはじめの方で、新設会社の大部分がスタート後まもなく失敗するという話を引き合いに出して私を批判したジャーナリストの話をした。確かに、ビジネスを始めることに伴うリスクは今も高いが、うまくいかなくて存続のために奮闘する小さな会社の経営に携わった経験のおかげで、今の私は、もっと安定していて長期的な成功のチャンスが大きい会社を始めることができるようになった。著作『金持ち父さん　貧乏父さん』、キムと私で作った会社などの成功を振り返ってみると、今の私たちの成功はその大部分が過去の失敗のおかげだということがわかる。キムも私と同じように、ビジネスにおいて失敗や挫折を経験している。だが、その失敗や挫折がよい経験となり、そこから学んだ教えが、力を合わせて生み出した成功の礎となっている。つまり、突然の量子飛躍によってもたらされたように見える今の私たちの成功も、実は過去の経験から学んだことを合わせた結果生まれたものなのだ。

私がこのような話をしているのは、みなさんを励まし、先に進み続けてもらうためだ。生きている間には失敗することもある。だが、それでも前に進み続けることが大事だ。失敗しても、それを人のせいにしたり弁解したりせず、常にそこから何かを学ぶようにすれば、知識の宝庫はどんどん豊かになる。また、気前よくするために常に努力し、より多くの人の役に立つために働き、自分のレバレッジ比を上げる努力を続ければ、あなたも私たちと同じように富の爆発的増加、量子飛躍、あるいは指数関数的増加を経験することができるだろう。そうなることに関して私はかなり確信がある。カメだって、突然の追い風に押されてどんどん進むことがあるものだ。

## ●ネットワークの力

最近、「メトカーフの法則」の名で知られる、ある法則を見つけた。この法則を使うと、富の量子飛躍、あるいは指数関数的増加の一部が説明できる。ロバート・メトカーフは、携帯情報端末機器の先駆けとなったパーム・パイロットを開発した会社の創業者の一人だ。メトカーフの法則によると、一つのビジネスの経済力は、ネットワーク内の数字の二乗に等しい。

ファックス機の場合を例にとると、この考え方をもっとよく理解できる。私がゼロックス社に勤め始めてまもない頃、私たちセールスマンはファックス機を売るのにとても苦労した。当時、つまり一九七〇年代初頭は、ファックス機を持っている人はごくわずかで、その機械に何ができるかを知っている人はさらに少なかったからだ。世の中に出回っている数があまりに少なかったので、ファックス機の経済価値は低かった。それでも、時間がたつにつれ、ファックスを使う人が次第に増えてくると、突然、爆発的に知名度が上がった。今では、私の友人のほとんどが、オフィスだけでなく自宅でもファックス機を使っている。

メトカーフの法則に従って考えてみよう。ファックス機が一台だけの時は、経済価値は一だ。その式はこうなる。

$1 : 1^2 = $ 経済価値 1

経済価値は一の二乗、つまり一のままだ。だが、ファックス機が二台になると、そのネットワークの経済価値は正比例の直線的な増加ではなく、指数関数的な増加を遂げる。つまり、ファックス機が二台になった瞬間、経済価値は二ではなく四に上がる。

$1:2^2$＝経済価値４

もし、そのネットワーク内にファックス機が十台あれば、この式は次のようになる。

$1:10^2$＝経済価値１００

個人事業主、あるいはそのほかの形で自営しているスモールビジネスのオーナーたちは、メトカーフの法則の恩恵を受けられないことが多い。マクドナルドのようなフランチャイズ店が個人営業のハンバーガー屋より力がある理由の一つは、メトカーフの法則にある。独立した個人として何もかも一人でやりたいと思っている人は、その独立性を保つためだけでも人一倍努力しなければならない場合が多い。専門職の自営業者の多くが、もっと大きな影響力を持つために団体に所属したりするのはそのためだ。

昔からＥクワドラントの人たちは、労働組合を作ってまとまることの価値を知っていた。たがいに手をつなぎ合うことで、Ｅクワドラントの従業員たちは、個人として会社を相手に交渉する場合よりずっと大きな力を持つ。今アメリカで一番力のある労働組合はＮＥＡ（全米教育協会）だ。この国の教育システムがなかなか変化しない理由の一つは、教師からなるこの組合の影響力によるところが大きい。彼らはネットワークの力を知っている。

## ●モノポリーの力

金持ち父さんはよくこう言っていた。「偉大なる富を得るための方式はゲーム『モノポリー』の中で見つかる」。みなさんもご存知の通り、緑の家を四つ買い、それを赤いホテル一軒と交換するのがこのゲームの必勝法だ。富を得るためのこの方式もまた、メトカーフの法則に従っている。貧乏父さんと金持ち父さんのレバレッジ比を比べてみれば、金持ち父さんの経済力が増加を続ける一方で、貧乏父さんの経済力が変化しなかった理由があなたにもわかると思う。

| | 貧乏父さん | 金持ち父さん |
| --- | --- | --- |
| 不動産 | 1：1（ずっと変化なし） | 1：450（常に増加） |

つまり、貧乏父さんの経済力はずっと一のままだった。一は二乗しても一のままだ。貧乏父さんが持っていたのは自分の家だけだった。この例では、金持ち父さんの経済力は四百五十の二乗だ。四百五十戸を超える賃貸住宅を持っていた金持ち父さんの経済力は、指数関数的に増え続けていた。貧乏父さんの一：一という比率を見て、次に、所得に対する税の影響、つまり勤労所得に対する五十パーセントの税の影響を考えると、どんどん仕事の量を増やしていたのに、貧乏父さんの経済力が増加しなかった理由がよくわかる。金持ち父さんの方は、収入はどんどん上がり経済力も増す一方で、払う税金はどんどん少なくなっていた。

一九八五年、キムと私は一年に二戸ずつ賃貸用住宅を買うプランを立てた。そして一九八九年から不動産を買い始めた。賃貸用住宅を五つ手に入れたところで、私たちの経済力は五の二乗、つまり二十五になった。増加したのは経済力ばかりではなかった。経験を積むうちに、自分自身に対する信頼度も上がった。前にお話しした十二室のアパートを買った時、私たちのレバレッジ比は一：十七になり、経済力は一：十七の二乗、つまり二百八十九に上がった。一方、持ち家しか持っていなくて、不動産が安い時期に投資用の物件を買わなかった人たちの不動産レバレッジ比は一：一のまま変わらない。キムと私は今、千戸以上の賃貸住宅をポートフォリオとして所有している。ここでちょっと考えてみて欲しい。そうなった時の私たちの経済力、千の二乗はいくつになるだろうか？

この例は、BあるいはIのクワドラントで活動する人間が、頭が飛び抜けてよかったり、才能があったり、高い教育を受けているEやSのクワドラントの人たちを——たとえ彼らの方が多くの給料を稼いでいたとしても——さっさと追い越すことができることを示している。メトカーフの法則は、最終的に、貧乏父さんが一生かかって稼いだお金よりも多くのお金を金持ち父さんが一年で稼ぐようになった理由をはっきり示している。この法則はまた、多くの「ウサギ」のようにお金のために働くのではなく、資産を獲得するために働き続ければ、カメにもウサギを追い越すチャンスがあるのはなぜか、その理由も説明している。

## ●ネットワーク・マーケティング・ビジネス

ネットワークの法則とも言うべきメトカーフの法則がわかるようになってから、私はネットワーク・マーケティング会社が一般の人のために用意している「道具」がどんなに強力かに気付いた。メトカーフの法則をネットワーク・マーケティング・ビジネスにあてはめると、このような形のビジネスがどんな力を持っているかがわかる。

例を一つ挙げよう。EあるいはSクワドラントの人がネットワーク・マーケティングに参加し、Bクワドラントへ移る方法を学ぼうと決心したとする。この人は一年か二年やってみて、必要な教育と考え方を身につける。だが、この二年間は何も起こらなかった。つまり、ちょっと参加するだけの人ばかりで、腰をすえて取り組もうとする人は出てこなかった。その場合、二年後のこの人のレバレッジ比、経済力はもとのままだ。EやSのクワドラントにいた時と大した変わりがない。

レバレッジ比　1：1
経済力は一の二乗で一のまま

ところが三年目、突然この人のコンテクストが広がり、コンテンツも新しくなったおかげで、自分もビジネスを始めたいという、将来有望そうな人が三人現れ、この人のもとでトレーニングを始めた。

この時のレバレッジ比と経済力はこうだ。

レバレッジ比　1：3
経済力は三の二乗で九

つまり、三年目にして経済力は量子飛躍を遂げた。

五年後、自分のネットワークに十人を抱えるようになったこの人のレバレッジ比と経済力はこうなる。

レバレッジ比　1：10
経済力は十の二乗で百

さて、次に、この人が十人で充分だと考え、今自分が抱えている十人だけに焦点を絞ったとする。そして、わずか二、三年後に、この十人がそれぞれに十人を抱えるようになったとする。これは、最初にネットワークビジネスを始めた人からみると、自分のネットワーク内に百人を抱えるようになったことを意味する。

次に、ネットワークビジネスから生まれた余分なお金を使って、この人がアパートを買い始めたとする。初めに買ったのは百戸のアパートだ。このときのレバレッジ比は次のようになる。

ビジネス　1：10：10
不動産　　1：100

つまり、五年から十年で、この人はクワドラントの左側（EとSの側）から右側（BとIの側）へ移動しただけでなく、BとIの両方のクワドラントで経済力を飛躍的に伸ばしたことになる。このような飛躍は、EやSのクワドラントで実現するのはむずかしい。新しいクワドラントに移動したこの人は、突然、EやSのクワドラントから動かないでいる昔の仲間よりずっと多くのお金を稼ぎ、彼らよりはるかに金持ちになり、より大きな経済力を持つようになった。

十五年後のこの人のレバレッジ比、経済力はさらにびっくりするほど大きくなっているだろう。

今のはごく単純化された例だが、私がネットワークビジネスの会社（どれもというわけではないが）を勧める理由はここにある。その名の通り、ネットワークビジネスで大事なのはネットワークだ。そして、それによって、ネットワークの力を測るメトカーフの法則が威力を発揮する。

引退後の生活に漠然と不安を抱いたり、引退に備えて買った投資信託の値下がりを心配している人たちと話をする時、私はよく、ポートフォリオの中にネットワークビジネスを含めることを勧める。そして、こんなふうに言う。「どの会社でもいいというわけではありませんが、ネットワークビジネスの会社のうち優良ないくつかの会社で参加者に教えていることをしっかり学び、それに従って、信頼できる人たちをネットワークに組み入れた強固なビジネスを作り上げれば、あなたが引退に備えて買った投資信託よりもそのビジネスの方がずっと安定していることがわかるでしょう。自分のネットワークの中の人たちを金持ちにしてあげようと親身になって一生懸命働けば、その人たちはお返しとして、あなたを金持ちにしてくれ、すっかり安心して老後が送れるようにしてくれるでしょう。私はネットワークビジネスの方が株式市場よりずっと安心だと思っています。なぜなら、あなたが将来頼りにする人たちは、それまであなたが大切にし、信頼関係を築き上げてきた人たちなのですから。それに、このビジネスをやる人はだれでも、ネットワークの力を測る法則、メトカーフの法則を利用することになるからです」

## ●ネットワークは「気前のよさ」が持つ力を活用する

金持ちや大きな力を持っている人は、ネットワークの力を知っている。マクドナルドは世界に広がるハンバーガーショップのネットワークだし、ゼネラルモーターズは全米をカバーする車の販売代理店のネットワークだ。また、エクソンモービルは世界中にネットワークを張りめぐらせた石油会社で、油田、タンカー、パイプライン、ガソリンスタンドを所有している。このように、金持ちや大きな力を持っている人たちがネットワークの力を利用しているなら、私たちだって利用していいはずだ。大手スーパーマーケットチェーンのセーフウェイも、全米に食料品を届けるネットワークだ。CBS、NBC、ABC、CNN、PBS、CBNといった会社はとても強力なコミュニケーションのネットワークだ。

金持ち父さんはこう言った。「金持ちになりたかったら、ネットワークを作り、そのネットワークをほかのネットワークとつなぐことだ。ネットワークを通じて金持ちになるのが簡単な理由は、そうすると気前よくするのが簡単だからだ。反対に、一人で活動する人、個人プレーをする人は、お金の面で成功するチャンスを自ら制限している」。金持ち父さんはこう続けた。「ネットワークは、きみが気前よくする相手の人間、ビジネス、組織を意味する。なぜなら、おたがいに支え合うのがネットワークなんだから。ネットワークは強力なレバレッジだ。金持ちになりたかったら、ネットワークを作り、それをほかのネットワークとつなぐことだ」

私たちのビジネスプランは、ほかの組織と競争をするというより、むしろネットワークでつながることを基本としている。とくに、相手が今の自分たちより大きい場合はそうだ。現在、私たちの会社は世界四十カ国の出版社、教会関係の多数の組織、いくつかのネットワークビジネスの会社などとネットワークを組んでいる。私たちはおたがいをより豊かにするためだけでなく、もっと強力で、より多くの可能性を持ったビジネスに成長するために協力し合っている。実際、おたがいに持ちつ持たれつで、強いところは分かち合い、弱点はできるだけ小さくすることで、みんなが強くなっている。

ビジネスをする際、相手と協力し、相手が必ず金銭的に得をするように気を配れば、自分たちも指数関数的に成長することに私たちは気が付いた。また、自分だけが金持ちになることや、自分が与えたものよりも多くをとることばかり考えている人や会社は、ネットワークのよきパートナーとはなれないことにも気が付いた。自分が得することしか考えていない人、自分の心配ばかりしている人は、長期的に見ると、結局は少ししか儲けられず、それでいて人一倍せっせと働かなければならない。

私は前に一度、社長が会社の心配をまったくしていないことが明らかな会社の役員会のメンバーになったことがある。この社長が心配していたのは、自分の給料と退職金のことばかりで、ネットワーク――この場合は会社の存続を維持している何百人という従業員との関わり――にまったく関心がなかった。要するに、自分のことばかり考えていたのだ。当然ながら、私たち役員はこの社長を首にして新しい社長を迎え入れた。ネットワークを作り、それを成功させるための鍵は、相手の個人や組織が自分たちと同じように繁栄することを心から願い、親身になって考えることだ。世の中には自分のことばかり考える人や組織が多いようだが、それではいけない。

これまでにキムと私は、先にお金を払ってもらえることが確かでないと一緒に仕事をしないという人（例えばコンサルタント）や組織に出会ったことがある。こういう人は、言い換えると、自分が提供するサービスよりも払ってもらうお金の方が大事だと思っている人だ。

以前こんなことがあった。私たちはコンサルティング会社を雇い、社内マーケティングシステムの状況をチェックしてもらうことにした。この会社は、仕事にとりかかる前にかなりの額の料金を請求してきた。それを支払ってから三カ月ほどして報告書が届いた。わけのわからない専門用語のちりばめられたその報告書を何とか解読すると、結局言っているのは、さらに三年間、このコンサルティング会社を雇い、支払いを続けるべきだということだけだとわかった。私たちの会社のマーケティングシステムを向上させるためのアドバイスは何一つなかった。ただ、もっと自分たちに仕事をさせろと言っているだけだった。これは、お客が求めているものは二の次にして自分の報酬ばかりを考える売り手のいい例だ。言うまでもなく、私たちはこのコンサルティング会社との契約書にはサインしなかった。

私がハイスクールに通っていた頃、金持ち父さんが、自分が所有する工業団地のうちの一つの経営を任せるために人を雇うので、その様子を見に来るように言った。金持ち父さんの会議室で行われたミーティングの席には、三人の候補者が座っていた。仕事の内容を説明したあと、金持ち父さんは三人に向かって何か質問はないか聞いた。するとおもしろい質問が返ってきた。

「一日の休憩時間はどれくらいですか?」

「病気休暇は何日ですか?」

「保険や年金などの付加給付はどうなっていますか?」

「昇給、昇進があるのはいつですか?」

「有給休暇は何日ですか?」

ミーティングのあと、金持ち父さんはどんなことに気が付いたか私に聞いた。

「あの人たちが関心を持っていたのは、自分にとって何が得かということだけでした。あなたがビジネスを築くにあたって、自分はどんな手伝いができるかとか、ビジネスにもっと収入を生ませるために自分に何ができるかといったことを聞いた人は一人もいませんでした」。私はそう答えた。

「私が気が付いたのもそのことだよ」。金持ち父さんはそう言った。

「あの中からだれか雇うつもりですか?」

「もちろんだよ。仕事のパートナーを探しているわけじゃなくて、従業員を探しているんだからね。金持ちになりたいと思っているんじゃなくて、ただお金を稼ぎたいと思っている人を探しているんだ」

「それって、欲張りってことになりませんか？」私が書いたほかの本を読んだ人は覚えているかもしれないが、金持ち父さんはいつも、私をお金のために働かせるのではなく、ただで働かせた。

「ああ、その通りだよ。でもだれだって、多少は欲張りなところがある。あの人たちはおそらく永遠に金持ちになれないだろうが、その理由は、気前がよくないからだ」

別の言葉で言うと、この人たちのレバレッジ比はおそらくずっと一：一のままだということだ。金持ち父さんの言葉を繰り返すと、こうなる。「たいていの人が決して金持ちになれないのは、一日の仕事に対していくら払ってもらえるかばかりを考えているからだ。一日の仕事に対して報酬を受けるのにはあまりレバレッジが効かない。なぜなら、いくら一生懸命働こうと、いくらたくさん払ってもらおうと、レバレッジ比が一：一であることに変わりないからだ」

金持ち父さんが自分の息子と私に、ただ働きすることの大切さを学ばせた理由の一つは、受け取る前に与え、資産を築くことを学ばせたかったからだ。何年も前、金持ち父さんは「最初に払ってもらえるのはだれか、一番多く払ってもらえるのはだれか」と名づけた次のような表を書いて、これを説明した。

1. 資産（ビジネス、その他の投資）
2. 従業員
3. 専門家（会計士、従業員、コンサルタント）
4. 投資家
5. ビジネスオーナー

金持ち父さんはこう言った。「ビジネスオーナーは、まず資産に対して支払をしなければいけない。つまり、資産をしっかりとした状態に保ち、大きくするために、充分なお金と資源を再投資し続けなければいけない。資産や従業員、そのほかの人たちをさておいて、自分にまず支払おうとするビジネスオーナーが多すぎる。だから失敗するんだ。ビジネスオーナーへの支払が最後である理由は、そもそもビジネスをスタートした目的が、一番多く支払ってもらうためだからだ。だが、一番多く支払ってもらうためには、ビジネスのほかの部分が確実にまず支払を受けられるようにしなければいけない。私がお金のために働かないようにきみたちを訓練しているのはそれだからだ。きみたちは満足を得る時期を遅らせること、そして、価値が増える資産を作るために働くことを学んでいる。私がきみたちに学んで欲しいのは、資産を作ることで、お金のために働くことじゃない」

最近の新設会社の中には、この表の順序通りにしない、つまり金持ち父さんのような人のアドバイスに耳を傾けない会社が多すぎる。友達や家族、あるいはそれ以外の投資家からお金を借りたり、投資してもらってビジネスを立ち上げる人に、私はこれまで大勢出会っている。彼らはすぐに大きなオフィスを借り、高級車を買い、高額の給料を自分に払うが、そのためのお金はビジネスが生んだ収入からではなく、投資家が出資した資本金から出る。資本金がこのような間違った使い方をされ、その上収入もない状態が続くと、次に彼らはビジネスや従業員、専門家に対する支払をできるだけ低く抑えようとする。このような投機的事業においては、請求書の山を抱えてにっちもさっちも行かなくなるのは投資家という場合が多い。新設ドットコム会社の多くがたどった道がこれだ。

金持ち父さんは自分の息子と私にこう言った。「最初に支払ってくれと要求する人は、結局支払ってもらう額が一番少なくなる。ビジネスオーナーが自分に支払うのを一番最後にしなければいけない理由は、資産を作ることが一番大事だからだ。もし高い給料をもらうことが目的なら、ビジネスを立ち上げるべきじゃない。仕事を探すべきだ。ビジネスオーナーが資産を作ることを目的にして自分以外の人にきちんと支払っていれば、資産は価値を増し、自分に支払った場合とは比べものにならないほどの価値を持つことになる」

金持ち父さんはこうも言った。「たいていの人はビジネスの世界にいても、資産を作ったり獲得したりするためにそこにいるわけじゃない。従業員、あるいは専門技術を持った自営業者としてビジネスの世界にいる。彼らの目的は給料をもらうことだ。アメリカで金持ちが人口の五パーセントにも満たない大きな理由の一つはこれだ。お金よりも資産に価値があることに気づいている人は、人口のうちほんの五パーセントだ」。それから、こんなふうにも言っていた。「ビジネスオーナーあるいは起業家は、一日の終わりに大金を手にする。それは一日が始まった時に、一番気前がよかったのが彼らだったからだ。ビジネスオーナーは一番大きなリスクをとり、一番最後に支払を受ける。きちんとした仕事をすれば、彼らが受け取るお金は途方もない額になる可能性がある」。私が今でも、ビジネスを立ち上げる際には、いつも金持ち父さんの表の順序に従い、ただ働きもいとわないのは、以上のような理由からだ。一日の終わりに大金を手にしたいから、私はただで働く。

EやSのクワドラントの人のうち多くは、自分がサービスを提供できる人や組織の数が限られている。だから収入も限られているのだ。Bクワドラントの真のビジネスオーナーは、サービスを提供する相手の数がどんどん増えるようなビジネスを作ることに焦点を合わせ、それによってどんどん金持ちになる。彼らが大きな報酬を得られるのは、単に、より多くの人にサービスを提供する資産、あるいはシステムを作ったからに過ぎない。ビジネスオーナーが「指数関数的」に金持ちになれて、給料のためにだけ働く人たちが「直線的」にしか金持ちになれないのはそのためだ。

## ●どれだけ速く金持ちになれるか?

ありがたいことに、今ほど金持ちになるのが簡単で、そのためにかかるお金が少ない時代はいまだかつてなかった。金持ちになるためにあなたが焦点を合わせるべきことは、より多くの人にサービスを提供することだけだ。ジョン・D・ロックフェラーの時代には、彼が億万長者になるのにほぼ十五年かかった。そうなるために、彼は多くの油田を手に入れ、ガソリンスタンドのネットワークを作り、ガソリンの配給システムを確立しなければならなかった。それにかかった時間とお金は相当なものだ。ロックフェラーが築いたものを今築こうとしたら、何十億ドルというお金が必要だろう。

ビル・ゲイツが億万長者になるのにかかったのは、およそ十年だ。先見の明を持っていた彼は、自分が短期間で成長するためにIBMのネットワークを利用した。マイケル・デルとAOLの創業者スティーブ・ケイスが億万長者になるのにかかった時間は五年以下だ。この二人の起業家のうち一人は、コンピュータの需要の増大を利用した。もう一人は、インターネットの爆発的な力を利用し、急激に拡大するネットワークの力を自分の味方にした。これらの例からわかるように、新しいネットワークの台頭のおかげで、起業家の世代が交代するたびに、億万長者になるのに必要な時間と資金が少なくなっている。あなたにもそのチャンスはある。

ネットワークの威力とレバレッジ比の重要性がわかれば、あなたもほんのわずかな資金で、短期間に途方もない金持ちになれるかもしれない。しっかりしたビジネスの基礎と経験を身につけていれば、インターネットを通じて世界をマーケットにできるのだから。インターネット上でビジネスをするためのコストはどんどん下がる一方、ネットワークの威力は上がっている。スティーブ・ケイスとAOL（人間も会社もとても若い）がタイム・ワーナーとCNN（どちらもAOLより古い会社で、役員たちもケイスより年上だ）を買収できたのも、単にAOLの方が大きなネットワークを持っていたからにすぎない。より大きなネットワークはより大きな経済力を意味する。

私はよく、余暇を使って大金持ちになった人たちの話をする。今の時代の超大金持ちの多くは、自宅の台所からビジネスを始めた。ヒューレット・パッカードはガレージでスタートを切ったし、デル社は大学の寮の一室で始まった。たとえ今、安い給料で働いていたとしても、空いた時間を使って自分の家やガレージでビジネスを始めれば、ものすごい金持ちになることもできるのだ。次の言葉をよく覚えておこう。「あなたを金持ちにするのはあなたのボスの仕事ではない。ボスの仕事はあなたがやったことに対して支払をすることだ。そして、あなたの仕事は、自宅で余暇を使って自分を金持ちにすることだ」

より少ない努力と資金で、想像もつかないほど金持ちになるのが今ほど簡単な時代はかつてなかった。野心に燃えたドットコム会社の多くが破産したことは私も知っている。おそらくそうなるだろうと多くの人が思っていた通りだ。私に言わせてもらうなら、破産したドットコム会社はコンテクストはよかったが、コンテンツがよくなかった。ドットコム会社の多くは、いいアイディアは持っていたが、本当のビジネスの経験やビジネスに関する基本的な知識を持っていなかった。その多くは、より多くの人のためにサービスを提供しようとするのではなく、ただブームに乗って金儲けをしようとしただけだった。

最近私は、ある会社が投資家のお金を使って十億ドル以上の給料を社長に払ったが、その社長に経営手腕がなかったために倒産したという話を読んだ。あるドットコム会社が従業員全員に三カ月分の給料にあたるクリスマスボーナスを出した話を聞いたこともある。この会社は翌年のクリスマスまでに廃業に追い込まれ、倒産している。これは、会社の使命がまず顧客にサービスを提供することではなく、起業家や従業員を金持ちにすることだった場合にどうなるかといういい例だ。会社の使命や目的が間違っていた場合、そのためにお金を支払うのは投資家だ。これらの会社は金持ち父さんが作った表、「最初に払ってもらえるのはだれか、一番多く払ってもらえるのはだれか」の順番通りにしなかった。投資家も含め、会社の人たちが、気前よくするという本来のビジネスの目的を忘れ、欲張りになることばかりに夢中になっていたのだ。

今、私たちがウェブサイトを通じて行っているビジネスのうち、五十パーセントはアメリカ以外の国に住んでいる顧客からのものだ。私たちのウェブサイトの目的は、このコミュニティへの参加者が若くして豊かに引退できるようになる手伝いをすることだ。私たちがこういったことをする目的はただ一つ、できる限り多くの人の役に立つためだ。私たちは「気前よくすること」に焦点を合わせ、それによって、世界中をカバーするネットワークを築く資産を作っている。

## ●より多くの人にサービスを提供する

金持ち父さんはこう言っていた。「きみの仕事は、チャンスが姿を現した時に備えて、配置につき、準備しておくことだ。五年早すぎるのはかまわないが、一日遅れるのはだめだ」

何年も前、金持ち父さんは私にこう言った。「クワドラントのBとIの側の人には、限りない富を手に入れる可能性が与えられている。実際に自分が身体を動かして働かなければならないEとSの側の人は、労働量に制限があり、従って、手に入れられる富も制限される。EやSの側の人がBやIの側に移る場合、まず必要な変化は気前よくすることだ……最初に自分が支払を受けたいと思うのではなく、もっと多くの人の役に立ちたいと思うようにならなくてはいけない」

これは、ウォルマートのサム・ウォルトンの例を見ればよくわかる。彼がやったのは、ただ、大きなディスカウント・ストアのネットワークを作ることだけだ。つまり、よい商品をより安い値段で、より多くの人に提供する店のネットワークを作った。一時間に七百五十ドルを請求する弁護士よりもサム・ウォルトンの方が金持ちだったのは、そのためだ。肝腎なのは気前のよさだ。

## ●気前よくすることについて最後に一言

いわゆるドットコム会社がブームだった頃、古い経済《オールドエコノミー》のビジネスと新しい経済《ニューエコノミー》のビジネスについてよく話題になったが、どちらの経済に属している会社でも、あるいは個人でも、成功するためには長い年月を生き抜いてきた原則、決まりに従わなければならない。

気前よさは、そのような古くから伝わる教えの一つ、「互恵主義」に該当する。つまり「与えよ、さらば与えられん」という言葉で表される教えだ。それは「得て、それから与えよ」という教えではない。これまでの人類の長い歴史を生き抜き、これからも生き続ける教えでもある。今の時代は、これまでのどんな時代よりも、自分自身と自分の家族の面倒をしっかり見たいと思うことがとても大事だ。だが、もし金持ちになりたいと思うなら、できる限り多くの人の必要を満たすために役立つことをまず考えなければいけない。それが、この教えの言わんとしているところだ。

金持ち父さんは互恵主義を大事だと考え、気前よくすることが大金持ちになるための最善の方法だと信じていた。この考え方が金持ち父さんの人生に関するコンテクストだった。そして金持ち父さんの行動とコンテクストはぴったり一致していた。

金持ち父さんはよく、自分の息子と私に互恵主義の教えの使い方の例を話してくれた。そして、気前よくする必要があることをいつも私たちに思い出させてくれた。「相手に微笑んでもらいたいと思ったら、まず自分から微笑むことだ。愛が欲しければ、まず愛を与える。理解してもらいたかったら、まず相手を理解する」。また、こうも言っていた。「もし口に一発パンチを食らいたかったら、自分から先にだれかにパンチを食らわせればいい」

金持ち父さんは、できるだけ多くの人の役に立って気前よさを発揮することが大事だと考えていただけでなく、お金に関しても気前よくすることが大事だと思っていた。そして、その考え方の延長として、収入の一部を寄付する「十分の一税」の力を心から信じていた。教会や慈善団体、学校などに気前よく寄付していたのはそのためだ。もっとお金が欲しいと思っていたから、人にお金を与えていたのだ。金持ち父さんはよくこう言っていた。「神様は受け取る必要はないが、人間は与える必要がある」

金持ち父さんはこう言った。「お金はないが時間なら気前よく他人に与えると言う人はよくいる。そういう人があまりたくさんお金を持っていないのは、お金を与えないからだ。そして、お金を与えない理由は、お金に関してけちでしみったれだからだ。お金が足りなくなるのをいつも心配している。だから、その恐れが現実のものになる。もっとお金が欲しければ、お金を与えることだ。時間ではだめだ。時間がもっと欲しいなら、時間を与えればいい」

他人にお金をあげるのはむずかしい……という人は、一度に少しずつ、定期的に与えることから始めるといい。お金を与えるたびに、あなたは自分のコンテクスト、つまり現実が大きな声であなたに語りかけるのを耳にするだろう。現実——貧乏なままでいる人間の現実——が自分に語りかけるのを耳にした瞬間、あなたは新しい現実を選ぶチャンスを与えられる。たとえ一ドルでも、教会や慈善団体に寄付すれば、その時あなたの世界は変わる。より多くの人のためにもっと役に立とうと真剣に考えて、ビジネスを起こしたり、投資をしたりすれば、大金持ちになって、若くして豊かに引退できるチャンスが増える。

## ●自分に対して気前よくすることから始める

「小さく始めて、大きく夢見ろ」。金持ち父さんはいつもそう言っていた。レバレッジ比を上げることを考えた場合、この金持ち父さんのアドバイスは今も大いに役に立つ。シリーズ四作目の『金持ち父さんの子供はみんな天才』の中で、子供に三つの貯金箱を与える話をした。このシステムをキムと私は今も使っている。貯金箱のうち一つは貯金用、もう一つは投資用、三つめは十分の一税、つまり教会や慈善団体への寄付だ。レバレッジ比を上げたい人は、三つの貯金箱を使ったこのごくシンプルなシステムを採用して、毎日小銭を少しずつ貯めることから始めるといいかもしれない。毎日一ドルずつ三つの貯金箱に入れたとすると、月末のあなたの比率は次のようになる。

貯金　1：30
投資　1：30
寄付　1：30

これはすばらしいスタートだ。一カ月間、あなたの比率は毎日着実に増えていく。三十年たったらどうなるか考えてみるといい。ここでしっかり頭に入れておいて欲しいのは、このシステムを続けることによって、あなたは自分にまず支払う、つまり自分自身に対して気前よくする習慣——あるいは自分に課した規律——を強化しているということだ。金持ち父さんはこう言っている。「貧乏な人が貧乏である理由の一つは、自分自身を大事にしていないからだ」。金持ち父さんが言いたかったのは、新しい服やゴルフクラブを自分のために買えということではない。貧乏な人はお金を使って自分を豊かにするようなことをしていないと言いたかったのだ。まず自分に支払うことは、お金によって自分自身、自分の魂、自分の未来を豊かにすることを意味する。

# 第三部

# 行動のレバレッジ

"Just Do It"（とにかくやってみろ）――ナイキ

口で言うのは簡単だ。目で聞く方法を身につけろ。行いは言葉より多くを語る。相手の言葉に耳を傾けるより、その行動をよく見ることだ――金持ち父さんある時私は、だれでも金持ちになれるのかどうか金持ち父さんに聞いた。答えはこうだった。「なれるとも。金持ちになるためにしなくちゃいけないことは、それほどむずかしいことじゃない。実際のところ、金持ちになるのは簡単だ。うまくいかないのは、たいていの人がむずかしい方法でやろうとするからだ。大勢の人が一生汗水たらして働き、収入の範囲内でつましく暮らす。あるいは、よくわからない投資に手を出したり、自分を金持ちにするためではなく金持ちのためにせっせと働く。そして、金持ちがやっていることではなく、みんながやっていることをする」

この本の第一部と第二部では主に、偉大なる富を獲得するための頭脳とプランの面でのプロセスについてお話しした。どちらのプロセスも、若くして豊かに引退するにはとても大事だ。この第三部では、若くして豊かに引退するために「しなければならないこと」、そして「できること」についてお話しする。頭脳やプランの面でのプロセスも大事だが、結局肝腎なのは、自分の知識を使ってどう行動するかだ。金持ち父さんが言っていた通り、「口で言うのは簡単だ」。

金持ちになる方法について書かれた本は多い。だが残念なことにその多くは、たいていの人にはむずかしすぎることをやれと書いてある。この本でこれから取り上げるのは、だれにでもできる簡単なことだ。この第三部を読めば、金持ちになりたいと思えばなれる能力をだれもが持っていることがわかるだろう。少なくとも、自分にできて、それをやれば今より金持ちになれそうなことが一つや二つは見つかるはずだ。残る質問はたった一つ——「あなたはどれくらい強く、金持ちになりたいと思っているか?」

# 第十四章
# 習慣のレバレッジ

金持ち父さんはこう言った。「習慣には、きみを金持ちにする習慣と貧乏にする習慣がある。貧乏な人の多くは、貧乏になる習慣を持っているから貧乏なんだ。金持ちになりたかったら、金持ちになる習慣を身につけるように自分を訓練するだけでいい」

金持ちになりたいと真剣に思っている人は、今から生きている限りずっと、この章で取り上げる「習慣」を続ける必要がある。西側諸国に住む人ならだれでも実行できるはずだし、それくらいの余裕はあるはずだ。問題は、ごくわずかの人しかきちんと実行し続けないことだ。

## ●第一の習慣　会計係を雇う

この本のはじめに、百万ドル貯めるより百万ドル借りる方が簡単だと書いた。実は、このうまい話には一つ問題がある。つまり、銀行は百万ドル貸す前に、あなたにそれだけのお金を貸して大丈夫かどうか知りたがる。銀行を安心させる一つの方法は、専門家がきちんと作成した財務記録、つまり財務諸表を見せることだ。

たいていの人が高額のローンの資格審査を通らないのは、きちんとした財務記録がないからだ。また、財務記録がきちんとしていないというだけの理由で、必要以上の利息を払っている人も大勢いる。『金持ち父さん　貧乏父さん』の中で、ファイナンシャル・リテラシーの大切さについて書いたが、ファイナンシャル・リテラシーの基本は財務諸表で、かなりの大金を貸すとなると、銀行はこの財務諸表を見たがる。

たとえ会社を持っていなくても、あなたの個人的な生活自体がビジネスだ。そして、どんなビジネスにも会計係がいる。会計係を雇うこと、それも生きている限り常にだれかを雇っていることを強く勧めるのはそのためだ。収入、支出、資産、負債をきちんとまとめてくれる会計係がいれば、専門家が作った記録が残る。また、会計係と一緒に机に向かい、毎月の数字を見直すこともぜひやって欲しい。私たちは繰り返しによって学習する。毎月の数字を見直すことで、よい習慣がつくだけでなく、自分の消費パターンをよりよく理解することができ、より早く間違いを正すこともできる。そして最終的には、自分の経済生活を自分でコントロールできるようになる。

なぜ自分でやらないのか？　どうしてよその人間を雇うのか？　その理由をいくつかお教えしよう。

1．あなたはBあるいはIのクワドラントでプロになることを目指している。BやIのクワドラントのプロには、必ずプロの会計係がついている。だから、今からすぐ、あなたの個人的な経済活動をビジネスとして扱うようにしよう。『金持ち父さん　貧乏父さん』でお話しした通り、金持ち父さんの六つの教えの一つは「自分のビジネスを持つ」だった。それはまずプロの会計係を雇うことから始まる。

2．あなたには、あなたのお金と消費習慣を公平な目で客観的に見てくれる第三者が必要だ。ご存知の通り、お金のこと——特に自分のお金のこと——となると、人は感情的になりやすい。あなたのお金とはまったく感情的なつながりのない人間なら、物事をうまく整理して、明確で論理的な話ができる。今でも覚えているが、私の両親はお金について「話し合う」ことはなかった。いつも口論したり、どなり合ったりしていて、客観的な財務管理や話し合いには程遠かった。

3．貧乏父さんは自分の経済状態を見るのがきらいだった。家の金銭上のトラブルを自分だけの秘密にして、自分自身からも、家族や他人からも見えないところに隠していた。幼い頃、私たち子供は家がお金に困っているのを知っていた。でも、それについて家族で話し合うことはなかったし、金銭的な問題はずっと秘密のままだった。心理学者によれば「家庭の秘密は毒になる」、つまり秘密は家族をむしばむ。実際、秘密にはなっていたが、お金の問題から生まれる精神的苦痛は家族みんなに影響を与えた。

4．あなたのお金と感情的なつながりのないプロの会計係を雇うことで、あなたが抱えるお金の問題をはっきりさせられる。財務諸表についてプロの会計係と話し合うことができれば、お金に関するいろいろなことや、ビジネスとしてとらえた自分の人生をいわば明るみに出せる。明るいところでプロときちんとそれについて話し合えば、自分に必要な改善や、必要だがなかなかできない決断がもっとうまくできるようになる――お金の問題が本当に毒になる前に。

5．収入が五万ドル以下でEクワドラントに属している人の場合、プロの会計係に払う費用は一カ月につき百ドルか二百ドルで、それ以上ということはまずないだろう。そのお金で食べ物や服を買った方がいいと言う人たちがいるのは私も知っているが、問題は、食べ物や服にお金を使っても金銭的な問題は解決しないし、今より金持ちになるわけでもないことだ。金持ち父さんがいつも言っていたように、借金、収入、支出には「いい借金と悪い借金、いい収入と悪い収入、いい支出と悪い支出とがある」。金持ち父さんは、会計係をはじめプロのファイナンシャル・アドバイザーを雇うための支出は、いい支出だと言っていた。その理由は簡単だ。それらの支出はあなたを今より金持ちにし、人生をより楽にし、よりよい未来のための準備をさせてくれるからだ。

どうしても会計係を雇う余裕がない場合は、その代わりに何かしてあげるのを条件に会計係を探そう。家や庭をきれいにしてあげれば、それと引き換えに帳簿をつけてくれるかもしれない。ここで大切なのは、いくら払おうと、ともかく実行に移すことだ。なぜなら、何もしないと、長い間にはそのために支払う代価が高くつくからだ。金持ち父さんが言ったように、「人生で最大の支出は、きみが儲け損なったお金だ」。

6．これが一番大切な理由と言ってもいいが、プロの会計係を雇うことによって、自分の経済状態について真剣に考えていることをあらためて確認することができる。つまり、少なくとも月に一度は会計係と一緒に机に向かい、きちんと報告を受け、学び、間違いを正し、将来の自分の経済状態を修正することになる。

『金持ち父さんの子供はみんな天才』の前書きは、「銀行があなたに『成績表を見せろ』と言わない理由」の説明から始まる。銀行が見たいのは財務諸表だ。金持ち父さんはこう言った。「学校を卒業したあとは、財務諸表が成績表になる」。学校では少なくとも一学期に一度は成績表が渡される。たとえ悪い成績でも、それを見れば本人も両親も得意不得意を知る機会が与えられ、それと同時に、間違いを正す機会も与えられる。実生活において、財務諸表、すなわち成績表を持っていない人は、その月、その四半期、あるいはその年に自分が置かれている状況がわからないので、間違いを正せない。財務諸表を成績表と思って、この成績表の数字が数百万ドル、あるいは数十億ドルになるように努力しよう。会計係が大切な理由はここにある——会計係は月に一度、成績表を渡してくれる。

次の三つのステップに従って、この習慣を実行しよう。

1. 会計係を見つけて雇う。
2. 毎月、自分の経済状態がわかる正確な会計記録をつける。
3. 間違いをすばやく正せるよう、アドバイザーと一緒に毎月自分の財務諸表を検討する。

### ●第二の習慣　勝てるチームを作る

『金持ち父さんの投資ガイド』の中で、BとIのクワドラントはチームスポーツだと書いた。EやSのクワドラントの人たちが、右側のクワドラントに移ろうとしてもうまくいかない理由の一つは、自分のファイナンシャル・プランの作成や、お金に関する決断に手を貸してくれるチームを持つことに慣れていないせいだ。

子供の頃、私は貧乏父さんがお金の問題を一人で抱え込んでいるのを知っていた。父は心配事があると夕食の時に黙り込み、お金のことでいらいらすると母と言い争いをした。そして、夜更けまで一人で座り、何とかお金をやりくりしようとしていた。家に帰ると母が泣いていることもよくあった。母には家計がひどい状態になっていることがわかっても、相談する相手もいなかった。私の家では、お金に関しては父の力が絶対だった。そして、父はお金のことで困っても、それを決してだれにも相談しなかった。

一方、金持ち父さんはチームを作り、自分が経営するレストランのテーブルを囲んで座り、自分のお金に関する問題を堂々とみんなに相談した。金持ち父さんはこう言った。「だれだって金銭上の問題を抱えている。金持ちも、貧乏人も、ビジネスも、政府も、教会も、みんなだ。金持ちになるか貧乏になるかは、単にそういった問題への対処の仕方がうまいかどうかで決まる。貧乏な人はただそのやり方がまずいというだけの理由で貧乏でいるんだ」。だからこそ、金持ち父さんは自分が抱えるお金に関する問題をチームの前に広げ、話し合ったのだ。金持ち父さんはこう言った。「一人であらゆる知識を持つことはできない。マネーゲームに勝ちたければ、最高の頭脳を集めてチームを作ることが必要だ」。貧乏父さんは自分にはすべての答えがわかっていると思っていた――だが本当にはわかっていなかった――から失敗した。

会計係から毎月の財務諸表を受け取ったら、チームのメンバーを集めて会合を持とう。チームのメンバーとしては、銀行員、会計士、弁護士、株式ブローカー、不動産ブローカー、保険ブローカーなどが考えられる。こういった専門家は、それぞれに異なる見方、異なる解決方法を持ってやって来る。ただし、たくさん意見が聞けるからといっても、そのうちのどれかに従わなければいけないわけではない。一番大事なのは、自分の金銭上の問題を秘密にせず、自分より頭がいい各分野の専門家たちの意見を聞いたら、最終的には自分で決断することだ。

「お金や投資、ビジネスに関して、それほど多くのことをどうやって学んだのか？」そう聞かれると、私はただ、「チームのメンバーが教えてくれたんです」と答える。私はビジネスや投資について、学校の外でより多くを学んだ。それは、人生を実生活の学校として利用しているからだ。学校で椅子に座ったまま、現実ではなく紙の上だけで問題を解くより、自分自身に関わる現実の問題を解く方が私にはおもしろい。

どうやってチームのメンバーに教えてもらうか、一つ例をあげよう。先日、顧問弁護士の一人に会って話を聞いた。弁護士は政府が発行する非課税の債券の利用の仕方を説明しようとしたが、その説明は私の理解力をはるかに超えていて、私が今まで使ったこともないような言葉ばかりが使われていた。私は、わかっているふりをして彼に時間を無駄に使わせるよりは……と思って、その日の会合は途中で打ち切り、改めて会う日を決めた。次に会った時には、キムと私の前に会計士と先日の弁護士が座った。そして、専門家二人が力を合わせて、弁護士の言おうとしていたことを私たちにわかる言葉を使って説明してくれた。

前にも言ったように、言葉は頭のための道具だ。専門家はそれぞれに異なった言葉を使う。例えば弁護士は会計士や会計係とは違う言葉を使う。時間をかけて言葉を完全に理解すれば、つまり、私がわかる言葉に直して説明してもらえば、それらの言葉をよりうまく使いこなして生活の一部にすることができる。要するに、私はいろいろに異なる専門家を通訳として利用し、彼らの言葉を自分の生活の中で使えるようにしている。より多くの言葉を理解し、使いこなせるようになればなるほど、より短時間でより多くのお金を稼ぐことができ、金銭的により恵まれた将来が開ける。

専門家と会うためにかかるお金は数百ドルだが、そこから得られる利益が指数関数的に価値を増すことを私は知っている。あの弁護士の話は、ごく低い利率で数千万ドルを政府から借りる方法を私が理解する助けとなった。それについて弁護士と会計士から教育を受けたことによって、私のレバレッジ比は大幅に上がるだろう。前にも言ったように、あなたは自分の収入を規則的に徐々に増やすことも、あるいは指数関数的に急激に増加させることもできる。語彙と知識を増やすことに投資すれば、財産は指数関数的に増えていく。

さあ、自分のチームを作り始めよう。お金をかけてチームを作る余裕がなければ、人に手を貸したり教えたりすることが大好きで、すでに引退している人を探すのもいい。たいていはお昼をごちそうするだけですむ。「あなたの人生経験を生かしてぜひ助けて欲しい」と頼まれると、それだけで大喜びする人は驚くほどたくさんいる。そのためにあなたがしなくてはいけないことは簡単だ。敬意を払うこと、議論しないこと、熱心に耳を傾けること、ただそれだけだ。これを週に一度実行すれば、一生金持ちでいられるだろう。

**●第三の習慣　常にコンテクストを広げる**

私たちが今生きているのは産業時代ではなく情報時代だ。情報時代における最大の資産は、株式でも、債権、投資信託、ビジネス、不動産でもない。頭の中の情報と、その情報の鮮度だ。頭にある情報が過去の産物だったり、昨日までは正しかったが今日はもうそうではない答えに固執しているせいで時代に取り残されている人はいやになるほどたくさんいる。若くして豊かに引退したかったら、刻々と変化する情報世界に遅れをとってはならない。

私たちは今、かつてないチャンスに恵まれた時代へ突入しつつある。私たちが足を踏み入れようとしているのは起業家の時代だ。給料が増えることばかり望んでいる人は、ほかの人が超大金持ちになる一方で、時代に乗り遅れるかもしれない。時代に遅れたくなければ、いつも集団より前に立ち、集団には見えない先を見通す習慣をつけることが大事だ。

**●第四の習慣　成長し続ける**

先日、株式市場で数百万ドルの損失を出したと友人がぼやいていた。投資経験がなく、借金をして株を買った彼は、市場の暴落のために、自宅などほとんど全財産を失ってしまった。彼が大声で文句を言い続けるので、私はとうとううんざりして、こう言った。「大人になれよ。もう一人前の男だろ。なんで株式市場がずっと上がり続けるなんて思っていたんだ？」

私が意見しても彼は黙らなかった。「なぜ連邦準備制度理事会はもっと早く利率を下げなかったんだ？なぜ上げなきゃならなかったんだ？　ぼくが何もかも失ったのは、あいつや株式ブローカーのせいだ。こんな大金をどうやって返せと言うんだ？　なぜ連邦政府は株式市場の損失をどうにかしてくれないんだ？」

「大人になれよ」。その場を立ち去りながら、私はもう一度そう言った。

金持ち父さんはよくこう言った。「人は年をとるが、だからといって必ず成長するわけじゃない。親の保護の元を離れて、会社や政府の保護の元へと逃げ込む人は大勢いる。他人がなんとかしてくれると期待したり、自分に知恵や常識が欠けているのを他人のせいにしたりする人も多い。だから、仕事による安定や政府の保護を求めるんだ。この世の中には、保障を求め、リスクを避けながら、つまり成長することを拒みながら、面倒を見てくれる『親代わり』を常に探して一生を過ごす人が多すぎる」。私は、社会保障がなければ生きていけない人をたくさん知っている。また、社会保障の給付金をもらう年齢になってもいないのに、先々は社会保障や高齢者医療保険があるから……とあてにしている人たちも知っている。このような政府による「セーフティーネット」は、ごく貧しい人たちを助けることのみを目的として産業時代に作られた仕組みだ。残念なことに、現在では多くの人が——非常に高学歴で、高給取りの人たちまでもが——政府に面倒を見てもらおうとあてにしている。情報時代の今、社会全体が成長し、経済的自立を始めなければならない時がやって来た。政府のセーフティーネットや社会保障プログラムは、それを本当に必要とする人たちのために残しておいてあげよう。

ハイスクールを出た頃の私は、もう一人前の自分にはすべての答えがわかっていると思っていた。今はよくこう思う。「今知っていることがあの時わかっていたらなあ……」。これまでにやったことの中には、やってよかったとは思うが、今ならそうはしないだろうと思うことがたくさんある。年をとるにつれてそれまでとは違うやり方で物事をやる、それが成長するということなのだ。毎日の生活の中で、昔からずっと同じことを続けていると、いろいろな意味で精神や感情の発達が阻害される。世の中は変化し、どんどん進化している。私たちもそうでなければならない。

世の中の変化の一つの方向として、仕事による安定や、だれかが金銭的面倒を見てくれるシステムが少なくなっていることが挙げられる。会社は従業員を冷酷な世の中に放り出し、こう言う。「会社のために働かなくなったら、もう面倒を見るつもりはない」。またこうも言う。「仕事をやめたら株式市場に生活の面倒を見てもらえばいい」。だが、冷たく無慈悲な外の世界では、株式市場が上がり続けるなどという期待は子供っぽい幻想で、抜けた歯をお金に換えてくれる「歯の妖精」が歯医者の請求書を支払ってくれると期待するのと同じくらいばかげている。大人になるということは、自ら進んで自分自身に責任を持つこと、つまり責任を持って行動し、自分を磨き続け、一人前になることだ。将来金銭的に豊かで安定した生活を送りたいならば、株式市場は上がりもすれば下がりもすること、そして自分を守ってくれる人はだれもいないことをぜひ知っておかねばならない。大人になってこの現実に気付く時期が早ければ早いほど、より大きな成熟度を持って未来に立ち向かうことができるようになる。情報の時代に生きる私たちは大人になり、だれかが責任を持って仕事による安定や金銭的な保障を与えてくれると期待する産業時代の考え方を卒業しなければならない。

どう考えても産業時代はあと二十年も経たないうちに消滅し、過去のものになるだろう。政府が自らの破産と、お金に関して自分たちがしてきた多くの約束を守れなくなったことを認めた時、私たちは産業時代が終わったことを知る。これから二十年以内に、大勢の人がパニックを起こし401（k）を引き出し始めたら、株式市場が暴落して多くの人が望みを失くし、アメリカはひどい不況に、あるいは恐慌にさえ陥るかもしれない。もしそうなったら、何百万人というベビーブーマーたちとその子供たちは大人にならざるを得なくなる。大人になるというのは、他人に頼らず、自分に必要なことも他人に必要なこともなるべく自分でできるようになることだ。私にとって、大人になるのは一生続くプロセスだが、いまだに自分以外のだれかが用意してくれる仕事の安定や金銭的な保障を求めてこのプロセスを避けている人がたくさんいる。

成長を続けることは大切な習慣だ。特に、若くして豊かに引退したい人は、ふつうの人よりずっと早く大人になる必要がある。

## ●第五の習慣　新たな失敗をすることを恐れない

金持ち父さんと貧乏父さんの大きな違いの一つは、貧乏父さんが失敗をしたがらなかったことだ。貧乏父さんは間違いを犯すことは失敗の兆候だと考えていた――なんといっても教師だったのだから。貧乏父さんは人生に正しい答えは一つしかないとも思っていた。

一方、金持ち父さんはいつも自分にとって未知の分野に挑戦をし続けた。大きな夢を抱き、新しいことに挑戦し、小さな間違いを犯すのがいいと信じていた。晩年になって金持ち父さんは私にこんなことを言った。「きみのお父さんは、正しい答えはみんなわかっていると自分を偽り続けて、今までずっと間違いを避けてきた。だから年をとってから大きな間違いをし始めたんだ」。金持ち父さんはこうも言った。「自分から進んで新しいことに挑戦し間違いを犯すことが大事な理由の一つは、間違いが人を謙虚にしてくれることだ。謙虚な人間は傲慢な人間より多くを学ぶ」

私は何年にもわたり、金持ち父さんが、多くの場合自分にとってまったく未知のさまざまなビジネス、ベンチャー事業、プロジェクトを手がけるのを見てきた。必要とする知識が得られるまで、金持ち父さんは何時間でも、何日でも、何カ月でもじっと話を聞き、質問をした。いつも謙虚な気持ちで、愚かな質問をすることもいとわなかった。金持ち父さんはよくこう言った。「本当に愚かなのは知ったかぶりをすることだ。そんなことをするのは愚の骨頂だ」

金持ち父さんはまた、自ら進んで間違いを犯した。そして、間違えるといつもすぐに謝り、常に正しくあろうとはしなかった。「学校なら正解はいつも一つだが、実生活ではもっとたくさんある。もし自分よりいい答えを知っている人がいたら、それも正解にすればいい。そうすれば正解が二つになる」。金持ち父さんはよくこうも言った。「正解が一つしかない人には、たいてい次の三つのことがあてはまる。一つめは、ふだんから理屈っぽく自己防衛的であること。二つめは、たいていつまらない人間であること。そして三つめは、以前正しいと信じていた答えが今はもう間違っていることに気付かず、時代遅れになりがちなことだ」

金持ち父さんのアドバイスはこうだ。「人生の醍醐味を少しだけ味わおう。毎日、ちょっと危険で大胆なことをやろう。たとえ金持ちにならなくても、そういう習慣があれば刺激のある生活ができるし、いつまでも若々しくいられる」

残念なことに、貧乏父さんは正しいことだけをして一生を送った。学生時代も正しいことをした。教職に就いたのも、それが正しいと思ったからだ。正しいと思ったから、一生懸命働き、順調に出世した。正しいと思ったから、政治の腐敗に腹を立て上司と衝突した。そして人生の最後の二十年間は、ずっと正しいことだけをやってきたのに、だれも認めてくれないのを腹立たしく思いながらテレビの前に座っていた。父にしてみれば、間違ったことをしていた同僚たちが金持ちや権力者になっていることを思うと腹が立ってしかたなかったのだ。

金持ち父さんはこう言った。「若い頃は正しかったことが、年をとると正しくなくなることがある。変化を恐れ、時代とともに変わることができないばかりに失敗する人はたくさんいる。そういう人たちは、間違いを犯すことを恐れているから変われない。正しいことをするには、だれでも時には間違いが必要だ。自転車の乗り方を覚えたかったら、はじめは間違った乗り方をして転ばなければならない。たいていの人は正しいことはしたいが、間違いを犯したくないばかりに失敗する。失敗に対する恐怖心こそが彼らの失敗の原因だ。完全でなくては……と思うあまり不完全になる。悪く思われることを恐れるばかりに結局は後悔することになる」

世の中の仕組みは私たちが失敗しないようにできている——これが金持ち父さんの秘訣だ。世の中は私たちが勝てる仕組みになっている。むずかしいのは、勝つためには最初は失敗をいとわない心構えでなければだめだという点だ。この秘訣がよく理解できれば、勝つという目的のために失敗することをいとわなくなるだろう。金持ち父さんがよく言っていたように、「失敗を避ける人は、成功も避けている。失敗は成功の一部で、決して切り離すことはできない」。

要するに、金持ち父さんが毎日やっていたのは、自ら進んで小さな失敗をすることだった。貧乏父さんは決して失敗しないように最善を尽くした。この小さな習慣の違いが、年をとってからの二人に大きな違いをもたらした。

## ●第六の習慣　自分の声に耳を傾ける

若くして豊かに引退したい人にとって、最後で、しかも一番大事な習慣は、自分の声に耳を傾けることだ。金持ち父さんはよくこう言った。「私の最大の力は、自分に語りかけること、自分が信じることの中にある」。この習慣は、自分の真の姿やコンテクストを表に出す方法の一つでもある。金持ち父さんが言いたかったのは、遠い聖書の時代の「言葉が肉となる」という考え方だ。別の言葉で言うとこうなる。「自分自身に語りかける声に注意して耳を傾けなさい。なぜなら、あなたが自分に語りかける言葉こそが、毎日のあなたの姿そのものになるからだ」

金持ち父さんはよくこう言っていた。「失敗する人は自分が望んでいるものをはっきりさせようとせず、むしろ、決して望まないものにばかり焦点を合わせる。それが勝つ人との違いだ。これは習慣の問題だ。同じことがお金にも言える」

ある時、金持ち父さんのこの言葉を聞いて、私は「だから、『貧乏になりたくない』といつも言っている人と『金持ちになりたい』と言っている人では大違いなんですね」と言った。

金持ち父さんはうなずいた。「人間の頭には『なりたくない』とか『したくない』という言葉が伝わらないような気がするんだ。伝わるのは、話の主役となっている言葉、例えば、『デブ』とか『健康』『貧乏』『金持ち』といった言葉だけで、それがどんな言葉であれ、きみはその通りになる」

「つまり、『損をしたくない』と言ったら、頭には『損をしたい』としか伝わらないということですか?」

金持ち父さんが何を言いたいのかもっとはっきりさせようと、私はそう聞いた。

「私にはそう思える」。金持ち父さんはそう答えた。

「で、多くの人は、望まないものや手に入れられないものについて話してばかりいる……」。私はそう付け加えた。

「その通り。でも私はその反対をするだけじゃなくて、それ以上のことをする。これも私の習慣の一つだ」

「自分が欲しいものについて話すだけじゃないんですか？」

金持ち父さんはうなずくと、私の人生で一番大事な習慣の一つを教えてくれた。「だれだって時には不安になったり、迷ったり、疑い深くなったりする。それが人間というものだ。そういう気持ちになったら、私はまず自分がどう思っているかチェックする。気が進まなかったり、不安になっている時は、そういう気持ちになるようなことを口にしていたり、考えたりしているものなんだ」

「わかりました。で、そのあとはどうするんですか？」

「そういう考え方や言葉を、自分が望んでいる言葉に置き換える。例えば、失敗を恐れているのなら自分にこう聞く——『何が怖い？　恐怖と引き換えに欲しいものは何だ？　それを手に入れるにはどうすればいい？』とね。もう気が付いたと思うけれど、これはみんな、自分の現実の扉を新たな可能性と新たな現実へ向けて開いてくれる質問だ」

私はうなずいた。「で、次はどうするんですか？」

「そのあとは恐怖心が消え、自分が望んでいる気持ちが、胸やお腹のあたりに満ちてくるまで静かに待つ。そして、自分の望み通りの気持ちや考え方が出てきたら行動を起こす。まず自分の準備を整え、きちんと心構えをして、望んでいない気持ちではなく望んでいる気持ちを感じることができたら、その時行動を起こすんだ」

このプロセスをまとめるとこうなる。

1．自分が望んでいない考えに注目する。考え方を変えて、自分が望んでいることを考えるようにする。
2．自分が望んでいない気持ちに注目する。気持ちの持ち方を変え、自分が望んでいる気持ちに持っていく。
3．行動を起こし、先に進む。必要なら間違いを正す。望んでいないものではなく、望んでいるものを手に入れるまでそれを続ける。

**●実行に移す**

数年前のある晩、ラスベガスに泊まった。普段はあまりギャンブルはしないのだが、時間が余ったので時間つぶしにブラックジャックを少しやってみることにした。テーブルに近づくとすぐに、負けるんじゃないかと恐怖で身体がこわばってくるのがわかった。そして、頭の中で「二百ドルまでは負けてもいい。そうしたらやめるんだ」とささやく声が聞こえた。

否定的なその声に気付いた私はすぐに頭を切り替え、「遊ぶお金は二百ドルある。五百ドル勝ったらやめよう」と考えるようにした。つまり、入口戦略も出口戦略もしっかり決めた。それからテーブルに向かって座り、ディーラーがカードを配るのをながめ始めたが、お金はまだ賭けなかった。まだ胸の奥で、負けるのでは……と恐れているのがわかった。そこで、その気持ちを「勝てる」という気持ちに変えるよう神経を集中した。そして、心でも頭でもお腹の中でも勝てるという確信が持てるようになってはじめて、ゲームに参加した。それでもはじめの何度かは負けたが、勝てるという考えと気持ちにひたすら神経を集中した。一時間後、私は五百ドルを持ってその場をあとにした。

その後またラスベガスに立ち寄った時も、私は同じプロセスを踏んだ。だが残念ながら、この時はどんなに自分の思考や感覚に集中しても勝つことができなかった。二百ドル負けたあと、私はそれ以上賭けないために自分の気持ちと戦わなければならなかった。そのままテーブルを離れるのは私にはとてもむずかしかった。自分のお金を取り返したかったからだ。

外へ出ると、金持ち父さんの声が聞こえた。「最高の思考と感覚を持ってしても時には思い通りにならないことがある。勝者は潮時を知っている。勝者は負けも勝ちの一部だということを知っていなければいけない。すべてを失いながらも、自分が敗者でないことを証明しようと間違ったテーブルにいつまでもとどまっているのは敗者だけだ」

考え方や感じ方を自分で選択するこのプロセスは、人間関係においても同じように作用する。妻のキムがしてくれないことばかり考えていると、いやな気持ちになるが、彼女が一人で、または私と二人でしているさまざまなすばらしいことを考えると、彼女のことがとてもいとおしく思える。

ライチャス・ブラザーズのヒットソングに"You've Lost That Loving Feeling"(きみはあの、人を愛する感覚を失った)というタイトルの歌がある(邦題は「ふられた気持」)。ビジネスや投資について言うなら、大勢の人が「あの勝利の感覚」を失っている。

### ●信念を貫いて

一九八五年から一九九四年まで、キムと私は自分たちが望んでいることに焦点を合わせ、二人がこうなりたいと思っている気持ち、夢が実現した時に感じるであろう気持ちを感じようと精一杯努力をした。思い通りにいかないことも何度かあったが、つらい時を乗り越えられたのは、自分たちが望んでいることに集中し、感じたい気持ちを感じていたおかげだった。自分の望んでいる気持ちや自分の望んでいる考え方を選択するのは、金持ち父さんから教えられたとても重要な習慣だ(あとは、今、目の前に置いてある冷たいグリーンサラダがおいしいと思えたり、そう感じたりできればいいのだが……)。

大事なのは、特に自分自身に対して不安や疑問を感じる時に、思考や感覚を入れ替えるこのプロセスを踏むことだ。私に言わせれば、そうする方が、不安や疑いの気持ちに人生を振り回される習慣を続けるよりずっといい。このプロセスは必ずしも勝利を保証してくれるわけではないが、勝つ見込みがないのに、どうしても走りたいと思うような時に勝利をもたらしてくれたりもする、なかなかいい習慣だ。いつも覚えておこう——どんな勝者でも時には負ける。でも、だからといって敗者であると感じたり考えたりする必要はない。

有名なナイキの広告コピー通り、"Just Do It"（とにかくやってみろ）ということだ。

人生において、勝者は自分の欲しいものに焦点を合わせ、敗者は欲しくないものに焦点を合わせる傾向がある。だからこそ、日頃から習慣づけて、自分の声に耳を傾けることが大事だ。たとえ勝っていなくても勝者は勝利の感覚や思考を持ち続ける。これはとても大事な習慣だ。

**●あなたはこれらの習慣を身につけられるか？**

先に進む前に、この章で紹介した基本的な習慣を私がどれほど大事だと思っているか、もう一度強調しておきたい。これらは十八歳以上の人ならだれでも実行できると言っていいほど簡単な習慣だ。でも、残念ながら、簡単であるにもかかわらず、これらを本当に自分の習慣にする人はごくわずかだ。

この簡単な習慣を一生の習慣にできたら、このあとの章に出てくる行動ステップを実行に移すのは簡単だし、そうすれば、想像もつかないほどの大金持ちになれるかもしれない。金持ち父さんが言ったように、「三匹の子豚の話はただのおとぎ話ではない。この話は人生の真理に満ちている。レンガの家を建てたかったらいい習慣が必要だ。なぜならいい習慣は金持ちを作る大事なレンガなのだから」。

# 第十五章
# あなたのお金のレバレッジ

二〇〇一年三月十二日、金融情報番組はこぞって株式市場の暴落を嘆いていた。ほんの一年前、ナスダック総合指数は史上最高の五〇四八・六二ポイントを記録していたが、一年後のこの日は一九二三ポイント、つまりほぼ一年で六十二パーセント下落していた。またこの日一日だけで、株主たちは総額五千五百四十億ドルを失った。当然ながら、大勢の人がとても心配したり、不安に思ったり、怒ったりしていた。

ある番組の解説者は、私が数年前から心配していたのと同じようなことを言っていた。「多くの金持ち投資家は、このような市場の暴落にあってもただひたすらお金を儲け続けています。そういう人たちは市場に出たり入ったりしているから金持ちになれるのです。気の毒なのは年金プランを台なしにされた労働者たちです。そうするしかない彼らは、老後に備えたお金を株式市場に預けたままだったのですから」

私と一緒にこの解説者の話を聞いていた妻のキムはこう言った。「自分の老後のプランが台なしにされるのをただ見ていなきゃいけないなんて、自分の家が火事で燃えているのを、火を消すホースも持たずにながめているようなものでしょうね」

『金持ち父さんの投資ガイド』の中で、中流以下の人は投資信託に投資するが、金持ちはヘッジファンドに投資すると書いた。ヘッジファンドはリスクが大きすぎると主張する人が多いが、私はそうは思わない。私は投資信託の方がはるかにリスクが大きいと思う。その理由は簡単だ。大部分の投資信託は、株価が上がっている時にだけうまくいくようになっているからだ。少なくともヘッジファンドの中には、市場が上昇基調の時も下降基調の時も、同じように利益を出せるものがある。長い目で見た場合、どちらのリスクの方が大きいだろうか？　もし引退後の生活の準備をしている時に、その資金が半分に減っていくのをただ見ているしかなかったら、一体どんな気持ちだろうか？　家が火事にあってすっかり焼けてしまったとしても、少なくとも火災保険に入っていれば一年以内に建て直すことができる。だが年をとってから、引退後に備えた資金をなくしてしまったら、多くの人には建て直す時間はあまり残されていない。

## ●あなたのお金は眠っていないか？

人が一生汗水たらして働く理由の一つは、自分のお金より一生懸命働くように教えられてきたからにすぎない。たいていの人は投資といっても、自分は必死で働き続けながら、お金を銀行の貯蓄口座や、引退後に備えたそのほかの口座に単に預けておくことが多い。つまり、自分が働く一方で、自分のお金にも働いていて欲しいと思っている。ところが、株の暴落といった「お金に関わる災害」が起こると、預けていたお金は大幅に減るが、たいていの人は金融災害保険ともいうべき手段はまったくとっていない。

金持ち父さんはこう言っていた。「個人の経済を家に喩えると、たいていの人は一生かけてせっせとわらの家を建てる。だが、わらの家は風や雨や火事や悪い狼に弱い」

金持ち父さんが自分の息子と私に、お金を動かし続ける方法を教えたのは以上のような理由からだった。そのことについてもっとはっきり説明するために、ある日キャンプに出かけた時、金持ち父さんは燃え盛るたき火の上をマイクと私に何度も飛び越えさせた。「動いていれば、炎だってきみたちを傷つけることはできない。でも、たとえ炎の中にいなくても、そばにじっと立っていたらいずれは熱くなってくる」。あの朝、株式市場がどんどん下がるのを見ながら、私は金持ち父さんのその言葉を思い出した。

熱いと感じているのは、お金を預けてじっと突っ立っている人たちだ。若くして豊かに引退したいのなら、人より一生懸命、人より速いスピードで働く必要がある。そして、お金にも同じように働かせなければいけない。お金をずっと同じところに置きっぱなしにしておくのは、いつ火花が散るか知れない乾燥した枯葉の山を見つめているようなものだ。火花が散れば枯葉の山は一瞬にして火の玉となる。

**●あなたのお金のスピードはどのくらいか?**

キムと私が早くに引退できた理由の一つは、お金を動かし続けていたからだ。金持ち父さんはよく、このことを「お金のスピード」という考え方で説明してくれた。「お金は優秀な猟犬のようでなければならない。猟犬はきみの片腕となって鳥を見つけ、それを捕まえて戻って来たら、また走り出し、別の鳥を捕まえて戻って来る。だが、たいていの人のお金は、逃げて二度と戻ってこない鳥と同じことをやっている」。若くして豊かに引退するためには、猟犬のようにお金が毎日外に出かけ、どんどん資産を持って帰ってきてくれるようにすることがとても大事だ。

今、多くのファイナンシャル・プランナーや投資信託のファンドマネジャーが、一般投資家を相手にこんなことをよく言う。「お金を預けてくだされば、私たちがお金を働かせてあげます」。たいていの投資家はうなずいて、呪文のようにこう繰り返す。「長期の投資をしよう。買ってそのまま持っていよう。投資は分散させよう」。そして、お金は預けたままにして仕事に戻る。たいていの投資家は、どうやら自分のお金より一生懸命働くことが好きらしく、お金を働かせる方法を勉強する気などないから、それを思えば、これはなかなかいいやり方だ。平均的な投資家のこのようなプランに伴う問題は、それが必ずしも効果的な投資戦略でもなければ、必ずしもより安全でもないことだ。

早く引退することを目指していたキムと私は、引退後に備えたいわゆる「退職口座《リタイアメント・アカウント》」にはお金を預けなかった。私たちは、資産をどんどん増やすためにお金に一生懸命働き続けてもらわなければならないことを知っていた。私たちのお金は、資産を一つ獲得するとすぐにまた仕事に戻り、別の資産を持って帰って来た。お金を動かし、次々と資産を増やし続けるために私たちが用いたこの戦略は、ほとんどだれでも使える戦略だ。前にも言った通り、この本に書いてあることは、金持ちになるためにほとんどの人が実行できることばかりだ。

## ●お金を動かし続ける

私たちがお金を動かし続けるために使った戦略の一つは、賃貸用の不動産を購入し、一、二年のうちに、その不動産を担保に頭金を借りて、また別の賃貸用不動産を購入するやり方だ。つまり、お金を猟犬のように使えという金持ち父さんのアドバイスに従った戦略だった。このプロセスは一般には「ホーム・エクイティ・ローン（住宅を担保にした消費者向けローン）」と呼ばれている。クレジットカードの借金を清算するために使われる「借入れ取りまとめローン」も同じ仕組みだ。もう気が付かれたと思うが、キムと私がお金を借りたのは投資のためだ。一方、普通の人はよくない借金を清算するために借入資本を利用する。これこそ、鳥が窓から逃げて行ってしまう例だ。この場合も確かにお金は動いているが、資産を獲得するためではなく、あなたのもとから離れる方向に動いている。

## ●簡単な例

次に、私たちの場合を例に取り、どんなふうに投資し、次に別の資産に投資するためにどんなふうに借金をしたかお話ししよう。

一九九〇年、キムと私はオレゴン州ポートランドで売家を見つけた。まわりの環境もなかなかよさそうだった。売主は九万五千ドルの値をつけていたが、売れなかった。景気が悪く、リストラされる人たちもいて、市場には多くの家が売りに出ていた。気に入れば、私たちはもっと早い時期に買付申込していただろうが、この家は私たちが望む投資物件の条件を満たしていなかった。値段が高すぎたし、長期間人に貸す物件としては造りがよすぎた。何しろ、サンフランシスコだったら四十五万ドルはするだろうという家だったのだから。それでも、私たちはこの物件に注意を払い続けた。大きな価値と将来性を持っている家だとわかっていたからだ。

私たちは空港に行ったり、そこから戻って来るたびに、この家の前を車で通り、まだ売りに出ているかどうか確かめた。そして六カ月後、私たちはついにその家のドアをノックした。売主はとても売りたがっていて、買付申込さえすればどんな値段でも聞き入れてくれそうだった。売主にはまだ五万六千ドルの借金が残っていたので、六万ドルで買付申込をし、六万六千ドルで話がまとまった。そこで、私たちは売主に一万ドル払い、残りのローンを引き継いだ。一カ月後、売主一家はカリフォルニアへ越して行った。彼らは家が売れてうれしそうだった。大金を得ることもなかった代わりに、大金を失うこともなかったのだから。私たちが買ったその家はすぐに借り手がついて、ローン返済のためのお金とそのほかの経費をすべて差し引いて、残り七十五ドルがプラスのキャッシュフローとして毎月私たちの手に入ることになった。二年ほどたつと、市場が持ち直し、この家を買いたいという人がたくさん出てきた。買付申込の最高額は八万六千ドルだった。魅力的な額ではあったが、キムと私はその話には乗らなかった。もし売っていたら、次の計算のように、頭金に対して一年あたりおよそ百パーセントの利益を上げたことになっていただろう。


86,000ドル（買付申込のあった値段）－66,000ドル（二年前の買値）＝20,000ドル（利益）

二万ドルは二年間でおよそ二百パーセントの利益にあたる。つまり、一万ドルの頭金に対して一年あたりにすればおよそ百パーセントの収益率になる（「およそ」というのは、土地の売買に伴うその他の出費や、複利の効果を計算に入れていないからだ）。

収益率百パーセントというのは確かに魅力的だったが、私たちは売らなかった。その家はとてもいい場所にあったし、三年から五年待てば最終的には十五万ドル程度まで上がると思っていたからだ。それに、当時、不動産は売買市場も賃貸市場も上昇傾向に変わりつつあったので、私たちはこの家を売るのではなく、もっと家を買うことにした。

市場が上昇傾向にあるのを計算に入れて、キムと私はホーム・エクイティ・ローンを申し込んだ。持っていた家のローン残高はすでに五万五千ドル以下で、査定価格は九万五千ドル近くになっていた。家賃収入によって七万ドル程度のローン返済ができる状態だったので、私たちは家を抵当にしてローンを借り換え、およそ一万五千ドルをポケットに納めた。その結果、この物件に投資した自分たちのお金を取り戻した上に、資産も手元に残った。つまり、犬が鳥を捕まえて戻って来たので、また別の鳥を探しに行くことができるようになったのだ。その犬には今や一万五千ドルの価値があった。

それから数カ月をかけて何百もの物件を見たあと、私たちは新しいターゲットを見つけた。同じ地区に建つすばらしい家だった。ただし、持ち主が子供たちを数年間ただで住まわせていたために、あまりきれいではなかった。売値は九万八千ドルだったが、何度か交渉を重ねた結果、七万二千ドルで私たちはその家を買った。そして、四千ドルかけて塗装と修理をし、貸家にした。

私たちは一九九四年の終わりに、どちらの家もそれぞれ十五万ドルより少し安い値段で売却した。そして、そのお金で、当時まだ市場が不振だったアリゾナ州で、もっと大きなアパートを買った。

この例では、お金を動かし続けることのほかにも、いくつか大事な点があるので、次にそれを挙げる。

1．私たちが成功したのは不動産市場が低迷していたおかげだ。だからこそ時間をかけて投資物件を探したり、交渉で納得がいく結果を得ることができたのだ。もし市場が上がっていたら、いい物件を見つけるのにもっと苦労しただろうし、慎重にもなっていただろう。

2．投資は明日ではなく、今日すぐに利益を生むものでなければならない。私がこんなことを言うのは、「買い、持ち続け、祈る」戦略をとる人が多いからだ。金持ち父さんはいつもこう言っていた。「利益は売る時ではなく、買う時に生まれる」。たとえ景気が悪い時でも、どんな資産も買ったその日にプラスのキャッシュフローがなければならない。もしあのあと、市場が上がらなかったとしても、あの投資に関してキムと私は満足していたに違いない。

3．前にも言ったように、投資家はだれでも市場に参入する前に出口戦略を持っている。今回は不動産投資とはいっても、私たちにとって新しいタイプの市場で、それまでの不動産投資とは違っていた。だから私たちはもう一度最初からやり直し、調査をして、新しい入口戦略と出口戦略を立てて臨んだ。

4．今なら、あの二軒の家はもっと高く売れるだろう。それを待たずに早く売却したのは、次の買い手のためにテーブルに多少お金を残しておくためであり、また低迷から抜け出しつつあった市場——この場合はフェニックスの市場——をうまく利用するためでもあった。また、私たちの投資のポートフォリオ自体が変わったせいでもある。つまり、私たちは一世帯用の住宅を所有するのはやめにして、もっと大きなアパートへとレベルアップしていた。これもまた、さらに大きなレバレッジを利用するためだった。

5．このような投資をする時は、投資家でいることとトレーダーでいることの違いを知っておくことが大事だ。プラスのキャッシュフローを得るために不動産を購入し、それを持ち続けていた私たちは投資家だった。一方、入口と出口、両方の戦略を持って取引をした時の私たちはトレーダーだった。つまり、投資家は持ち続けるために購入し、トレーダーは売るために購入する。若くして豊かに引退したい人は、この二つの違いと、その両方になる方法を知っておく必要がある。

私に言わせれば、最近の株式市場の暴落でこれほど多くの人が損をしたのは、投資家を自任していた人たちが実際はトレーダーだったためだ。二つの言葉の定義を知っておくことの重要さが、このことからもよくわかる。

6．キムと私は長期の投資をする。だが、私たちの言う長期の投資は、お金を預けたままにしておくこととは違う。投資を分散しているつもりでも、実際は資金をひとまとめにして、たった一つの投資手段——例えば投資信託——に注ぎ込んで、風が吹かないように、火事が起きないようにと願っているのとは違う。私たちにとって投資とは、毎日市場と関わりを持ち、より多くの情報を集め、実際に経験を重ねながら、炎の上でお金を動かし続けることだ。多くの人が「長期投資」と思っているような、「買い、持ち続け、祈る」といったことは私たちはしない。

## ●「お金を返してくれ！」

買ったばかりの商品が気に入らなければお金は返してもらえる。このことは買い物をする人ならたいてい知っている。道理のわかった店ならば、だいたい、客が満足しなければお金を返すことを保証する。この返金保証システムの問題は、お金を返してもらうためには、まずその商品を返さなければならないことだ。ところが、洗練された投資家は、お金を返してもらって、資産もそのまま持っておきたいと思う。だから私は投資が大好きなのだ。投資では、買ったものを持ったままでお金を返してもらえる。金持ち父さんはこう言った。「真の投資家が言わなければいけないことはいくつもあるが、中でも重要なのは、『お金を返して欲しい。それと同時に、投資したものも持っていたい』と言うことだ」

この投資の原則が理解できれば、お金のスピードの意味も理解できると思う。これはつまり、再投資して別の資産を手に入れるために、自分のお金はできるだけ早く回収したいということだ。

## ●お金のスピードを上げるそのほかの方法

お金のスピードという概念があてはまるのは不動産だけではない。実際のところ、この概念は金持ちが利用する原則、彼らが頭脳を働かせる時に使う道具だと言っていい。あなたもこの原則を知ったら、すべての面に応用できるようになりたいと思うだろう。お金のスピードはレバレッジの重要な側面の一つだ。

お金のスピードを上げるもう一つの方法は、税に関する法律をよく理解して、会社組織を利用する方法だ。例えばある人がビジネスをやっていて、副業として、不動産投資会社の一部を所有しているとしよう。二つ

## ⑪お金のスピードを上げるために会社組織を利用する

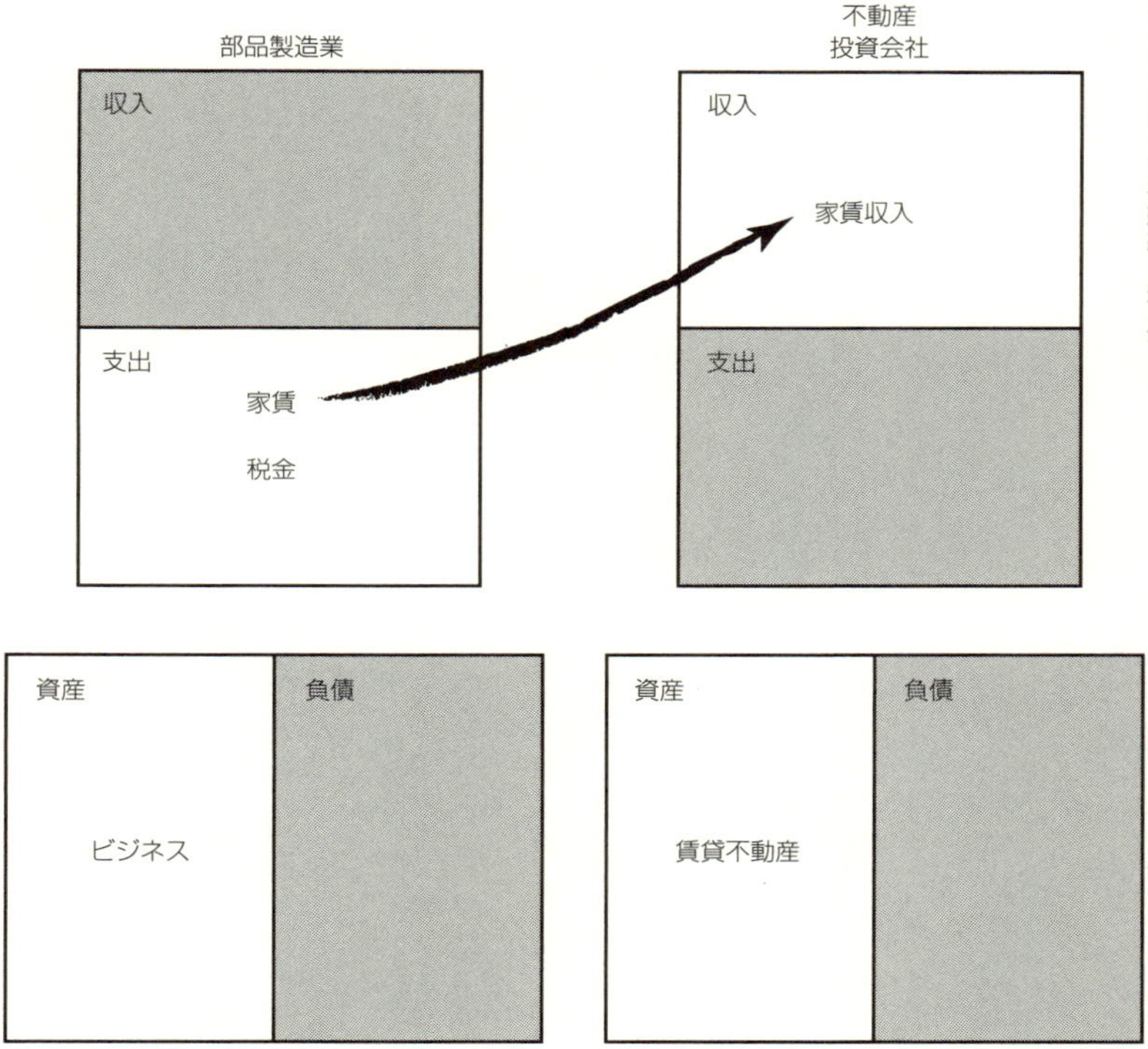

のビジネスを図に表すと図⑪のようになる。

この図で、一方の会社の支出欄にある家賃は、もう一方の会社に家賃収入として流れ込んでいる。このことがなぜ重要か、これからそれを説明する。

ご存知の通り、個人の場合は経費を差し引く前の収入に課税されるが、ビジネスの場合は経費を差し引いた残りに課税される。だから、個人で家を借りている人は税を引かれた後のお金から家賃を支払うが、ビジネスなら、家賃は税を引く前のお金から支払うことができる。この例で、家賃は別の会社の収入になっているが、この収入は給与所得ではなく、不労所得だ（二つの会社の所有者が同じ場合は例外で、その場合、この収入は給与所得として扱われる。例えば、もし自宅でビジネスをしていて、自分に家賃を払っていたら、その収入は給与所得にしなければならない）。不労所得は、きちんと管理すれば個人のものにも、会社のものにもでき、実質的に税額を抑えられる。いつも言っていることだが、このような方法をとる場合は、税金面、法律面で、事前に専門家から適切なアドバイスを受けることをお勧めする。

このような方法で自分のビジネスと投資ポートフォリオを管理できれば、お金の動きをより速くする一方で、支払う税金をより少なくすることが可能だ。お金が一つの会社だけに流れ込んでしまうと、動きが止まり、しかも重い税金が課される。

この二つのビジネスの資産欄を見ると、一方にはビジネスという資産、もう一方には賃貸不動産という資産があることがわかる。この場合、この人のお金は、税金面から見て効率よく二つの資産を生み出す、あるいは獲得するために使われていることになる。これがお金のスピード、つまりお金がじっとしているのではなく働いているもう一つの例だ。

## ●あなたにはそんなことはできない

今お話ししたような例を投資講座で取り上げると、受講者の間からよく聞こえてくる四つの単語がある。

それは、"You can't do that"（そんなことはできない）だ。もうみなさんにはおわかりと思うが、これは人間の現実、つまりコンテクストを表す言葉だ。以前、私はよく小さな会社で従業員相手に今の例のような投資戦略を説明したが、話が終わると、必ずと言っていいほどこんな声が聞こえてきた。「考え方としてはすごくいいが、そんなことはできない」。そんなことを言う人は、また、「そんなに安く不動産を買うことはできない」「新たな担保や銀行の了解がなければ家を買うことはできない」「自分でビジネスをやり、そのビジネスに不動産を貸す会社も持つなんてことはできない」「アメリカならうまくいくかもしれないが、この国ではできない」などとよく言う。

私は今はもう、従業員や自営業者を相手にこのような投資の話をすることはない。最近は、そういう話はビジネスオーナーや投資家になりたい人、あるいはすでにそうなっている人だけを対象にしている。つまり、従業員や自営業者たちの集まりで投資の話をするのは、昔ながらの投資法を勧める投資アドバイザーたちに任せることにしたわけだが、それは、話を聞きに来た人、個人のせいではなく、グループとしてまとまった場合、集合意識として出てくる考え方のせいだ。前にも言ったように、「私には……できない」という言葉は、その人がどのクワドラントに属しているかを表していることが多い。

先ほど例に挙げたようなことは、毎日世界中で行われている。私がビジネスを展開したことがある国ではどこでも、ローンを引き継ぐだけでビルを買うなどごく当たり前のことだ（ただし、一般にはもっと大きな投資の場合に行われる）。同じ人が所有する別会社から不動産を借りてビジネスをするという考え方もよく使われる。実際のところ、ごく普通に行われ、マクドナルドなどもまさにこの方式を利用している。個人にフランチャイズのビジネスを売り、その人はマクドナルドにフランチャイズ料だけでなく不動産の賃貸料も支払う。『金持ち父さん　貧乏父さん』で紹介したマクドナルドの創業者レイ・クロックの言葉を思い出して欲しい。「私のビジネスはハンバーガーではない。不動産だ」と言ったレイ・クロックとそのチームは、明らかにお金のスピードの原理がわかっていて、多くの資産を得るためにお金を使う方法をよく心得ている。

お金のスピードという考え方は紙の資産も含め、あらゆる資産にあてはまる。株式のPERを見ることは、いろいろな点でスピードを見ることと同じだと言える。例えば、ある株のPERが二十ならば、現在の価格と収益から判断すると、投資したお金を取り戻すのに二十年かかるということだ。つまり、ごく単純化して言うと、現在の株価が二十ドルでPERが二十として、年一ドルの配当があれば、投資分を取り戻すのに二十年かかる。

## ●72の法則

「72の法則」はお金のスピードを測るもう一つの方法だ。これは、利子、つまり一年で何パーセント増えるかをもとに測る。「72の法則」は、利子、つまり価値の増加率をパーセントで表した数字で七十二を割れば、元金が倍になるまでの年数、お金の相対的スピードが割り出せるというものだ。例えば、貯金に対して十パーセントの利子を受け取るとすると、お金は七・二年で倍になる。株が年五パーセントで値上がりしていれば、元金を倍にするには十四・四年かかる。年二十パーセント値上がりすれば、価値が倍になるまでの期間は三・六年だ。

一九九〇年代後半の好景気の時期には、多くのファイナンシャル・プランナーや投資アドバイザーが「72の法則」の効果を大げさに宣伝していた。何年か前、ある若い投資アドバイザーから、自分のポートフォリオは五年ごとに価値が倍になっていくと聞かされたことがある。この人が投資を始めてからまだ三年しか経っていなかったので、どうしてそんなことがわかるのかと聞くと、彼はこう答えた。「私が買った投資信託は過去二年間、平均して年利十五パーセント以上の割合で値上がりしているからです」。少しでも多くの投資信託を売ろうとする彼の熱意には感謝したが、私は買わなかった。あの時私は、彼に雄牛と熊の話をしてあげようかと思った。それは、雄牛《ブル》(強気相場)は階段を登ってやってくるが、熊《ベア》(弱気相場)は窓から外に飛び出していくという話だ。要するに、金持ち父さんがよく言っていたように「平均株価指数は平均的投資家のためのものだ」ということだ。

### ●賭場のお金で賭けをする

投資家がお金のスピードを自分に有利に利用できる方法がもう一つある。それは「賭場のお金で賭けをする」方法だ。

私が小型株を好む理由は二つある。一つは、私が大会社に属するタイプの人間ではなく、起業家だからだ。小さな新設会社が抱える問題はよく理解できるし、どちらかというとそういう問題が好きだ。それに、その会社に成長の見込みがあるかどうか見極めることもできる。二つめの理由は、小型株は優良株よりずっと速く、二倍、三倍と価値が上がる可能性があるからだ。小型株は多くの大型株より速く二倍、三倍になるチャンスがあるから、市場の条件が整っていれば、賭場のお金で賭けをする際、この方が簡単に儲けられる。賭場のお金で賭けをする、つまり儲けたお金で投資をする例を次に挙げてみよう。

XYZ会社の株を一株五ドルで五千株買ったとする。あなたが市場に投資するのは二万五千ドルだ。市場があなたに有利に動き、一年も経たないうちに株価が十ドルになったとする。つまり、あなたが持っている株の評価額は五万ドルになった。かつての私のように欲張りな投資家はこう考える――「もっと値上がりするだろうから、まだ売らずにおこう」。これだから、始める前に出口戦略を立てておくことが大事なのだ。

この時、売らないでお金をそのままにしておくのではなく、お金のスピードを上げる一つの方法は、ただ単純に二万五千ドル分の株を売ることだ。そうすれば、半分にはなるが、まだ二万五千ドル分の株が手元に残り、元金を取り戻せる。手元に残った評価額二万五千ドル分の株、これが「賭場のお金」だ。

私はこの戦略をよく使うが、いつもそうとは限らない。株価が五ドルから八ドルに上がったが、出口戦略で決めた十ドルに達しないからと持ち続けたが、その後株価が持ちこたえられず、五ドル以下に下がってしまって丸損をしたり、そのまま持ち続けるしかなくなったことも何度かある。一方、初期投資額を回収するために株を売却する戦略をとった時は、テーブルからお金を一部引き上げたせいで、そうしなかった場合と同じだけのお金は儲からなかったとしても、損をした時よりずっといい気分でいられる。

## ●さっさと損を切り捨てる

友人のキース・カニンガムはよくこんな詩を口ずさむ。

「お金が口をきく、確かにね／私は一度聞いたことがある／お金はバイバイと言った」

人が投資市場で損をしたといって嘆く理由が、私にはまったく理解できない。食料品店で買い物をして、お金が戻ってこなくても嘆く人はいない。車を買って、売るときに損をしても泣いたりわめいたりはしない。それと投資とどこが違うというのだろうか。

「株は売らない限りお金を損することはない」。投資家たちがそう言うのをよく耳にするが、そんなことを言う人たちはたいてい、高値で買った株が下がっていて、株価が持ち直すのを待っている場合が多い。彼らの考えが正しい場合もあるが、それは特別な状況に限られる。これとは逆なのが、さっさと損を切り捨てる考え方だ。私も間違った投資をして、投資したお金が増えるどころか減ったことが何度かある。株価が十パーセント以上上下がったら、私は損をそこで止めて売り払い、新しい株を探すことが多い。これには二つの理由がある。

第一の理由――損失ばかり気にして、自分の判断ミスを悔やんでいる場合は売ってしまう。私は損したものは切り捨てて、先へ進みたい。ほかの本でも言った通り、十の投資をしたら、可能性としては二つか三つは上がるか下がるかするが、残りは怠け者の犬のようにごろごろしている。私は損をしない限り、ぐうたら犬をごろごろさせておくこともある。でも、もしそれが本性を現して噛み付いてきたら、手を引き、自分の間違いを反省し、そこから学習する。

第二の理由――私は買い物が好きだ。だから、たとえ買い物をするお金が前より少なくなるとしても、いつか市場が持ち直すことを祈りながら、買ったものをいつまでも持っているより、買い物をしている方が楽しい。先ほども言ったが、たいていの人は以前新品だった車を今度は中古車として売って損をしても、嘆き悲しんだりしない。嘆かない理由は、たいてい次に買う車をもう探し始めているからだ。

### ●ブルーチップはいつまで青い？

よく耳にする投資戦略としてもう一つ、「長期投資をして、優良株《ブルーチップ》だけを買え」というのがある。私に言わせれば、これも時代遅れの考え方だ。産業時代には正しかったが、情報時代にはあてはまらない。この戦略が役に立たないのは、優良株がもはや優良ではないからだ。例えば、二十年前にゼロックスに投資していたら、優良株であるにもかかわらず今ごろ大損をしているだろう。私たち一人一人が考えるべき本当の問題は、どのくらいの間、優良株は優良でいられるかということだ。

テクノロジーの変化、その他の技術革新を考えると、現在『フォーチュン５００』に名を連ねる一流企業のほとんどは十年後には存在していないかもしれない。優良企業といえば、かつては六十五年は続いたものだが、今ではわずか十年しか続かない。これらの点から見ても、かつてのビジネス戦略は今の世界ではもう通用しないことがわかる。

テクノロジーがどんどん速いスピードで変化している今の時代、企業はわずか数年で浮き沈みする。そのため、私たちのだれもが、市場が上がり続けるのをいつまでも期待してお金をじっとさせておくのではなく、もっとまわりの状況に目を光らせ、お金を動かし続けることに焦点を合わせなければならなくなっている。「買い、持ち続け、祈る」戦略は平均的な投資家にはいいが、若くして豊かに引退したいと思っている人にとっては、すばらしい戦略とは言えない。

第十六章

# 不動産のレバレッジ

先日、友人とその父親と夕食をともにした。この女性の父親は航空会社の元パイロットで今は引退していた。その日株式市場が三パーセント下げ、父親は退職口座のこれまでの増加分がみんななくなると言って、とても憤慨していた。市場についてどう思うかと聞くと、彼はこう答えた。「何もかもなくなったらうちに来ればいいと、もう一人の娘が電話をくれましたよ」

非難がましく聞こえないように気を付けながら、次に私はこう聞いた。「投資先は株式市場だけですか?」「そうですよ。それ以外にどんな投資があるというんですか。私が知っているのは株式市場だけです。ほかにどんな投資先があるんです?」

## ●ポートフォリオを「これ以上ひどいものにしない」ための分散投資

「長期の投資をしろ、ドル・コスト平均法を使え、ポートフォリオを分散しろ……」。こんな呪文が最近あちこちで聞かれる。これは、投資のことをあまりよく知らない人たちにとってはすばらしい呪文だ。だが、私がいつも疑問に思うのは diversify（分散する）という言葉だ。「ポートフォリオを分散している」と言う人がいると、私はよく、どういう意味か聞く。たいていの場合、彼らはこう答える。「成長型ファンド、債券ファンド、国際ファンド、セクターファンド、中型株ファンドなどに分けています」

次に私はこう質問する。「それはみんな投資信託ですか?」するとまたしても予想通り、たいていの場合こんな答えが返って来る。「そうです。投資の大部分はいろいろな投資信託に分散させています」。これでは、投資信託の種類は分散されているかもしれないが、実際には、彼らが選んだ投資手段――この場合は投資信託――は分散されていない。たとえ「株をやっていて、不動産投資信託にも投資して、年金保険にもいくつか入っている」と言ったとしても、たいていの人が紙の資産にしか投資していないという事実に変わりはない。なぜか？　その理由は、紙の資産の方が始めるのも管理するのも簡単だからだ。金持ち父さんが言った通り、「紙の資産の方が殺菌が効いている。より整然と、さっぱりしている。たいていの人はBクワドラントに属しているわけではなく、Bクワドラントのビジネスを始めることはまずない。それに、取得のための面倒なプロセス、流動性のなさ、管理に必要な手間などを心配して、不動産投資にも手を出さない」

投資信託を選ぼうと思ったら、アメリカだけでとんでもない数の種類があり、しかもその数は増えつつある。実際のところ、投資信託に組み込まれている企業の数より投資信託の数の方が多いくらいだ。なぜこれほどたくさんの投資信託があるのだろうか？　これも先ほどと同じような理由、つまり投資信託が殺菌されているからだ。そして、この殺菌消毒は、たいていは大衆を守るという名目で行われている。一般大衆は、このとんでもない数のファンドの中から自分にベストなものを見つけ出すという難題を突きつけられている。今好調なファンドが明日好調かどうか、どうしてわかるだろう？　明日の引退に備えて、今日どうやって有望なファンドを見つけろというのか？　そして、もし投資ポートフォリオのうち八十パーセント以上を投資信託に預けてあるとしたら、それは本当に分散で、賢明なやり方なのだろうか？　私はそうは思わない。ポートフォリオの八十パーセント、あるいはそれ以上を種類の異なるファンドに預けている人は、本当の意味で「分散している（diversifying）」わけではない。実は、ポートフォリオを「これ以上ひどいものにしないようにしている（de-worsifying）」にすぎない。

### ●投資信託の悲劇的な欠陥

みなさんの中には、投資信託に隠された税金上の欠陥に気付いている人もいると思うが、残念なことに、投資信託に投資している人たちの中には、それに気付いていない人がたくさんいる。その欠陥とは、売却益にかかるキャピタルゲイン税を投資家に転嫁することだ。つまり、もし利益が出てキャピタルゲイン税が課税される場合、それは投資信託会社ではなく投資家が払うことになっている。この欠陥は、特に下げ相場の時に目立つ。だがこれには例外もある。例えば、年金ファンドに組み込まれた投資信託で利益が据え置かれるような場合だ。

何年間か、ある投資信託がよい成績を上げてきたとしよう。組み込む株の購入のタイミングがよく、そのうちの多くが大幅に値上がりした。ところが、突然、市場が下降傾向に転じると、投資家たちはパニックを起こし、お金を返せと言い始める。そうなると投資信託会社は投資家たちにお金を払うために、一番優良な株を急いで売らなければならない。株を売ると、売却益、つまりキャピタルゲインが生じる。例えば、十年前に一株十ドルで買った株が、売る時には一株五十ドルだったとする。ファンドマネジャーは早い時期にその株を買って成功したわけだが、この四十ドルの利益に対してキャピタルゲイン税を払わなければいけないのは投資家だ。このような時、投資家は損をする可能性がある。というのも、投資信託自体の価値は下がっているかもしれないのに、その一方でキャピタルゲイン税を払わなければならないからだ。つまり投資信託に投資すると、利益が出るどころか損をしたにもかかわらず、キャピタルゲイン税を払わなければならないことがある。私なら、実際は損をしているのに税金を払うのはいやだ。まるで、受け取ってもいない所得に対して税金を払っているようなものだ。

## ●不動産投資の利点を知る

友人の父で、投資と言えば紙の資産しかないと考えていた元パイロットは、ようやく投資信託の悲劇的欠陥に気付き始めたようだった。夕食が終わりかけた頃、彼はこう言った。「投資信託の価格が下がったせいで蓄えがずいぶん減ってしまったのに、今度はキャピタルゲイン税を支払わなければならないなんて……。

ほかに何か投資できるものがあればいいんだがね」

「不動産に投資してみてはいかがですか？」私はそう聞いた。

「なぜです？　どこが違うんですか？」父親はそう聞き返してきた。

「違うところはたくさんあります。まず、とても興味深い違いを一つ説明させてください」

元パイロットはコーヒーを一口飲むとこう言った。「どうぞ。ぜひ聞かせてください」

「不動産では、あなたが儲けたお金の一部を損失とみなすことを政府が許してくれる場合があるんです」

「お金を儲けたのに、それに対して税金を課されるのではなく、所得控除が受けられるわけですか？」

「政府は売却益に課税し、私に税金を払わせるのではなく、利益に対して税制上の優遇措置を与えてくれています。つまり、政府は私により多くの税金を払わせるのではなく、より多くのお金を残しておいてくれるんです。その一つの方法は原価償却あるいは、金持ち父さんが『見せかけのキャッシュフロー』と呼んだ、一般の投資家には見えないキャッシュフローを使うやり方です」

元パイロットは長い間黙っていた。それからやっと口を開くとこう聞いた。「ほかにもまだあるんですか？」

「まだまだあります。お金をもらうことだってあるんですよ」

「どうやって？」

「もし建物が歴史的建造物なら、政府は税額控除をしてくれることもあります。これは、投資の効果を上げるには、所得からの控除よりずっとありがたいですよね。投資信託を買うのに、政府が税額控除をしてくれるなんて考えられますか？」

「私の知る限りではそんなことはあり得ませんね。最近私が経験したのは、決して儲けたわけではなく、実際は損をしたお金にキャピタルゲイン税がかかるっていうケースだけですから。これじゃあまるで、私は損をしたお金に対して税金を払って、あなたは儲けたお金に対して税制上の優遇措置を受けているみたいじゃないですか。私が知っておくべきことはほかにもありますか」

「ありますよ。米国障害者法に関連した改装費用なら、その五十パーセントに対して税控除を受けることができます。例えば、あなたが事業用ビルを持っていて、障害のある人たちが利用できるように車椅子用のスロープを取りつけて、それに一万ドルかかったとしたら、最高五千ドルの税控除を受けられます」

「五千ドルの税控除ですって?」元パイロットはびっくりして聞いた。「スロープの取りつけに一万ドルかからなかった場合はどうです? 例えばその工事に千ドルしかかからなかったらどうなるんですか?」

「それでも改装費用の五十パーセントに対して税控除が受けられます。ですがもちろん、こういうことをする前には、きちんとした資格を持った公認会計士に相談してよく確認をしなくてはいけません。これは、必ずやるようにしてください。つまり、何か行動を起こす前には、必ず最新の規則や優遇措置についてよく理解しなければいけません」

元パイロットは座ったまましばらく黙って考えていた。それから、「ほかに何かありますか?」と聞いた。

「まだまだありますよ。夕食を食べながらでは話し切れません。とりあえず、不動産が投資信託より有利な点をあと三つだけお話ししましょう」

「あと三つだけですか?」元パイロットは皮肉っぽくにやりとしながら言った。

## ●銀行のお金を投資する

「もう一つの利点は、不動産を買うためなら銀行がお金を貸してくれることです。私が知る限り、投資信託や株に投資するために銀行がお金を貸してくれることはないと思います。そういった資産を担保にすることはできても、それはあくまでも、あなたがお金を払ってそれらを手に入れたあとの話です」

元パイロットはうなずき、こう聞いた。「それで二つめは?」

「二つめはキャピタルゲイン税がないことです。仕組みをきちんと理解していることが条件ですが……」

「私の場合は、儲けたわけでもない、実際は損をしたお金にキャピタルゲイン税を払わなければならないのに、不動産なら、キャピタルゲイン税を払わなくてすむということですか?」

私はうなずいた。「これは日常的に行われていることです。『1031エクスチェンジ』と呼ばれる、買換えに関する法律を利用したやり方です。例えば、ある家を五万ドルで買ったとします。頭金に五千ドルだけ支払い、残りの四万五千ドルは銀行から借ります。それで家賃が月々の経費を上回ると、投資からキャッシュフローが得られます」

「つまりお金があなたのために働いているということですね」。元パイロットがそう言った。

「そうです。で、この収入は不労所得ですから、給料として入る勤労所得や、貯蓄や401(k)から受け取る収入よりも税率が低くなるんです」

元パイロットは何も言わず、首を横に振った。私たちはその日、すでに勤労所得とポートフォリオ所得、不労所得の違いについて話をしていた。

私は先を続けた。「数年後、五万ドルの貸家の価値が八万五千ドルに上がっていることがわかったとします。売れば三万五千ドルの利益になりますが、それを使ってもっと大きな投資をしたいと思っている場合、キャピタルゲイン税は支払わなくてすむんです」

元パイロットはまた黙って首を振ると、こう言った。「つまり、あなたは三万五千ドルの売却益を得ながらキャピタルゲイン税はまったく支払わない。一方、私は投資信託で損をして、キャピタルゲイン税を払う。あなたはキャッシュフローを得て、そこから見かけの損失やら経費やらを差し引き、なおかつ、それが勤労所得でなく不労所得であるために、少ない税金ですむ……」

「事業用不動産を米国障害者法に沿って改装した場合や、不動産が歴史的建造物だった場合の税控除のことも忘れないでくださいよ」。私はそう付け加えた。

「いやいや。税控除のことをだれが忘れたりするもんですか。あまり有名なんで、知らない人なんていませんよ。で、三つめは何ですか」

「三つめは、不動産投資が高額であればあるほど、銀行や政府がお金を貸したがるということです」

「それはなぜですか？」

「例えば、そうですね……百万ドルの不動産投資の話を持って銀行に行った場合、銀行はあなた自身にお金を貸してくれるわけではありません。不動産にお金を貸してくれるんです」

「どこが違うんですか？」

「普通の人がローンを申し込んだ場合、銀行はその人の弁済能力を評価します。マンションの一室や一戸建てや二世帯住宅といった、ささやかな賃貸物件を買おうという時も、銀行はやはり主に本人自身を評価します。あなたがきちんと定職に就いていて、比較的小さなこれらの不動産の支払いができるだけの充分な収入がある限り、たいてい銀行はあなたにお金を貸してくれます。不動産に対してではなくね」

「でも、もっと大きな不動産になると、つまり不動産の価格が個人の収入で支払える金額をはるかに超えているような場合は、銀行は不動産そのものの収入や経費に目をつける。そこが違うということですね？」元パイロットがそう続けた。

「まあそういうことですね。大きな不動産になると、実質的に価値があるのは不動産そのものと、その不動産からの収入の大きさで、ローンを借りる個人の収入の大きさではないんです」

「だから大きな不動産の方が小さな不動産より簡単に買える場合があるんですね」

「その仕組みがよくわかっていればですよ」と私は念を押した。「政府からお金を借りる場合も同じことです。十五万ドルの不動産の話を持って役所に行っても、たいていの場合役所は興味を示さないでしょう。でも、もしあなたが買おうとしているのがスラム化している集合住宅で、それを安全な低所得者向き住宅に作り変えたいと言えば、政府は何百万ドルも貸してくれます。実際、五百万ドルを超える投資でなければ、どんな役所であれ、あなたが買おうとしている不動産に興味を持ってもらうのはむずかしいでしょう」

## ●不動産投資の欠点を利用する

「ほかには何かありますか?」元パイロットがそう聞いた。

「まだまだ続きはあります。でも、今度は不動産のマイナス面についてちょっと言わせてください」

「例えばどんな?」

「不動産はたいていの場合、紙の資産ほど流動性がありません。つまり、不動産売買にはもっと時間がかかることがあります。紙の資産の市場ほど効率的ではありません。それに不動産の場合、管理にかなり手間がかかる場合もあります」。私はにやりとしながら言った。

「なぜ笑っているんですか?」

「プロの不動産投資家にとっては、短所がしばしば最大の長所となるからです。短所はたいてい、不慣れな、洗練されていない投資家たちにとっての短所にすぎないんです」

「例をあげてもらえますか?」

「簡単に言うと、不動産はあまり流動性がなく買い手や売り手を探すのがほかの資産よりむずかしい、だからこそ、プロの投資家は取引に時間をかけられるということです」

「つまり売り手と一対一で細かな交渉ができるということですか?」

「あるいは買い手とね」と私は答えた。「株式市場なら普通はただ買ったり売ったりするだけです。買い手と売り手が一対一で交渉することはほとんどありません。少なくとも大部分の投資家の場合はまれです」

「株式市場でも買い手と売り手が一対一の交渉をすることがあるんですか?」

「ええ。でも、それはインサイダーと呼ばれる内部の人たちや、プロの投資家がやるきわどい取引です。合法的にやることはできますが、一般投資家は普通やりません」

「なるほど。でも、不動産の場合はそれがいつも行われている……」

「それが不動産の醍醐味なんですよ。ここでは独創性を発揮して、条件について交渉したり、契約をもっと有利なものにしたり、値段を下げたり上げたりすることができるんです。ボートをおまけにつけて欲しいとか、頭金を自分の代わりに払ってくれと売り手に頼むんです。一度覚えたら病みつきになりますよ」

「そのほかには？」元パイロットがそう聞いた。

「経費を抑えたり、不動産の価値を上げたり、予備のベッドルームを付け足したり、ペンキを塗ったり、余分な土地を売ったり……いろいろなことができますよ。不動産は交渉上手で独創的な投資家にはたまらないものです。もし独創性があり交渉上手なら、不動産でひと財産作れるばかりか楽しい思いもできます」

「そんなふうに考えたことは一度もありませんでした。私がこれまでにやったのは、家族で住む家の売買だけです。でもよく考えてみると、結構楽しかったし、確かに投資信託より多くの利益を上げられました」

彼の頭の中に明かりが灯り始めたのがわかった。投資信託でポートフォリオを分散して「これ以上ひどいものにしないようにする」以外にも、投資できるものがあるとようやくわかったようだった。元パイロットの頭の中が明るくなる一方で、夜はふけ、お開きの時間が近づいた。数週間後、最初の賃貸物件を探しているところだと彼から電話があった。不安を感じるどころか大いに楽しんでいるようだった。彼はこう言った。

「たとえ家賃収入が経費と同じだとしても、不動産ならお金を儲けられる。見かけのキャッシュフローや税法がわかっていれば、利益を出さずにお金の面でプラスを生むこともできるんです」

私はただ一言、こう言った。「あなたにもわかってきたようですね」

## ●アドバイザーの間違ったアドバイス

ファイナンシャル・アドバイザーは大事だ。問題なのは、多くのファイナンシャル・アドバイザーが金持ちでも、投資家として成功している人間でもないことだ。不動産に対する私のアドバイスを聞いて、アメリカで著名なある出版物の中で、きちんと資格を持ったファイナンシャル・プランナーがこんなことを言っていた。「不動産で大金を稼いだ人はたくさんいますが、それは主にカリフォルニアやコネチカットでの話です。ここ中西部に住む顧客には、そんな経験をした人はいません」

このファイナンシャル・プランナーの顧客たちは彼女を首にするべきだ。中西部に住む彼女の顧客が不動産で儲けられなかった理由は、彼女がアドバイザーをしていたからだ。不動産や税法、会社法についてよく理解していて、優秀なブローカーと会計士がついていれば、たとえ不動産の価値が上がらなくてもお金を稼ぐことができるし、家賃収入から利益を生み出すこともできる。それに、不動産の価格はカリフォルニアとコネチカットでしか上がっていないという話も間違いだ。もし彼女が不動産市場について本当に知っていれば、アメリカで一番成長しているのが、小都市ではネバダ州のラスベガス、大都市ではアリゾナ州のフェニックスなどであることがわかったはずだ。彼女がカリフォルニアとコネチカットのことしか知らなかったのは、ニュースになっている話しか知らなかったからだ。投資ニュースというとほとんどが紙の資産の話だ。彼女はプロの不動産投資家が知っていることを知らないのに、まるで知っているような顔をしてアドバイスをしている。

よく金持ち父さんが言っていた通りだ。「保険のセールスマンに保険を買うべきかどうか聞いてはいけない」。たいていのファイナンシャル・プランナーは基本的には保険のセールスマンで、投資家ではない。保険はとても重要な投資商品だが、投資商品はそれだけではない。

### ●いい投資を見つける方法

不動産に限らず、ほかの投資に関してもそうなのだが、私はよくこんな質問を受ける。「どうすればいい不動産投資を見つけられますか?」

「ほかの人には見えないものが見えるように頭の訓練をすることです」。私がそう答えると、次にこう聞かれる。「どうやって訓練するのですか?」今度の答えはこうだ。「買い物をする人がいい品物を見分けられるようになるのと同じやりかたです」。この本のはじめに、店から店へと車を走らせて、安い食料品を買って節約することばかり考えている人たちの話を書いた。不動産やそのほかの投資も同じだ。あなたはプロの買い物客にならなければならない。

不動産を買う時、とても有効な戦略は「100：10：3：1」方式だ。つまり、百の物件を検討し、そのうちの十に買付申込をし、三人の売り手がそれでいいと言ったら、そのうち一つを買うということだ。言い換えると、物件を一つ買うには、百以上の物件を見て回らなければならないということだ。

### ●たくさんのカエルにキスしよう

ご存知の通り、金持ち父さんは童話を教材に使うのが好きだった。ハンサムな王子様を見つけるためにカエルにキスをしなければならなかったお姫様の話は、金持ち父さんのお気に入りの一つだった。金持ち父さんはよくこう言った。「どれが王子様か知るためには、たくさんのカエルにキスしなければならない」。この言葉は投資にも、人生のそのほかの多くのことにもあてはまる。二十五歳で就職し、一生そこで働く人たちの話を聞くたび、私はいつも不思議に思う。そういう人たちはどうやっていい仕事と悪い仕事の違いを知るのだろうか？　また、十五歳で医者になる決心をしたと言う人に会うと、その決心をした時、自分の現実をきちんと把握していたのかどうか不思議に思う。人間関係や投資にも同じことが言える。

金持ち父さんはこう言った。「たいていの人はカエルにキスをするのを避け、結局はカエルと結婚する」。金持ち父さんが言いたかったのは、投資や未来のこととなると、たいていの人がカエルにキスをするのに充分な時間をかけないということだ。つまり、いい投資を探すことに時間をかける代わりに、衝動的に行動したり、「耳寄り情報」を頼りにしたり、友人や親戚に自分の投資の管理を任せていたりする。

最近、友人の一人が私のところへやってきてこう言った。「あなたのアドバイスに従って、賃貸不動産に投資をしたわ」

好奇心をそそられた私はこう聞いた。「何を買ったんだい?」

「サンディエゴの海岸近くにすてきなマンションを一部屋買ったのよ」

「買う前にいくつくらい物件を見た?」

「二つよ。不動産ブローカーが同じマンションの中で二部屋見せてくれて、その一つを買ったの」

約一年後、不動産投資がどうなっているか、この友人に聞くと、彼女はこう答えた。「月に四百六十ドルくらい損をしてるわ」

「なぜそんなに?」

「一つには、マンションの所有者で作っている管理組合の理事会で、月々の維持管理費の値上げを決めたからよ。もう一つの理由は、一カ月に回収できる家賃の額を私が知らなかったからよ。考えていたよりずっと少なかったの」。彼女は少し言いにくそうに言った。「で、売ろうと思ったんだけれど、市場の相場より二万五千ドルも高く買っていたことがわかったの。毎月損をするのもいやだけれど、買った金額より安く売って二万五千ドル損しても大丈夫なだけの余裕もないのよ」

金持ち父さんはよくこう言っていた。「たくさんのカエルにキスをしなかったツケが回ってきたんだ。充分な数のカエルにキスをしなかったら、結局はヒキガエルと結婚するはめになる」。友人は宿題をさぼったために、ヒキガエルと結婚するはめになった。とてもお金のかかるヒキガエルと……。

では、いい不動産投資を見極めるにはどうしたらいいだろう? あなたにそれを教えてくれる最も優秀な教師は経験だ。不動産投資の経験の中で、私や私の友人たちがこれまでに学んだ、とても大事な教えをここにまとめておく。そのほかに、みなさんの参考になりそうな情報もいくつか紹介する。

### ●買い物に行かなかった代わりに支払わなければならないツケ

優良な不動産投資を見つける方法をどうやって学んだかと聞かれると、私はただ一言、「買い物に行きなさい」と答える。

私は優良な投資を見つけるための「100：10：3：1」方式を実践している。キムと私は何年もの間、文字通り何千もの不動産を見て分析してきた。「不動産についてどうやってそんなに勉強したのですか？」と聞かれると、私たちはただこう答える。「数え切れないほどの投資のチャンスを検討することによってです」。検討するだけでなく、私たちは不動産を買うために何百回となく買付申込をしてきた。相手から「とんでもない」と笑い飛ばされることもよくあった。ここで重要なのは、一つ不動産を見るたびに、また、一つ買付申込をするたびに、不動産市場や人間性についての私たちの知識と経験が増えたことだ。

「お金がない時はどうするんですか？」と聞かれた時も、答えは同じだ。「買い物に行きなさい」。投資セミナーで、私はよくこう言う。「ショッピングセンターに行っても、お金を持っているかどうかあなたに聞く人はいません。店は客に商品を見たり、手に取ったりして欲しいんです。投資もたいていは同じです。買い物に行って、質問をして、品定めをすることで私は勉強しました。私が投資について学んだことは本には書いてありません。本を読んでもゴルフの技術は身につかないのと同じように、本ではほかの人に見つけられない投資先を見つけられるように頭を訓練することはできません。外に出て、買い物に行かなければだめなんです」

## ●あとになればよく見える

ヒキガエルと結婚した友人は、結局、「不動産投資なんて最低だわ。不動産でお金儲けをするのは無理よ」と決めつけていたが、そんなふうに決めつけなければ、貴重な教訓を学ぶことができたはずだった。何を学んだかと聞くと、彼女は腹立たしそうにこう言った。「あなたの言うことなんて聞くんじゃなかったわ。市場はもう前とは違うのよ。今だったらあなただって不動産でお金儲けはできないわ」

「あとになればよく見える」とはよく言われるが、問題は、実際に振り返って後ろを見なければよく見えるようにならないことだ。あの友人は後ろを振り返ることも、学ぶこともしなかった。行動を起こしたことを私がほめてもなお、不動産は最低の投資だという考えを変えなかった。これでは、不動産に手を出したことがよけい高くついてしまう。なぜなら、失敗やそこから学んだ教訓によってこの先もっと賢明に、もっと金持ちになることもできたのに、この貴重な失敗から何も学ばなかったからだ。これは「失敗はよくない」というコンテクストを持っていたせいで支払わなければならなかったツケでもある。もし「私は行動してみた。そして間違いを犯した。だから今は、それらの間違いから学ぶことができる」というコンテクストを持っていたら、彼女はもっと金持ちになれるだろう。完璧主義者で、自分の失敗を許せない人は、その多くが「あとになればよく見える」という考え方をしない人で、同じ間違いを繰り返す。つまり、彼らは失敗から学ぶことができないのだ。

このごく単純な投資の例から友人が学びそこなった教訓を次にいくつか挙げる。

1. もっとたくさんの不動産を見る。
2. 物件探しに時間をかける。いい物件は一つだけではない。自分が見つけた物件が世界でたった一つの物件のように思って買う人があまりにも多い。
3. 売買市場だけを分析するのではなく、賃貸市場も分析する。
4. 二人以上の不動産セールスマンと話をする。
5. マンションに投資する時は気を付ける。マンションにはたいていそこに居住している所有者を中心とした理事会がある。マンションの所有者と投資家とは必ずしも意見が一致するとは限らない。所有者はたいてい不動産をいい状態にしておきたいために、維持管理費に必要以上のお金をかける。これは建物の維持のためにはいいことだが、投資家にとっては、投資のとても重要な側面、つまり支出のコントロールができないことを意味する。

6. もし支出がコントロールできなければ、先々不動産を売る時の価格にも影響する。

7. 不動産の価格が上がることを期待して買わない。景気がよかろうが悪かろうが、不動産はいい投資先でなくてはならない。金持ち父さんがいつも言っていた通り、「利益は売る時ではなく、買う時に生まれる」。

8. 感情にまかせて投資をしない。個人的な目的で資産を買う時には感情的になってもかまわない。だが投資の目的で不動産を買う時は、感情のせいで道理が見えなくなることがある。あの友人は投資で利益を得ることよりも、物件のそばにある海岸に胸躍らせてしまった。財務諸表ではなく海を見てあのマンションを買ってしまったのだ。

9. 不動産の価値を上げるために彼女にできることがあまりなかった。不動産で多くのお金を儲ける一つの方法は、不動産の価値を変える、つまり手を加えて価値を上げることだ。これは株や投資信託ではできない。多くの場合、ガレージや部屋を新たに一つ付け足すだけで、投資からの利益が大きく増す可能性がある。

10. 彼女はこの経験から何も学ばなかった。授業料としてはかなり高くついただろうが、もし彼女が自ら進んで謙虚な気持ちで学び、もう一度挑戦していたら、その授業料を数百万ドルに変えることもできただろう。だが、彼女はそうせず、こう言った。「あなただって不動産でお金儲けはできないわ」

## ●失敗によって視力を上げる

何千という投資の分析に時間を費やしたおかげで、私の「視力」は少しずつ上がった。買付申込をして笑われたり、きっぱり断られたりしても、そのたびに何かしら学ぶことがあった。また、銀行と融資の相談をまとめた時も、そのたびに何か学んだ。たとえ損をしても、不動産を買うたび新たに貴重なことを学んだ。今、成功から学んだことも失敗から学んだことも含めて、積み重ねてきたあらゆる教えが知識と経験になり、それが私を金持ちにしてくれる。キムと私が不動産でますますお金を稼ぐことができるのも、この知識と経験のおかげだ。

いい投資を見つけるには、目ではなく頭を使って見るしかない。世の中には「これが本当のお買い得です」と但し書きのついた「売出し中」の看板はない。看板にはどれも「売出し中」と書いてあるだけだ。すばらしい物件を見つける、あるいは交渉によってすばらしい物件を作り出すために頭を訓練するのはあなたの仕事だ。それには熱意と訓練が必要だ。

## ●だれにでもできること

今お話ししたのは、前に約束した通り、金持ちになるためにだれにでもできることだ。不動産の買い物に出かけるのはだれにでもできる。もしあなたが、人生のパートナーと決めた人と一緒に、週に五件、十件、二十件、あるいは二十五件の不動産を見ると決めたら、たとえお金がなくても、二人の視力は必ず上がる。そして、百の物件を検討したら、一つか二つは胸を躍らせてくれるものが見つかるだろう。金持ちになることを考えて胸を躍らせていると、頭が新しいコンテクストに切り替わり、新しいコンテンツ、つまり、「どうやって金持ちになるための資金を集めるか」という疑問に答えてくれるコンテンツを探し始める。

お金がなくても、これならだれにでもできる。キムと私が常日頃やっているのはこれだけだと言ってもいい。今は多少の経験を積んだおかげで、不動産の分析もより短時間でできるようになった。景気が絶好調の時も最悪の時も、何とか優良物件を見つけてきた。だからといって、いつも買っているわけでも、買付申込をしているわけでもないが、投資物件を探しそれらを分析するプロセスは、私たちの頭のアンテナの感度を保ち、発見されるのを待っているたくさんのチャンスと私たちとのつながりを保ってくれる。

最後に一つ。不動産であれ、そのほかのどんな投資商品であれ、投資はどれも、単に一つ買って、その一つによって金持ちになれるものではない。キムと私が十件の不動産を買う予定だとしたら、それは千件の不動産を見る必要があることを意味する。二人とも、この十件の不動産のうち二つはすばらしい投資で、二つはカス、すなわち損をする可能性があることを知っている。この二種類の物件は普通はすぐに売ってしまうから、あとには、修理・改築をするか、売るかしなければならない投資が六つ残る。不動産でも株でも投資信託でも、またビジネスを起こすにしても、どの場合もこの比率は同じようなものだ。プロの投資家はそれを知っている。

釣りをする人ならだれでも「逃げた魚は大きい」という経験を一度はしたことがあるだろう。同じように、不動産投資家ならだれでも、他人が取り逃がした魚を見つけた経験がある。あなたに「よし、まず百の投資物件を見ることから始めよう！」という気になってもらうために、ここで二つ、そんな話を紹介しよう。

### ●一つめの話——問題点をチャンスに変える

数年前、キムと私は自宅から二、三時間のところにある山に出かけた。数日間休みをとり、森林の静けさと孤独を楽しむつもりだった。旅先で、いつものように私たちは不動産屋に立ち寄り、売りに出ている物件に目を通した。不動産ブローカーはよくありがちな、高すぎる値のついた物件について説明してくれたが、私たちは聞き流した。その時、ブローカーの女性が見ていた物件リストに、廃屋に十五エーカーの土地がついてわずか四万三千ドルという物件が載っていたので、どうしてそんなに安いのか聞いた。

するとと彼女はこう答えた。「水が問題なんです」

「水にどういう問題があるんですか？」と私は聞いた。

「ここの井戸は常時充分な水があるというわけではないんです。つまり、出たり出なかったりなんです。そのためにもう何年も売りに出たままです。みなさんとても気に入られるんですが、水が足りなくてはどうしようもありません」

「見せてください」と私は言った。

「まあ、お気には召さないと思いますが、ご案内しますよ」

約三十分後、私たちは美しい森に囲まれたその土地を歩いていた。そこにはかわいらしい古い小屋もあった。「これが問題の井戸です」。不動産ブローカーは私たちを井戸のところへ連れて行くとそう言った。「この井戸にも土地にも充分な水がないんです」

うなずきながら、私はこう言った。「なるほど、この水問題は深刻ですね」

翌日、井戸に詳しい地元の人を連れて、私はその土地に戻った。彼は井戸を見てこう言った。「この問題は簡単に解決できます。井戸から出る水の量は充分なんですが、常時出るわけじゃないんです。予備の貯水タンクを置きさえすれば問題は解決しますよ」

「貯水タンクにはいくらかかりますか?」

「三千ガロンのタンクなら工事費込みで二千三百ドルです」

私はうなずくと、不動産ブローカーの事務所に戻って買付申込をした。「売主に二万四千ドルで買付申込をしてください」

「水の問題があるとはいえ、ずいぶん安いですね」。ブローカーはそう言った。

「これが私の提示額です。ところで、最後に買付申込があったのはいつですか」

「かなり前です。たしか一年以上前ですよ」

その夜、ブローカーが電話をかけてきてこう言った。「信じられません。あなたの提示額でＯＫが出ました。あの額や条件をのむなんて私には信じられません」

私は「ありがとう」とだけ言ったが、内心では興奮のあまり飛び上がっていた。一年以上も買付申込がなく、家の修理費の支払いにうんざりしていた売主は私の買値を受け入れ、わずか二千ドルの頭金で残金は一年以内に払うという条件をのんだ。言い換えると私は、わずかな頭金だけであとは一年間何も支払うことなく、不動産を手に入れた。

翌朝、井戸の専門家に会って、三千ガロンのタンクを二つ取りつけるように頼んだ。水の問題は五千ドルもかからずに解決した。一カ月後、キムと私は新しい小屋に泊まりに行った。そこには新鮮な水がたっぷりあった。町を出る時、家と土地を売りに出した。六万六千ドルの値をつけると二週間後に売れた。すでに問題がなくなっていたその家は若夫婦のものになった。二人は夢に見ていた山の中の一軒家を手に入れた。

## ●二つめの話――コンテクストを変える

私にはジェフという名の造園設計士の友人がいる。次に紹介するすごい不動産投資物語は彼が話してくれたものだ。

ある時ジェフがこう言った。「一年くらい前、ある女性から電話があって、『あなたに見て欲しい四十エーカーほどの土地がある』と言われた。オプションで二十七万五千ドルで買った土地だったけれど、その土地がある小さな町はあらゆる開発から見放されていたんだ」

「どうしてきみに電話してきたんだい？」

「その町とその土地のために、将来の構想を描いて欲しかったのさ。そのためのチームの一員として、もう一人、以前都市計画の仕事をしていた人も雇われていた」

「それでどうなった？」

「ああ、ぼくらは図面を描き、将来に向けた提言を書いて市議会に提出した。三回も修正させられたよ」

「どうして？」

「市議会が関心を持って、図面と提言に修正を求めてきたからさ」

「何度もきみたちを呼び戻したってことかい？」

「まあね。でも本当のところは、ぼくらの方から議会へ働きかけを続けて、興味を持ってもらえるような図面と計画を持って通い続けたんだ。で、とうとう議会はぼくらのプランを承認し、その土地の指定を農業用地から商業用地に変えたんだ」

「議会が土地の指定を変えただって？　農業用地を商業用地に？　それでその土地の価値はどれくらい上が

ったんだ?」

「計画が認められたあと、彼女はある大手保険会社に六百五十万ドルで土地を売った。で、今そこに大きなホテルが建つことになっている」

「そこまでやるのにどれくらい時間がかかった?」

「全部で九カ月さ。都市計画の仕事をしていた人とぼくは、約束通り二万五千ドルずつ払ってもらった」

「じゃあ彼女は五万ドルの出費で約六百万ドル稼いだってことかい?」私は息を飲んだ。

ジェフはにこりとしてうなずいた。「その土地は何年も放置されていた。だれか見に来ても、みんな高すぎると言った。でも、彼女にはほかの人には見えないものが見えていたので、みんなの鼻先にぶら下がっていたチャンスをプロの力で切り開く作業に取り掛かり、そのチャンスを世の中に証明してみせたんだ」

「たった二万五千ドルしかもらえなかったことに腹を立てているかい?」

「いや。ぼくの仕事に対する正当な報酬だったと思っている。その額には同意していたし、彼女にはリスクがあった。土地の指定が変わらなければ損をしていたんだからね。彼女のおかげで視野が広がったことには、これからもずっと感謝すると思う。今まで決して見えなかったものを見ることを教えてくれたんだから。時間をかけて頭と目を訓練しさえすれば、どんな人の前にもころがっているすばらしいチャンスが見えるようになる。彼女はそのことを教えてくれたんだ」

私は彼の現実が広がって本当によかったと思った。「二万五千ドルの報酬よりずっと大切なものを手に入れたね」

ジェフはうなずきながらこう言った。「ああ、もっとずっと大切なものをね。前に都市計画をやっていた人は報酬が少なすぎると思っているようだが、ぼくはそうは思わない。きみが金持ち父さんのコンテクストと現実について話すのをずっと聞いてきたけれど、本当を言うとあまりよく理解できなかった。でも今はわかる。ぼくのコンテクストで考える単位は数千ドルだ。あの女性はコンテクストがもっと大きくて数百万ドルの単位で考える、だから彼女の方が金持ちなんだってことがよくわかったよ。ぼくはまだSクワドラントの考え方をしているけど、彼女はBクワドラントやIクワドラントの考え方をしていることもわかった。まったくお金をもらえなかったとしても、ぼくが学んだことはお金には換えられない。これからの人生が変わってしまったからね。金持ちになる方法を彼女から教えられたよ」

不動産の指定を変えるのは単なるコンテクストの転換だ。貧乏から金持ちへ移行するのも単なるコンテクストの転換だ。そうしたいと思えばだれにでもできる。

## ●お金の保管場所

金持ちの多くは不動産で金儲けをしたか、あるいは、ほかのことでお金を稼いだあと、その大部分を不動産にして保有しているかのどちらかだ。金持ち父さんの場合もそうだった。ビジネスと株式市場でたくさんのお金を儲けはしたが、それによって築かれた財産をとっておくための手段は不動産だった。

金持ちがそうする理由はいくつかある。

1. 金持ちが不動産に投資するのを税法が奨励する形になっている。
2. 不動産にはより大きなレバレッジがある。金持ちは銀行のお金を使って投資することでますます金持ちになれる。
3. 不動産収入は不労所得で、あらゆる所得の中で最も税率が低い。不動産を売って売却益が出ても、それは何年も繰り越すことができ、投資家は国のお金であるはずの資金を再投資することができる。
4. 不動産なら投資家は自分の資産により直接的に関与できる。
5. 不動産はお金を「置いておく」には、ほかと比べてずっと安全な場所だ。ただし、ここでもまた、投資家がお金と不動産の扱い方をしっかり理解していることが条件だ。

財産の大部分を紙の資産で保有している平均的な投資家は大きなリスクを抱えている。この本で何度も繰り返し言っているように、引退後、ポートフォリオが市場の暴落によって価値を失ったらどうなるだろうか？　無一文になるしかないのだろうか？　答えはノーだ。下向きになった市場のせいで生じる損失から紙の資産を守る方法を知っていれば、そんなことにはならない。財産を紙の資産にして置いておくことだけを望んでいる人は、紙の資産に関する大切なことが書かれている次の章をぜひしっかり読んで欲しい。

# 第十七章
# 紙の資産のレバレッジ

## ●ローリスク・ハイリターンで投資する方法

二、三カ月前、株で百万ドル以上損した話を友人から聞いた。この友人は、またせっせと仕事をしなければならない状態になってしまった。なぜそんなに損をしたのかたずねると、友人はこう答えた。「いったいほかに何ができたっていうんだい？　ぼくはアドバイザーたちの『下がった株を買え』という言葉通りにした。で、どんどん損をし続けた。百万ドル以上損した今、アドバイザーたちは、じっとがまんして長期の投資をしろって言っている。でも、何年も悠長に待っている余裕はぼくにはもうないんだ」

投資は危険だとは限らない。金持ち父さんが言っていたように「リスクは確かにあるが、投資自体が必ずしも危険というわけではない」。それに、市場の動向が変化したとしても、必ず損をするわけでもない。それどころか、株価が下がり始めると多くの洗練された投資家たちが大儲けをする。

これからお話しするのは、株式市場に投資し、株価が上がろうが下がろうが、それには関係なくお金を儲ける方法についての金持ち父さんの教えだ。

本書の中でも特にあなたの頭の扉を開き、コンテクストを柔軟にしておくことが重要なのはこの章だ。あなたのコンテクストが「そんなことは不可能だ」「そんなことはできない」「それは違法だ」「危険すぎる」「私が学ぶにはむずかしすぎる」などと言うのが聞こえたら、外から入ってこようとする新しいコンテンツの声も聞こえるように、常にコンテクストの扉を開いておくことを思い出して欲しい。

## ●保険をかけて紙の資産に投資する

「保険に入らずに車を運転しようと思うかい?」ある時、金持ち父さんが私にそう聞いた。

「いいえ。そんなのむちゃですよ。なぜそんなことを聞くんですか?」

金持ち父さんはにこりとしてまた聞いた。「保険をかけずに投資しようと思うかい?」

「いいえ。ぼくは不動産に投資していますが、いつも保険をかけています。そもそも、持っている不動産すべてに保険をかけていないと銀行はお金を貸してくれません」

「いい答えだね」。金持ち父さんはそう言った。

「なぜ、保険についてそんな質問をぼくにするんですか?」私はもう一度聞いた。

「それは、きみが紙の資産に投資する時期が来たからだよ。株式、債券、投資信託といった資産にね」

「紙の資産に投資する時も保険をかけられるんですか? つまり……損をした時に備えて保険をかけたり、損を最小限に食い止めるために保険をかけることができるって言うんですか?」

金持ち父さんはうなずいた。

「ということは、紙の資産への投資は必ずしも危険というわけではないんですね?」

「ああ、そうだよ。自分が何をやっているかよくわかっていれば、投資が危険である必然性はまったくない」

「でも、紙の資産に投資している平均的な投資家にとっては、投資は危険なんじゃありませんか? 平均的な投資家は保険をかけずに投資をしているんじゃないんですか?」

金持ち父さんはまたうなずき、私の目をじっと見て言った。「だからこそ、きみにこれを教えるんだよ。きみには平均的な投資家にはなって欲しくない。平均的な投資家は平均株価に関心を持っている。だから平均的なんだ。ダウ・ジョーンズ工業平均株価なんていうものがあるのは、そういう人がいるからなんだ。平均は平均的な人のためのものだ。だから、ファイナンシャル・アドバイザーの話に耳を傾け、彼らが『株式市場はこの四十年間、平均して年十二パーセントの利益を上げています』と言ったり、『この投資信託の過去五年間の平均伸び率は十六パーセントです』と言ったりすると大喜びする人がこんなに大勢いるんだ」

「平均値のどこが悪いんですか?」

「別に悪いってわけじゃない。でも、金持ちになりたかったら、平均よりずっと上を行かなくちゃいけない」

「じゃ、ぼくらが金持ちになるのを平均が足を引っ張っているというのはなぜなんですか?」

「それはね、平均が勝ち負けの両方を含んでいるからだよ」。金持ち父さんは話を続けた。「株式市場を例にとろう。確かに過去四十年間を平均すると株価は上がっている。でも、実際には、それは上がったり下がったりしているんだ」

「だからどうだと言うんですか? そんなことはたいていの人が知っているんじゃありませんか?」

「そうだ。たいていの人は知っている。でも、その必要がない時に負けることはないと思わないかい? 平均的な投資家は市場が上向きになった時に儲け、下向きになると損をする。彼らが平均的なのはそのためだ。そうではなくて、市場が上向きになった時にも、下向きになった時にも儲けたとしたら、きみの平均はどうなるだろう?」

「よくなりますよ。でも洗練された投資家は一体どうやっているんですか? 平均値は使わないんですか?」

「いや、使っているよ。でも、普通とは違う平均値を使うんだ。私が言いたいのは、平均的な投資家は上向きの市場でお金を儲ける方法しか知らないから、過去何年かを平均すると市場が上昇していると聞いて大喜びするってことだ。洗練された投資家は、市場が平均して上向きか下向きかなどあまり気にしない。なぜなら、彼らはいずれにしてもお金を儲けるからだ」

「つまり、絶対に損をしないっていうことですか?」

「いいや、そうは言っていないよ。投資家はだれでも、何度か必ず損をする。私が言いたいのは、洗練された投資家は、市場が上向きでも下向きでも勝つ可能性を持っているということだ。平均的な投資家は、市場が上がっていく時に勝つ戦略しか持っていなくて、市場が下がると大損する。洗練された投資家たちは、平均的な投資家たちのような大損をするのはごめんだと思っている。彼らにしたところでいつでも正しいわけではないし、損をする可能性もある。だが、平均的な投資家との大きな違いは、きちんとした訓練を受け、適切な技術、手段、戦略も持っているおかげで、洗練された投資家たちの損は平均的な投資家のそれより一般にずっと小さく、儲けはずっと大きいってことだ」

## ●紙の資産に安全に投資する

私は昔から、長時間せっせと働いて稼いだお金は投資するのに、投資の方法を学ぶために大して時間を投資しない人がいることを不思議に思っていた。子供の頃から金持ち父さんに仕込まれてきた私は、お金を自分のために働かせようとせずに、自らが一生身を粉にして働く人がそんなにたくさんいることがどうしても理解できなかった。しかも、そういう人たちは汗水たらして稼いだお金を株式市場に投資する時に、損失に備えて保険をかけもせず、喜んでお金を危険にさらす。金持ち父さんの話を聞きながら、私は「投資は危険だ」といつも言っていた貧乏父さんのことを考えた。貧乏父さんは何か調べたり、投資についての講座を受けたりすることもなく、ただそう言っていた。

私はこの時までにすでに、不動産に安全に投資する方法を金持ち父さんから教えてもらっていた。金持ち父さんは次に、紙の資産に安全に投資する方法を教えようとしていた。

「つまり、株式市場に投資するのは、必ずしも危険ではないということですか?」私はもっとはっきり説明してもらおうと思って、そう聞いた。

「ああ、まったくその通りだよ」

「それなのに、大勢の人が、損に備えた安全策を講じることも、教育を受けることもなく投資している。そういう投資家が危険な投資家というわけですね」

「ものすごく危険だ。私がきみに、不動産投資に保険をかけているかどうか聞いたのはそのためだよ。そうでないと銀行がお金を貸してくれないから、きみの不動産が保険に入っていることは知っていたけれど、株式市場に投資する平均的な人たちは保険をかけていない。何百万という人が、大きな損失に対する保険なしに、将来の引退に備えて投資をしているんだ。これは危険だ。とても危険だ」

「じゃ、なぜファイナンシャル・アドバイザーや株式ブローカー、投資信託のセールスマンなどはそのことを投資家に言わないんですか？」

「その理由はわからない。そのことは私も時々不思議に思うんだがね。たぶん、たいていのファイナンシャル・アドバイザーや株式ブローカー、投資信託のセールスマンは、自分自身が本当の投資家じゃないからだと思う。実際のところ、洗練された投資家には程遠い。投資に関するサービスを提供する人はたいていだれかに雇われて給料をもらっているか、手数料で稼ぐセールスマンだ。つまり、顧客と同じように、彼らも給料のために働いているんだ」

「それでいて、ほかの人、つまり平均的な投資家にアドバイスをしているってことですね。自分とまったく同じ立場の人たちに……」

金持ち父さんはうなずいた。「洗練された投資家は市場が上がっても下がってもお金を儲けることができる。平均的な投資家は、市場が上がった時にたまにお金を儲け、市場が下がると損をする。そして、たくさん損をしてからアドバイザーに電話をかけ、『次はどうしたらいい？』と聞くんだ」

「ブローカーたちは何と答えるんですか？」

「よく言うのは、『じっと待っていなさい。二、三カ月すれば市場はもとに戻りますから』とか『もっと買って、平均買値を下げなさい』といったことだ」

「でも、あなたはそんなことはしない」

「ああ、しないよ。でも、平均的な投資家はするんだ」

「ぼくも株式市場に投資して、より少ないリスクで、より多くのお金を儲けることができる……あなたはそう言いたいんですか?」

「その通りだよ。きみはただ、平均的な投資家にならないようにしさえすればいいんだ」

## ●あなたを金持ちにする言葉

シリーズ四作目の『金持ち父さんの子供はみんな天才』の中で、中流以下の人たちは主に投資信託に投資するという話をした。そのあと、金持ちはヘッジファンドの方を好むという話もした。ここでも、言葉の威力が効果を表す。「ヘッジ」という言葉は、洗練された投資家にとって重要な意味を持っている。投資信託とヘッジファンドの間には大きな違いがある。「投資のリスクをヘッジする」という言い方を耳にしたことのある人は多いと思う。この場合のヘッジは保険と同じような意味だ。庭師が庭のまわりに垣根《ヘッジ》を作り、草を食べる動物から庭を守ろうとするのと同じように、洗練された投資家は資産を守るためにヘッジを設ける。

簡単に言うと、この場合の「ヘッジ」は損をしないために講じる防護策を意味する。保険に入らずに車を運転する人はいないだろうし、決してそうすべきではない。それと同じように、投資家は大きな損失に対する保険なしに、つまりヘッジなしに投資すべきではない。これは常識と言ってもいいほどなのに、平均的な投資家は「裸で《ネイキッド》」投資する。この言葉も、洗練された投資家によって使われる言葉の一つだ。この場合、「裸」というのはもちろん、人間の身体のことを言っているのではない。損失に対する防護策なしに危険にさらされた資産のことを指している。洗練された投資家は、裸で投資する、つまり不必要に危険にさらされた状態で投資するのをきらう。洗練された投資家は保険をかけて投資する。保険の外交員が顧客に「保険に入っていらっしゃいますか?」と聞くのとまったく同じように、洗練された投資家は「保険に入っているか?」と自分に聞く。たいていの場合、平均的な投資家、投資信託を買う投資家は「裸で」投資している。つまり、損に備えた保険に入っていない。

**●資産に保険をかけないのは危険**

数日前、投資家向けの集まりがあり、講演者の一人として私も話をした。基調講演をしたのは、金融情報をいつも流している大きなテレビ局で解説をしている有名人だった。彼女の話はとても有益で、学ぶところが多かったが、彼女自身は投資信託にしか投資していないと言い出したので、私はこれはおもしろいことになったと思った。

彼女がその話をするとすぐに出席者の一人が手を挙げた。「あなたは自分の番組の視聴者が株で損をした何十億ドルというお金に対して責任や罪悪感を感じていないんですか?」その男の人は怒った口調でそう聞いた。その場にいた多くの投資家が同じ気持ちでいるのが私にもわかった。彼らはお金をどこに投資したらいいかを学ぶためではなく、自分が損をしたお金がどうなったのか知りたくてやってきたようだった。

「なぜ罪の意識を感じなければいけないんですか?」テレビの解説者はそう答えた。「私の仕事はみなさんに情報を与えることです。実際、たくさんの情報を与えています。投資に関するアドバイスをしたことはありません。私はみなさんにマーケット情報をお伝えしただけです。あなたはなぜ私が罪の意識を感じなければいけないとおっしゃるんですか?」

「だってあなたは、この好景気で強気相場が続いている間、チアリーダーをやっていたじゃないですか」。その人は怒っていた。「あなたのせいで、私は投資を続け、いまではすっからかんですよ」

「私はチアリーダーをしていたつもりはありません。ただ、マーケットの状態がいい時に、それに関する情報をみなさんにお届けしていただけです。今、マーケットの状態が悪い時に情報をお届けしているのとまったく同じです」

それから五分ほど、会場に怒りの嵐が吹き荒れた。腹を立てて問い詰めた男の人に賛成する人もいれば、女性解説者の側につく人もいた。しばらくしてやっと部屋が静まると、この解説者はほかに質問はないか聞いた。また手が挙がり、声がした。「オプションを使ってリスクを最小限に抑える方法があることを、なぜ視聴者に言わなかったんですか？」この男の人は怒ってはいなかった。それより、純粋に好奇心をそそられ、オプションによってリスクを最小限に抑える方法があることを会場のみんなに教えたいと思っているようだった。

「オプション？」女性解説者はそう応じた。「何のためにオプションについて話すんですか？」

「相場が下がった時の損に対するヘッジとしてですよ」

「とんでもない。私は絶対そんな話はしません。オプションは危険すぎます。ほかにご質問は？」解説者はそう言って、オプションについて聞いた人を席に着かせた。

私は自分の耳が信じられなかった。この解説者は金融関係のメディアで一目置かれている人間の一人だ。テレビを見ている大勢の人に影響を与えている。投資に関するアドバイスを求めて彼女の言葉に耳を傾けている人は多い。その彼女が「オプションは危険すぎる」と言うなんて……。私に言わせれば、資産を保護しないことの方がよっぽど危険だ。お金に関して無知でいることが危険なのだ。紙の資産を守るためにオプションを使う方法を知ることは簡単だし、それを実行するのもそれほどむずかしくない。実際のところ、優秀な株式ブローカーがついていれば、そのプロセスはごく簡単だ。子供にだってできる。そのために必要なのは、いくつかの言葉の定義を学ぶこと、優秀な株式ブローカーを見つけること、そして、経験を得るために少ない額から始めることだけだ。私のそんな思いとは裏腹に、会場に集まっていた大勢の参加者は、オプションを使って投資をするのは危険だという意見に賛成の意を表してうなずいていた。

解説者の忠実な信奉者たちがうなずくのを椅子に座ってながめていた私は、この章のはじめに紹介した紙の資産についての金持ち父さんの教えを思い出した。私の耳に金持ち父さんの言葉が聞こえた。「日本では数百年前、米の値段を下げないためにオプションが使われるようになった」

「数百年前？　数百年前に損に対するヘッジとしてオプションが使われていたって言うんですか？」

金持ち父さんはうなずいた。「そうだよ、何百年も前だ。農業時代の初期、頭のいい実業家たちは自分のビジネスを損から守るためにオプションを使っていた。今も頭のいい実業家たちはそうしている」

ふとわれに返った私は、テレビの解説者がまだ話し続けているシカゴの集会場で、ひそかにこう思った。「頭のいい実業家たちが何年も前からオプションを使い続けてきたのなら、なぜ、大きな影響力を持ったこの人は視聴者に間違ったことを教えるのだろう？」次に、私は自分に聞いた。「どちらがより危険だろう？自分を守るために何もしないで、ただ株式や投資信託を買い、それが四十パーセントとか六十パーセント、もっと悪い時には九十パーセントも値下がりするのを黙って見ていることの方じゃないか？　私の銀行は不動産にすべて保険をかけることを要求してくる。紙の資産の世界では、なぜすべての投資家に、自分の紙の資産に保険をかけることが要求されないのだろう？　何百万という人がその資産に老後の生活を依存しているというのに……」。これらの疑問に関する答えは、今も私にはわからない。家が火事で焼けてしまっても、保険会社が保険金を払ってくれるから、一年もたたないうちに建て直すことができる。だが、引退したあと、株式市場の暴落とともに年金プランが崩れてしまったら、いったいどうしたらいいのだろう？　それでもまた、買って、持ち続け、祈るのだろうか？　また市場が上向きになるのをひたすら待つのだろうか？

私は今でも、銀行は投資家が保険をかけた上で投資することを求めるのに、紙の資産の世界ではそれが要求されないことをいつも不思議に思っている。また、プロの投資家が保険をかけて投資をするのに、平均的な投資家、つまり、引退後の金銭面の安全を株式市場に依存し続けるごく普通の投資家たちが「裸で」、保険をかけることなく投資するのはなぜか、不思議に思っている。

## ●保険の語彙を理解する

若くして豊かに引退したいと思っている人、特に、財産を紙の資産にしておこうと思っている人は、自分の資産を守る方法を学ぶために、いくらかの時間を投資することが大事だ。なぜなら、金持ち父さんが「洗練された投資家の言葉」と呼んだ語彙を学び、理解することが必要だからだ。私はこれを「保険の語彙」と呼んでいる。

この語彙に含まれる言葉を紹介する前に、それ以外のいくつかの言葉を復習しておく必要があると思うので、まずそれらを見てみよう。次に挙げるのは、保険の語彙について学ぶ前に、はっきりと意味を知っておく必要のある言葉だ。

1．投資家とトレーダー

自分を投資家だと思っている人の大部分はトレーダーだ。負債を資産だと思っている人がたくさんいるのと同じように、自分を投資家だと思っている人の多くは、本当は投資家ではなくトレーダーだ。もう一つ指摘させてもらうと、自分を投資家だと思っている人の多くは、本当は「貯蓄家」だ。401（k）やIRA（個人年金積立口座）、Keogh《キーオ》（自営業者などを対象とした年金積立）といった年金プランをやっている人の多くが、よく、「引退に備えてお金を貯めている」などと言うのはそのためだ。貯蓄家はただお金をどこかの口座に入れるだけで、ほかには何もしない。投資家は自分のポートフォリオ、あるいは口座を積極的に管理、運営する。

投資家とトレーダーの違いは何だろう？　投資家は持ち続けるために買い、トレーダーは売るために買う。だれかが「私がこの株式（あるいは不動産）を買ったのは、値上がりするのがわかっているからだ」と言ったとすると、その人は本当は投資家ではなくトレーダーだ。つまり、使うのではなく、トレード（取引）するためだけに買っている。たいていの人が投資家ではなくてトレーダーだと私が言うのはそのためだ。トレーダーはたいてい、自分が買った資産の値段が上がるように願っている。そうすれば、売って利益を得られるからだ。投資家は、資産をそのまま持ち続ける一方で、自分が投資したお金をそこからできるだけ速く回収したいと思う。金持ち父さんはこう言っていた。「投資家はミルクと子牛を得るために牛を買う。トレーダーは殺して肉を売るために牛を買う」

紙の資産であれ、ビジネスであれ、不動産であれ、投資の世界で成功したかったら投資家とトレーダーの両方になる必要がある。投資家は何を分析し、どのようにして投資を管理するかを知っている。一方トレーダーは、買って売る方法とその時期を知っている。投資家は普通、資産からのキャッシュフローを期待し、トレーダーは安く買って高く売り、そこから売却益を得ることを期待している。

2. ファンダメンタル投資家とテクニカル投資家

ファンダメンタル投資家は会社や不動産の財務諸表を見る。多くの場合、彼らの関心は収益、経営状態、長期的に見たビジネスの可能性にある。純粋なテクニカル投資家は会社のファンダメンタル（基本的事実）には関心がない。会社が利益を出しているか、経営状態がよいか、などということにも関心がない。彼らにとっての関心事は、その時の株式市場の地合い（市場の人気・雰囲気）だけだ。ファンダメンタル投資家が財務諸表を見るのに対して、テクニカル投資家は市場の地合いを反映したチャートを使う（チャートの例はあとでいくつか紹介する）。

テクニカル投資家としては優秀でも、適切なファンダメンタルを把握していないという、ただそれだけの理由で損をすることもある。デイ・トレーダーは、個人的なお金の管理に関するファンダメンタルが乏しいから、結局は損をしたり無一文になったりする。ファンダメンタル投資家も同じだ。多くのファンダメンタル投資家が、手堅く利益を上げている優良会社に投資しているのに、なぜ自分はお金を儲けられないのか、なぜ損をするのか不思議に思っている。彼らがファンダメンタルのしっかりした会社に投資していても損をする理由は、テクニカル・トレーディングの知識が不足しているからだ。

このような実態があるからこそ、金持ち父さんは自分の息子と私に、「適格」投資家あるいは「洗練された」投資家——ファンダメンタル、テクニカルの両面でしっかりした知識と技術を持っている投資家——になって欲しいと思ったのだ。

3．平均的投資家と洗練された投資家

平均的な投資家は財務諸表が何なのかもほとんど知らない。彼らは長期的に投資し、ポートフォリオを分散し、投資信託に投資し、「買って、持ち続け、祈る」というやり方で満足している。洗練された投資家は、お金を持っていて、ファンダメンタル投資とテクニカル・トレーディングの両方の知識・技術を持っている。

## ●株式市場がどんな状態でも儲けるのに役立つ言葉

若くして悠々自適の引退をしたいと思っている人には、大きな損失に備えて資産を保護する、つまり保険をかけることが絶対に必要だ。紙の資産に投資している平均的な投資家は、決して安心していられない。だから、投資は危険だと感じる。そして、彼らにとっては確かにその通りなのだ。平均的投資家は不安を感じているからこそ、ファンドマネジャーや、身内で株式ブローカーをやっている人、ファイナンシャル・プランナーといった人に自分のお金を託す。そして、彼らが市場における大災害から自分たちを守ってくれることを期待し、祈る。問題なのは、ごく平均的な投資信託ファンドマネジャーや株式ブローカーが、顧客を株価暴落から守ることも、横ばいで変化のない市場で顧客が儲ける手伝いもできないことだ。

市場がどんな状態でも儲け、自分の資産を守るために必要なのは、ファンダメンタル投資家とテクニカル投資家、両方の語彙を学び、正確に理解することだ。特に、紙の資産の場合はそうすることが大事だ。これは少しばかり時間を投資すれば簡単にできる。あなたが不動産投資をしようとする時、銀行がお金を貸す前に財務諸表を見せてくれと言ったり（これはファンダメンタルを知るため）、投資用不動産を対象とした物保険（火災保険など）、権原保険（所有権、抵当権を保護する保険）、抵当保険に入ることを要求したり（これはテクニカル面のリスク、思いがけないリスクに保険をかけるため）するのとまったく同じように、紙の資産に投資する時には、あなたも自分自身に対して同じことを要求すべきだ。そのためには、まず、紙の資産に投資する際の「保険の言葉」を理解することが大事だ。次にそういった言葉のうちいくつかを紹介する。

1. トレンド
2. 移動平均
3. 逆指値注文
4. コール・オプション（買付選択権）
5. プット・オプション（売付選択権）
6. ストラドル
7. 空売り

平均的な投資家もこれらの言葉のうちいくつかは耳にしたことがあるかもしれない。だが、おそらくはっきりした意味は知らないだろうし、実際に使ったことはないだろう。平均的な投資家の多くは、「危険すぎる」の一言でこれらの大切な言葉を片付けてしまう。何かが「危険だ」と言うのは、「私は怠け者で、そのことを学ぶ気がない」と言っているのと同じかもしれない。

**●あなたが知らなければならないこと**

自分の財産を紙の資産にして持っていたいと思っている人は、市場の暴落に備えてその資産に保険をかけなければいけない。次に挙げるのは、そのためにあなたが知らなければいけないことの一部だ。ここでも、すべては言葉の理解から始まる。

1. トレンド

洗練された投資家はだれでも、トレンドを理解していなければいけない。洗練された投資家がよく言う言葉に「トレンドはあなたの友人《フレンド》だ」というのがある。あなたもこの言葉を覚えて、使って欲しい。

では、トレンドとは一体何だろう? この言葉の意味を説明するには、私の思い出話を一つお聞かせするのが一番いいと思う。

ハワイで育った私のティーンエージャー時代の友人は、ほとんどみんな、大きな波を乗りこなすサーファーになるために自分を鍛えていた。毎年冬、北から大きな波が押し寄せる時期になると、私たちは度胸のあるところを見せると同時に、サーファー技術を向上させようと、海に飛び込んだものだ。ある年、アメリカ本土から転校生がやってきた。彼は夏の小さな波に乗るのはなかなかうまかった。冬になると、この転校生は、波の高さ以外は大した変わりはないだろうと思って、大胆にも海に繰り出した。ところが、波の根元でコントロールを失い、倒れてしまった。とてつもなく大きな波が彼を巻き込み、かなり長い間、私たちは彼の姿を見つけられなかった。しばらくしてやっと、私たちから少し離れたところでガバッと海中から飛び出した彼は、咳き込みながら必死で泳ぎ出した。一緒にサーフィンをしていた私たちは目を疑った。彼が潮の流れに逆らって泳ごうとしていることが信じられなかったのだ。私たちはしばらくあっけにとられていたが、そのうち仲間の一人がやっと口を開いた。「なんてやつだ! 潮に逆らって泳ごうとするなんて。ぼくには信じられない! そんな力で泳げる人間はいないよ!」

大きな波が海岸に打ち寄せた時、運ばれてきた多量の水は海に戻る道を見つけようとする。海に戻ろうとする水の動き、これが離岸流を生む。この水は、はじめ浜辺に並行して移動し、そのあと海に向かって川のようにどっと流れていく。島で育った私たちは、この流れに巻き込まれたら、ただ力を抜き、潮が沖まで自分の身体を運ぶに任せておけばいいことを知っている。そして、水が沖に散らばり流れが治まったら、もっと安全なルートを選んで、泳ぐか、ボディーサーフィンをして岸に戻ってくればいい。だが、この新入りは離岸流がどんなに強い力を持っているか知らなかった。だから、流れに身を任せるのではなく、それに逆らって泳ごうとして体力を使い果たし、もう少しで溺れそうになった。新米の投資家にも同じことが起こる。

投資サイクルは海の波のように打ち寄せる。季節によって変化するところも同じだ。サーファーは、季節の変化とともに生じる波と水の力の変化にきちんと注意を払う。洗練された投資家も同じことをする。彼らが「トレンドはあなたの友人《フレンド》だ」と言うのはそのためだ。経験豊かなサーファーが、波や潮の流れに逆らわないでいるのがいいと経験から知っているのと同じように、洗練された投資家もトレンドに逆らわず、それと一緒に動く。つまり、適切な時期を見極めて戦略を変えたり、あまりに変動が激しい時は手を引いて傍観者に回ったりする。一方、平均的な投資家は、買っては持ち続けるやり方を変えず、ちょっと株価が下がると買ったり、損をする一方でブローカーに電話をして「これが底値だろうか?」と聞いたりする。

### ●三つの基本的なトレンド

紙の資産だけでなくすべての投資に影響を与えるトレンドとして、基本的なものが三つある。一つは、よく強気相場《ブル・マーケット》と呼ばれる上向き傾向の市場。二つめは弱気相場《ベア・マーケット》と呼ばれる下向き傾向の市場。三つめのトレンドは横ばい傾向の市場、つまり上がりも下がりもしない市場だ。洗練された投資家はそれぞれのトレンドに対して異なる戦略を使う。平均的な投資家は一つの戦略しか持っていなくて、異なる三つのトレンドのどれに対してもそれを使おうとする。彼らが最終的に損をするのはそのせいだ。長期的に投資をするのは基本的にはいい考えだが、たった一つの戦略で長期的な投資をするのは、敗者のやり方だ。

動物でさえ季節に違いがあることを知っている。秋の終わりに、冬の息吹を感じさせる肌寒さが訪れると、たいていの動物は、冬の訪れとともにやってくる変化に備える必要があることを知る。洗練された投資家も同じことをする。「長期的に投資をしなさい。買って、たとえ市場が下がっても持ち続けなさい」というファイナンシャル・アドバイザーの言葉を信じるのは平均的投資家だけだ。物事が変化することを知るだけの知恵が動物たちにあるとしたら、人間だってそうあってしかるべきではないだろうか？

2. 移動平均

トレンドは買い手と売り手によって作られる。つまり、買い手の方が多ければトレンドは上向きになり、売り手の方が多ければ下向きになる。平均的な投資家はファイナンシャル・アドバイザーから「市場は過去四十年間上がり続けています」と聞かされると安心する。洗練された投資家は長期的な平均ではなく、「移動平均」に注目する。つまり、サーファーが毎日の潮の干満を注意深く見守るように、洗練された投資家は市場に入って来たり、そこから出て行くお金の流れに注目する。次にあげるようなチャートに彼らが注目するのは、いつ戦略を変えたらよいかをこれらのチャートが教えてくれるからだ。

図⑫から図⑯は移動平均のチャートの一例だ。前にも言ったように、ファンダメンタル投資家は財務諸表と経営陣の手腕を分析し、テクニカル投資家はチャートを見る。そのテクニカル投資家が注目するチャートがこれだ。

**●トレンドが変化しているのはどうやったらわかるか？**

変化が近づいた時、市場は私たちに何かサインを送ってくるのだろうか？　答えは「イエス」だ。これは数学や物理学のような精密科学に基づいたものではないが、思いつきや勘、耳寄り情報などをもとに投資するよりはずっと確かだ。

気象学者はハリケーンが近づくのを予測できる。これはたいていの人が知っている。気象の予測は確かに精密科学ではないが、今は大きな嵐が近づけば、それに備えるのに充分な警報が出される。テクニカル・トレーダーもそれと同じようなことができる。つまり、平均的な投資家が株を持ち続け、市場が上がり続けるように祈る一方で、プロの投資家たちは嵐が来る前に売る。

テクニカル・トレーダーが常に注目しているサインはたくさんある。図⑮のチャートはテクニカル投資家が注目する指標的パターンの一例だ。

テクニカル・トレーダーはこのようなパターンをダブルトップと呼んでいる。そして、このパターンを見つけると警戒して、投資戦略を変えたり、市場からすっかり手を引いたりする。チャートを見るとすぐわかるが、ダブルトップのあと株価は急激に下がっている。

市場が下がり切ったところでも同じようなパターンが見られる。図⑯のようなパターンはダブルボトムと呼ばれている。このパターンが現れた時も、テクニカル投資家は戦略を変える。そして、平均的投資家が希望を捨て売りに走る一方で、買いに出る。

テクニカル投資家が注目するパターンには、異なる多くのパターンがある。それに、絶対にこうなるというわけではないし、得すると保証されているわけでもない。だが、市場が発するこのようなサインをまったく知らない平均的な投資家に比べて、洗練された投資家がとても有利である理由の一部がこのチャートにあることは確かだ。テクニカル投資家が有利な点の一つは、保険をかけることで自分の資産の価値を守る時間が与えられていることだ。一方、平均的な投資家は、保険をかけることもなく無防備で、危険にさらされた状態のままでいる。つまり、何百万人もの投資家が、お金の面での自分の未来を危険にさらしたまま、ファイナンシャル・アドバイザーからのアドバイスが、どんな市場にも定期的にやってくる嵐から自分たちを守ってくれるように願い、祈っている。

いわゆる「投資の専門家」が「長期的に投資しろ。あわてるな。じっと待っていろ。過去四十年間平均して市場は上がり続けていることをいつも忘れるな」と言うのを耳にすると、私はうんざりして頭を横に振る。そして、そんな専門家の言うことを聞いて、未来の自分の経済状態を彼らに預けている大勢の人のことをと

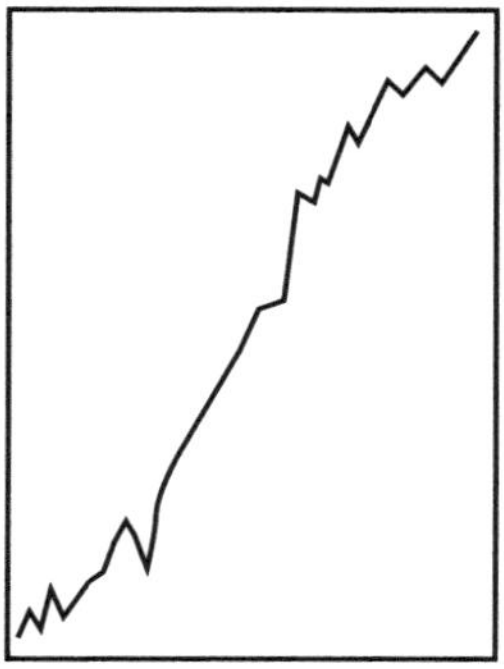

⑫上向きトレンド／強気相場

⑬下向きトレンド／弱気相場

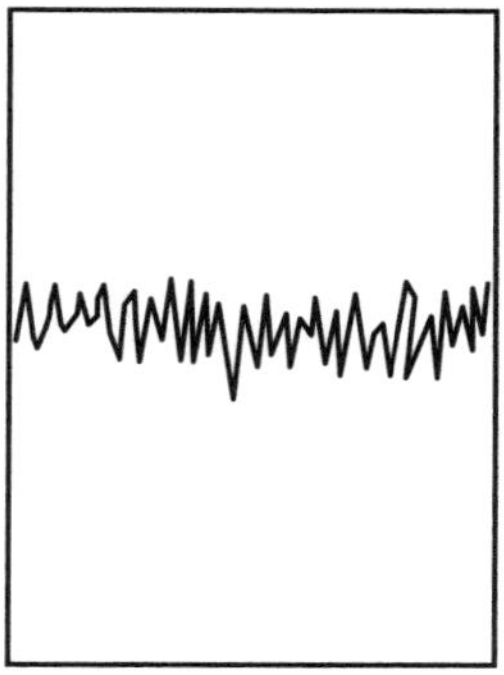

⑭横ばいトレンド

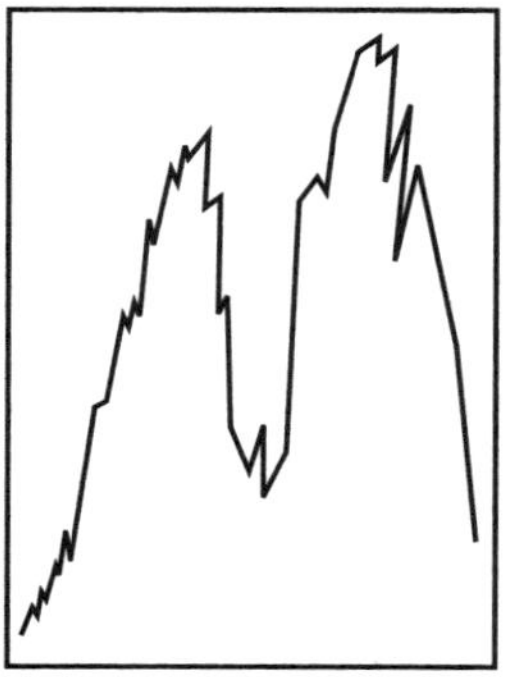

⑮ダブルトップ（二重天井）

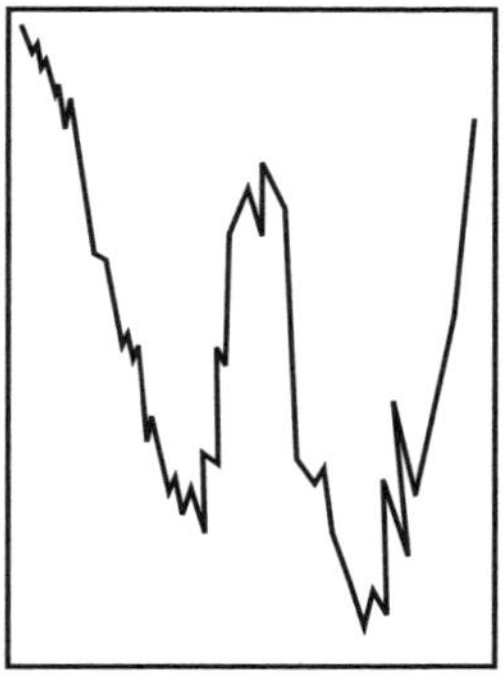

⑯ダブルボトム（二重底）

ても気の毒に思う。自分が何をやっているかちゃんとわかっていれば、投資は必ずしも危険とは限らない。

**●洗練された投資家の道具**

市場が方向を変えた時、平均的な投資家に与えられている選択肢は二つだけ――持ち続けて損をするか、売って損をするかのいずれかだ。先日、名の通った投資アドバイザーが「私は二〇〇〇年の二月、持っている株はすべて売るように言った」と言うのを耳にした。これは平均的な投資家にはいいアドバイスだったかもしれないが、洗練された投資家は、買って損をするのと売って損をする二つ以外にも選択肢を持っている。

次に紹介するのは、上下する市場の中で資産を保護しお金を儲けるために、洗練された投資家が使う知的な道具の一部だ。洗練された投資家はこれらの道具の助けを借りて、市場が下がり調子になった時にもお金を儲け、資産を守る。

3．逆指値注文

洗練された投資家は、自分が持っている株の値段が下がると思った場合、ブローカーに電話をして「逆指値注文」をすることがある。特に、市場のトレンドが下がり気味だと、そうすることが多い。一方、平均的な投資家は何もせず、たとえ自分が持っている株の値段が下がっても、黙ってそれを見ているだけだ。どうしたらよいかわからない本人を尻目に、「買い、持ち続け、祈る」戦略は「買い、持ち続け、損をする」戦略に変わる。

逆指値注文がどのように機能するか、次に説明しよう。例えば、あなたが持っている株の今日の価格が五十ドルで、チャートから市場のトレンドが下向きであることがわかったとしよう。この時あなたが自分を守りたいと思ったら、やるべきことはごく単純だ。ブローカーに電話をして、逆指値注文を出しさえすればいい。例えば四十八ドル以下になったら売るという逆指値注文を出した場合、売り手がどんどん市場に入ってきて株価が下がり始め、三十ドルまで下がったとすると、あなたの逆指値注文はその途中で行使され、株は四十八ドルで売られる。つまり、平均的投資家が十八ドル損をして、それでもその株にしがみついているところを、あなたの場合は損を一株につき二ドルで食い止められる。

確かに逆指値注文は投資家にとっての「保険」としてよく使われるが、特に高度に洗練された投資家たちはいつもこの方法を使うわけではない。取引が始まったばかりの時には、株価は断続的に動く傾向が多くあり、洗練された投資家たちはそういった情報をすでに握っていて、持ち株を売ったり、逆指値注文を取り消したりすることもある。下向きの市場、あるいは乱高下する市場で逆指値注文がうまくいかない場合がある理由としては次の二つがあげられる。

プロの投資家が逆指値注文を使わない理由の一つとして考えられるのは、トレンドが下がる速度があまりに速い場合だ。急降下する市場では、逆指値注文が行使されないままになってしまうことがある。例えば、株価がいま五十ドルで、トレンドが下向きなので、投資家が四十八ドルで逆指値注文を出したとする。つまり、株価が四十八ドルまで下がったら株は自動的に売られる。ところが、市場があまり急激に下がると、四十八ドルという指値が飛び越されてしまうことがある。つまり、あまりに売り手が多く、四十八ドルで買い手がないと、指値では止まらず、そのままさらに下がってしまうことがある。そのあと、少しでも買い手が出てきて四十ドルで価格が止まった場合、この投資家に残された道は、四十ドルの株を持ち続けるか、その時点で売るかのいずれかだ。いずれにしても、この投資家の指値は飛び越されてしまったことになる。

プロの投資家が逆指値注文を使わない場合があるもう一つの理由は、トレンドが読み切れないことがあるからだ。例えば、ここでも株価が五十ドルで、四十八ドルで逆指値をしたとする。投資家の予想通り、株価は四十七ドルまで下がった。株は指値の四十八ドルで売られ、この投資家はほっとする。だが、その後、株価が急激に上がり、六十五ドルまで行ったとすると、この投資家は一株につき二ドル損をしただけでなく、持ち続けていれば儲かったはずの十七ドルも取り損なう。

## ●食うか食われるか

「株で大儲けしている」という話はよく耳にする。ドットコム熱の盛衰期、大儲けしようともくろんでそこに参加し、大儲けどころか大損した人がたくさんいる。最近のニュースには、このドットコム熱を「あんなものに浮かれるなんてばかだ」と言って笑い飛ばしたり、せせら笑う人がたくさん登場する。だが、実際のところ、あの市場の上昇と下降に伴って大儲けした人もいる。たいていの人はそういった人についての話を耳にしていないだけだ。

私の友人の一人は、ドットコムのＩＰＯ熱の初期に買って一財産築いた。まさに大儲けしたわけだが、彼はその熱が冷め、市場が下がった時にも大儲けをした。つまり、一九九九年暮れ、ドットコム市場が頂点に達する少し前、この友人は持っていたドットコム関連の株を全部売り払い、頂点が近づくと、これまで上昇を続けて自分を金持ちにしてくれた同じ会社の株の中から、これぞというものを選んで空売り（あとで説明する）を始めた。そのうち三社は株価の値下がりが激しく、結局は破産した。おかげで彼は、株の値上がりで一財産築いただけでなく、値下がりでそれよりも大きな財産を築くことになった。そんなことがどうしてできたのだろう？　値下がりの時により多くのお金を稼いだ理由は、彼が自分のお金は一銭も使わず、破産した会社の株を空売りすることで得たお金に対して税金を払っていないからだ。

この友人に、なぜそんなことができたのかたずねると、彼はこう答えた。「ぼくは高値の時に株を空売りした。つまり、株を借りたんだ。その後、業績不振でその会社は結局破産した。ぼくは今のところ税金を払っていない。なぜなら、空売りした分を買い戻していないからだ。だから、税務署に借りもない。ぼくがやったのは、ただ、自分が所有していない、つまり借りた株を売っただけだ。で、今ぼくは、それを買い戻して借りた相手に返せる時期が来るのを待っている」。この友人は、ごく少量の株の空売りで八十七万五千ドル以上を儲け、それを非課税の地方債ファンドに変えて非課税の利子を得ている。言い換えればこれは、自分のものではない株を売って得たお金からの利子だ。「ぼくはあの株を買い戻すチャンスが来るのを待っているけれど、それまでは、非課税の売却益《キャピタルゲイン》をもらうんだ」。友人はそう話してくれた。

今お話しした取引の仕組みがわからなくても心配には及ばない。たいていの人にはわからなくて当然だ。もっとよく理解したいという人は、株式ブローカーか会計士を見つけて、説明してくれるように頼もう。

ここで大事なのは、そういった仕組み自体ではなく、値上がりとともに大儲けしたいと思ったら、値下がりとともに大儲けする方法も知っている必要があるということだ。それを知らないと、往々にして、大儲けする「食う側」ではなく「食われる側」になってしまう。

逆指値注文のような、プロが使うトレードの道具はほかにもいろいろある。これらの道具を使って投資をするには、ブローカーに売りの逆指値注文や、その反対に、ある値以上になったら買うように指示する買いの逆指値注文を出すだけではだめだ。洗練された投資家は平均的な投資家よりもっと多くの道具を必要とする。それを持っていないと、仲間が大儲けをする一方で、自分だけが「食われる側」になってしまう。

洗練された投資家たちがこのような有利な道具を持っているのは確かに公平ではない。だが、それが現実だ。だからこそ、「平均的な投資家にアドバイスするとしたらどんなアドバイスをしますか?」という問いに対して、私は「平均的であることをやめなさい」と答えるのだ。私がそう言うのは、お金の面でのあなたの未来、安定は、ただ平均的であればいいというものではないからだ。それはもっと重要なはずだ。

**●注意！**

この本はテクニカル・トレーディングに関する本ではない。逆指値注文の説明に使った例は非常に単純化されていることを頭に入れておいて欲しい。洗練された投資家は空売りをいつ、どのように使ったらよいかを知っている。それは、逆指値注文がうまく働く場合もあるが、まったく効き目のない場合もあるからだ。これまでに紹介したテクニカルな手法、あるいはこれから紹介するテクニックを使いたい人は、まず、本や雑誌を読んだり、人に聞いたり、セミナーに出席したり、経験を積んだりして充分に準備をして欲しい。

この先で、さらにいくつかテクニックを紹介するが、それらを紹介する主な理由は、投資が危険だと思っている人たちに、それが必ずしも危険ではないということをわかってもらうためだ。もう一度断っておくが、これらのテクニックを使ってみたい人は、自分で責任を持って必ずもっと深く学ぶようにして欲しい。

4．コール・オプション（買付選択権）

オプションはいわば保険だ。簡単に説明すると、あらかじめ決められた一定の期間内に、所定の価格で株式を買える権利をその所有者に与えるのがコール・オプションだ。株式の突然の上昇を見逃さないように、投資家を守る保険契約だと言ってもいい。例えば、トレンドや移動平均のチャートが、市場にどんどん買い手が入って来て株価が上がりつつあることを示していて、投資家が、株価が上がった場合に備えて確実に安値で買えるようにしたいと思ったとする。今日の株価が五十ドルだとすると、投資家はブローカーに電話をして、一株五十ドルで百株買うためのコール・オプションを買いたいと言う。このコール・オプションの値段が一株一ドルだとすると、百株分で百ドルだ。それを買うことで、この投資家は突然の株価上昇に対して自分を守っている。

三週間後、この投資家が旅に出て釣りを楽しんで帰ってくると、例の株の値段が六十ドルに上がっていた。コール・オプションを持っているから、この人は百株を一株五十ドルで買うことができる。そして、それを買ったあと、もし本人がそうしたいと思えば、その百株を一株六十ドルで売ることができるというわけだ。

一方、株価が上がらず五十ドルのままだったり、それ以下に下がった場合は、オプションは何の価値もないまま効力を失う。洗練された投資家が「アウト・オブ・ザ・マネー」と言うのがこれにあたる。

株価が六十ドルに上がった場合、平均的な投資家は一株五十ドルで百株買える権利を行使して、五千ドルで百株買うと同時にそれを六千ドルで売って九百ドル（六千ドルから五千ドルを引いた残りからオプションを買うのにかかった百ドルを引いた額）の利益を得る。一方、洗練された投資家の場合は、自分が持っているオプションを一株十ドルで売る。つまり、百株分を千ドルで売って、九百ドル（千ドルからオプションを買うのにかかった百ドルを引いた額）の利益を得る。

この二つの取引を細かく分析してみると、平均的な投資家が九百ドル儲けるのに五千ドルかけているのに対し、洗練された投資家は同じ九百ドルを儲けるのに百ドルしかかけていないことがわかる。この例はかなり単純化してあるが、この場合、どちらの投資家の方が自分のお金を効率よく使ってお金を儲けたと言えるだろうか？

答えは、オプションを買って売った投資家、つまり洗練された投資家の方だ。平均的な投資家は九百ドル儲けるために五千ドルかけた。つまり、株が六十ドルになるまでに一カ月かかったとすると、一カ月の利回りは十八パーセントだ。一方、洗練された投資家は百ドルで九百ドルの利益を得た。つまり、利回りは九百パーセントだ。

ここでも前と同様、この例は非常に単純化されていることに注意してもらいたい。こういったテクニックをしっかり身につけたい人は、必ずもっと勉強し、経験を積み、あなたが学ぶのに手を貸してくれる有能な株式ブローカーを見つけるようにして欲しい。

この例は、金持ち父さんが多くを所有したいとは思わず、ただコントロールする力を持とうとした理由も説明している。つまり、オプションは売り買いのプロセスをコントロールする力をあなたに与える。この例はまた、紙の資産でレバレッジをどのようにして生み出すか、自分が何をやっているかきちんとわかった上で、より低いリスクでより高いリターンを得るためにレバレッジをどのように使うことができるか、その方法も示している。この例では、洗練された投資家は一株分のオプションにつき一ドルを危険にさらしただけだが、平均的な投資家は一株につき五十ドルを使っている。前にお話ししたお金のスピードを考えた場合、どちらのお金が速いスピードで動いていると言えるだろうか？　また、どちらの投資家がより速く金持ちになれるだろうか？

## ●金持ちはものを所有するのは嫌い

今の例を読んで気が付いた人もいるかもしれないが、オプションを所有するのに、株式を所有する必要はない。こういった細かい点は見過ごされることが多いが、よく理解していれば、そのおかげで大きな成果が得られることもある。

ここで注目して欲しいのは、金持ち父さんが何も所有したいと思わなかったのに対し、貧乏父さんは所有したいと思っていたことだ。貧乏父さんはよく「この家は私の名義になっている」とか「私の車は私の名義になっている」などと言った。一方、金持ち父さんは「何か所有したいと思ってはだめだ。きみに必要なのは、それをコントロールする力だけだ」と言った。オプションはこの考え方に基づく具体例の一つと言える。貧乏父さんは株式を所有したがった。一方、金持ち父さんは、株式を買ったり売ったりするためのオプションを所有することだけを望んだ。今、まわりを見回すと、オプションを買ったり売ったりする方が、いろいろな点から見てずっと大きなレバレッジをもたらしてくれる（株式を買うよりもオプションを売買する方が、たくさんのお金を儲けるのに必要なお金がずっと少なくてすむ場合もある）にもかかわらず、株式を所有していることを自慢する人が多いことに気付く。

5．プット・オプション（売付選択権）

今の例は、上向きトレンドの市場、つまり強気市場でお金を儲けるのにコール・オプションをどのように使うか、その方法を簡単に説明したものだ。市場のトレンドが下向きになると、洗練された投資家は、お金を儲けるためだけでなく、株価が下がった時に自分の持っている株の価値を守るためにプット・オプションを使う。

例えば、今、株価が五十ドルだとする。市場が下向きになり、株価が四十ドルまで下がると、平均的な投資家は一株につき十ドル損をする。つまり、百株持っていれば、理論上千ドル損をする。ここで気を付けなければならないのは、投資家が損をするのは理論上だけで、実際に損をするわけではないということだ。この投資家が実際に損をするのは、一株四十ドルで売った時だ。株で損をして、突然「私は長期的な投資をしているんだ」などといい始める人がこんなに多いのは、損が理論上のことにすぎないからだ。投資家がそんなふうに言う時、それはたいていの場合、株価が五十ドルに戻るまで待つことを意味している。これは、「買って、持ち続け、損をする」という戦略で、とんでもない楽天家か、自分が間違いを犯して損をしたことを決して認めない人間のやり方だ。

洗練された投資家は違った投資の仕方をする。つまり、何もしないで座ったまま株価の値下がりを心配するのではなく、ブローカーに逆指値注文をするか、プット・オプションを買うかする。ここでも前と同じように、逆指値とプット・オプションを使う場合、それぞれに理由があるが、その説明は本書の意図するところではないのでここでは取り上げない。ここで言いたいのは、洗練された投資家は市場が向きを変え、トレンドが下がった場合に備えて何かするということだ。

市場が下がらないように祈る代わりに洗練された投資家がすることの例として、百株の株式を五十ドルで売る権利、プット・オプションを一株につき一ドルで買ったとしよう。一株につき一ドルで百株だから、このオプション購入に必要なのは百ドルだ。市場に入ってくる売り手が増えてトレンドが下向きに変わり、株価が四十ドルに下がると、この投資家は大喜びする。なぜなら、一株五十ドルのところで自分のポジションを守る手をすでに打っているからだ。つまり、株価が五十ドルより下がり、買って持っていることで損し続ける分を、プット・オプションの価値の増加で取り戻す。プット・オプションを持っていない投資家は株価の下落に伴いどんどん損をするばかりだ。洗練された投資家、つまり損失防止の「ヘッジ」をしている投資家は、そうなっても横ばいだ。つまり、株での損はプット・オプションによる得で取り戻す。

平均的な投資家が損をする一方で、洗練された投資家がプット・オプションを使って得をする仕組みを簡単に説明しよう。株価が四十ドルに下がっても、洗練された投資家はプット・オプションを行使する、つまり一株五十ドルで百株を売る権利を行使して五千ドル受け取ることができる。次に、この投資家がそうしようと望めば、市場で一株四十ドル、合計四千ドルで百株を手に入れることができる。この場合、最終的にこの投資家の手元には百株の株式と、九百ドルの余分なお金（差額の千ドルからプット・オプション購入代金百ドルを引いたもの）が残る（こういった取引には、証券取引法によって定められたいろいろな決まりがあり、実際の取引はそれに従わなければならない）。一方、プット・オプションを持っていない平均的投資家は、価値が下がった株式しか持っていなくて、しかも、最初に投資したお金はまだ一銭も回収していない。

今の説明がよくわからなくても心配には及ばない。こういった仕組みは、はじめはなかなかわかりにくい。ここでしっかり頭に入れておいて欲しいのは、前にも言ったように、正反対の方向からものを考える必要性があるということだ。オプションの使い方を学ぶのは、長年右手を使って食べてきた人が左手で食べる方法を学ぶのによく似ている。つまり、学ぶことは可能だ。ただ、少し練習が必要だ。ここでもう一つ頭に入れておいて欲しいのは、上向き、あるいは下向きの市場で、資産を守ると同時にお金を儲けるためにオプションを使うやり方は、決して複雑なプロセスではないということだ。それを理解するために少しの時間を費やす気があれば、たいていの人が学ぶことができる。大切なことなので、もう一度繰り返し言っておくが、適切なアドバイザーがそばについていて、適切なアドバイスが得られれば、投資は必ずしも危険ではない。ポートフォリオの中身が紙の資産ばかりで、市場の暴落によってその価値がなくなるのではと心配しながら生活する必要はない。市場の暴落の心配をする代わりに、市場が上向きだろうと、下向きだろうと、横ばいのままだろうとどんどん金持ちになれるように準備をしておくことは可能だ。

ここで特に注意しておきたいのは、お金を損する平均的な投資家はたいてい、何もしないでただ待っていて、「持ち続け、長期の投資をしなさい」というファイナンシャル・アドバイザーのアドバイス通りにするということだ。平均的な投資家がそんなふうにするのは、たった一つのトレンド用の戦略しか持っていないからだ。そして、もうご存知のように、市場のトレンドは一つだけでなく三つある。

### ●洗練された投資家は株式を買うとは限らない

洗練された投資家の中には、決して株を売ったり買ったりしない人がいる。そういう人は、オプションだけを売り買いする。オプションのトレーダーをしている友人に、なぜ株式ではなくオプションだけに投資するのか、その理由をたずねると、こんな答えが返ってきた。「株式投資はスピードが遅すぎる。オプションに投資すれば、もっと少ないお金でより多くのお金を儲けられる。それに、もっと少ない時間でより多くのお金を儲けることもできる。株式に投資して、金儲けができるようにと望むのは、ペンキが乾くのをじっと待っているようなものだ」

6. ストラドル（カラーとも言う）

ストラドルは損失防止用の究極の保険だ。ごく簡単に言うと、一つの価格の位置を基にしてプット・オプションとコール・オプションを設定することだ。例えば、ある投資家が持っている株式の値段が一株五十ドルだったとする。この場合、洗練された投資家なら、一株五十二ドルで買い付けるコール・オプションと四十八ドルで売るプット・オプションの両方を用意しておくかもしれない。つまり、市場が突然六十二ドルまで上がったとしても、それを五十二ドルで買う権利を持っているし、反対に値下がりして四十二ドルになったとしても、自分の株を四十八ドルで売る権利を持っているから、損失を最小限に抑えられる。株価が四十二ドルになると、この投資家の持っているプット・オプション（株を四十八ドルで売る権利）は突然、大きな価値を持つ。場合によっては、株式そのものより価値を増すこともある。ここで大事なのは、ストラドルが上向き、下向き両方の市場におけるリスク回避とチャンス獲得のために使われている点だ。よくわかっていてやれば、これは「超」堅実な戦略にもなり得る。

もう一度断っておくが、この本はオプション取引についての本ではない。ここで紹介したプロセスはどれもかなり単純化してあるが、それはオプションについての基本的な理解を目的としているからだ。また、資産を保護し、利益を増やすためには、このほかにももっと洗練された戦略がたくさんあることも断っておきたい。

## 7. 空売り

子供の頃、私は、自分の物ではない物に手を触れたり、それを使ったりしてはいけないと言われた。株式市場ではこれは通用しない。空売りというのは、自分で持っていない物を売ることを意味する。私がそんなことをしているのを母が知ったとしたら、相当なお目玉とお説教をくらっていただろう。それも無理はない。母は投資家ではなかったのだから。

まず注意して欲しいのは、空売りはオプションではないという点だ。だれかが「私はこの株を空売りしている」と言った場合、それはオプションではなく株式を取引していることを意味している。洗練された投資家は空売りとオプションの違いをよく知っていて、それを使うべき時とそうでない時の見分け方も知っている（この見分け方も、この本の主旨からはずれるので、ここでは詳しく説明しない）。

なぜ株を空売りするのだろうか？　一般的に言って、洗練された投資家は、「今の株価は高すぎる、市場のトレンドは下向きになるだろう」と感じた場合、空売りを始めるのがいいと判断する。株を空売りするというのは、要するに、他人から株を借りて、それを市場で売り、お金を自分のポケットに入れることだ。そして、そのあと市場価格が下がったら株を買い戻し、もとの持ち主に返す。

例を使ってお話ししよう。いまＸＹＺ会社の株価が五十ドルで、市場のトレンドが下向きだとする。この場合、空売りのプロセスは次のようになる。

①投資家Aが株式ブローカーに電話して、XYZ会社の株を百株空売りしてくれと頼む。
②ブローカーがほかの顧客の口座から百株借り、五千ドルで売る。
③ブローカーは次に、投資家A、つまり株を実際に所有するわけではない投資家の口座に、その五千ドルを預ける。
④この時、株を借りた相手の顧客の口座には、売却代金の五千ドルではなく、百株の株に対する借用書が入れられる。
⑤その後、XYZ会社の株が四十ドルまで下がる。
⑥株を借りて売った投資家Aが株式ブローカーに電話して、一株四十ドルでXYZ会社の株を百株買ってくれと頼む。
⑦ブローカーは一株四十ドルで百株買い、投資家Aに株を貸した顧客の口座に百株を戻す。
⑧ブローカーは百株の代金四千ドルを、投資家Aの口座にある五千ドルから支払う。この五千ドルは、一株五十ドルで百株売った最初の取引の結果生まれたお金だ。
⑨結局、投資家Aは自分の物ではない株を売ることによって、千ドルの差額から手数料、税金などを差し引いた儲けを得る。つまり、お金を使わずにお金を儲けたことになる。

簡単に言うと、以上が空売りのプロセスだ。さらにいくつか注意すべき点を次にあげる。
①空売りした投資家Aが、一株四十ドルで百株を買ってもとの持ち主に返した時、この投資家は「ショート（空売り）をカバーした」ことになる。この言葉はとても大切なので、覚えておいて欲しい。
②今紹介した簡単な例からもわかるように、株の空売りには大きなリスクが伴う。市場が上向き、株価が上がってしまうと、空売りをしていた人は大損する場合もある。同じ例を使うと、もし、この株が一株六十ド

ルまで値上がりしたとすると、投資家Aは千ドル損をする。だがここでも、金持ち父さんがよく言っていた「リスクがあるからといって、危険だとは限らない」という言葉があてはまる。洗練された投資家の中には、空売りをすると同時に、一株五十一ドルで買う権利、つまりコール・オプション（買付選択権）を買う人もいる。この場合は、たとえトレンドが上向きになり、株価が一株六十ドルになっても、投資家は六十ドルではなく五十一ドル払えばいい。これも損失をできるだけ低く抑えるための手段だ。

③みなさんも気が付かれたかもしれないが、今の例にも市場のトレンドの話が出てきた。「トレンドはあなたの友人《フレンド》だ」という言葉を思い出そう。潮の流れに逆らって泳ごうとした私のクラスメートのようなことはしないようにしよう。空売り、ストラドル、コール・オプションといった言葉を知ることより、それらがおたがいにどのように関係しているかを知ることが大事だ。例えば空売りの手法を使うのは下向きトレンドの市場ではかなり安全だが、上向き市場、横ばい市場ではリスクがずっと大きい。

④今お話ししたことがまったく理解できなくても、心配にはおよばない。これらの言葉をあなたの語彙の一部にするために必要なのは、そうしたいという気持ちと、ちょっとした時間と練習だ。これまでの話で私が一番言いたかったのは、今あなたがやっているように、自分を教育するためにちょっとした時間を投資する気持ちがあれば、投資は必ずしも危険とは限らないということだ。リスクを小さくする方法を身につければ、投資からの利益を増大させることができる。なぜなら、あなたはもう平均的な投資家と同じことはしないようになるからだ。

## ●お金を儲けるのにお金が必要ではない理由

私はよく人から「お金を儲けるにはお金が必要なのではないですか？」と聞かれる。株の空売りの仕組みがわかれば、この質問への答えもわかるはずだ。株を空売りした時、その人は自分で所有しているわけではない物を売って、そこからお金を受け取る。つまり、お金を儲けるために、本当にお金は必要ない。とは言っても、この質問に対して正確に答えるとしたら、次のように言うべきだろう。「それは投資をしている人による」

金持ち父さんはこう言っていた。「ファイナンシャル・インテリジェンスが低ければ低いほど、少しのお金を儲けるためにより多くのお金が必要だ。ファイナンシャル・インテリジェンスが高ければ、たくさんのお金を儲けるためでもまったくお金は必要ない」。このことをもっと詳しく説明するために、次に一つ例を紹介しよう。この例は、お金に関する語彙を豊かで強力なものにすることの大切さも示している。

数カ月前、私は株式ブローカーに電話をして、「XYZ社の裸のプット・オプション（売付選択権）を十売《ライト》ってくれ」と言った。

ブローカーのトムはいくつか質問をしたあと、「よし、OKだ」と言った。このときトムがした質問は、オプションの行使期限などについてだが、これも本書で取り上げるべき内容ではないので詳しい説明は省く。この時私がしたのは、プット・オプションの売却だ。買ったわけではない。これはとても大事なことだ。なぜなら、これまでの話では、保険としてオプションが使われてきたからだ。つまりたいていの人はオプションを買って、自分の資産に保険をかける。英語で「書く」という意味の write には「オプションを売る」という意味もあり、「オプションを書く」と言ったら、オプションを買うのではなく売ることを意味する。大金持ちたちは、株式を売るのと同じようにオプションを売る。買うのではない。ビル・ゲイツが世界で一番の金持ちになったのは、マイクロソフトの株を売ったからで、買ったからではない。オプションの世界でも同じことだ。ただし、オプションの方が株よりも動きが速く、簡単で、しかもより多くの利益が得られる。もちろんこれも、自分が何をやっているかよく理解してやればの話だが。

私がブローカーに「裸のプット・オプションを売ってくれ」と言ったのは、「私が持っているわけではない株に対するオプションを売ってくれ」という意味だった。この場合のオプションはプット・オプションで、私は十の取引をしたいと思っていた。一つの取引は百株のオプションを意味するから、全部で千株分だ。

トムはその日のうちに電話をかけてきて、「五ドルだったよ」と言った。

私は「ありがとう」と言って、この取引はひとまず終わった。その後私は株や市場の動きを見守っている必要はなく、どこでも好きなところに出かけて好きなことをやっていられた。トムが「五ドルだった」と言ったのは、その日私の口座に五千ドルが入ったことを意味する。言い換えれば、私は五分もたたないうちに五千ドル儲けたことになる。おまけに、そのために私は元手となるお金を集めることも、目で見える何かを売る必要もなかった。つまり、私は何もない物を売って、五分以内に五千ドルを作ったと言ってもいい（ここではっきりさせておきたいが、私は確かにお金はまったく使わなかったし、形のある物を売ることもしなかった。だが、証券会社の私の口座にはほかの資産が預けてあって、それがこの取引のための担保の役目を果たした。だからこそ、ブローカーを通してあのような方法がとれたのだ）。

数週間後、トムがまた電話をしてきてこう言った。「あれは結局行使されなかったよ」。それに対して私はこう答えた。「そいつはいい。ところで、今度はいつゴルフに行こうか？」

## ●「オプションを書く」ことの意味

まず言っておきたいが、いまのような取引を例として取り上げたのは、自分がどんなにうまくやったか自慢するためではない。言葉の持つ力の大きさを実際の例でお見せしたかったからだ。今の例に出てきたような言葉は、私にとって単なる言葉以上の意味を持っている。私の頭の中に実在し、生きている。これらの言葉は道具だ。私を金持ちにしてくれる道具、お金を使わずにお金を儲けることを可能にしてくれる道具だ。金持ち父さんはいつもこう言っていた。「言葉にはきみを金持ちにする言葉と、貧乏にする言葉がある」

トムに「XYZ社の裸のプット・オプションを書いてくれ」と言った時、私は「だれかが持っている株を所定の価格で私に売る権利をその人に売ってくれ」と頼んだのだ。その日、XYZ社の株は一株約四十五ドルで売られていた。私のプット・オプションは、それを買う人に対して、その人が所有する株を一株四十ドルで私が買うことを保障するものだった。言い換えると、私はＸＹＺ社の株を持っている人に保険を売ったことになる。もしこの株の値段が一株四十ドルまで下がり、プット・オプションが行使されたら、私は四十ドルでそれを買い、もとの所有者がそれ以上の損をするのを食い止める。

トムがあとで電話をしてきて「五ドルだった」と言ったのは、一株をカバーするプット・オプションが五ドルだったことを意味する。オプション取引の世界の言葉では「書く（write）」が「売る」の意味を持つが、保険業界でも同じ言葉が使われる。保険のセールスマンは「死亡時給付金十万ドルの生命保険を書きましょう（引き受けましょう）」などと言う。保険業界では、「保険契約を引き受ける」という意味でunderwriteという言葉が使われることもある。この言葉は、代金と引き換えに何かを保障することを意味する。つまり、「書く」は保険とオプションの世界では「売る」を意味する。この例の場合、私は投資家の四十五ドルに対する損失の危険性を、一株につき五ドルで引き受けたことになる。つまり、もし株が四十ドルまで下がったら、私がこの投資家の株を四十ドルで買うことを保障したのだ。この場合、私は保険会社になったのと同じだ。だから「書く」という言葉を使ったのだ。私は自分が所有しているわけではないものに保障をつけた。これは保険会社がやることと同じだ。

## ●敗者のコンテクスト

今、コンテクストがまだ広がっていない人の頭の中では、「でも、そんなの危険すぎる。もし市場が暴落したらどうなる？　それでも一株四十ドルで買わなければならないとしたらどうなる？」という声が聞こえているに違いない。本書から何か学びたいと思っている人は、どこを読んでいる時も、いつもコンテクストの扉を広く開けておく必要がある。金持ち父さんの「リスクがそこにあるというだけでは、それが危険であるとは限らない」という言葉をいつも頭に入れておこう。

私がこの章を本書の終わりの方に持ってきたのは、みなさんのコンテクストの柔軟性が増して、ここに書かれた情報を受け止める準備ができてからお話ししたかったからだ。この章に書かれていることにはこれまでふれたことがなかったが、それは、これまでの本ではコンテクストの重要性についてお話ししたことがなかったからだ。

たいていの人は、私がこれから説明しようとしていることを受け入れるどころか、理解することもできない。ここまで私の話についてきてくださったあなたには、ぜひ、「おめでとう」と言いたい。私の友人にもいるが、敗者のコンテクストを持っている人、つまり損に対する恐怖に踊らされている人と話をしても、頭の中の騒音がうるさくて、私が今言っていることや、これから言おうとしていることが耳に入らない。危険と損に対するこの恐怖心が頭をもたげると、彼らの頭は「それは危険すぎる。もうそんな話はしないでくれ。私にはそんなことはできない」などと言い出す。だから、ここまで私の話を聞いてくださった方には、心から感謝したい。

前に紹介した五分間の取引の例で、私は、今株を持っている投資家が一株につき五ドルの「保険料」を払うことと引き換えに、XYZ社の株千株を一株四十ドルで買うことに原則的に同意した。そのために支払われたお金、つまり五千ドルは私の口座に預けられた。数週間後、株価は四十三ドルだった。そのため、保険契約とも言うべきオプションは行使されないまま期限切れとなって価値を失った。オプションの世界で「アウト・オブ・ザ・マネー」と呼ばれる状態だ。私の口座にある五千ドルは、手数料と税金を引いたあと、自分のものになる。ここで強調したいのは、このプロセスにかかったのが五分以内だったこと、私は実質的には何も売らず、そのあとも何もしなかった、つまりコンピュータの前に座って市場の動きを見張ったりすることもなく、五千ドルを手にしたことだ。今の時代、一カ月に五千ドル稼ぐことができない人も多い。それに、たとえそれだけ稼いでいても、同じだけの収入に対して私が払った税金よりも、はるかに多くの税金を払っている。仕事の見返りとして五千ドル稼いだ人は、それに対して自営業者税を払うことになるが、私は払わない。なぜなら、収入の種類が違うからだ。つまり、労働の代価として稼いだ人にとってはそれは勤労所得だが、私の場合はポートフォリオ所得だからだ。

## ●何もないところからお金を作り出す

先に進む前に、この五千ドルがどのようにして作られたかをもう一度よく考えていただきたい。これは重要なことだ。なぜなら、この五千ドルは何もないところから作られたからだ。この取引を注意深く観察すると、私が「自分では持っていなかったもの」を売ることでお金を作り出したことがわかる。「それが存在する」と私が決めるまでは「存在しなかったもの」を売ることでお金を作り出したと言ってもいい。この取引は、何もない空中からお金を取り出すようなものだ。この取引においてどのようなことが行われたか、頭だけでなく、物理的にも本当に理解することができたら、ゼロからお金を作り出す「頭脳のパワー」がどんなものか、だんだんわかってくるだろう。このような力はよく、「錬金術の力」と呼ばれる。今のあなたは、私が子供の頃、金持ち父さんがなぜ私にただ働きさせたか、その理由がもっとよくわかるようになっているかもしれない。金持ち父さんは、お金のために働くのではなく、お金を作り出すことを考えるように私を訓練したかったのだ。つまり、異なるコンテクスト、金持ちになるために骨の折れる仕事に依存することのないコンテクストを私に育てさせたいと思っていたのだ。

## ●敗者を幸せにする

私はこのやり方についてあまり人に話さない。なぜなら、敗者のコンテクストを持っている人にこのやり方を説明してもなかなかわかってもらえず、議論するのにあきあきしているからだ。選択肢としてこのような方法もあると説明を始めると、よく次のようなコメントが返ってくる。

「時間がかかりすぎる。一日中市場の動きをながめているなんていやだ」

「危険すぎる。損をする余裕は私にはない」

「あなたがいったい何の話をしているのか、さっぱりわからない」

「そんなことはできない。違法だ」

「私の株式ブローカーは、そんなに簡単にはいかないと言っている」

「あなたが間違っていて、失敗したらどうするのか?」

「そんなの嘘だ。そんなことできるはずがない」


敗者が負けるのは、少しの間自分のコンテクストに黙らせておいて人の話に耳を傾けることができないからだ。本書ではこれまでに、コンテクストとその人の持っている現実について話をしてきた。コンテクストに入れる中身、つまりコンテンツについてあまり話さなかった理由は、たいていの人のコンテクストは、私が今お話ししたようなコンテンツをうまく受け入れられないからだ。だが、本書も終わりに近づいてきた今、たくさんの人が知りたいと思っているこのコンテンツについてそろそろお話ししてもいいのではないかと思う。ここまで読んでくださった方なら、柔軟性を持ったコンテクストを使って、これからお話しする中身をしっかり吸収し、それを利用して実際の行動を起こすことができるに違いない。

私がしていることを話してくれと頼まれて話をすると、多くの場合、聞いている人のコンテクストが抵抗を始める。たいていの人は、新しい考えを取り入れる扉を閉ざし、あれこれ反論し、それが不可能な理由を探してくる。だからこそ、これまでじっくり時間をかけてコンテクストについて説明をしてきたのだ。これから先では、今お話しした「裸のプット・オプションを売る」ことが、なぜ、たとえ市場が予想通りに動かなかったとしてもローリスク・ハイリターンの投資になるのか、その理由についてのコンテンツをみなさんに提供したいと思う。

## ●株価が三十五ドルまで下がったらどうする?

まず第一に、私は株を所有していない「裸の」ポジションをカバーするために四万ドル使わなければならなくなった時のことをまったく心配していなかった。判断が間違っていた場合のことを心配していなかったのには、次の三つの理由がある。

1. 株を買わなければならなくなった場合、自分のポジションをカバーするだけのお金を持っていたから。
2. 過去の事例から見て、オプションの八十五パーセントは行使されずに期限切れになることがわかっていたから。八十五パーセントの勝率は、株式市場やラスベガスでの勝率よりずっといい。
3. いずれにせよ、その株は手に入れたいと思っていたから。私はただ、それを大安売りの値段で買いたかっただけだ。

では、考えてみよう——株価が下落して、一株四十ドルで私がそれを買わなければならなくなる事態が起こり得たか？　答えは「イエス」だ。なぜなら、それこそが、裸のプット・オプションを売った時、私が同意した条件だからだ。勝者のコンテクストを持っている人間と敗者のコンテクストを持っている人との違いは、勝者が、たとえ損をする時でも勝てると知っていることだ。彼らが損を恐れないのはそのためだ。敗者は負けることとしか考えられない。だから、たまにしか勝てないのだ。

株価が三十五ドルまで下がったとしよう。敗者のコンテクストを持っている人には、負けしか見えなくて、勝利は目に入らない。そういう人は、「一株四十ドルで千株買わなくてはならなくなり、四万ドル損をした」とよく言う。敗者はリスクばかり見て、決して取引をしようとしない。彼らのコンテクストは扉が固く閉ざされていて、このようなやり方にどれくらいリスクが伴うか、きちんと考えることもなく、ただ恐れてばかりいて何もしない。敗者はそれ以上考えることができないのだ。その理由は、感情が頭を支配しているからだ。彼らにとっては、四万ドルが危険にさらされるリスクの方が、五分間で五千ドル儲けられるチャンスよりも大きい。それどころではない。もし株価が三十五ドルに下がって損がさらに五千ドル増えたら……

敗者のコンテクストがその人の頭を完全に支配する。

本書のはじめで、頭脳のレバレッジについて多くのページをさいたのは、今お話ししたような取引の例があるからだ。ビジネスを起こすことに関する話であれ、不動産や紙の資産への投資に関する話であれ、私がやっていることを人に話した場合、私が提供したコンテンツが役に立つかどうかを決めるのは、その人のコンテクストである場合が多い。敗者はいつも――例外なく「いつも」――実際はそうではないにもかかわらず、私がやっていることは危険すぎると考える。貧乏な人はいつも――これも例外なく「いつも」――私がやっていることをやるような余裕はないと考える。そして、勤勉な人は、「私は仕事が忙しくて、あなたがやっているようなことをやる時間はない」などとよく言う。一方、私がやっていることにまったく興味のない人は、「複雑すぎる。私には理解できない。それに、私はそれほどお金に興味はない」などと言う。

たいていの人が若くして豊かに引退しない理由は簡単だ。それを実現できるコンテクストを持っていないからだ。これまで、頭脳のレバレッジとプランのレバレッジの説明に多くのページをさいたのはそのためだ。コンテンツよりコンテクストの方が大事だ。適切なコンテクストを持っている人にとっては、若くして豊かに引退するために私がこれまでにやってきたこと、今もやり続けていることはごく簡単だ。私がやっているのはむずかしいことでも、複雑なことでもない。先ほども言ったように、五千ドルを儲けるのに私に必要だったのは五分たらずだった。たいていの人の場合、そのような可能性があること自体がコンテクストに入っていない。つまり、彼らの現実の中に含まれていないのだ。多くの人は、五千ドル儲けられるなら、そのためだけでも喜んで三十日間働こうと思う。彼らがそんなふうに思うのは、彼らのコンテクストが、三十日で五千ドル儲けることが可能だ、あるいは現実的だと彼らに告げるからだ。一方、五分で五千ドル儲けるという考え方は彼らのコンテクストにはないので、そういう考え方が入り込もうとすると「あの人は嘘をついている。そんなの危険すぎる。私にはできない」と抵抗する。つまり、コンテクストがその可能性を拒絶する。可能性を受け入れる代わりに、コンテクストに合った考えを出してくるというわけだ。コンテクストを広げるために一生懸命働くのではなくて、ただ身体を動かしてがむしゃらに働いて一生を終える人がこんなにもたくさんいるのはそのせいだ。彼らは、お金に関するコンテクストを広げ、頭の中に入れるコンテンツを増やすために一生懸命働くのではなく、お金のためにせっせと働く。

## ●勝者のコンテクスト

勝者のコンテクストを持っている人は自分にこう聞く――「負けた時に勝つにはどうしたらいいか？」「XYZ社の株価が四十ドル以下になったらどうなるか？　そうなった時、どうやったら勝てるか？」これが勝者のコンテクストだ。彼らはたとえ負けたとしても、自分たちが勝てることを知っている。一番大事なのは、彼らが常に頭の扉を開いていることだ。たとえ人から聞いた話が自分のコンテクストの外側にあったとしても、彼らはそれに耳を傾ける。別の言葉で言うと、勝者はたとえ少し怖気づくような話や、自分にとってまったく新しい話を聞いたとしても、扉を閉ざさず、柔軟な頭を保っていられるということだ。金持ち父さんがいつも言っていたように、「敗者の頭は勝者の頭よりすばやく扉を閉ざす」。

本書の前の方で、出口戦略の重要性についてお話しした。勝者はたとえ自分が負けている時でも、いつも勝つための出口戦略を探す。先ほどの「裸のプット・オプション」の話をまた例に取ろう。私はこの取引を始める前に、すでに出口戦略を立てていた。それは、たとえ物事が思い通りに行かなかったとしても、私に勝利の可能性を与えてくれる戦略だ。ここでも、大事なのはコンテクストで、コンテンツではない。投資の対象が株式であれ、不動産であれ、ビジネスであれ、たとえ負けそうになっている時でも勝者に勝利をもたらすのは勝利のコンテクストだ。この例で言うなら、勝利の出口戦略を持つというコンテクストが、勝者のコンテクストの一部になっている。敗者はリスクだけ、つまり損だけ見ていて、負けたとしても勝てる可能性がまったく見えない。彼らは、物事が思い通りにいく保障がある時しかリスクを取らない。給料や給付金が保障されていることを望む人がこんなにも大勢いるのはそのためだ。彼らは可能性よりも保障を望む。勝者は、物事が思い通りにいかなくても勝てることを知っているから、チャンスを求める。これは単に楽観主義者だからというわけではない。金持ち父さんが言っていたように、「ポジティブに物事を考える人は大勢いるが、彼らは敗者のコンテクストの中でそういった考え方をする。勝利のコンテクストを持っている人は、たとえ負けていても自分は勝てることを知っている」。

## ●負けても勝つ方法

株式ブローカーのトムに電話をかけた時、私はすでに宿題をすませていた。宿題をやるのにかかった時間はほんの一分たらずだった。あの注文を出す前に私が知っていたことを挙げると、次のようになる。

1. 市場のトレンドが下向きであること。
2. XYZ社の株価が最近急に値下がりして、ほぼ二十ドル安の四十五ドルになっていること。そのため、株を持っている投資家たちはかなりピリピリしているはずだった。
3. XYZ社の利益や配当がかなり高く、しっかりした会社であること。経営状態がよく、世の中の景気がよくても悪くても業績を上げるだろうということ。
4. XYZ社が注目されている会社であること。これは、この会社に興味を持っている投資家がたくさんいることを意味していた。
5. XYZ社が、価格さえ妥当ならば、その株を手に入れて持ち続けたいと私が思う会社だったこと。
6. 置いておけば利子がつく口座に私が十万ドル持っていて、株を買わなければならなくなった時にはそれが使えたこと。

もし株価が三十五ドルまで下がっていたら、プット・オプションによる取り決めを守るために私は四万ドルを支払わなければならなくなったはずだが、それでも私は大喜びしていただろう。それはなぜか？　ここでも答えは私の出口戦略にある。

千株を四万ドルで買わなければならなくなったとしたら、私にとってこの株は実際いくらだったことになるだろう？

答えは三万五千ドルだ。なぜなら、私はすでにオプションに対して五千ドル受け取っているからだ。つまり、株価が、一株につき四十ドルというプット・オプションの値段を下回ったとしても、私は一株につきわずか三十五ドルで株を手に入れることになる。これはこの会社の株の買値としてはかなりよかったし、そうすることで私は株を所有することにもなった。

そうなった場合、次のステップは、カバーされた十のコール・オプション（一つのコール・オプションにつき百株）を、私が所有するようになった千株分、一株あたり五ドルで売ることになっただろう。「カバーされた」という言葉を使ったのは、今度私がオプションを売ろうとしている株は、私が実際に所有している株だからだ。プット・オプションの前に「裸の」という言葉をつけた理由は、私が株を実際には所有していなかったからだ。たいていの人は大して考えもせずに、「自分が持っていないものを売るなんて危険すぎる」と言うかもしれない。確かに、適切なコンテクストとコンテンツを持っていない人にとっては危険だ。

なぜカバーされたコール・オプションを売るのだろう？　その答えは、前にお話しした「お金のスピード」という言葉にある。カバーされたコール・オプションを売ることによって、私は株価が急速に上がった場合、ある決められた値段で――たとえば一株四十ドルで――私から株を買う権利を相手に与える。このオプションを買うのは、株価が上がった時にそのチャンスを逃すのを心配している投資家だ。その後、株価がたとえば五十ドルに上がったとすると、私は自分が持っている千株を四万ドルで売らなければならない。この場合、私は注ぎ込んだお金を全部取り戻し、それ以外にオプションを売ることで得たお金を手にする。つまり、負けたとしても、勝っている。

一方、株価が上がらなかった場合でも、私はいくらかお金を得る。つまり、株価の変化による影響がまったくなくても、コール・オプションを売った五千ドルを手にする。平均的な投資家だったら、この株の値段が下がってもそのまま何もせず、「長期に投資しなさい。我慢するんです。株式市場は平均すると過去四十年間上昇しています。だから、じっと待っていなさい」というファイナンシャル・アドバイザーの言葉に耳を傾ける。これは、たいていの投資家、そして多くの投資アドバイザーが持っている「買って、持ち続け、祈る」という考え方と変わりない。

また、カバーされたコール・オプションを売ることによって、私は新たに五千ドル儲けることができるかもしれない。つまり、オプションの基準となる一株あたりの値段を三十ドルまで下げればいいのだ。これは私にとってはうれしいことだ。なぜなら、私はいずれにしてもその株を所有したいと思っていたのだから。プット・オプションやコール・オプションを売ることで、私は自分が欲しいと思っていた株に対して、四万ドル払うのではなく、実際には三万ドルを支払うことになる。この例で、たとえ株価が三十五ドルになったとしても、そうなのだ。

もう一度言うが、こうしたことを完全に理解できなくても心配には及ばない。少し時間をかけて勉強すれば、理論としては実に簡単で、決して理解できないものではない。コンテクストの場合と同じように、これも、今までずっと右手を使って食事をしてきた人が左手を使う方法をマスターするようなものだ。理論自体は単純だし、一度できるようになってしまえば簡単だが、これまでとは違うやり方で考えたり行動したりする方法を身につけるのは時としてむずかしい。

## ●だれもができること

私からすれば、自分の資産を守るためにオプションを買うのは道理にかなったことだし、キャッシュフローのためにオプションを売るのは楽しみだと言ってもいい。私がお金の心配をしない理由は簡単だ。その理由の一つは、ほかの人が数カ月かけて稼ぐより多くのお金を数分の間に市場で作り出し、しかも払う税金をより少なくすることができるとわかっているからだ。

だれでも私と同じようにできるのだろうか？　もちろんできる。ただし、コンテクストを広げ、お金に関するコンテクストをもっと大きくするために、いくらかの時間を投資しようという気があればの話だ。

そのためにだれもができることは何だろう？　次にいくつかの例を挙げておく。

1．図書館でオプション取引に関する本を借りてくる。まず用語の定義を学び、次に、理解を深めるためにさらに読む。

2．本を買う。最初は簡単な本から始めた方がいいかもしれないので、本を買う前に実際に手にとって中身をチェックすることをお勧めする。

3．オプション取引に関するセミナーに参加する。こうしたセミナーはたくさん開かれている。

4．実際の取引を通じていろいろなことを教えてくれ、手引きしてくれるような株式ブローカーを見つける。

5．『キャッシュフロー101』を少なくとも十二回はやって、ファンダメンタル投資における考え方を身につける。101をマスターしたら、『キャッシュフロー202』に移るといい。このゲームではコール・オプションやプット・オプション、空売りやストラドルをどのように使うかを学ぶことができる。『キャッシュフロー202』は市場の動向の変化に応じてさまざまな方向に物事を考えることを教えてくれる。これこそがこのゲームの持つ一番大きな意味だ。また、私が思うに、『202』が最もすぐれている点は、このゲームが学習にとって大事な身体的、頭脳的、感情的側面すべてにかかわる、多元的な学習法であることだ。

多くの投資家が損をするのは、彼らが家や学校や職場でたった一つの方向に考える訓練しかしてこなかったからだ。洗練された投資家は市場のトレンドが上向きだろうが下向きだろうが、あるいは横ばいだろうが、そこでどう利益を出すかを考えなければならない。『キャッシュフロー202』では、本物のお金の代わりにゲーム用のお金を使い、楽しみながらそのような考え方を身につけ、学ぶことができる。

## ●投資は危険か？

投資は危険か？「まったくそんなことはない」というのが私の答えだ。私に言わせれば、危険なのは無知であることだ。若くして豊かに引退したい人は、自分の資産をいかに損失から守るかを学ぶことが絶対に必要だ。平均的な投資家は学ぼうともせずに投資はリスクが大きいなどと言うが、それが一番危険だ。世界の歴史の中で、これほど多くの人たちが自分の経済的未来と安定を株式市場の動きに賭けたことはかつてなかった。投資が危険だという理由はただ一つ。こうした投資家たちが、リスクがあると知りながら、そのリスクに対して何もしないからだ。金持ち父さんが言ったように「IクワドラントのIは投資家（Investor）のIで、無知（Ignorant）のIではない」。金持ち父さんはこうも言っていた。「投資それ自体は危険ではない。だが、お金のことを何も知らずに、やはりお金のことを何も知らないアドバイザーからアドバイスを受けるとなると、それはとても危険だ」。危険なだけでなく、金銭的にも、時間的にも高くつく。

何百万という人たちが、経済的な自由を求めるより、仕事による安定にしがみつくことに人生を費やすのは、お金について無知だからだ。多くの人たちはお金について知らないから少ない給料にしがみつき、手にすることができるはずの莫大なお金を得ようとしない。ただ、引退後に備えた口座にお金を入れながら、必要になった時、お金がそこにそのままあるだろうか……と心配するのも無知のせいだ。何百万もの人たちが、自分の愛する人たちの生活を豊かにするために時間を使うのではなく、さらに多くの時間を仕事に費やして、金持ちをさらに金持ちにさせている。投資は危険かと聞かれたら、私は「危険ではない」と答える。だが、それと同時にこうも言う。お金に関して無知であることは非常に危険で高くつく。

ここに紹介された情報はすべて、教育のみを目的としている。信頼に値すると思われるレポート、報道や情報源に基づいてはいるが、それが正しいと証明されたものではなく、私たちはその正確性について責任を負うものではない。オプション取引は必然的にリスクを伴うものであり、投資家は取引をする前に、資格をもったオプションの専門家に指導とアドバイスを求めるべきだ。

第十八章

# Bクワドラント・ビジネスのレバレッジ

## ●世界で一番リッチなゲーム

自分の力で成功し、世界で最も金持ちなのはBクワドラントに属する起業家たちだ。彼らは映画スターや花形スポーツ選手、多額の報酬をもらう専門職の人たちより金持ちだ。私がベトナムから戻り、貧乏父さんのようになるのはやめようと決心した時、ビジネスの起こし方を学ぶことから始めるように勧めてくれたのは金持ち父さんだった。金持ち父さんはこう言った。「世界で一番の金持ちたちがBクワドラントに属しているのは、このクワドラントが成功するのに一番むずかしいクワドラントだからだ。だが、一度成功すれば、富の水門が開きお金が降り注いでくる。Bクワドラントのビジネスを築くことができれば、きみはこの世で一番リッチなゲームをすることになる」

ここ最近の歴史を振り返ると、Bクワドラントの著名人のトップに名を連ねているのはビル・ゲイツやスティーブ・ジョブズ、トーマス・エジソン、ヘンリー・フォード、ジョン・D・ロックフェラーといった人たちだ。そこまで有名でなくてもそこに名を連ねる人は、ほかにもたくさんいる。彼らはみんな、莫大な資産を築いてお金の世界の巨人になった。彼らが利用したのは最も強力なレバレッジ、つまり何百万もの人々の役に立つビジネスを築き上げるというレバレッジだ。

最良の投資は自分自身のビジネスへの投資だと言われているが、私もその通りだと思う。自分が何をしているかよくわかっていれば、この種の投資による利益は普通の投資で見込める額とは比べものにならないほど大きくなる。たった数百ドルの元手を数十億ドルに増やすことも可能だ。それに、自分だけでなく、友人や家族、仕事仲間、従業員、投資家といった人たちを、想像もつかないほどの金持ちにしてあげることだってできる。Ｂクワドラントのビジネスが世界で一番リッチなゲームと呼ばれるのはこのためだ。

私がもっと若かった頃、金持ち父さんは、資産に基本的に四つの種類があることを私が忘れないように、よくそれについて話してくれた。その四つの種類とは次のようなものだ。

**1. 不動産**
**2. 紙の資産**
**3. ビジネス**
**4. コモディティ（商品）**

その頃、私は紙の資産と不動産とコモディティにはすでに手を出していたが、金持ち父さんが私に焦点を合わせるように勧めたのは、ビジネス資産を作り出すことだった。「まず一番むずかしいものから始めるんだ。そうすれば残りは簡単になる」。今の私には、金持ち父さんの言う通りであることがよくわかる。

### ●出口戦略が大事

この本の前の方で、次のような出口戦略の重要性についてお話しした。

**貧乏な人　年収二万五千ドル以下**
**中流の人　年収二万五千ドルから十万ドル**
**裕福な人　年収十万ドルから百万ドル**
**金持ち　　年収百万ドル以上**

## 大金持ち　月収百万ドル以上

そろそろあなた自身の出口戦略に目を向けてみて欲しい。また、どれを選ぶか考えながら、自分の考え方、つまり頭の中にすでにできあがっているコンテクストにも注意して欲しい。あなたは心の中で「自分にはできない」とか「大変すぎる」「自分はそんなに頭がよくない」などと思ってはいないだろうか？　そのほかにも、コンテクストに制限を加えるような現実にとらわれた考え方をしてはいないだろうか？

金持ち父さんと一緒に出口戦略を立てていた時、私は自分のコンテクストの狭さが原因で出てくる疑いの気持ちや制限と戦わなければならなかった。数カ月、金持ち父さんと話し合った結果、私は自分にとって一番チャンスがあるのがＢクワドラントであることを知った。出口のレベルを選択する時には、まず自分の得意、不得意、そして、若くして豊かに引退するのに自分にとって一番いいのはどのクワドラントかを見極めることが大事だと思う。

私の投資講座で、こんなことを言う人がいた。「オプラ・ウィンフリーはＳクワドラントにいて、エンターテインメントの世界で一番金持ちな女性になったんですよね？」

私はその人になぜそう思うのかたずねた。彼の答えはこうだった。「彼女が自営業者だからです。自分が働くのをやめれば収入はゼロになるんですから」

「なぜそんなことがわかるんですか？」私はそう言ってから、その人にＨＡＲＰＯプロダクションとは何かと聞いた。その人は知らなかった。

私はこう説明した。「ＨＡＲＰＯプロダクションのＨＡＲＰＯは、オプラ（Oprah）を逆から綴ったものです。これはオプラが所有する会社、つまり彼女のＢクワドラントのビジネスです。このビジネスの経営はほかの人がやっています。ベンチャー企業への投資を専門とする会社です。オプラは確かにＳクワドラントのスターかもしれませんが、彼女のコンテクストはＢクワドラントにあります」

ここで言いたいのは、どのクワドラントに属するかは職業とはほとんど関係ないということだ。マイケル・ジョーダンはシカゴ・ブルズに雇われていたが、副業としてBクワドラントのビジネスを持っていた。医者はコンテクストの持ち方によって、E、S、B、Iのどのクワドラントにも入れる。同じように、ビルの管理人だってこの四つのすべてに入ることができる。私がこんなことをわざわざ言うのは、たった一つのコンテクストの中に自分のコンテクストを作り上げ、それ以外にコンテクストを持とうとしない人があまりに多いからだ。固い壁でコンテクストを囲んでいる人は、だれよりも一生懸命に長時間働き、結局だれよりも貧乏なまま終わることが多い。今日のような情報時代においては、私たちはみんな、複数の世界を持ち、複数のクワドラントに属することが必要だ。それができれば、より高いレベルの出口戦略に到達することがもっと楽に、もしかするともっと現実的なものになることがわかってくるだろう。

つまり、私やキムが大金持ち以上のレベルで引退することができるのは、私たちが主にBクワドラントで活動しているからだ。私たちは出口戦略として、数千、数百万ではなく数千万の人の役に立つことを目指して働いている。

## ●金持ち父さんの投資ガイド

シリーズ三作目の『金持ち父さんの投資ガイド』の中で、私が起業家になる勉強をしようと決心した時のことをお話しした。また、この『金持ち父さんの投資ガイド』を含め、どの本の中でも、自分が何度も失敗したこと、そこから立ち上がるために何をしなければならなかったかについてお話ししている。どのクワドラントにいるかにはかかわりなく、成功するコンテクストはここにあるように思う。

『金持ち父さんの投資ガイド』について今ふれたのは、その後半で、最も大きく、最も豊かな資産、つまりビジネスを立ち上げることを取り上げているからだ。本書ではビジネスをどう築くかについて詳しくお話しするつもりはないので、もしあなたがBクワドラントのビジネスを立ち上げたいと思うなら、『金持ち父さ

んの投資ガイド　上級編』を読むか、あるいはすでに読まれた方は読み返して欲しい。

もう一つ、ここで説明しておくと、私がネットワークマーケティングを高く評価するのは、「ネットワーク」という言葉が大金持ちの使う言葉だからだ。私は『人助けが好きなあなたに贈る　金持ち父さんのビジネススクール』という、ネットワークビジネスに関する本を出した。短く、単純明快なこの本は、EやSのクワドラントから転身を図りたい人たちを念頭において書かれている。この本は、EやSのクワドラントのコンテクストをBクワドラント、つまり世界でトップクラスの金持ちを生むクワドラントのコンテクストに変えるために自分の時間を投資しようと思っている人にとって、大きな助けとなると思う。この中では、なぜジョン・D・ロックフェラーやビル・ゲイツといった人たちがネットワークを構築したのかが説明されている。この本は金持ち父さんの次のような言葉から始まる。「世界一の金持ちたちはネットワークを探したり作ったりするが、ほかの人たちは仕事を探すだけだ」

ある時、友人が私のところに来てこう言った。「投資信託で三十五パーセントの利益を上げたよ」。私は彼に心から「おめでとう」と言った。そして、彼が私はどれくらい儲けたか聞いてくると、こう答えた。「実のところわからないんだ」。これは、いくらなのかわからないということではなく、私の収益が普通の測り方にはあてはまらないことを友人に何と言って伝えればいいのかわからなかったのだ。友人は自分のお金を投資信託に投資し、三十五パーセントの収益――これはかなりいい収益率だ――を得ていたが、一方、私は自分自身のお金はまったく投資せずに数百万ドルの収益を得ていた。前の章でお金のスピードについてお話ししたが、私が友人からの質問の答えに困ったのは、私のお金がすでに動き出していて、投資から得られる利益が技術的には無限だったからだ。私が自分の利益については何も言わずに、一九九九年の市場での友人の成功を祝福したのには、そういう理由があった。

今回も、私がこのような話をしたのは自分の成功を自慢するためではない。私が言いたいのは、コンテクストの違いだ。私の友人は三十五パーセントの利益を上げて満足していたが、ビジネスを起こす人はそれでは決して満足しない。私の考えでは、コンテクストの違いからくるパワーの違いがこの違いを生む。ＥやＳのクワドラントの人たちは、お金に関する可能性に対する考え方がまったく違う。喜んで一生せっせと働き、自分がやりたいことを成し遂げるのに別の道があるのではないかと考えもしない人が多い。だからこそ私は、自分の住む世界を違う視点から見るチャンスを与えてくれるネットワークマーケティングやそこで行われている教育プログラムをみなさんに勧めるのだ。

ちなみに私の友人の収益率は、次の年には市場の悪化に伴いマイナスに転じた。

## ●なぜもっと多くの人がＢクワドラントのビジネスを立ち上げないのか

Ｂクワドラントのビジネスがそんなに儲かるなら、なぜもっと多くの人がやらないのだろうか？　この質問に対する答えの一部は、次にあげる金持ち父さんの教えの中にある。

はじめて本物のＢクワドラントのビジネスを起こそうと決心しかけている時、私は金持ち父さんにこう聞いた。「ビジネスを立ち上げることが世界一リッチなゲームなら、なぜもっとたくさんの人がゲームに参加しないんですか？　お金や技術や才能が足りないからですか？」

金持ち父さんの答えは簡潔そのものだった。「ビジネスで一番むずかしいのは、人と一緒にやっていくことだ」

「人？　人と一緒にやるのがビジネスの最もむずかしい点だって言うんですか？」

金持ち父さんはうなずいて、こう言った。「たいていの人がビジネスを起こせないのは、単に、人についての技術が欠けているからなんだ。人間は一日中ずっと他人と働いているけれど、一緒に働いているからといって、一緒にビジネスを立ち上げられるわけじゃない。それにただ一緒にビジネスを起こしたからといって、そのビジネスが大きく育つというわけでもない」

「じゃあ他人と一緒にやっていくことを覚えれば、ぼくは世界で一番リッチなゲームに参加できるんですね。

もしそのやり方を身につければ、大金持ちになれるということですよね?」

金持ち父さんはうなずいた。

## ●いろいろなタイプの人と上手に仕事ができる

金持ち父さんは何年にもわたり相当な時間をかけて、違ったタイプの人たちをどう扱い、どう一緒にやっていくかを息子のマイクと私に教え込んだ。『金持ち父さんの子供はみんな天才』を読んだ人は、金持ち父さんが求職者の面接をする時、よくマイクと私を隣に座らせた話を覚えているだろう。人を雇ったり首にしたりする方法を学ぶのは、とてもおもしろい体験だった。特に、金持ち父さんが雇ったり首にしようとしている人たちが、私の両親と同じくらいの年齢の時はなおさらだった。金持ち父さんにとって、マイクと私にいろいろなタイプの人間の扱い方を教えることは、私たちに有利なスタートを切らせるための教育の中で最も重要なことの一つだった。金持ち父さんはよくこう言っていた。「いろいろなタイプの人と一緒にうまく仕事ができれば、想像もつかないほどの金持ちになれる」

『金持ち父さんのキャッシュフロー・クワドラント』を読んだことのある人は、キャッシュフロー・クワドラントの単純な図が金持ち父さんにとってどんなに重要な意味を持っていたか覚えているだろう(図⑰)。

金持ち父さんは、ビジネスの世界が四種類の異なるタイプの人々によって成り立っているという持論を説明するためにこの図を考え出した(Eクワドラントは従業員、Sクワドラントはスモールビジネス、または自営業者、Bクワドラントはビジネスオーナー、そしてIクワドラントは投資家のクワドラントを表す)。

この図で一番大事なのは、異なるクワドラントに属する人は、それぞれ根本的に異なるということだ。金持ち父さんはよくこう言った。「Bクワドラントで成功するためには、四つのすべてのクワドラントに属する人たちとコミュニケーションをとり、一緒に働く方法を学ばなければならない。Bクワドラントはそういった能力が絶対に必要とされる唯一のクワドラントだ」。つまり、たくさんのビジネスが失敗する理由の一つは、起業家が異なるタイプの人とうまくやっていけないことが多いからだ。

一九八〇年代、私はハワイに戻っていた。ある時金持ち父さんが、自分が取締役の一人になっていた会社の取締役会に私を連れて行き、会議を見学させてくれた。会社は問題を抱えており、金持ち父さんはあまり愉快ではないこの経験から私に何かを学ばせようとしたのだ。この会社は小規模な新設会社で、カナダの石油の探査を行っていた。金持ち父さんはこの会社の創業に携わったわけではなかったが、会社の状況が悪化してきたので、立て直しの可能性を探して欲しいと取締役に招かれたのだ。

会社が苦境に陥ったのはＣＦＯ（最高財務責任者）が行った、たった一つの決定のせいだった。そのせいで会社は多くの借金を抱え、破産寸前の状態へと追いやられていた。会議が始まると金持ち父さんは取締役の一人に聞いた。「なぜこのＣＦＯは取締役会に断りもなく、こんなに重大な財政上の決定をすることができたんですか?」

「彼が以前ＸＹＺジャイアント・オイル・カンパニーの上席副社長だったからです」

金持ち父さんは前より大きな声でこう言った。「だからどうなんです?　一時期大手の石油会社の上席副社長だったらどうだというんです?」

**⑰Bクワドラントで成功するには、どのクワドラントに属する人ともうまくやっていく能力が必要**

E…従業員（employee）
S…自営業者（self-employed）
　スモールビジネス（small business）
B…ビジネスオーナー（business owner）
I…投資家（investor）

「つまり……彼の方が我々よりもずっとよく知っていると思ったのです。だから、独自の判断で行動することを許していたんです」

金持ち父さんは指で机をコツコツと叩いてから、こう言った。「確かに上席副社長だったかもしれませんが、それでも三十年間だれかに雇われていたことに変わりはないんです。ずっと大手の企業に雇われていた彼には、小さな新設会社を限られた予算で経営する方法などまったくわかっていないんです。彼の代わりにだれかほかの人、できれば自分で会社を経営していて、財務の全権を持った経験がある人をCFOにすることを提案します。石油関係の会社の人でなくてもいいんです。どの産業出身であるかにはかかわりなく、従業員と起業家との間には大きな違いがあります。小さい会社の経営と大企業の経営もまったく別物です。大企業ならば今回のような規模のミスでは企業に影響は出ませんが、小さい会社にとっては命取りです」

この会社は結局破産した。一年後に私は金持ち父さんに、なぜこの会社が最終的につぶれてしまったのか聞いた。金持ち父さんはこう答えた。「あの会社は、そもそも取締役会の運営から間違っていたんだよ。会社は優秀な人たちを高い給料で雇ったけれど、その人たちを優秀なチームにすることはできなかった。成功する起業家はいいチームを作る。だからこそ、資金も従業員もずっと多い大企業に対抗できるんだ」

## ●いろいろな技術を持つことが大切

シリーズ三作目『金持ち父さんの投資ガイド』で、金持ち父さんのB－Iトライアングルの話をしたが、その図をここでもう一度見てみよう（図⑱）。

このB－Iトライアングルは、これからBクワドラントのビジネスを立ち上げようという人や、すでに立ち上げている人に非常に重要な意味を持っている。また、百万ドルの価値があるアイディアを持っている人、そのアイディアをビジネスへと変えるプランを持った人たちにとっても大事だ。この図を見るとわかるが、Bクワドラントでビジネスを起こすことがむずかしい理由は、真のビジネスには一つ以上の技術、専門分野が必要だからだ。

学校教育はそのような専門技術を持った人を育てる。いろいろな技術を持った人たちをまとめ、パワーのある企業を作るためにチームとして働かせるには、真の起業家が必要だ。

だが問題は、四つのクワドラントを自分のビジネスの中に持ち、B－Iトライアングルにあるさまざまな専門技術をもった人間を揃えることだけにとどまらない。それよりむずかしいのは、異なる技術を持ち、本質的価値観も異なるさまざまなタイプの人たちを、一つのチームとして機能させることのできるリーダー、つまり起業家を見つけることだ。「ビジネスで最もむずかしいのは人と一緒にやっていくことだ」と金持ち父さんが言っていたのはこのためだ。彼はまた、こんなことも言っていた。「人と一緒にやらなくてよければ、ビジネスは簡単だ」

言い換えれば、偉大な起業家はまず第一に偉大なリーダーでなければならない。幸いなことに、だれでも努力によって自分のリーダーシップを高めることができる。

**⑱B－Iトライアングルはビジネスに不可欠な要素を示す**

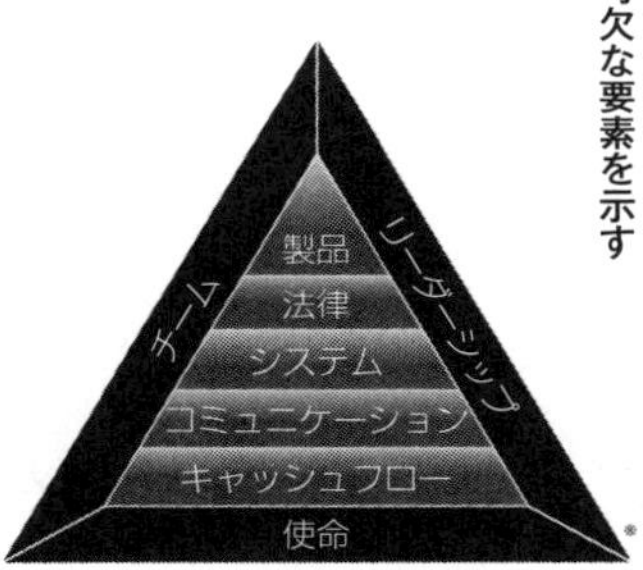

## ●起業家とは何か

金持ち父さんは自分の息子と私に起業家になるための教育をしてくれた。私が起業家とは何かと聞くと、金持ち父さんはこう答えた。「起業家とはチャンスを見極め、チームを一つにまとめ、そのチャンスを利益に変えるビジネスを起こす人のことだ」

次に私はこう聞いた。「じゃあ、チャンスを見極め、自分一人の力でそれをものにした場合はどうなるんですか?」

「いい質問だね」。金持ち父さんはそう言った。「もしきみがチャンスを見つけて、そのチャンスを自分だけの力でものにすることができたとすると、きみはスモールビジネスのオーナーか自営業者ということになる」。金持ち父さんは次に、自営業者と起業家の違いを説明し始めた。「自営業者や職人というのは、基本的に自分の力で製品を作ったりサービスを提供したりできる人たちだ。例えば、芸術家は自分で絵が描けるし、歯医者は自分で歯の治療ができる。真の起業家は、このような形で自分で何かできる必要はない。真の起業家ができなければいけないのは、さまざまな専門や技術を持った有能な人たちを一つにまとめ、共通のゴールを目指して協力して働かせることだ。つまり、起業家はチームを作り上げ、それによって、人間一人の力では決して成し得ないような成果を出す。多くの人が小さいままなのは、彼らが自分一人で解ける問題しか解かないからだ」

「で、起業家はチームを必要とするような課題に取り組むわけですね」。私はそう言った。「Bクワドラントの人は、自分のチームがチームとしてすべきことができるようになるまでは利益を得ることができない。たいていの従業員や自営業者は、個人としてできることをすれば給料がもらえるけれど、起業家は自分のチームが成功を収めるまではお金を手に入れられないんですね」

金持ち父さんはうなずき、さらに説明を加えた。「建築業者が家を建てるのに、配管工や電気工事人、大工などの自営業者や、建築家、会計士といった専門家を使うように、起業家もビジネスを起こすために自営業者や技術者、専門家の手助けを頼む」

「では、あなたの考えでは、起業家は実際にはチームの一員として働いてはいないかもしれないが、それでもチームリーダーだというわけですね？」

「自分自身がチームの一員として働かずに優秀な人たちをうまくまとめる能力が大きければ、それだけ偉大で優秀な起業家になれる」。金持ち父さんはそう言った。「私はいくつか会社を持っているけれど、会社の中の仕事は一切やっていない。そうすることによって、私は働くことなく多くの利益を上げて、多くのことができるんだ。だからこそ、真の起業家になるためにリーダーシップは必須の技術なんだよ」

「リーダーシップは学んで身につけることができるんでしょうか？」私はそう聞いた。

「できるよ。経験から気付いたんだが、人間はだれでもある程度のリーダーシップを持っている。なのにたいていの人がその能力を発揮できないのは、専門的、職業的な技術を伸ばすことに人生を費やしているからだ。だからEやSクワドラントの人口はどんどん増えるんだ。Bクワドラントで最も重要なリーダーシップの技術を伸ばすために一生努力しようという人はほとんどいない。そうだよ、リーダーシップは学んで身につけることができる技術なんだ」。金持ち父さんはその数年後、こんなふうに言った。「リーダーはチャレンジしようと立ち上がる。そのほかの人は仕事による安定を探す」

## ●ベトナムでのリーダーシップ・レッスン

みなさんの中には、私がベトナムへ行ったのにはいくつか理由があったことを知っている人もいると思う。理由の一つは、私の二人の父が共に、国を守り、国のために戦うのは息子の義務だと考えていたからだ。そして、もう一つの理由は、リーダーシップを学ぶためだった。金持ち父さんはこう言った。「極度の緊張と生命の危険の中で、兵士たちに恐怖心を克服して勇敢に振舞わせるには、その人のリーダーシップが試される」。ベトナムにいる間、私は人間の恐ろしい行為も見たが、それと同時に、勇気ある人間による偉業も目のあたりにした。指揮官の一人は言った。「どの兵士の中にもヒーローがいる。そのヒーローを引き出すのがリーダーの務めだ」。今、私は戦場で学んださまざまなリーダーシップの技術の多くをビジネスの場で使っている。戦場では、私たちは上官として若者に命令したが、その命令に盲目的に従わせることはなかった。戦場で、私たちは若者にヒーローになるように求めることを学んだ。この技術は戦場だけでなく、ビジネスの場でも有効だ。

## ●あなた自身のリーダーシップを高める

リーダーシップを高めるのに戦場に行く必要はない。ただほかの人たちが逃げ出すような問題を引き受けて挑戦するだけでいい。「自分から進んでは何もするな」という言葉を聞いたことのある人も多いと思うが、私に言わせれば、これは人生に後ろ向きな人たちの人生訓だ。金持ち父さんはいつもこう言っていた。「リーダーはほかの人が恐れるようなチャレンジに挑む」。また、こうも言っていた。「リーダーの器はその人が取り組んだ使命の大きさによって測られる」。ドワイト・アイゼンハワーが有名なのは、第二次大戦中、Dデーのノルマンディ上陸作戦とヨーロッパ侵攻作戦を指揮したからだ。ジョン・ケネディは月に人を送り込むという偉業に取り組んだ。リーダーは、ほかの人が尻込みすることに挑戦しようとする。自分の目の前に置かれた課題から逃げ出すのが癖になっているという、ただそれだけの理由でリーダーシップの技術を伸ばせないままでいる人があまりに多すぎる。そういう人は「自分から進んでは何もしない」ことを習慣にしてしまっている。

どのビジネスも、どこの教会、あるいはどんな慈善事業、地域社会も、もっと多くのリーダーを必要としている。どんな組織も、あなたが一歩前に出て、責任ある立場に立つ機会を与えてくれている。そして、そういった機会はどれも、ビジネスの世界で求められる重要な技術であるリーダーシップを身につけるチャンスを与えてくれる。

たくさんの人が、ただリーダーシップの技術を身につけられなかったというだけの理由で、世界で一番リッチなゲーム、つまり、ビジネスを立ち上げるゲームに参加できないでいる。

例えば、自ら率先して教会の持ち寄りパーティーの責任者を引き受けた人は、より高いリーダーシップを身につける第一歩を踏み出したことになる。たとえ一緒にその仕事をやってくれる人が出てこなくても、その人は重要なことを学ぶ。つまり、人の中に隠れている「ヒーロー」を見つけ出し、それに語りかける方法を学ぶ。その方法が身につけば、次にリーダーシップを必要とする課題に取り組む時にもっと楽に、もっとうまくやれて、リーダーシップについてさらに多くを学べるだろう。リーダーシップ技術を伸ばさない限り、ビジネスを起こして世界で一番リッチなゲームに参加するチャンスは決して開けない。私はこれまでにすばらしいビジネスアイディアを持った優秀な人たちをたくさん見てきた。だが、彼らにはリーダーシップが欠けていた。ビジネスチームを作り、そのチームを使って自分のアイディアを数百万、ひょっとすると数十億ドルものお金へと変えるのに必要なリーダーシップに欠けていた。世界で一番リッチなゲームでは、リーダーシップが鍵だ。なぜなら、ばらばらの個人を一つのチームに変えるにはリーダーが必要だからだ。

## ●海兵隊で学んだこと

私が新任の海兵隊士官としてベトナムに着任した時、指揮官は士官を集め、三つの言葉を並べた、次のような簡単な図を見せた（図⑲）。

指揮官はこう言った。「優先度が最も高いのは使命で、個人は一番あとだ」

ベトナムから戻った私は、これとは異なった優先順位を持つ人たちをよく見かけた。ビジネスをはじめ、軍以外のところでは、図⑳のような優先順位の人が多い。

つまり自分自身が一番最初で、次が自分の所属するグループ、そして、ビジネスあるいは組織全体としての使命は、リストに名を連ねているだけけましとしても一番最後だ。

ベトナム時代、指揮官は私たち下士官の仕事を、チームと使命を個人の裏切りから守ることだと説明した。つまり私たちは仲間の中から、自分自身を優先する人間、それによってチームと使命を危険にさらす人間を何らかの形で排除するように訓練されていた。戦場でその方法を学び、実践したことは、私がビジネスの場で人を統率する際のやり方に大きな影響を与えた。

スティーブン・スピルバーグ監督の『プライベート・ライアン』は、私がこれまでに見た戦争映画の中で最もリアルだと思うが、この映画の中には重大な教訓が含まれている。映画の中で、トム・ハンクス演じる学校教師出身の士官はドイツ兵捕虜を撃てなかった。私からすると、これこそがこの映画の最大の焦点だ。また、この映画から学べる教訓のうち一番大事なことの一つでもある。トム・ハンクスが自分の仕事——この場合はドイツ兵捕虜を排除すること——を遂行できなかったため、彼は自分自身とチーム、そしてチームに与えられた使命を重大な危険にさらした。映画の最後では、彼が捕虜を撃てなかったことが原因で部隊の隊員の多くが戦死し、任務も危うく失敗しそうになり、トム・ハンクスは結局、自分が殺せなかった男に殺される。

幸いなことに、今の時代、たいていの人は、戦争の恐怖に直面し、時にはつらい決定をしなければならないような状況に置かれることはまずない。とは言え、個人的な生活やビジネスの場においてそうしたむずかしい決断に迫られることはよくある。いくつかそんな例を挙げてみよう。

1．少し前のある夜、友人の家で開かれたパーティーで一人の客がすっかり酔っ払ってしまった。彼が帰ろうとしたので、パーティーを主催した友人は車のキーを預けるように頼み、タクシーを呼ぼうと言った。その客はすっかり気分を害してしまい、運転できないほど飲んではいないと言い張った。気まずい雰囲気になり、友人はついに客をねじ伏せて車のキーを力ずくで取り上げた。タクシーが呼ばれ、客は安全に、しかしひどく腹を立てて家まで送り届けられた。そしてそれ以来その客と友人は口をきかなくなってしまった。さらに厄介なことに、ほかの客の中にも、友人の対応をやりすぎと思った人がいて、やはりこの友人と口をきかなくなってしまった。私はこの友人はとても勇気ある行動をしたし、あの状況でベストのことをしたと個人的には思う。もっと違った対応ができたのではないかと考えれば、もちろんできたはずだ。でも、彼はその時に自分が一番いいと思ったことをしたのだ。それこそがリーダーのやるべきことだ。たとえそれが本当にベストではなかったとしても……。

2．何年も前のことだが、金持ち父さんは自分が抱える経営陣のトップの一人が秘書と不倫をしていることを知った。彼は即座にそのマネジャーを呼び、辞めるように言った。そして、秘書も同じように辞めさせた。私が理由をたずねると、金持ち父さんは簡単明快にこう答えた。「二人とも結婚して子供がいる。自分のパートナーや子供をだますような人は、ほかのだれでもだますだろうからね」。私は金持ち父さんが正しいことをしたと言いたいわけではない。だが、この場合も前の例と同じように、金持ち父さんはその時点で自分が最良だと思ったことを実行した。この二人の従業員は重要な人材だが、二人のしたことは私が自分の会社に求める価値観にそぐわない——金持ち父さんはそう判断したのだ。金持ち父さんはこう言った。「私が自分の姿勢をはっきりさせれば、ほかのみんなもとるべき姿勢がわかる」

**⑲海兵隊では優先順位をこのように学んだ**

**使命**
**チーム**
**個人**

**⑳逆に自分自身が最優先という人が多い**

**個人**
**チーム**
**使命**

この二つのエピソードはリーダーシップとは何かを示すいい例だ。「リーダーは正しいことを行い、マネジャーはことを正しく行え」という言葉があるが、金持ち父さんの考え方はこの言葉通りだった。金持ち父さんはこう言った。「リーダーシップは人気コンテストじゃない。リーダーはほかの人たちに、自分もリーダーになろうと思わせるような人だ」

## ●ベトナムからの最後のレッスン

私の指揮官は下士官たちへの話の最後に、先ほどの図に次のように付け加えた（図㉑）。指揮官はこう言った。「リーダーは使命とチーム、そして個人に責任を持つ者だ。しかし、これを見るとわかるように、リーダーは同時に、よく従う者でなければならない。つまり、自分のチームの使命が重要なのは、それがもっと大きな使命の一部だからだということを認識し、より高いところから与えられる使命に応えなければならない」

金持ち父さんはこう言った。「石投げ紐は単に石投げ紐でしかない。ダビデが巨人ゴリアテに立ち向かおうと足を前に踏み出した時、この世で最も偉大な力が彼と一緒に足を踏み出したんだ」。また、こうも言っていた。「世界で一番リッチなゲームだって、個々の使命と、さらにそれより高いところにある使命からなる、単なるゲームにすぎないということをいつも忘れないようにするんだ」

最後に一言。みなさんにはこれから、こんなことを考えていただきたい。今、毎日新たなゴリアテが生まれ、新たなゴリアテが前に出てくる。世界に必要なのはさらに多くのダビデ、武器は石投げ紐だけだが、そのうしろに世界で最大の力を味方にしているダビデだ。あなたが実際に世界で一番リッチなゲームに参加するかしないかは別として、これだけは知っておいて欲しい。あなたもまた、ダビデの石投げ紐を強力な武器に変えたその力を手に入れることができる。そのためには、あなた自身にとってのゴリアテが何かを知り、勇気を持って前に足を踏み出すだけでいい。それができた瞬間から、あなたは世界で一番リッチなゲーム、お金よりずっと大切な報酬の得られるゲームに参加したことになる。一歩前に踏み出した時、あなたはダビデの石投げ紐のうしろにある力への扉を叩いている。そしてその力を手にした時、あなたの人生は一変する。現代版『ダビデとゴリアテ』とも言える『スター・ウォーズ』の中にもこんな言葉があった。「力《フォース》と共にあらんことを」。この目に見えない力はほかのどんなレバレッジより大きな力を持ち、だれもが手にすることができるレバレッジだ。それを手に入れるためにあなたがやるべきことはただ一つ、一歩前へ踏み出し、自分よりも大きなものに向かっていくことだけだ。

この本の最後では、あなたに代わって働いてくれる資産を築く、あるいは獲得することから得られる見返りについてお話しする。

**㉑リーダーはより大きな使命に忠実に従う**

第十九章

# とっておきのヒント

若くして豊かに引退することは、身体的なプロセスという以上に、頭脳的・感情的なプロセスだ。頭脳や感情の面で準備ができていれば、身体的にすべきことはごくわずかだ。ここで、生活に取り入れるといい頭脳的・感情的プロセスを、さらにいくつか挙げておく。これらのシンプルなプロセスを日頃から実行し、それが生活の一部になれば、若くして豊かに引退することが単なる可能性以上のものになるのがあなたにもきっとわかってくると思う。

## ●なぜ給料が必要なのか?

私がハイスクールに通っていた頃、金持ち父さんは求職者が面接に来るとよく、息子のマイクと私を自分の隣に座らせた。ある時、金持ち父さんより二つ三つ年上の男性で、管理職に就きたいという人が面接にやってきた。この人は四十五歳ぐらいで、高い教育を受け、見事な経歴、すばらしい職歴を持ち、身なりもきちっとしていて、自信たっぷりで有能そうに見えた。面接の中でこの紳士は、自分が一流の州立大学を出ていることや、東海岸の名門大学から成績優秀で修士号を取得したことを何度も持ち出した。

「あなたを雇うのはやぶさかではないのですが」。一時間ほど話を聞いてから金持ち父さんはそう切り出した。「でも、なぜそんなに高い給料が欲しいのですか?」

またしてもこの求職者は、その見事な学歴や職歴を持ち出してこう言った。「私は高い教育を受け、相応の職歴もあります。だから私はこの仕事に就く資格が充分にあるし、高給に値すると思います」

「そうではないとは言いませんが……。ちょっとお聞きしますが、それほどいい教育を受け、それほど経験があるなら、なぜ仕事が必要なんですか。そんなに頭がいいなら、なぜ給料が必要なのですか?」

その求職者は金持ち父さんの質問にびっくりしたようだった。少し口ごもったあと、こう言った。「だれだって仕事は必要です。私たちはみんな給料が必要なんです」

金持ち父さんは何も言わなかった。静かな部屋に男の人の声だけが響いた。この求職者の現実やコンテクスト、考え方が金持ち父さんと異なっていることは明らかだった。この人は、金持ち父さんの現実を理解しようとするのではなく、理屈をこね、自分の現実を弁護し始めていた。金持ち父さんは、顔を上げ、相手を見て静かにこう言った。「私には必要ではありません。たとえこのビジネスが失敗しても、私が給料を必要とすることは決してありません」。次に、マイクと私の方を向いてこう言った。「この子たちも同じです。彼らはただで私のために働いています。あなたほどいい学校に行かなくても、あるいはあなたほど成績が優秀でなくても、この子たちがいつかあなたよりはるかに金持ちになるのは、それだからです。私はこの子たちに、給料が欲しいとか必要だとか一度でも思って欲しくないんです」。金持ち父さんは、この求職者の履歴書を取り上げ、ほかの履歴書の山の一番上に置いて言った。「あなたを雇う気になったら電話しますよ」。面接はそれで終わった。

## ●速く金持ちになるためにまずするべきこと

『金持ち父さん　貧乏父さん』の中でお話しした通り、私が子供の頃、金持ち父さんは私に店を手伝わせたが、しばらくすると時給十セントも払ってくれなくなり、それによって自分にとっての現実、つまり、ただ働きをすればもっと速く金持ちになれるという現実を私に見せてくれた。私はこの時のことについて「まったくのただ働きというわけではなかったのでしょう?」と聞かれたり、持ち家について「でも、私の家は資産です」などと言われることがある。そういう人たちは、あの本を読んだかもしれないが、自分が相変わらず前と同じ現実、コンテクスト、あるいは思考の枠組みから世の中を見ていることに気付いていない。

あの求職者に、「それほどいい教育を受け、それほど経験があるなら、なぜ仕事が必要なんですか。そんなに頭がいいなら、なぜ給料が必要なのですか?」と聞いた時、金持ち父さんは相手に、現実を広げるように頼んでいたのだ。だが、求職者は自分の現実を広げるのに最善を尽くすのではなく、それを強く主張したり弁護したりして心を閉ざし、実のところ金持ち父さんに雇われるチャンスをつぶした。

## ●給料のいらない世界

どうしたら給料のいらない世界に住めるかを人々に教えるために、私は『キャッシュフロー』ゲームを作った。このゲームを繰り返しやっていると、たいていの人は給料のために一生せっせと働くよりはるかにエキサイティングな世界がある可能性に気付く。あなたができる限り早く、可能な限り大金持ちになって引退したいなら、給料のいらない世界を考える必要がある。現実、コンテクスト、あるいは考え方の枠組みの中で給料を必要としている人は、若くして豊かに引退できる可能性が低い。金持ち父さんはよくこう言っていた。「給料が必要な人はお金の奴隷だ。自由の身になりたかったら、給料や仕事を必要としてはだめだ」。若くして豊かに引退したいと真剣に考えているなら、あなたもまた自分の現実を、安定した給料や仕事のない世界が可能だという現実に変える必要がある。こうしたコンテクストについて話をすると、たいていの人は血圧が上昇し、胸や胃がしめつけられるように感じる。それは、そばにいる私たちにも感じられるほどだし、彼らの無意識の心が意識上の思考に取って代わる過程も手に取るようにわかる。経済的に生き延びるために必要な安定した給料がなくなることに対する恐怖は、私たちのほとんどがよく知っている。あなたにとって、給料や安定した仕事がいらない世界にいる自分を思い描くことがむずかしいなら、最初の一歩として自分にこう聞くことから始めよう。「どうすれば給料や安定した仕事がなくても金持ちになれるだろうか?」そう自分に問いかけた瞬間、あなたは頭の扉を開き、もう一つの現実へと向かう旅を始めている。

先ほども言ったように、あの求職者に「それほどいい教育を受け、それほど経験があるなら、なぜ仕事が必要なのですか。そんなに頭がいいなら、なぜ給料が必要なのですか？」と聞いた時、金持ち父さんは相手に、自分の現実を広げ、もう一つの現実も見るように頼んでいたのだ。だが求職者はそうせず、現実は自分の現実だけと思い込み、その現実を強く主張し弁護した。実際のところ、あれは求職者を手助けしようとする金持ち父さん流のやり方だった。金持ち父さんは自分流のやり方で、とても重要で基本的なお金に関する教訓、すなわちお金はあなたを金持ちにしない、高給をもらえる仕事があるだけでは個人の経済的な問題は解決しないとあの求職者に教えようとしていたのだ。

あの求職者の場合に限らず、金持ち父さんがあのような質問をするのは、学問的な成功が必ずしも経済的成功を意味しないことを相手に理解させたいと思っている時だった。金持ち父さんがよく言っていたように、「学問的ＩＱが高いからといって、必ずしもファイナンシャルＩＱが高いというわけではない」。自分の学歴をたいそう誇りに思っていたあの男の人を面接する間、金持ち父さんが本当にやっていたのは、ファイナンシャルＩＱを高める方法を学ぶ気が相手にあるかどうか確かめるために最善を尽くすことだった。私は金持ち父さんが同じ質問をほかの求職者にするのを見たことがある。金持ち父さんの現実に耳を傾け、金持ち父さんのために働きながら共に学んだ人たちは、最初に要求した額は払ってもらわなかったとしても、結局はとても裕福になり、早く引退して、経済的に自由な生活を送った。

つまりこういうことだ。若くして豊かに引退したいなら、ファイナンシャルＩＱの方が学問的ＩＱより大事だ。

次にあげるのは、給料のいらない世界に足を踏み入れ、そこで生きるために、ファイナンシャルＩＱをどう高めたらよいか、その方法についての「とっておきのヒント集」だ。給料のいらない世界が早く見えれば見えるほど、あなたが速く金持ちになるチャンスは大きくなる。

## ●とっておきのヒント① ビル・ゲイツは薄給だ

言うまでもなく、最初のとっておきのヒントは、給料や仕事を二度と必要としない世界にいる自分が見えるようになることだ。それはあなたが二度と働かなくなるという意味ではなく、ただそれほど経済的に困窮したり――それどころか時には絶望に陥ったり――、貴重な人生をわずかなお金のために切り売りしたり、給料がなくなるとか、貧乏になるといった恐怖に怯えながら暮らすことがなくなるという意味だ。

給料が二度といらない世界を受け入れられるようになれば、もう一つの世界、仕事や給料のない世界が見えてくる。

何年も前に私は、「ビル・ゲイツは世界で一番の高給取りではない」という見出しを目にした。その記事には、ビル・ゲイツよりもはるかに多くの給料をもらっている重役はビジネス界にたくさんいるが、それでもゲイツは世界一の金持ちだと書かれていた。当時のゲイツの年収は五十万ドルにすぎなかったが、彼の資産規模は何十億ドルにものぼり、さらに増え続けているということだった。

## ●とっておきのヒント② さまざまなタイプの収入を知ろう

勤労所得による安定した給料が必要だという考え方をやめたら、あなたが自分に問うべき次の質問は、どんな収入が欲しいかということだ。この本の前の方で、所得には基本的に三つの種類があると書いたが、それをもう一度見てみよう。

1. 勤労所得――五十パーセント・マネー
2. ポートフォリオ所得――二十パーセント・マネー
3. 不労所得――〇パーセント・マネー

これが三つの主なカテゴリーだが、ほかにも多くのタイプの収入がある。たいていの人は勤労所得のために勉強し、あくせく働く人生を送っているが、だからこそ、若くして豊かに引退できる人がこんなに少ないのだ。若いうちに引退したいと真剣に思っている人は、ずっと働き続けなくてもあなたを金持ちにしてくれるさまざまなタイプの収入について学ぶことを始めよう。

そのほかのタイプの収入には次のようなものがある。

4．残余所得——これは、例えばネットワークビジネスや、所有者は自分でほかの人が経営しているフランチャイズビジネスなどからの収入だ。
5．配当所得——株式からの収入などがこれにあたる。
6．利子所得——預貯金や債券からの収入。
7．使用料所得——あなたが書いた歌や本、商標、あなたが考案した発明品（特許の取得が可能なものも、不可能なものも含む）からの収入などがこれにあたる。
8．金融商品による所得——不動産信託からの収入など。

つまり、ここでのとっておきのヒントは、仕事や労働からの収入がないという考え方に慣れれば、あとはいろいろなタイプの資産からもたらされるさまざまな収入を研究し始めることができるということだ。金持ち父さんはマイクと私に、いろいろなタイプの収入について勉強させ、次に、どのタイプの収入についてもっと勉強したいかを決めさせた。

ネットで調べてもいいし、会計士に聞いてもいい。いろいろなタイプの収入、あなたの労働から生じる以外の収入について調べてみよう。それらについて学び、自分が興味をひかれる収入が見つかれば、その瞬間からその収入は成長し始め、新たに広がるあなたの現実の一部となっていく。

ここで重要なのは、あまり無理をしないことだ。ただ新しいタイプの収入や資産があなたの現実に入ってくるにまかせればいい。さまざまなタイプの収入があるという考え方に慣れ、何かしなければならないという プレッシャーを感じることなく、それらの収入について考えることができるようになると、その考え方が頭に根付いて成長を始める。たいていの人はすぐに何かをしなければならないと考えるが、私の経験からするとそうではない。私は最初の物件を買うまで何年もの間、不労所得を得るために不動産に投資するという考えが、頭の中でごそごそと音を立てるのにまかせておいた。ある日、目を覚ました私は、講習を受けて投資を始める時が来たことを知った。ごく自然な成り行きだった。だがそれは、そうした考えが私の新しい現実の一部になってはじめて可能になったのだ。

財務諸表を見れば、貧乏父さんがなぜ仕事の安定を強く求めたかが理解できる（図㉒）。貧乏父さんは資産を何も持っていなかったうえに、いつも「投資は危険だ」と言っていたので、当然、自分の仕事に必死でしがみついた。それは仕方のないことでもあった。父が持っていたのはそれがすべてで、知っていた唯一の収入が勤労所得だったのだから。

金持ち父さんは息子のマイクと私に、資産を獲得することと、そうした資産を得るのに必要なファイナンシャルＩＱを高めることに焦点を合わせるようにさせた。ファイナンシャルＩＱの重要性をすでに学んでいたマイクと私は、まじめに努力を重ね、そのような資産を獲得するための技術をどんどん高めていった。私たちは最初こそ恐る恐るやっていたが、今では資産を買うことは楽しく、簡単で、エキサイティングなものになっている。速く金持ちになり、ずっと金持ちでいるのは簡単だと私が言うのは、そうした現実があなたの現実の中に育つ時間を、あなた自身に与えてやればそうなるということだ。

### ●オーストラリアの空港で

オーストラリアを行く旅の途中、空港で一人の若い手荷物係が、私のバッグを手に取ってこう言った。

「あなたの本の大ファンです」

私は彼の言葉にお礼を言って、何を学んだか聞いた。

「ええと……最初に学んだのは、この仕事は私を決して金持ちにしないってことです。だから夜、別の仕事をして、そのお金を不動産に投資しています」

「それはすごいですね。それで、これまでの成果はどうですか？」

「一年半で不動産を六件買いました」

「すごいですね。あなたのことを誇りに思いますよ。で、儲かりましたか？」

「いいえ、まだです」と、そのハンサムな若者は言った。「でもとても重要なことを学びました」

「それは何ですか」

「だんだん楽になることです。最初の疑いや恐怖、お金がないことを乗り越えさえすれば、投資家になるこ

**㉒貧乏父さんはなぜ仕事の安定を強く求めたのか**

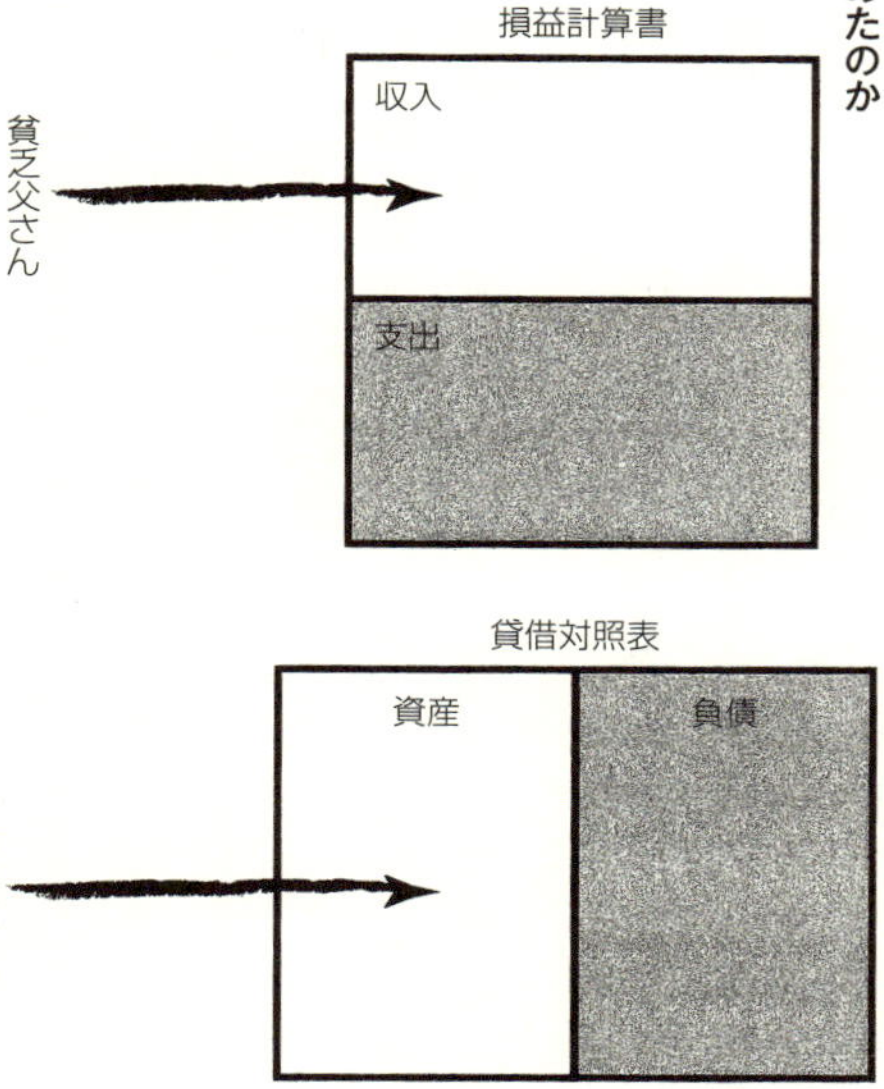

とはだんだん楽になるとわかりました。物件を探せば探すほど、投資をすればするほど、楽に投資できるようになってくるんです。疑いや恐怖で動けなくなっていたら、私のファイナンシャルＩＱはこれほど高くなっていなかったでしょう。今の私は恐怖を感じるどころか、とてもワクワクしています……たとえまだあまり儲けていなくてもね。実際、六件の投資のうち二件では損をしました。あなたが本の中でおっしゃっている通り、間違いを犯すことは学ぶための経験です。そこから学べば計り知れない価値があります。だから今の私には、近い将来フルタイムの不動産投資家になっている自分の姿が見えるんです。数年のうちには、仕事も給料も二度といらなくなっていることでしょう」

「あなたは目標、つまりラットレースを脱け出して経済的に自由になる日を決めていますか？」

「もちろんです」。にっこりしてその若者は言った。「同じ年頃の友人三人と一緒にやっています。私たちは、同年代のほかの連中がやっているような時間の無駄使いはしません。一緒に勉強し、セミナーに行き、おたがいに助け合って投資しています。私たちは自分の両親が歩いた道をたどるつもりはありません。親がしたのと同じ間違いを犯し、四十五年間働き、失業におびえ、昇給を願い、引退するのに六十五歳まで待つのはいやです。私の両親は、昇進のはしごを登るためにせっせと働いていたので、子供たちとすごす時間や、本当にやりたかったことをする時間がまったくありませんでした。彼らは今、引退する準備をしていますが、すでに年老いています。私は両親のようになりたくはありません。仕事をやめた時、年を取っていたくないんです。私たち四人はみんな二十三歳以下で、三十歳までには経済的に自由になるという目標を立てています」

「おめでとう」。私はそう言って彼と握手した。若者が私のバッグを飛行機に積み込む手続きを終えると、私はもう一度、私の本を読み、私に誇らしげな父親の気分を味わわせてくれたことにお礼を言った。

カウンターを立ち去る私に向かって、若者はにっこりして大きな声で言った。「一番大事なことは、だんだん楽になるっていうことです。資産を築くことに集中すればするほど楽になるんです」

私は手を振って別れを告げ、飛行機の待つゲートへと急いだ。

私の実際の経験から言わせてもらうと、私の現実では、資産を買うのが上手であればあるほど、早く金持ちになるのが楽になる。金持ちになっても謙虚でありつづけ、裕福であることで傲慢になるのではなく感謝の気持ちを持っていれば、そのお金を永遠に持ち続けられる可能性は高くなる。

## ●とっておきのヒント③　自分の将来について嘘をつく

これは奇妙に聞こえるかもしれないので、どうか注意深く読んで欲しい。三つめのとっておきのヒントは、あなたの将来について嘘をつくことだ。

あの若い手荷物係は、自分の将来を見ることができたし、そのことで彼はとてもワクワクしていた。あのような輝かしい未来はだれにでも見えるものではなく、だからこそ、奇妙に聞こえるかもしれない第三のとっておきのヒントが、若くして豊かに引退するためのプロセスの重要な一部となっている。

しばらく前に、私がある投資講座で教えていた時のことだ。次のような言葉を使うのを、どうしてもやめられない参加者が数人いた。

「私にはできない」

「私は絶対に金持ちになれない」

「私はよい投資家ではない」

「私はそれほど頭がよくない」

「投資は危険だ」

「やりたいことをするためのお金は決して得られない」

参加者の中に非常に成功している心理療法士《サイコセラピスト》がいて、手を挙げ助け舟を出してくれた。彼女はこう言った。

「未来について言ったことはすべて嘘なんですよ」

「未来が嘘なのですか?」私はそう聞いた。「なぜそんなことを言うのですか?」

「最初にはっきりさせておきたいのですが」。サイコセラピストはそう切り出した。「私は、人を騙すために嘘をつけと言っているのでは決してありません。この点はいいですか?」

私はうなずいた。「わかっています。私が知りたいのは、なぜあなたが未来は嘘だと言うのかということです」

「いい質問ですね」。彼女はそう言った。「あなたが頭を柔軟にしてそんなふうに聞いてくださってうれしいですよ。未来が嘘だというのは、未来について言ったことはすべてまだ事実ではないので、未来の何かについて何を言おうと、それは厳密には嘘だということです」

「では、自分自身や自分の能力について、どうしても否定的な認識をやめられない参加者の方々にとって、そのことはどのように役立つのですか?」

「人が『私は絶対に金持ちになれない』と言った場合、その人は、将来本当になるだろうと思われることについて発言をしているのです。この場合は、自分は絶対に金持ちになれないという考え方ですね」そのセラピストはさらに続けた。「その発言こそが厳密には嘘なんです。その人が嘘つきだというのではありません。私はただ、その発言が嘘だと言っているのです。未来はまだ起こっていないんですから」

「で、それは何を意味するんですか?」私はそう聞いた。

「それはまさに、あなたが今みなさんに気付かせようとしていることを意味しています。みなさんは、自分の言うことや考えることに、本当に起こったり現実になったりする力があることに気付く必要があります。ですから多くの人が自分の将来について嘘をつき、そうした嘘が彼らの将来になるんです」

「だれかが『私は絶対金持ちになれない』と言う時、それは未来のどこかで起こると予想される出来事について言っていて、嘘をついているのと同じだということですか?」

「その通りです。そして問題は、嘘が本当になるということです」

「ということは、例えばだれかが『投資は危険だ』と言う時、未来のことについて話しているとすれば、それはある意味で嘘をついていることになるんですね?」

「ええ。そしてその嘘を変えなければ、今度は嘘が本当になるのです。未来の何物もまだ事実や真実となっていないのですから、未来について言われたことはすべて、厳密にいえば嘘であるということをいつも頭に入れておいて欲しいですね」

「ではこのちょっとした情報はどんな役に立つのでしょうか?」私はまた聞いた。

「そうですね……私はセラピストをやっていて、物事がうまくいかず、不満を抱える不幸な人々のほとんどは、自分自身について最もひどい嘘をついていることを発見しました。彼らは、あなたがみんなに言うのをやめさせようとしているようなことをいつも言っています。『私は決して金持ちになれない』『そんなこと私には絶対できない』『それは絶対うまくいかない』などと言うんです。これはすべて嘘です。でも、本当のことになる力を持った嘘なんです」

「そして彼らは、たとえ自分ではそんな嘘をつかなくても、それと同じような嘘をつく人たちと一緒に時間を過ごしているんですね」。私はそう付け加えた。

「その通りです。まさに『類は友を呼ぶ』ということですね」

「嘘つきも友を呼ぶ」。私がそう言うと、セラピストはクスリと笑って、そうだと言うようにうなずいた。

「ではもう一度お聞きします。この示唆に富むちょっとした情報は、どんな役に立つんですか?」

「そうですね……未来について言うことはすべて厳密には嘘なのですから、自分が望まない未来ではなく、自分が望む未来について嘘をついたらどうでしょうか」とセラピストは答えた。

私は黙って彼女が言ったことを考えた。クラスのみんなも同じようにした。

しばらくして私はこう言った。「未来についてわざと嘘を言うのですか?」

「ええ、みんなやっていることですよ。無意識に、つまり自動的にそうしている人もいます。一つ質問させてください。お金に関して、あなたの金持ち父さんは将来について肯定的に話していましたか?」

「ええ」

「で、金持ち父さんの言ったことの多くは実現しましたか?」

私はまた「ええ」と答えた。

「では、あなたの貧乏父さんはどうですか? 否定的に話していましたか?」

「ええ」

「貧乏父さんの言ったことは実現しましたか?」

私はうなずいた。

「ではどちらの嘘も本当になったわけですね」

どちらの父も自分の未来について嘘をついていたのに、それでもその嘘が本当になったことに気付き、私はただうなずいた。「つまり、自分が望まない未来ではなく自分が望む未来について嘘をつくべきだと言うんですか?」

「そうです。私が言いたいのはまさにそういうことです。実際、あなたはもう実行していると思いますよ。あなたは、自分がどん底の状態だった時、奥さんや仲の良い友人に、将来がどんなにすばらしいものになるか、どれだけたくさんのお金を稼ぐことになるか、話し続けたに違いありません。たとえ一銭も持っていなかったとしても、あなたはそう言い続けたんです」

クスクス笑いながら私は言った。「ええ、そうでした。ただ私は、私を愛し支えてくれる人に対してだけその嘘を言いました。私の嘘をこきおろそうとする人たちには、未来についての肯定的な嘘は決して言いませんでした」

「とても賢明でしたね」。セラピストはそう言った。「では、あなたが経済的に最もつらかった時期に、奥さんにどんな嘘をついたか話してもらえますか?」

「それをクラスのみんなの前で言わせたいんですか」。私は少しきまりが悪かった。

「ええ。最悪の時期にあなたが本当に何と言ったかをみんなに話してください」

私はちょっとの間考え、キムと私が最悪の経済状態にあった時のことを思い返した。それからゆっくりとクラスのみんなに向かって言った。「キムを強く抱きしめ、こう言ったのを覚えています。『いつかこんなことはすべて終わりになる。いつかぼくたちは想像もつかないほどの金持ちになる。今のぼくたちの問題は充分なお金がないことだが、もうじきお金がありすぎるという問題を抱えるようになる』」

「それは本当のことになりましたか？」セラピストがそう聞いた。

「ええ、なりました。想像以上にね。こう言うのは気恥ずかしいのですが、今の私たちにとっての大きな問題はお金がありすぎることです。自分がいかに貧しい家に生まれ育ったか、今はよくわかりますよ。今のキムと私は、何を買うか考えるのに苦労しています。慈善事業にもかなり寄付していますが、まだたくさん余ります。思いつくものはほとんど何でも買えるので、何を買うかについて自分たちの現実を広げる必要があるんです。自分たちに買える以上の買物を見つけるのは、とても興味深いプロセスですよ」

「あなたの嘘が本当になったのはなぜだと思いますか？」

## ●人口の二十パーセントは筋金入りの嘘つき

「どちらの父親も、守れない約束は決してしてはいけないと私にきつく言っていたからです。もしその約束が守れなかったら、請け合ったことができなかったと言って、約束を破ったことを真っ先に相手に知らせなければならない、そうも言われていました。どちらの父も、約束を果たすことはとても大事だと言っていましたし、二人ともその言葉通りにしていました」

「すばらしいですね」。セラピストはそう言った。「いいですか、全人口のうち八十パーセントは基本的には正直なんです。ただ、およそ二十パーセントが筋金入りの嘘つきで、そういう人は何をしようが嘘をついてしまうんです。ですから、彼らが自分たちの将来の経済状態について肯定的な嘘をついてみたところで、結局それは否定的な嘘になってしまいます。筋金入りの嘘つきには魂に一貫性が欠けているからです。でも、基本的にはほとんどの人は正直なんです。だからたとえ嘘をついたとしても、その嘘は本当になります」。セラピストはちょっと言葉を切って先を続けた。「嘘をつくことについてはもう充分お話ししました。次は、私たちの未来について肯定的な嘘をつくにはどうしたらよいかを学ぶことにしましょう。忘れないでくださいよ。この実習の目的は人を欺くことではなく、私たち一人一人が、よりよい新しい現実に向かうのを手助けすることですからね」

実習をすることに私が同意すると、セラピストは参加者を二人一組にして言った。「組になった相手の人に、あなたが将来どれだけ金持ちになるか、できるだけ大きな嘘をついてください。不動産投資から毎月受け取る何百万ドルものお金のことや、あなたが所有する石油会社からの収入のこと、またあなたの住んでいる家がどんなに大きいかを話してください」

自分の将来の経済的な成功について大げさな嘘をつくのに苦労している人も何人かいた。そのほかの人たちは結構慣れているようだった。数分もたたないうちに、部屋の中のエネルギーが全開となり、騒々しさで何も聞こえなくなった。みんな自分の将来について大げさに誇張された罪のない嘘を言い、興奮した笑い声があちこちから聞こえた。ほとんどの人は、自分の将来の経済的成功について堂々と大風呂敷を広げる許可をもらって本当にうれしそうだった。あの瞬間、自分の人生や将来が変わったと多くの人があとで話してくれた。

つまり、第三のとっておきのヒントはこうだ——自分が落ち込んでいたり、自分自身や将来の経済状態について否定的な嘘をついているのに気付いたらいつでも、信頼できる友人を見つけ、近い将来自分がどれだけ経済的に成功しているかについて、飛び切り大きな嘘をついてもいいかどうか聞いてみよう。やってみると、それがすばらしい治療になることがあなたにもわかる。それに、ひょっとしたら、その嘘がいつか本当になるかもしれないのだ。

思い切ってやってみる気のある人は、肯定的な嘘をつくのに落ち込んだ気分になるまで待つことはない。できるだけ早く、信頼できる友人や恋人、家族を見つけ、あなたの将来の経済状態がどれほどすばらしいものになるか、途方もなく大きな嘘をつくのを許してくれるように頼もう。今も言ったように、それはとても楽しい経験になるかもしれないし、もしかするとあなたのつく嘘が明日には本当になるかもしれない。

## ●ホームラン王とお化け

大事なのは、あなたの未来はまだできていないということだ。それなら、それを今日作ればいい。それも、そうならないのではないかと心配する未来ではなく、そうなってほしいと思うような未来を作ればいい。自分の将来の経済状態に関することとなると、「最良のシナリオ」ではなく「最悪のシナリオ」を描く人が多すぎる。最悪だろうと最良だろうと、少なくともあのセラピストによれば、未来のシナリオはどっちみち嘘なのだ。偉大な野球選手ベーブ・ルースは、バットを持つとそれでホームランフェンスを指すのを習慣にしていた。それが彼流の「フェンスまで飛ばすぞ」という宣言だった。彼は大半の選手よりも多くの三振を食らったが、これをずっとやり続けた。三振が一番多くても、バットで遠くのフェンスを指すことを決してやめなかった彼は、三振王ではなくホームラン王として名を残した。

子供の頃、想像力たくましく、お化けがベッドの下やクローゼットの中に隠れていると思っていた人は結構いると思う。夜もふけてすべての灯りが消えたあと、自分の頭の中にしかいないこの生き物が怖くて、震えながら寝ずにいた経験のある人もいるだろう。大人になると、私たちの多くは、このお化けを借金取りや、まだ起きていない、金融界の恐ろしい惨事などにすりかえる。お化けだろうと借金取りだろうと結果は同じだ。私たちは、心配すべきではないことを心配して夜眠れずにベッドの中でぱっちり目を覚ましている。将来について嘘をつくにしても、このようにして、まだ起きていない、また決して起きないかもしれない惨事や災難について自分に嘘をつく人は、それによって自分の将来をみじめにしている。

だから私たちは、朝、目を覚ました時、ベーブ・ルースのように勇ましくバットでフェンスを指すのではなく、大儀そうに仕事に出かけ、わずかなお金のために貴重な人生を切り売りし、想像でしかないお化けから経済的に守られているという錯覚を胸に生活し、「こうなったらどうしよう」「ああなったらどうしよう」「もしこうだったら……」などと言う。大人になってもお化けは相変わらずそこにいて、人生のすばらしい可能性を奪い続けている。だからこそ、未来について肯定的な嘘をつくことが、自分のバットではるか彼方のフェンスを指し示し、大胆に前進したいという正直な人々にとって有益なものになり得るのだ。

金持ち父さんはこう言った。「私たちはみんな、幸運にも不運にも出会う。成功しない人は何もしないで人生を送り、不運も避けるが幸運も避ける。恐怖で身動きできずに何もしなければ、どんな運だって手に入れるのはむずかしい。成功する人は行動を起こす。自分が不運を幸運に変えることができるのを知っていて、悪いことからでもいいことを引き出す」

ある日一人のレポーターが、失敗の恐怖をどうやって克服したのか、私の成功の秘訣は何かと聞いた。私はちょっと考えてからこう答えた。「金持ち父さんが私に、不運を幸運に変えることを教えてくれたんです」。運をよくするには、小さいことから始めて、あなたが夢見る人生を追求していくことだ。想像上の悪夢におびえて生きるのではだめだ。お化けにあなたの夢を盗ませてはいけない。ベーブ・ルースのように生きよう。あなたの未来について大きな嘘をつき、フェンスに向かって大胆にバットを振ろう。


このとっておきのヒントは、人を騙したり、真実を隠すために嘘をついてもいいと言っているわけではない。この点はどうか忘れないで欲しい。私はそんなことをしろと勧めたりは決してしない。このアドバイスは、正直な人だけを対象としたアドバイスだ。筋金入りの嘘つきのためのものではない。あなたに嘘をつく癖があるなら、専門家の助けを求め、嘘をつくのではなく真実を言うことをまず学んでほしい。

## ●そのほかの十一のヒント

本書のはじめで、若くして豊かに引退する可能性を高めるために「だれにでもできること」をいくつか紹介すると約束した。すでにそのほとんどを取り上げたが、最後に全体を振り返って簡単にまとめておくので、頭に入れるのに役立てて欲しい。

これから紹介するのは、私がいつも定期的にやっていることだ。私が若くして豊かに引退するうえで大きな助けとなったことばかりなので、あなたにも役立つと思う。前にも言った通り、若くして豊かに引退するプロセスは、身体的なプロセスという以上に、頭脳的で感情的なプロセスであることをいつも覚えておいて欲しい。頭と心の中でこの旅を始めれば、あなたの残りの部分はすぐについてくる。

### ❶決心しよう

毎朝起きると私は、自分がどんな人、どんなことをする人になりたいかを選ぶ。私は自分にこう問いかける——貧しいコンテクストを持った人間としてこの一日を生きたいか、それとも中流の人間のコンテクスト、あるいは金持ちのコンテクストを持った人間として生きたいか？

貧しいコンテクストを持っている人は、例えばこんなことを言う人だ。「私は決して金持ちになれない」。また、中流のコンテクストを持った人は、こんなことを言うかもしれない。「仕事の安定が大事だ」。一方、金持ちのコンテクストを持つ人は、「より少なく働いてより多く稼げるように、ファイナンシャルＩＱを高める必要がある」などと言う。

### ❷あなたと一緒にこの旅に出たいという友人や愛する人を見つけよう

私にはわかっている。妻のキムや友人たちの存在がなかったら、私は成功していなかった。あなたが自分のしたいことを話すと、それができない理由を並べ立てる友人ではなく、あなたを励まし、あなたの力を引き出してくれる友人を持つよう心掛けよう。

友人や人生のパートナーを正しく選ぶことは、人生を成功させるうえで非常に重要だ。あなたの友人や家族が、自分のファイナンシャルIQを向上させる努力をしない人たちだったら、あなたがどんなにお金を稼ごうと、お金の面での人生は長く苦しい戦いになるおそれがある。

**❸専門家の助言を求め、お金と法律に関してあなた自身のアドバイザーチームを作り始めよう**

金持ち父さんが言ったことをいつも覚えておこう。「きみにとって一番高くつくアドバイスは、お金のことで苦労している友達や親戚がただでくれるアドバイスだ」。その後、金持ち父さんはこの言葉の意味を広げ、ファイナンシャル・アドバイザーのうち、自分が主張していることを実行していない人や、他人に売りつけている投資商品を自分では買っていない人もこれに含めるようになった。ここでも、正しい人選をすることが非常に重要な技術として必要になる。人は資産にもなれば負債にもなる。

ある日、金持ち父さんが私にこう言った。「もし車が故障したら、きちんと技能訓練を受けた整備士のところへ持っていって修理してもらうよね。修理が終わった車を取りに行って運転し始めたらすぐに、きみにはその整備士の腕の良し悪しがわかる。いわゆるプロのファイナンシャル・アドバイザーの問題点は、彼らがくれたアドバイスの良し悪しが、何年もあとにならないとわからないことだ。二十五歳でファイナンシャル・アドバイザーのアドバイスを受け始め、六十五歳でそのアドバイスが悪かったとわかったらどうなるだろう？　こわれた車を整備士のところに持ち込むように、台無しになったきみの経済状態をファイナンシャル・アドバイザーのところに持ち込むことはできない。私が、大部分のファイナンシャル・アドバイザーより自動車の整備士や中古車のセールスマンの方を信頼しているのは、単に彼らの仕事の方が結果が早くわかるという理由からだ。たいていの人が中流以下の暮らしのままで終わるのは、お金に関していいアドバイスを探すのにかける時間よりも、中古車を選ぶのにかける時間の方が長いからだ」

大事なのは、自分の頭に入れておくアドバイスに細心の注意を払うことだ。

## ❹引退する日を決めよう

家族やアドバイザーと話し合い、早期引退の日を決めよう。これは、ベーブ・ルースがバットで遠くのフェンスを指したのと同じことだ。これを実際にやると、今のあなたのコンテクストが将来のコンテクストにあれこれ文句をつけてくるが、とてもいい経験になるし、やってみると結構楽しい。間違いなくあなたは、実にさまざまな現実やコンテクストを耳にすることになるだろう。

同じメンバーで三カ月に一度顔を合わせ、あなたの早期引退の日付について話し合おう。

## ❺早期引退の日付が決まったら、紙にプランを書きつけよう

紙に書いたプランは、毎日見ることができるように冷蔵庫の上にとめておこう。あなたの進歩に合わせてプランを書き直し、より多くを学び続けよう。

キムと私が雪に覆われたホイスラー・マウンテンの山頂で、凍えながら一週間を過ごした時に考え出したプランは、私たちの人生の方向を大きく変えた。それがプランの力だ。大事なのは、今日のあなたが貧しいからといって、明日も貧しいままでいる必要はないということだ。金持ちになり、その状態を維持するのに必要なのは、プランと、毎日少しずつそのプランに従ってやっていく決意だ。キムと私はもう十年近く、プランに従って毎日少しずつ先に進んでいる。前に書いたように、今の私たちの問題はお金がありすぎることで、私たちはそれを賢く使う方法を見つけるために悪戦苦闘している。これは確かに苦労かもしれないが、私は、それと同じ苦労をあなたにもして欲しいと思っている。

## ❻早期引退を祝うパーティーを計画しよう

思いきりぜいたくな計画を立てよう。早く引退できたとすれば、もはやお金の心配はないはずだ。たとえ自分の目標を達成できなかったとしても、引退パーティーを企画することはあなたにとってとても楽しい体験となるだろう。それにひょっとしたらあなたは、「早期」引退のパーティーをもっと「早く」開くことになるかもしれない……。

## ❼一日に一件、投資先を探そう

買い物に行くだけなら「ただ」だということを覚えておこう。大事なのは、毎日少なくとも十分間、ファイナンシャル・リテラシーを高めるために何かすることだ。ニュースサイトのマネー欄やビジネス欄の記事を一つ読むといった簡単なことでもいい。たとえそれほど興味がなくてもやってみることだ。それによって、お金に関する語彙が増え始める。車を運転している時やジムで運動している間は、金融情報やビジネス情報のテープ、CDを聴こう。最低一年に一回は資産運用に関連したセミナーに出席しよう。セミナーにお金を使いたくなければ、地元紙の金融欄を見ればいい。無料の投資セミナーがたくさん見つかるはずだ。そういったセミナーに出席すれば、たとえ学ぶことが何もなかったとしても、自分と同じような人たちに必ず出会える。

## ❽市場はすべて三つの大きなトレンドに従って動くことを覚えておこう

三つのトレンド（傾向）とは、上昇、下降、横ばいのトレンドだ。何年もかかって上昇、下降、横ばいと変化する市場もあれば、時には一分もしないうちにトレンドを変化させる市場もある。だから、だれかがあなたに「長期投資をしなさい」とアドバイスしたら、それはどういう意味か聞いて、もっと詳しい説明をしてくれるように頼もう。たいていのファイナンシャル・アドバイザーは、セールスマネジャーに教え込まれたことをオウムのように繰り返しているだけなので、自分の言っていることを説明するのに苦労するかもしれない。

金持ちになる最善の方法の一つは、トレンドの変わり目にある。「ちょうどいい時にちょうどいい場所に居合わせる」という、昔からよく使われる表現には多くの真実が含まれている。毎日取引を見ていれば、変化をさらによく感じることができるようになり、ちょうどいい時にちょうどいい場所に居合わせるチャンスも大きくなる。例えば、あなたが一九九一年に株式投資を始めていて、IT株に多くの投資をしていれば、今あなたは金持ちになっていただろう。だが、二〇〇〇年三月に市場が下降トレンドに転じたとき、あなたが戦略を変えていなければ、それまでに儲けた分もすべて失っていただろう。一方、二〇〇〇年三月に戦略を変えていれば、下降する市場で、それまでよりさらに速くお金を儲けていただろう。つまり、富を失うのではなく、ますます増やし続けたはずだ。こういうことがあるから、速く金持ちになり、永遠に金持ちでいたい人は、トレンドを認識し、三つの異なるトレンドに対する三つの異なる戦略を持っていなければならないのだ。私は、あるトレンドでひと儲けしたものの、トレンドが変わって破産した人をたくさん知っている。

## ●高く買って安く売る

フォーブス誌の二〇〇一年六月号に、次のような見出しの興味深い記事が載っていた。

「高く買って安く売る。前からずっとわかっていたこと――アナリストは偉大なアドバイザー。あなたは彼らの言うことの反対をやればいい」

この記事は次のように続く。

カリフォルニア州で四人の教授が調査を行った結果、次のようなことがわかった。昨年アナリストたちが勧める株をその通りに買っていたら損をしていたはずだが、それとは反対に、彼らが売るように勧めた株を買っていたら儲かっていたはずだ。それもわずかな額ではなく、元金に対して三十八パーセントの儲けを出せただろう。これは一九五八年以来のＳ＆Ｐ５００（スタンダード・アンド・プアーズ総合五百種株価指数）の実績よりもいい成績だ。

フォーチュン誌に「ウォールストリートは改革に本気なのか」と題された記事を書いたショーン・タリー記者は、フォーブス誌の記事と同意見のようだ。この記事には次のように書かれている。

六月のある蒸し暑い朝、ルイジアナ州選出の庶民派共和党下院議員リチャード・ベーカーは、バーテンダーから子供のサッカーに熱を入れる母親たち《サッカー・ママ》まで、ありとあらゆる人を大騒ぎさせている問題を槍玉にあげ、『ウォールストリートがいかにして弱者を苦しめるか』と題して、仰々しく議会聴聞会の幕を開けた。ベーカー議員は南部なまりのゆっくりした口調で、ウォール街の新しい特権階級、すなわち証券アナリストたちが、小口の株主たちからいかにして金を巻き上げているかについて、憤りのほどを表明した。

私に言わせれば、アナリストやファイナンシャル・アドバイザーのほとんどはプロの投資家ではない。彼らはプロの投資家が知っているべきことを知らない。だから投資に関するアドバイスのほとんどは、平均的な投資家にはいいかもしれないが、プロの投資家には悪いものとなる。あなたが早く金持ちになって、そのままずっと金持ちでいたいと思っている場合は特にそうだ。

プロの投資家は、トレンドが自分の友人だということを知っている。プロの投資家とは、だれもトレンドに逆らえるほど強くないと知っている人を指す。子供の頃サーフィンをしていた私たちは、いつも潮の流れや海の天候の変化に最大の敬意を払っていた。海で災難に遭うのは、湖やプールで泳ぐことしか知らない観光客たちで、中には溺れる人もいた。サーファーが海の力に敬意を払うように、あなたもトレンドに敬意を払わなければいけない。

## ●変化に遅れない

だれかに「長期的に投資しなさい」と言われたら、「長期的に」とはどういう意味か聞こう。この言葉は「平均的な投資家」と「プロの投資家」とで違う意味を持っている。あなたが早く金持ちになり、その後もずっと金持ちでいたいなら、平均的な長期的投資家でいるわけにはいかない。平均的な投資家よりもはるかにいい教育を受けたプロの投資家にならなければいけない。お金についてあなたが両親から与えられたアドバイスに従うことの問題の一つは、テクノロジーとファイナンシャルＩＱが、たいていの人が変わることができる以上の速さで変化していることだ。今は、テクノロジーとファイナンシャル・インテリジェンスの変化に遅れずについていければ、早く金持ちになり、それからずっと金持ちでいることが可能だ。例えば、オプションの世界では最近、「ノックアウト・オプション」と呼ばれる新しいオプションが出てきた。これはー通常のプット・オプションやコール・オプションよりずっとスピードがあり、今たいていのデイ・トレーダーたちによって発明されたものだからだ。が使っている。「ノックアウト・オプション」が一般の人に知られていないのは、それが外国為替のトレーダーたちによって発明されたものだからだ。

「エキゾチック・オプション」と呼ばれるこのような新しいオプションは、ここ数年の間に株式市場に浸透し始めるだろう。ここでは詳しく説明はしないが、一言で言うと、ノックアウト・オプションは、通常のオプションよりも多くのお金を、より速くより安全に稼ぐことができるやり方だ。覚えておいて欲しいのは、テクノロジーの進歩につれて、人間のファイナンシャル・インテリジェンスも進歩するということだ。それは、より早く、より安全に金持ちになるのがますます簡単になることを意味する。ただし、このいい話には一つ条件がついている。それは、遅れないでついていくこと、学び続け、いいアドバイザーを見つけることだ。

## ●年老いた犬が新しい芸を覚える

もうご存知と思うが、私はフォーブス誌が大好きだ。国際的な実業家や投資家のための同社の雑誌フォーブス・グローバルの二〇〇一年五月号に、サー・ジョン・テンプルトンに関する興味深い記事が載っていた。サー・ジョン・テンプルトンは、実際の価値より低く評価されている株式に世界規模で投資してその成長を見守る、バリュー株（割安株）投資家として知られている。その記事は、「年老いた犬、新しい芸を学ぶ」という見出しで、上げ相場ねらいで筋金入りのファンダメンタル投資家テンプルトンでさえ、テクニカル・トレーダーとして下げ相場に投資することを学べるとして、そのいきさつを説明していた。それによると、彼は二〇〇〇年に、自分がそれまで人に勧めていた長期投資ではなく、短期投資をはじめてやった。それまでやったことのなかったこの新しい投資の方法を学び、彼は一年間で八千六百万ドル以上を稼いだ。金持ち父さんが言った通り、「お金は一つの考え方にすぎない」。今は、新しいアイディアに遅れないでついていくことが絶対に必要だ。サー・ジョン・テンプルトンが八十八歳にしてそのコンテクストを変えることができるなら、あなたにだってできる。

この話からもわかるように、平均的な投資家がファイナンシャル・アドバイザーの長期投資の話に耳を傾けている間に、真の投資家は戦略を変え、空売りをやっていた。アドバイザーの言う通りに長期投資をした何百万人という投資家は、結局何兆ドルも失った。こんなことがまた起こるだろうか？　それは間違いなく起こる。だからこそ、早く金持ちになり、それからずっと金持ちでいたい人は、だれが自分にお金に関するアドバイスをしているのか、充分注意を払う必要があるのだ。

## ❾言葉はただだということをいつも覚えておこう

早く金持ちになりたい人は金持ちの語彙を身につける必要がある。資産には基本的に四つの種類があることをいつも覚えておくことが大事だ。その四つとは、ビジネス、紙の資産、不動産、コモディティ（商品）だ。これらの資産には、それぞれ異なる語彙がある。異なる言葉を持つ国のようなものだ。あなたが興味を持っている分野の語彙、専門用語をまず覚えよう。言葉を覚えれば、あなたはその資産について、自分自身とも、ほかの人たちともうまく話ができるようになる。

言葉は私たち人間が持つ最も強力な道具だ。だから、言葉を注意深く選ぼう。そのためには、言葉に二つの基本的なタイプがあることを覚えておくといい。

第一のタイプの言葉は、コンテンツのための言葉だ。例えば、「内部収益率」は、投資に多くのレバレッジを利用する不動産投資家にとって特に重要な言葉だ。このタイプの言葉はコンテンツ・ワード、コンテンツ・ボキャブラリーと言ってもいい。

第二のタイプの言葉は、コンテクストのための言葉だ。例えばだれかが「私は決して内部収益率を理解できるようにはなれない」と言う時、その人は、コンテンツ・ワード——この場合は内部収益率という言葉——に関する、自分の頭の中にあるコンテクストを説明している。

コンテンツ・ボキャブラリーを常に増やし、コンテクスト・ボキャブラリーに注意を払うようにしよう。言葉は、人間にとって最大の資産である頭脳にとって最も強力な道具なのだから。「私には買えない」とか「私にはできない」「そんなことは絶対に覚えられない」などと言ってはいけないと私が言う理由はここにある。その代わり、次のように自分に問いかけよう。「どうしたら買えるだろうか」「どうすればできるだろうか」「どうしたら覚えられるだろうか」と。

金持ちと貧乏な人との大きな違いは、彼らの言葉の質にすぎないことを覚えておこう。ファイナンシャル

IQはファイナンシャル・ボキャブラリーから始まる。だから自分の言葉に注意を払おう。言葉こそがあなたの肉となりあなたの未来となるのだから。あなたが、金持ちになり、そのあとずっと金持ちでいたい、そして若くして豊かに引退できるようになりたいと思っているなら、鍵を握っているのは言葉だ。そして言葉を手に入れるのにお金はいらない。

### ⑩お金について話そう

中国や日本に行った時、たくさんの人から「東洋の文化では、お金について話すのは下品だとされています……だから私たちは決してお金の話をしません」と聞かされた。実は、アメリカやオーストラリア、ヨーロッパでも、多くの人から同じようなことを言われる。彼らは例えばこんなふうに言う。「我が家では、お金の話はしませんでした」

だからこそ、お金について話すことをとっておきのヒントとしてここで伝授したい。あなたの友人がお金について話をしたくないというタイプの人間だとしたら、新しい友達を見つけた方がいいかもしれない。私の場合、友人たちとよくお金やビジネス、投資、成功したこと、抱えている問題などについて話をする。友人のほとんどは金持ちなので、お金について話すのは悪いことだとか下品だとかいうコンテクストは持ち合わせていない。妻のキムと私は、四六時中お金について話している。私たちにとって、金儲けや金持ちになること、豊かに生きることは楽しいことだ。私たちはマネーゲームを楽しんでいる。だからお金について話をする。ほかの人がスポーツを楽しむように、私たちはマネーゲームを楽しみながらやっている。また、二人の間にお金という共通のゲームがあるおかげで、夫婦としての絆がより強くなっている。マネーゲームは私たちの結婚を教育的かつ刺激的で楽しいものにしてくれている。お金は世界中のすべての人に共通する話題だ。だからもっとどんどんお金について話そう。

を訓練してくれたからだ。

## ⓫ゼロから始めて百万ドルを作り出そう

私が仕事も給料も必要としない理由の一つは、何もないところからお金を作れるように金持ち父さんが私を訓練してくれたからだ。

最近私がとても胸を痛めていることの一つは、ゼロからお金を作る方法を知らない人たちがいることだ。先日、一人の若い女性が私の会社の求人に応募してきた。彼女は大手の多国籍企業でマーケティング部門の上席副社長をしていた。会社をリストラされた彼女は、起業家精神に富む私の小さな会社でマーケティング部門の副社長として腕を試してみたいと考えたのだ。そこで私は試験代わりに、会社の広告予算を作成するように頼んだ。三日後、彼女は年間百六十万ドルの予算を携えて戻ってきた。

「百六十万ドル？」私は思わず息を荒げた。「それは大変な金額ですね」

「わかっています」。彼女はいかにも大企業の人間らしい口調で言った。「ですが、あなたの望むような結果を出したいなら、それくらいの費用はかかります」

「これだけ払ってもいいんですが、この案を承認する前に、十六万ドルまたは予算ゼロで同じ結果を達成するにはどうしたらいいか話してくれませんか？」私はそう言った。

「それは不可能です」。彼女はまた、いかにも企業の大物といった偉そうな口調で言った。「お金を儲けるにはお金を使わなければなりません」

当然ながら、私は彼女を雇わなかった。私たちが異なる現実、コンテクストを持つ人間であることは明らかだった。私たちの会社が成功したのは、金持ち父さんが自分の息子と私に、ゼロから、あるいはほとんどゼロから何百万ドルというお金を作り出す方法を教えてくれたおかげだ。

私が言いたいのは、大企業で高い地位にあり高給を取っているいい大人たちが、たくさんのお金の使い道は知っているくせに、たくさんのお金を自分の力で作り出す方法をよく知らないのは実に嘆かわしいということだ。私はいくつかの株式会社の取締役をしているので、そこの取締役たちが、一九九〇年代のドットコム会社と同じように、投資家のお金をさんざん使いながら利益を出せないでいるのをこの目で見ている。

金持ち父さんはよくこう言っていた。「起業家と役人には大きな違いがある。たいていの人は役人だ。学校が役人になるための教育をしているからだ。起業家は起業家と役人の両方になる方法を知っていなければいけない。多くの役人が起業家になることを夢見るが、ほとんどの人は決してなれない。役人はもらったお金で稼ぐことしか知らない。起業家はゼロからお金を生み出すことができる」

数カ月前、私は国際的な大手出版社の重役と一緒に座っていた。起業家精神とビジネスの伸ばし方についての私の講演が終わったばかりで、それを聴いていたこの重役はまっすぐに私の目を見てこう言った。「私は絶対に金持ちになれません、お金を作るにはたくさんのお金がいりますからね。うちの広告予算は二千万ドルですが、売上目標を達成するには、どうしてもそれだけ必要なんです」。その言葉を聞いた瞬間、私は、なぜ彼が大企業の「役人」であって起業家でないか、その理由がわかった。彼の現実が永遠に彼をそこに縛っているのだ。

起業家がゼロから、あるいはほとんどゼロからお金を作る方法を知らないばかりに、小さな会社が成長できないでいるのを目にするのも悲しい。金持ち父さんはこう言った。「ベビービジネスとスモールビジネスには大きな違いがある。ベビービジネスはBクワドラントのビッグビジネスに成長する可能性を秘めている。スモールビジネスは儲かるようにはなるかもしれないが、Bクワドラント・ビジネスに成長する可能性はない」。金持ち父さんはさらに、この違いはビジネス自体ではなく、ビジネスの背後にいる起業家の考え方にあると説明してくれた。その古典的な例が、マクドナルド兄弟とレイ・クロックだ。レイ・クロックは二人の兄弟が経営していた小さなハンバーガースタンドを買い取り、McDonald'sとして世界に知られる巨大ビジネスに変えた。

ミルクセーキ用のミキサーを売るEクワドラントの従業員だったレイ・クロックは、Sクワドラント・ビジネスを買って大きなBクワドラント・ビジネスにした。私がこれからお話しするのはごく簡単なプロセスだが、そこで働く力こそがレイ・クロックを成功に導いた。このプロセスは定期的に実行できて、それを実行するのに費用はまったくかからないが、あなたを想像もつかないほどの金持ちにしてくれるかもしれない……。

このプロセス、つまり最後のとっておきのヒントは、あなたと共にこの旅をしている愛する人や友人と一緒に、ゼロまたはわずかなお金から始めて、どうすればアイディアを何百万ドルもの価値のあるものに変えることができるか話し合い、ブレーンストーミングすることだ。筋肉をつけるためにスポーツジムに通うのと同じで、定期的な運動があなたの脳を鍛え、行動を起こす瞬間のための備えをさせてくれる。

キムに出会う前、私はよく友人たちと、ゼロックス社が入っているオフィスビルの地下のコーヒーショップに座り、コーヒーをお代わりしながら何時間も粘って、どうすれば元手ゼロから何百万ドルものお金を作れるか、アイディアを出し合った。思いついたアイディアの中には、本当にいいアイディアもあれば悪いアイディアもあり、ばかばかしいアイディアもたくさんあった。私たちは、Tシャツに関連するアイディアや、木で作ったパズル、ハワイ産の砂糖パックを使った観光客向け商品、投資関連ニュースレターといったアイディアを思いついた。これらのアイディアのほとんどは具体化するところまでいかなかったが、私たちにとってはすばらしい頭の体操になった。ほとんどのアイディアがうまくいかなかったのは事実だが、このブレーンストーミングのおかげで、私たちはベルクロを使ったナイロン製のサーファー用財布のアイディアを思いつき、そのアイディアを何百万ドルもの価値を持つビジネスに変えた。残念ながらそのアイディアを保護する手段を取らなかったので、競争に敗れるという結末にはなったが……。

前にも言った通り、コカコーラ社の資本金は八十億ドルだがブランドの価値はほぼ八百億ドル、会社全体の総資本のほぼ十倍だという話を読んだことがある。そんなことがどうして可能なのだろうか。それは、コカコーラ社がその知的財産を世界中で積極的に保護しているからだ。その結果、コカコーラのブランドは途方もなく高価なものになっている。

## ●Rich Dad（金持ち父さん）は、たった二つの単語だ！

「金持ち父さん」という言葉の成功について考えてみよう。「金持ち父さん」はたった二つの単語だ。一九九七年にキムと私が会社を始めた時、「金持ち父さん」は、ただ二つの単語を並べただけの特に意味のない言葉で、一銭の価値もなかった。

今日、「金持ち父さん」という言葉には、何千万ドルという価値がある。どのようにしてそうなったのだろうか。私たちは、時間をかけて戦略を立て、意図的に知的財産という資産を「構築」した。そして、私たちが発明したものが特許で保護されるように充分注意した。私たちは、「金持ち父さん」と「キャッシュフロー」の二つの強力なブランドと、世界中どこでもそれとわかる、パープル、ブラック、ゴールドの三色からなるトレードドレス（製品やサービスの特徴的なデザイン）を作り出し、保護した。商標を登録するのにかかった初期費用は千ドルに満たなかった。このような私たちの経験は、わずかのお金で、あるいはまったくお金がなくてもお金を作り出すのが可能だということを立証している。

## ●頭はあなたの最大の資産だ

あなたも私も、使っているようで一番活用されていない資産が人間の脳であることを知っている。脳には、まだ使われていないパワーがたくさんある。金持ち父さんはよくこう言っていた。「怠け者たちは手っ取り早く金持ちになりたがり、成功する人たちはお金に関して速く賢くなりたい、ますます賢くなりたいと思う」。肝腎なのは、あなたが金持ちになって若いうちに引退したいと思うなら、そして大したお金も教育も経験も持ち合わせていないなら、頭を使い始めなければいけないということだ。私の現実では、金持ちになるのにお金は必要ない。必要なのは、頭脳的な力と感情的な力だ。これまでに挙げたとっておきのヒントはどれも、あなたがそうしたければすぐに検討し、実行できるものばかりだ。

最後に、すべてのヒントにかかわる重要なポイントを付け加えておく。それは、これまでに挙げたヒントはどれも、実行するのに大した時間もお金もかからないということだ。どれも、いつも欠かさずきちんとやれば、あなたが若くして豊かに引退するのにきっと役立つ。あなたの将来は、あなたが「明日」何をするかではなく、「今日」何をするかによって決まることをいつも覚えておこう。

これらの簡単な課題のうちいくつかを自分の日課としてきちんと実行すれば、あなたは鏡を通り抜けてまったく違う世界に入っていく自分に気が付くだろう。第四部ではそのことについてお話ししたい。

## ●まずコンテクストを変えよう

あなたもすでに気付いているかもしれないが、人は何を「する」かによって金持ちになったり貧乏になったりするのではない。あなたを金持ちにしたり貧乏にしたりするのは、あなたの行動を取り囲むコンテクストだ。だから「何をしているのか」とか、「何に投資しているのか」と人に聞かれると、私はこう答える。「私がやっていることを聞いたりせずに、やっていることについて私がどう考えているかを聞いてください」

例えば、多くの人が株式に投資しているが、株式投資で金持ちになる人はわずかだ。同じことが不動産やビジネスを築くことについても言える。何が違うのだろうか。私に言わせれば、それは行動やコンテンツを取り囲んでいるコンテクストだ。「不動産は最低の投資だ。儲かったためしがない」と言う人がいるが、これも私に言わせれば、不動産投資が最低の投資なのではなく、投資している人が最低の投資家なのだ。金持ちの投資家のコンテクストを持っている人は、悪い投資をしてもそれをいい投資に変えることができる。実際のところ、ほとんどの金持ちの投資家がやっているのはそれなのだ。

同じことが借金についても言える。たいていの人は借金の作り方は知っている。たいていの人は、借金漬けになる方法についてはエキスパートだ。問題は、彼らが借金を作ってますます貧しくなることだ。たいていの人は、いい借金をしているのにそれを悪い借金にしてしまう。金持ち父さんは私にこう言った。「借金はすべていい借金だ。だがすべての人が借金の使い方を知っているわけじゃなくて、いい借金を悪い借金にしてしまう」

金持ちになりたいなら、何をするか探すより、まずコンテクストをどうにかする必要がある。金持ち父さんもこう言っている。「たいていの人はもう借金の作り方は知っている。問題は彼らが、借金を自分に有利に使うにはどうすればよいか知らないことだ。借金を利用して金持ちになりたい人は、最初に自分のコンテクストを変える必要がある、そうすれば借金を利用して大金持ちになれる」。あなたが借金に関して、今自分が持っている中流以下の人間のコンテクストを変えることができないなら、クレジットカードにはさみを入れ、住宅ローンをできるだけ早く完済し、ひたすら貯金を心がけるのがベストだ。

若くして豊かに引退したければ、まず自分のコンテクストを変えなければいけない。この章で取り上げたヒントを時々見直し、コンテクストを常に新しくするように私が勧めるのはそのためだ。金持ちのコンテクストを持っていれば、何をしようとあなたはどんどん金持ちになっていく。貧しい人のコンテクストを持っていたら、何を学ぼうが、何をしようが、結果は同じだ。貧しい人の結末が待っている。何をするかではなく、あなたのコンテクスト、すなわちあなたが「現実だ」と頭で考えていることがあなたの本当の現実になることを覚えておこう。金持ち父さんはこう言っている。「借金は必ずしもきみを貧乏にしない。だが貧乏人や中流階級の人のコンテクストはきみを貧乏にする」

# 第二十章
# 人によって現実は異なる

この章では、だれにでもできる作業を一つ紹介するが、これはいわばオプションで、やりたくない人はやらなくていい。結果に対して自分で責任をとる勇気のある人だけが挑戦して欲しい。その作業とは、あなたが次にディナーパーティーに行った時、あるいは同僚や友人、家族と昼食を共にした時に、次のリストにあるような質問をすることだ。「オプション」と言ったのは、これらの質問がお金に関するさまざまな現実を相手から引き出すことになるからだ。

質問にきちんと答えるだけの充分な時間を相手にあげれば、その人がお金や自分の人生に関して抱いている現実、動機、言い訳、嘘、思い込み……そのほか、心理分析さながらのさまざまな話を聞くことができるだろう。「なんてばかげた質問をするんだ?」とか「こいつは何様のつもりだ?」「そんなことはできない」「それは不可能だ」「私はこの仕事が大好きだ。働くのをやめるつもりは毛頭ない」といった反応が返ってくることもあるだろう。あなたから相手の答えに賛成したり反対したり、あるいは質問についてのあなたの考えを言うのはやめて、じっと耳を傾け、お金や個人的な経済状態に関するその人の現実を、もっとよく理解するよう努力しよう。

愛する人や友人、同僚たちにこれらの質問をするだけの勇気がある人には、心から幸運を祈る。他人を相手にこの作業をすることで、あなたは、人生における経済状態に対してその人の現実が持っている力について非常に多くのことを学べるだろう。

次に、いろいろな現実を比較するための質問リストを挙げる。

## ●あなたはどんな人生を生きたいか？

1．世界中のお金が自分のものになり、二度と働く必要がなくなったら、自由になった時間で何をしたいか？

2．あなた（結婚している場合は配偶者も含む）が今日働くのをやめたら、あなたの生活はどうなるか？　今の生活水準やライフスタイルのままで、どのくらいの期間持ちこたえることができるか？

3．（まだ引退していない人への質問として）何歳で引退できると思うか？　早く引退したいか？　引退する時に自分が稼いでいるお金は、今より多いと思うか、少ないと思うか？

4．給料を全く必要としない人生を送りたいか？　それともいつも給料のために働き、もっと給料の高い仕事をいつも探しているような人生を送りたいか？　人に雇ってもらいにくい人間になりたいか、それとも雇ってもらいやすい人間になりたいか？　今はどちらの人生を送っているか？

5．お金がありすぎて、もっと多くのお金を使うのに苦労する人生を送りたいか？　それともお金を蓄えるのに苦労する人生を送りたいか？　今はどちらの人生を送っているか？

6．より多く稼ぐためにあくせく働かなくてもいい人生を送りたいか、それともより多く稼ぐためにもっと一生懸命働かなければならない人生を送りたいか？　今はどちらの人生を送っているか？

7．投資は危険だと思うか？　お金を儲けるにはお金が必要だと思うか？　元手がいらず、リスクがあまりなく、リターンが非常に高い投資ができるようになりたいか？　他人のお金で投資できるとしたら、投資したいか？

8．家族以外の人で一緒にいる時間が一番長い六人はどんな人か？　その人たちのお金に対する姿勢はどうか？　金持ちの姿勢か？、あるいは貧乏人、中流の人の姿勢か？　その六人のうち、若くして豊かに引退できる人は何人いるか？　新しい友人を作るべき時期が来ているか？

9．資産を築いたり買ったりして金持ちになるために働く人生を送りたいか？　それとも安定した仕事や確実な給料のために働く人生を送りたいか？　今はどちらの人生を送っているか？
10．仕事をやめたら十億ドル出すと言われたら、どうするか？　仕事より十億ドルを選ぶとしたら、なぜ今、それを目指して行動を始めないのか？　あなたにブレーキをかけているのは何か？　十億ドルもらっても仕事をやめたくないとしたら、それはなぜか？　あなたが今やっていることに満足しているとしても、十億ドルもらって、それより価値のあることをするためにそのお金を使うことはできないだろうか？
11．市場が上昇しようと下降しようと儲かる人生を送っているか？　それとも市場が暴落して損をしたらどうしようと心配しながら暮らしているか？　今のあなたの人生はどちらか？　それはどうしてそうなっているのか？
12．お金という問題に関して、いままでと違う取り組み方ができるとしたら、あなたはどのようなやり方をするか？　別の方法があるのに、今あなたがそうしていないのはなぜか？

勇気のある人だけに限ってこの作業をやってみるように勧めるのは、その結果あなたに友人がいなくなり、新しい友人を作る必要が出てくるかもしれないからだ。家族や友人、同僚が、あなたが持ちたいと思っているコンテクストを持つ人ではなかったら、そのようなコンテクストを持つ人たちに出会う機会を持とう。ここで一番大事なのは、お金という問題に関してさまざまな人々が持っているさまざまな現実、さまざまな世界を知ることだ。金持ち父さんの言った通り、「お金は一つの考え方に過ぎない」。これらの質問をしてみると、たくさんの異なる考え方や現実があることがわかるだろう。

この作業で一番重要な点は、他人が持っているさまざまな考え方や現実に耳を傾けたうえで、自分がどのような現実やお金の世界を見たいかを決めることだ。私は二人の父親を持ったおかげで両方の世界を見ることができた。そして、どちらの世界を見たいかを自分で選んだ。あなたの場合も、どちらを選ぶかはあなたいる考え方や、送りたいと思っている人生を選ぶのにきっと役立つだろう。が決める。家族や友人にこれらの質問をして、彼らの考えを聞こう。そうすれば、自分が持ちたいと思って

# 第四部

## 最初の一歩のレバレッジ

金持ち父さんはこう言った。「最初の一歩は、どのような世界に住みたいかを決めることだ。きみは貧乏人の世界に住みたいかい？　それとも中流の人の世界？　金持ちの世界？」

「たいていの人は金持ちの世界に住むことを選ぶんじゃないですか？」私はそう聞いた。

「いや。みんな金持ちの世界に住むことを夢見ているだけで、最初の一歩を踏み出さない。その最初の一歩が決心することだ。一度心を決めてしまえば、そして、それがしっかりした決心ならば、後戻りすることは決してない。決心した瞬間、きみの世界のあらゆるものが変わる」

# 第二十一章
# やり続けるにはどうしたらいいか？

「若いうちに引退すると決めたあと、キムとあなたがやり続けられたのはなぜですか？　どのようにして困難を切り抜け、つらい時にも後戻りせずにすんだのですか？」私はよくそんな質問を受けるが、たいていは、決意や強い意志、ビジョンといった月並みな言葉で答える。私がそのような使い古された決まり文句を使うのは、たいていの場合、この本でこれまでに説明してきたようなことを説明する時間がないからだ。みなさんはここまで読んできて、おそらくこれまでに書かれていたことの大半を理解してくださったと思うので、キムと私がやり続けることができた理由について、もっと詳しく、もっと正直にお話ししたいと思う。

金持ち父さんは私に、おとぎ話や童話のたぐいをよく読ませたが、そのうち特に深い意味を持っていたと思われるのはルイス・キャロルの古典『不思議の国のアリス』とその続編『鏡の国のアリス』だ。どちらの物語も、異なる現実への旅を体験させてくれる。『不思議の国のアリス』で、アリスは白ウサギを追ってウサギの穴に飛び込み、別の世界——金融サービス業界を思わせる世界——へと旅をする。そして『鏡の国のアリス』でもまた、鏡の向こうにある別の現実へと旅をする。アリスは鏡の向こうで、鏡に映さないと読めない本を見つけるが、これはまるで個人の経済状態を表す財務諸表のようだ。金持ち父さんにとって、この二つの物語の価値は、一つの現実からもう一つの現実に旅をするという考え方にあった。金持ち父さんはこう言った。「問題は、ほとんどの人が一つの現実の中だけで生きていて、しかも『自分の』現実が『唯一の』現実だと思い込みがちなことだ」

## ●よく聞かれる質問への答え

前にも言ったように、「あなたとキムがやり続けられたのはなぜですか？　お金もなく、仕事もなく、お金の面で連戦連敗を続けていた時、どうやってやり通したのですか？」といった質問を受けると、たいていは、どこでも通用するシンプルな決まり文句で答える。例えば「決意が必要でした」とか「自分たちは決して引き返さないとわかっていました」などと答えるが、このようなありきたりな言葉では、本当の物語は語れない。私が本当のことを語るのをためらうのは、その答えがたいていの人の現実にないものだからだ。だから私はほとんど何も話さない。

しばらく前のあるセミナーの席上で、この理由をいつもよりていねいに説明する時間を持つことができた。この本をここまで読んでくださったみなさんにも、ぜひ、この時セミナーの出席者にお話しした答えをお伝えしたい。これが、私たちがどうやってやり続けたかという質問に対する完全な答えだとは思わないが、みなさんが考えるための材料の足しにはなると思う。

セミナーが終わりに近づいた時、生徒の一人が手を挙げてこう質問した。「最悪としか思えない時期に、あなたとキムがやり続けられたのはなぜですか？　私は本当の理由が聞きたいんです。これまであなたがしてきたような答えではなく……」

私はどうしようか少しの間考えたあと、結局、キムと私が若くして豊かに引退しようと決意して以来、私たちがやり続けるためのエネルギーとなった動機について話そうと決心した。そして、次のように話し始めた。

「私が二十代後半の頃、金持ち父さんがある質問をして、私に大切な教えを授けてくれました。その時の教えと、金持ち父さんと話した内容は、その後何年にもわたって私の役に立ってくれました。金持ち父さんが亡くなった今も、私はその時に教えられたことを復習し続け、もっと別な答えはないかと探しています」

## ●お金を必要としない、リスクのない世界

「金持ちになるのにお金がいらなくてリスクもないとしたら、きみはどうする？」と金持ち父さんが聞いた。

「お金がいらなくて、リスクもない？」私は、金持ち父さんがどういうつもりでそんなことを聞いたのかよくわからずに、オウム返しにそう言った。そして、結局は「どうしてそんな質問をするんですか？」と聞き返した。「そんな世界はありませんよ」

私の返事を聞いた金持ち父さんは、しばらく黙っていた。彼が何も言わないのは、自分の答えによく耳を傾けもう一度考えてみるのが一番だよ、という私への合図だった。私が答えを考え直しているのを見届けると、金持ち父さんはこう言った。「きみは、そんな世界は存在しないって本当に思っているのかい？」

「リスクがなくお金も必要ない世界ですか？」私たちが同じ話題について話していることを確かめようとして、私はそう聞いた。私がそれまで耳にしていたのは、実の父がよく言っていた、「投資は危険だ」とか「お金を儲けるにはお金が必要だ」といった言葉だけだった。

金持ち父さんはうなずいた。「そうだよ。そんな世界が存在するとしたら、きみはどうする？」

「そうですね、その世界を探しに行きます。でも、そんな世界が存在すればの話ですよ」

「じゃあ、どうしてそんな世界がないと思うんだい？」

「そんなことはあり得ないからです。金持ちになるのにお金を失うリスクがなく、お金もいらない世界なんてあるはずがないでしょう？」

「まあね……きみがそんな世界は存在するはずがないともう決めているんなら、確かにそれは存在しないね」。金持ち父さんは静かにそう言った。

「あなたはそんな世界があるって言うんですか？」

「『私が』どう考えるかはどうでもいい。大事なのは、『きみが』どう考えるかだ。きみがそんな世界は存在しないと言うなら、それは存在しない。私がどう考えるかは重要じゃないんだ」

るんですから」

「でもそんな世界はあり得ません」と私は繰り返した。「あり得ないってわかっています。リスクは必ずあ

「じゃあ存在しないんだね」。金持ち父さんはそう言って肩をすくめた。「きみがあり得ないと思えば、それはあり得ない」。今度は前より力のこもった、少し不満げな声だった。「そんな世界が存在しないのは、きみがまだ、お父さんの現実や考えを持っているからだ。そういった考えにしがみついているのは、その現実の中で育てられてきたからだ。きみがその現実を変えようと思わない限り、私が教えられることはあまりない。私は、どうやったら金持ちになれるかについて、きみの質問にいくらでも答えられるけれど、きみがお金や人生について、これまでと同じ現実にしがみついているなら、私の答えはきみのためにならない」

「でも、お金もいらずリスクもないなんて。無理ですよ。現実的になってください。お金もいらなくてリスクもない世界があるなんて、だれも信じませんよ」

「そうだね。だからこそ、こんなにも多くの人たちが仕事による安全にしがみつき、たいていの人が投資は危険だとか、お金を儲けるにはお金が必要だなどと思い込んでいるんだ。彼らは自分たちの思い込みに疑問を抱かない。自分の仮説に反論しようとしない。それどころか、自分たちの思い込みを本当のことだと信じ、別の現実があるかもしれないとか、別の仮説があるかもしれないとは決して考えない。自分が信じ、思い込んでいることをまず疑わなければ、今より金持ちにはなれない。だから、金持ちになる人、完全な経済的自由を本当に手に入れる人がこんなに少ないんだ。ところで、きみはまだ私の質問に答えていないね」

「じゃあ、質問をもう一度言ってください」。私はそう言った。私が自分の思い込みを疑っていないというのは一体どういう意味なのだろうと考えたが、よくわからずいらいらし始めていた。

「質問は、『金持ちになるのにリスクがなくお金も必要ないとしたらきみはどうするか？』だったよ」。金持ち父さんは、意識的にゆっくりと質問を繰り返した。私が自分の質問に対するかたくなな反応を和らげ、ちゃんと質問を聞くことができるように、できる限りの努力をしてくれたのだ。

「今聞いてもやはりばかげた質問だとは思いますが、とにかく答えますよ」と私は言った。

「きみはどうして、この質問がばかげてると言うんだい?」

「そんな世界は存在しないからですよ」。私はすぐに言い返した。「こんな質問はくだらないし、時間の無駄ですよ。どうしてぼくがこんな質問に答えたり、それについて考えたりしなければいけないんですか?」

「オーケー」と金持ち父さんは言った。「きみの答えはわかったよ。それに、きみの中にある思い込みも聞こえた。きみにとっては、そんなことは考えることさえ時間の無駄で、わざわざ考えるつもりはないってことだね。きみはそんな世界は存在しないと、もう決めてしまっていて、その考えに疑問をはさむのは時間の無駄だと思うわけだ。きみは自分の思い込みを疑いたくないんだね。そんな世界は存在しないと思っているから、それについて考えたくない。自分がいつも考えている通りにしか考えたくないんだ。金持ちになりたいとは思っているが、お金を失う恐怖に怯えながら、自分には充分なお金がないと思いながら生きている。私にすればそれはおかしな現実だが、きみがそう答えるのも無理がないと思う。きみの思い込みはわかるよ。とてもありがちな思い込みだからね」

「いえ、そうじゃありません」と私は言った。「質問にはこれから答えるつもりですよ。ただ、あなたはそのような世界が存在すると言っているのかどうか聞いているんです」。私はムッとして、大きな声で弁解した。

## ●「それはきみが決めることだ」

金持ち父さんは静かに座ったまま、今度も私の質問には答えず、私が自分の心の声に耳を傾けるようにしむけた。つまり、私が自分の現実に耳をすますのを待った。

「そんな世界が存在すると私に信じろというんですか?」私は激しい口調で言った。

「くどいようだがもう一度言うよ。私が何を信じようとそれは関係ない。問題は、きみが何を信じるかだ」

「ええ、ええ、わかりましたよ。そんな世界が存在するなら、つまり金持ちになるのに一銭もお金がいらなくて、経済的なリスクもまったくないなんていう世界があるなら、ぼくは想像もつかないほどの金持ちになれますよ。何も怖がったりしませんし、お金がないからできないとか、失敗するかもしれないからとか言い訳を並べたりもしません。限りなく豊かな世界、欲しいものは何でも手に入れられる世界で生きるんですから。今とはまったく違う世界……ぼくが育ったのとは違う世界です」

「じゃ、そんな世界が存在したら、そこへ旅することは価値があると思うかい?」と金持ち父さんは聞いた。

「もちろんじゃないですか」。私は鋭く答えた。「そんな旅をしたくないなんて人はいませんよ」

金持ち父さんは黙って肩をすくめ、また私に、自分が言ったことについて考えさせようとした。

「そんな世界があると言ってるんですか?」私はもう一度そう聞いた。

「それはきみが決めることだ。どんな世界が存在するかを決めることができるのはきみだ。私がきみに代わってそれを決めることはできない。私はもう何年も前に、どんな世界に存在していて欲しいか決めたんだ」

「あなたはその世界を見つけたんですか?」

金持ち父さんはその質問には答えず、ただこう聞いた。「『鏡の国のアリス』の話を覚えているかい?」

私はうなずいた。

「何年も前に私は鏡を通り抜けた。その世界の存在を信じるなら、きみも鏡を通り抜ける旅に出かける決心をしてもいい。でも、その旅ができるのは、その世界が存在する可能性を信じた人だけだ。存在を信じない人は鏡を見ているだけだ。鏡のこちら側にいて、自分を見つめ返す自分をただ際限なく見つめ続けるだけだ」

## ●セミナーへの出席者に対する私の答え

セミナーでこの話をしている間、会場は静まり返っていた。出席者が私の答えを理解しているのかどうかはわからなかった。だが、わかってもらえるかどうかはともかく、私はふだんあまり話したことのないこの話をした。答えをまとめる段になって私はこう言った。

「つまり、この時、私の旅が始まったんです。金持ち父さんとあの会話を交わしたあと、私はとても好奇心をそそられました。その後、数年間、金持ち父さんが言ったことについて考えました。そして、考えれば考えるほど、金持ち父さんの言葉が可能性を持ってきたんです。三十代はじめの頃、私は自分の現実を力ずくでも変えなければと強く感じていました。金持ち父さんを先生とした学生時代は終わっていることもわかっていました。自分の現実を変え、自分の旅を始めない限り、金持ち父さんが私に教えられること、答えられることはそう多くないとわかっていました。いくらたくさん答えがあっても、役に立たないことがわかっていたんです。私には、さらに大きな新しい現実が必要でした。巣立ちの時が来ていたんです。そんな世界が存在するかどうかはまだわかりませんでしたが、存在して欲しいとは思っていました。だから、私の旅は、そのような世界が存在するはずだと心に決めたあの瞬間に始まったんです。その決心を胸に、その世界、つまりリスクがまったくなく、儲けるのにお金を必要としない世界を探しに出かけました。私は鏡をただ見ているのはもうたくさんだと思っていましたし、そこに映った自分の姿が好きではありませんでした。その時、私は鏡を通り抜け、新しい世界を探す旅を始めたんです」

出席者はみんな黙り込んだままだった。柔軟に私の考えを受け止めている人もいれば、心の中で反論を唱えている人もいるのがわかった。しばらくして、生徒の一人が手を挙げてこう言った。「で、あなたはそんな世界が存在すると信じた。そのことをおっしゃりたいんですか?」

私はその質問には答えなかった。その代わり、さっきの物語の続きを話し始めた。「そんな世界の存在を信じる決心をしてまもなく、私はキムに出会い、彼女に自分が始めた旅について話しました。すると、思いがけず彼女も一緒に旅をしたいと思ってくれたんです。キムはこう言いました。『そうね、あなたが話していることは私の今の現実、一つの仕事に就いて一生働くという現実より断然いいわ。私は自分の今の現実が気に入らないの、だから新しい現実を探したいわ』」

質問への答えを催促するように手を挙げたままにしていた生徒が、手を下ろして私の話に耳を傾け始めた。

「キムは、私が出会った女性の中で、こんな突拍子もない考えを受け入れようという最初の女性でした。私ははじめ、恐る恐る話したのですが、キムは私の考えに反論しませんでした。それどころか、私が存在の可能性を信じているその世界について話すのを、何日間も聞いてくれました。その時、私たちの旅が始まったんです。その旅は金儲けの旅ではなく、別の世界を探す旅でした。ですから、本当のところ、キムと私がやり続けられたのは、何よりもまず別の世界を探すということがあったからなんです」

「心が決まると、私たちは鏡を通り抜けて旅を始めました。旅を始めた以上は、勇気を持ち、謙虚な気持ちで勉強し、学び続け、貴重な体験をするたびにすばやく学ばなければならないとわかっていました。中でも一番大事だったのは、自分たちの現実を常に広げ続けたことです。なぜなら、私たちは、この旅が私たちの心と頭の中にしかないことを知っていたからです。この旅は、私たちの外側の世界にはまったく無関係で、すべて、内側にある現実にかかっています。本当につらい時期もくじけず、最終的にやり続けることができたのは、別の現実、別の世界を探すという目的があったおかげです。ひとたび旅が始まると、決して引き返すことはないとわかっていました。別の世界を探すという目的が、私たちに旅を続けさせたのです」

みんな長い間、何も言わなかった。それから不意に、一人の生徒が勢いよく手を挙げてこう聞いた。「で、あなたはその世界を見つけたんですか？　見つけたんだったら話してください。私もそこへ行きたいと思います。お金のために五十年間も働く人生なんてごめんです。お金に振り回され、充分なお金がないと心配しながら一生を終えたくありません。別の世界が存在するというのなら、それについて話してください」

私は少しの間黙って、何年も前に金持ち父さんが私にしたように、そこにいた人たちに、自分の現実に静かに耳をすます時間を与えた。また部屋がしんとした。「それはあなたが決めることです」。しばらくしてから私はそう答えた。「大事なのは『私が』何を信じるかではなく『あなたが』何を信じるかです。あなたが自分にとってそういう世界が存在すると信じるなら、あなたは鏡を通り抜けていくでしょう。信じないなら、あなたは鏡のこちら側に留まり、あなたを見ている自分の姿を見ているだけでしょう。お金に関する限り、あなた方は、何が現実で、どのような現実の中に自分が住みたいかを決める力を持っているんです」

この言葉で私はセミナーを終えた。ほとんどの受講生は、何も言わず考え込んでいた。ブリーフケースを詰め終わると私はみんなの方へ向き直りこう言った。

「熱心に聴いてくれてありがとう。これで講習は終わりです」

おわりに

# 人生の豊かな恵みを受け取る

一九九四年の秋、キムと私はフィジーで長い休暇をとった。友人の一人が、一般の人は入ることのできない小島にある、小さな会員制リゾート施設を勧めてくれたのだ。ある朝、日が昇る前、南国の草木を使って建てられた私たちの豪奢なコテージにホテルのスタッフが迎えにきた。「馬の用意ができました」。彼はにっこりしてそう小声で言った。

この島に来て五日が過ぎていた。私はようやく緊張感から解放されて体がほぐれ、透き通った水色の太平洋に囲まれたこの美しい天国のような島の、やさしくゆったりとした時の流れになじみ始めていた。ラリーとキム、私の三人が、ブリティッシュ・コロンビア州バンクーバーの北にあるホイスラー・マウンテンの山の上に座り、雪の中で凍えながら、経済的自由を得るための計画を立ててから九年が経っていた。馬の背によじ登りながら、私は、あの冷たく凍てついた山頂で過ごした時のことを思い出した。そして、鞍の上で、私たちの生活がどんなに変わったか考えた。私たちはもはや寒さに震えることもなく、お金のない貧乏暮らしとも無縁だった。単にお金がたくさんあることよりもっと重要だったのは、私たちが今や自由だということだった。私たちはこれから一生の間、もう二度と働かなくてよくなっていた。

私たちの乗った馬は、島を囲む白い砂浜と並行して走る小道をゆっくりと歩いていった。まだ暗かったので何も見えなかったが、浜辺の小道を静かに進む間、ほんの数フィート先に波の音が聞こえ、潮風が肌に感じられた。土や熱帯植物の香りと潮の香りとが混ざり合い、私を、ハワイで過ごした少年時代、ハワイがまだハワイらしい島だった時代に引き戻した。この時、馬で散歩したのはほんのわずかな時間だったが、その間に私の頭によみがえった記憶はこれまでの全人生にまたがっていた。

三十分ほどの散策のあと、ガイド役をしてくれていたホテルの人が馬を止め、馬から降りる私たちに手を貸してくれた。そう遠くないところで、何本かのキャンドルの灯りが風の中で踊っているのが見えた。ホテルの人は私たちの手を取り、ゆっくりと歩いてキャンドルのところまで連れて行ってくれた。波がやさしく打ち寄せる波打ち際からわずか数歩の砂浜の上にテーブルが据えられ、白いテーブルクロスの上にキャンドルが置かれていた。ホテルの人は、世界で最も美しいこのレストランのたった一つしかないそのテーブルにキムと私を案内した。私たちが席に着くとすぐに、また別の人がキムのお気に入りのシャンパンボトルを手にして現れた。キャンドルの灯りごしに、キムと私は、自分たちと自分たちの旅に乾杯した。それまでの人生で、この時ほど美しい妻を愛しいと思ったことはなかった。人生で最もきびしい試練の間、彼女はずっと私を支えてくれた。私たちは何も言わなかった。無言で、小さなテーブルの上で手を取り合い、もう一方の手でシャンパングラスを持ち、「ありがとう、愛しているよ」と目と目で言葉を交わした。私たちはやり遂げたのだ。

まるで合図でもしたかのように、水平線から朝日の光が差し始め、私たちを取り囲む大自然の芸術が姿を現した。一方の側には、海からそそり立つ青々とした緑の島が見えた。私たちの正面には純白の砂浜が横たわり、後ろには背の高い樹木が茂り鳥たちがさえずり始めていた。穏やかな青い海が、太陽を出迎えるように砂浜からはるかかなたへと伸び、すべてを一枚の絵にまとめているかのようだった。私たちが静かに座り、太陽が周りの美しい景色を照らしながらゆっくりと海面から出てくるのを見ていると、ウェイターが新鮮なトロピカルフルーツの朝食を運んできた。ウェイターを除いて、そこにいたのは私たちだけだった。自然の音以外、何も聞こえなかった。近所に住む人もなく、車も、浜辺を歩く人も、騒々しい音楽も、携帯電話もなかった。何よりよかったのは、戻ってやらなければならない仕事がなかったことだ。会議もない。締切もない。予算もない。その時にはもうビジネスは手放していた。会社は目的を達し、私たちはそれを売却した。

自由を楽しむ以外にすることは何もなかった。その時そこに存在したのは、キムと私、そして圧倒されるばかりの自然の美しさ、神の雄大な創造物だけだった。

太陽が海の上に完全にその姿を現した瞬間、私の頭の中で何かが弾けた。目がかすんだわけではなかった。ただ視界が小刻みに振動しているような感じがした。そして少しの間、全身がぶるぶると震えた。小さな地震のようだった。振動が突然、私の身体と魂を駆け巡った。私の中の奥深いところで何かが変化しつつあった。この一瞬の体験のおかげで、私はいっそう解放された気分になった。太陽の温もりが海の彼方から私たちのところまで届くようになると、胸の中にあふれんばかりの感謝の気持ちが沸き上がり、全身に広がった。無意識のうちに、私のコンテクストは完全に変化していた。私は鏡を通り抜け、今や新しい人生の道をはっきりと見ることができた。私は声を上げて泣き始めた。悲しいからではなく、キムと私だけでなくすべての人々を取り巻いている世界の完全さ、恵み、豊かさに深い驚異の念を抱いたからだった。

少しずつわかってきた——私はあまりにも長い間、能力の不足や、充分なものを持っていないことを恐れるあまり、人生が私たちに与えようと用意してくれた豊かさを受け取れないでいた。私は、金持ちになるための私の闘いが、第一に、貧乏になることへの恐怖に対する自分との闘いだったことに気が付いた。また、金持ち父さんがいつも次のように言っていた理由もわかった。「きみをきみ自身の囚人にしているのは、きみの恐怖心だ。きみをきみ自身の独房に、神の豊かさを受け付けない牢屋に閉じ込めるのは、きみの恐怖心なんだ」。私の思いはいつのまにか青年時代に戻っていた。そして、金持ち父さんがこう言う声が聞こえた。「私たちは、一人ぼっちで自分の力だけで生きていかなければならないと思い込んでいることが多すぎる。生き延びるためには自分で働かなければならないと信じ込んでいる。そして、たいていの場合、これこそが適者生存の法則に合った生き方で、そこから外れたら生きていけないと教えられている。だが、それは囚人の考え方だ。多くの人は、お金のこととなると、自分の恐怖心の囚人になっている。だから彼らは、経済的自由を追い求めるのではなく、安全という糸にしがみつき、貪欲になって、飢えた犬たちが肉もついていない骨を奪い合って争うように、わずかな金をめぐって争う」

「きみ自身の自由を見つけることは簡単だ。きみがすべきことは、まず神様がどんな行いを望んでおられるかをよく見極めること、次に、神様がきみに与えてくださった才能を使って、神様が望んでおられる行いをなすことだ。きみが真心をもってその行いをなすなら、神様の豊かな恵みが人生に降り注ぐだろう。人生は生活のためのお金を稼ぐためにあるんじゃない。鳥や植物、きみのまわりにある全ての自然の創造物を見てごらん？　鳥は生活費を稼いだりしない。鳥も含めて神の創造物たちはみんな、ただ、自分たちがここに遣わされた目的を果たしているだけだ。きみが素直に神様を信じ、きみがここに遣わされてなすべき行いをなすならば、神様の豊かな恵みは永遠にきみと共にある」

金持ち父さんはこうも言った。「きみが鳥の仕事をする必要はない。それは鳥がすでにやっているんだから」。金持ち父さんがそう言ったのは、あまりにも多くの人が、何がなされるべきかを探すのではなく、仕事を求めて競い合うのを見ていたからだ。金持ち父さんはこう続けた。「何がなされるべきかを探し、なされるべき行いをすれば、きみは神の豊かな恵みを手にすることができる」

キムと私はそれから一時間ほど、小さなテーブルを囲んで過ごした。私は人生ではじめて、金持ち父さんの言ったことが理解できたような気がした。それまで充分には理解していなかった。それでも、自分のコンテクストや現実に、彼の言葉を取り入れるようにはしていた。でも、あの朝、砂浜の上で椅子に腰掛けていた時、私はやっと鏡を通り抜け、金持ち父さんの言っていたことを完全に理解できるようになった。

海からの風が強くなると、背後にいる馬がせわしなく動きはじめるのが物音でわかった。厩舎に戻る時間だった。それはキムと私が戻る時間でもあった。一年後、私は山頂に建つ山小屋の中で静かに座り、自分に次のように問いかけていた。「何がなされるべきなのか?」そして「私にできることは何か?」と。

今、もうお金は必要ないのになぜ働き続けるのかと人に聞かれた時の私の答えは、金持ち父さんの答えと同じだ。私はこう言う。「私が働き続けているのは、なされるべきことがあるからです」。今日、キムと私がしていることは、なされるべきことをより多くなすために、これまで私たちが学んだことにレバレッジを効かせ、最大限に活用することだけだ。皮肉なことに、なされるべきことをなすためにレバレッジを使えば使うほど、私たちはますます幸せに、金持ちになっている。

ありがたいことに、なされるべきことをなすためには、仕事をやめる必要も、引退する必要もない。周囲を見回すだけで、あなたには何がなされるべきかわかるだろう。あなたがしなければいけないのは、与えられた才能を使って、なされるべきことをなすことだけだ。そうすれば、あなたは人生の豊かな恵みに触れることができるだろう――一部の人のためではなく、すべての人のためにいつも用意されている豊かな恵みに。

フィジーの美しい小島での最後の一日、私は何もせずに浜辺に座って過ごした。まったく新しい生き方、自由な人間として生きるということを除いて、私が家に帰ってからすることは何もなかった。キムの手をぎゅっと握りしめ、私がどれほど彼女のことを愛しているか、尊敬しているか、またこの旅の間ずっと私を支えてくれたことにどれほど感謝しているかを、無言のうちに伝えた。キムがいなかったら私はやり通すことはできなかっただろう。ビーチマットを拾い上げ、夕食を食べにコテージへ戻ろうとした時、私の耳に金持ち父さんの声が聞こえた。「たくさんの小さな人間が、巨人たちと戦うことに人生を費やす。彼らは巨人たちを批判し、ゴシップに興じ、噂を広め、嘘を言い、巨人を倒すためにあらん限りの手を尽くす。彼らは巨人たちの正しいところではなく悪いところを見る。彼らが小さいままでいるのはそのせいだ。ダビデは確かに若かったし、石投げ紐しか持っていなくて、身体もゴリアテよりずっと小さかった。だが、小さな人間ではなかった」

この本で一番言いたかったのは、私たちはそれぞれ自分の中に、小さい人間ダビデと巨人ゴリアテを持っているということだ。ダビデは、小さい人間のコンテクストを身につけ、「あいつはぼくより大きい。石投げ紐だけで巨人を倒すなんてできっこない」と言って、小さい人間のままでいることもできた。だが、ダビデはそうはせずに、巨人のコンテクストを身につけることを選び、巨人になった。ダビデがゴリアテを倒し、自ら巨人になれたのは、その選択のおかげだった。あなたもやろうと思えば同じことができる。

最後にもう一度言っておく――レバレッジはどこにでもある。レバレッジは力だ。レバレッジは私たちの中にも、私たちのまわりのあらゆるところにもあり、私たちは常にそれを作り出していく。自動車や飛行機、電話、テレビ、インターネットといった新しい発明が生まれるたびに、新しい形のレバレッジが作り出される。そして新しい形のレバレッジが作り出されるたびに、新しい百万長者や億万長者が生まれてきた。それは彼らがその新しいレバレッジを、だめにしたり、乱用したり、恐れたりするのではなく、きちんと活用したからだ。あなたが人生でレバレッジの力をどう使うかを選ぶのはあなた自身だ。その選択はあなたにしかできない。

この本を読んでくださったことに心から感謝する。あなたのコンテクストをいつも開かれた状態に保つことを忘れないで欲しい。未来はとても明るい。私たちを待つ未来はますます多くの人々に自由をもたらしてくれることだろう。

本書は、二〇一四年六月に刊行された『金持ち父さんの若くして豊かに引退する方法』第二版をもとに改訂したものです。

## 金持ち父さんシリーズ

●『改訂版　金持ち父さん　貧乏父さん——アメリカの金持ちが教えてくれるお金の哲学』ロバート・キヨサキ著／白根美保子訳／筑摩書房

●『改訂版　金持ち父さんのキャッシュフロー・クワドラント——経済的自由があなたのものになる』ロバート・キヨサキ著／白根美保子訳／筑摩書房

●『改訂版　金持ち父さんの投資ガイド　入門編——投資力をつける16のレッスン』『改訂版　金持ち父さんの投資ガイド　上級編——起業家精神から富が生まれる』ロバート・キヨサキ著／白根美保子訳／筑摩書房

●『改訂版　金持ち父さんの子供はみんな天才——親だからできるお金の教育』ロバート・キヨサキ著／白根美保子訳／筑摩書房

●『改訂版　金持ち父さんの若くして豊かに引退する方法』ロバート・キヨサキ著／白根美保子訳／筑摩書房

●『改訂版　金持ち父さんの起業する前に読む本——ビッグビジネスで成功するための10のレッスン』ロバート・キヨサキ著／白根美保子訳／筑摩書房

●『金持ち父さんの予言——嵐の時代を乗り切るための方舟の造り方』ロバート・キヨサキ著／白根美保子訳／筑摩書房

●『金持ち父さんのサクセス・ストーリーズ——金持ち父さんに学んだ25人の成功者たち』ロバート・キヨサキ著／春日井晶子訳／筑摩書房

●『金持ち父さんの金持ちになるガイドブック——悪い借金を良い借金に変えよう』ロバート・キヨサキ著／白根美保子訳／筑摩書房

●『金持ち父さんのパワー投資術——お金を加速させて金持ちになる』ロバート・キヨサキ著／白根美保子訳／筑摩書房

●『金持ち父さんの学校では教えてくれないお金の秘密』ロバート・キヨサキ著／白根美保子訳／筑摩書房

●『金持ち父さんの金持ちがますます金持ちになる理由』ロバート・キヨサキ著／井上純子訳／筑摩書房

●『金持ち父さんのファイナンシャルIQ——金持ちになるための5つの知性』ロバート・キヨサキ著／白根美保子訳／筑摩書房

●『金持ち父さんの「大金持ちの陰謀」』ロバート・キヨサキ著／井上純子訳／筑摩書房

●『金持ち父さんのアンフェア・アドバンテージ——知っている人だけが得をするお金の真実』ロバート・キヨサキ著／白根美保子訳／筑摩書房

●『金持ち父さんのセカンドチャンス——お金と人生と世界の再生のために』ロバート・キヨサキ著／岩下慶一訳／筑摩書房

●『金持ち父さんのこうしてお金持ちはもっと金持ちになる——本当のファイナンシャル教育とは何か?』ロバート・キヨサキ、トム・ホイールライト著／岩下慶一訳／筑摩書房

●『金持ち父さんの21世紀のビジネス』ロバート・キヨサキ、キム・キヨサキ、ジョン・フレミング著／白根美保子訳／筑摩書房

●"Rich Dad's Escape from the Rat Race"

●"The Real Book of Real Estate—Real Experts, Real Stories, Real Life"

●"Why "A" Students Work for "C" Students—Rich Dad's Guide to Financial Education for Parents"

●『金持ち父さんの新提言　お金がお金を生むしくみの作り方』ロバート・キヨサキ著／井上純子訳／青春出版社

●『金持ち父さんのお金を自分のために働かせる方法』ロバート・キヨサキ著／井上純子訳／青春出版社

●『人助けが好きなあなたに贈る金持ち父さんのビジネススクール　セカンドバージョン』ロバート・キヨサキ著／マイクロマガジン社

## ドナルド・トランプとの共著

●『あなたに金持ちになってほしい』ドナルド・トランプ、ロバート・キヨサキほか著／白根美保子、井上純子訳／筑摩書房

●『黄金を生み出すミダスタッチ——成功する起業家になるための5つの教え』ドナルド・トランプ、ロバート・キヨサキ著／白根美保子訳／

筑摩書房

## キム・キヨサキの本

● 『リッチウーマン――人からああしろこうしろと言われるのは大嫌い！という女性のための投資入門』キム・キヨサキ著／白根美保子訳／筑摩書房
● “It's Rising Time―A Call for Women: What It Really Talks for the Reward of Financial Freedom”

## エミ・キヨサキとの共著

● 『リッチブラザー　リッチシスター――神・お金・幸福を求めて二人が歩んだそれぞれの道』ロバート・キヨサキ、エミ・キヨサキ著／白根美保子訳／筑摩書房

## 金持ち父さんのアドバイザーシリーズ

● 『セールスドッグ――「攻撃型」営業マンでなくても成功できる！』ブレア・シンガー著／春日井晶子訳／筑摩書房
● 『勝てるビジネスチームの作り方』ブレア・シンガー著／春日井晶子訳／筑摩書房
● 『不動産投資のＡＢＣ――物件管理が新たな利益を作り出す』ケン・マクロイ著／井上純子訳／筑摩書房
● “Start Your Own Corporation”, Garrett Sutton
● “Writing Winning Business Plans”, Garrett Sutton
● “Buying and Selling a Business”, Garrett Sutton
● “The ABCs of Getting Out of Debt”, Garrett Sutton
● “Run Your Own Corporation”, Garrett Sutton
● “The ABCs of Property Management”, Ken McElroy
● “The Advanced Guide to Real Estate Investing”, Ken McElroy
● “Tax-Free Wealth”, Tom Wheelwright

## 金持ち父さんのオーディオビジュアル

● 『ロバート・キヨサキのファイナンシャル・インテリジェンス』タイムライフ（ＣＤセット）
● 『ロバート・キヨサキ　ライブトーク・イン・ジャパン』ソフトバンクパブリッシング（ＤＶＤ）
● 『金持ち父さんのパーフェクトビジネス』マイクロマガジン社（ＣＤ）
● 『金持ちになる教えのすべて』（ＤＶＤ３枚付）マイクロマガジン社
● 『プロが明かす　不動産投資を成功させる物件管理の秘密』（ＣＤ４枚付）マイクロマガジン社

## 本文中で紹介された本

● “Body for Life――12 Weeks to Mental and Physical Strength”, Bill Phillips
● 『入門経済思想史――世俗の思想家たち』ロバート・ハイルブローナー著／八木甫、松原隆一郎ほか訳／ちくま学芸文庫
● 『不思議の国のアリス』『鏡の国のアリス』ルイス・キャロル著／ちくま文庫ほか

# 著者・訳者紹介

## ロバート・キヨサキ
Robert Kiyosaki

個人ファイナンス関連書籍で前代未聞のベストセラーとなった『金持ち父さん　貧乏父さん』の著者ロバート・キヨサキは、世界中の多くの人々のお金に対する考え方に疑問を投げかけ、その考え方を変えた。彼は起業家、教育者、投資家であり、今の世界には雇用を創出する起業家がもっと必要だと信じている。

お金と投資に関するロバートの考え方は社会通念と対立することも多い。率直な、そして時として不遜かつ勇気ある発言をするとの定評を世界中で得ている彼は、ファイナンシャル教育の大切さを情熱を持って臆することなく語る唱道者の一人だ。

ロバートと妻のキムはファイナンシャル教育会社リッチダッド・カンパニーの創業者であり、各種『キャッシュフロー』ゲームの開発者でもある。

ロバートは複雑なコンセプト――お金や投資、金融、経済に関するさまざまな考え方――を単純化する才能を持ったビジョナリー（未来を見つめる人）だと言える。彼はまた、経済的自由を得るまでの自分の個人的な体験を、多くの人の心に響くような形で伝えてきた。彼の考え方の中心となっている原理や彼が伝えたいと思っていること――たとえば、「持ち家は資産ではない」「キャッシュフローのために投資をしろ」といったことや、『金持ち父さんの予言』の中で示されたさまざまな「予言」――は当時は多くの批判を浴びたり、馬鹿にされたりしたが、結局この十年ほどの間に、その正しさが証明された。

「大学へ行っていい仕事に就き、お金を貯めて、借金を返し、長期に投資して、投資対象を多様化しろ」という昔からのアドバイスが、今日、急速に変化する情報時代においては時代遅れのアドバイスになっているというのがロバートの主張だ。彼の「リッチダッド哲学」は現状に疑問を投げかけ、お金の知識を身につけ、将来のために投資するように人々を励ます。

国際的なベストセラー『金持ち父さん　貧乏父さん』を含めて二十冊以上の著書があるロバートは、世界中でさまざまなメディアにゲストとして登場したり記事に取り上げられたりしている。彼の著書は世界各国で十年以上もベストセラーリストに名を連ね、今も世界中の視聴者、読者を教育し、励まし続けている。

## 白根美保子
Shirane Mihoko

翻訳家。早稲田大学商学部卒業。訳書に『ボルネオの奥地へ』（めるくまーる）、『死別の悲しみを癒すアドバイスブック』『改訂版金持ち父さん 貧乏父さん』『不安のメカニズム』（筑摩書房）、共訳書に『悲しみがやさしくなるとき』（東京書籍）などがある。

# 改訂版《かいていばん》　金持《かねも》ち父《とう》さんの
# 若《わか》くして豊《ゆた》かに引退《いんたい》する方法《ほうほう》

二〇一五年一一月　五　日　初版第一刷発行
二〇一八年一一月一〇日　初版第三刷発行

著者　ロバート・キヨサキ
訳者　白根美保子
発行者　喜入冬子
発行所　株式会社　筑摩書房
東京都台東区蔵前二−五−三　〒一一一−八七五五
電話番号　〇三−五六八七−二六〇一（代表）
装丁　小田蓉子（井上則人デザイン事務所）
印刷・製本　中央精版印刷株式会社
ISBN978-4-480-86439-0 C0033 

# 『キャッシュフロー101』で
# ファイナンシャル・インテリジェンスを高めよう!

読者のみなさん

『金持ち父さんシリーズ』を読んでくださってありがとうございました。お金についてためになることをきっと学ぶことができたと思います。いちばん大事なのは、あなたが自分の教育のために投資したことです。

私はみなさんが金持ちになれるように願っていますし、金持ち父さんが私に教えてくれたのとおなじことを身につけてほしいと思っています。金持ち父さんの教えを生かせば、たとえどんなにささやかなところから始めたとしても、驚くほど幸先のいいスタートを切ることができるでしょう。だからこそ、私はこのゲームを開発したのです。これは金持ち父さんが私に教えてくれたお金に関する技術を学ぶためのゲームです。楽しみながら、しっかりした知識が身につくようになっています。

このゲームは、楽しむこと、繰り返すこと、行動すること——この三つの方法を使ってあなたにお金に関する技術を教えてくれます。

『キャッシュフロー101』はおもちゃではありません。それに、単なるゲームでもありません。特許権を得ているのはこのようなユニークさによるものです。このゲームはあなたに大きな刺激を与え、たくさんのことを教えてくれるでしょう。このゲームは、金持ちと同じような考え方をしなくては勝てません。ゲームをするたびにあなたはより多くの技術を獲得していきます。ゲームの展開は毎回違います。あなたは新しく身につけた技術を駆使して、さまざまな状況を乗り切っていくことになるでしょう。そうしていくうちに、お金に関する技術が高まる

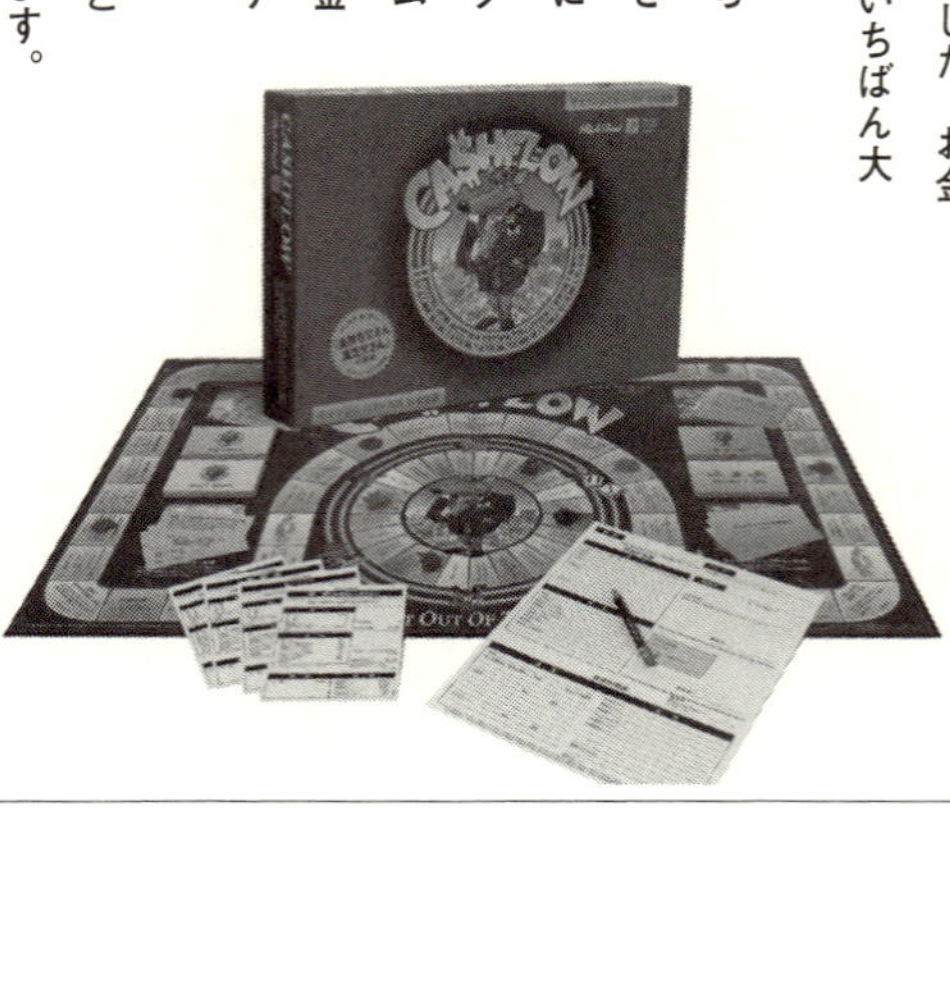

『キャッシュフロー101』
家庭で楽しみながら学べる
MBAプログラム

と同時に、自信もついていきます。

このゲームを通して学べるような、お金に関する教えを実社会で学ぼうとしたら、ずいぶん高いものにつくこともあります。『キャッシュフロー101』のいいところは、おもちゃのお金を使ってファイナンシャル・インテリジェンスを身につけることができる点です。

はじめて『キャッシュフロー101』で遊ぶときは、むずかしく感じるかもしれません。でも、繰り返し遊ぶうちにあなたのファイナンシャル・インテリジェンスが養われていき、ずっと簡単に感じられるようになります。

『キャッシュフロー・フォー・キッズ』
6歳から楽しく学べる子供のためのゲーム

このゲームが教えてくれるお金に関する技術を身につけるためには、まず少なくても六回はゲームをやってみてください。そのあと本などで勉強すれば、あなたはこれから先の自分の経済状態を自分の手で変えていくことができます。その段階まで到達したら、上級者向けの『キャッシュフロー202』に進む準備ができたことになります。『キャッシュフロー202』には学習用のCDが5枚ついています。

子供たちのためには、六歳から楽しく学べる『キャッシュフロー・フォー・キッズ』があります。

『キャッシュフロー』ゲームの創案者
ロバート・キヨサキ

## ロバート・キヨサキの「金持ち父さん」シリーズ

### 改訂版 金持ち父さんの子供はみんな天才
親だからできるお金の教育
定価(本体価格 1900 円+税) 978-4-480-86432-1

### 改訂版 金持ち父さんの若くして豊かに引退する方法
定価(本体価格 2400 円+税) 978-4-480-86439-0

### 改訂版 金持ち父さんの起業する前に読む本
ビッグビジネスで成功するための 10 のレッスン
定価(本体価格 1700 円+税) 978-4-480-86438-3

### 金持ち父さんのパワー投資術
お金を加速させて金持ちになる
定価(本体価格 1900 円+税) 978-4-480-86367-6

### 金持ち父さんの学校では教えてくれないお金の秘密
定価(本体価格 1200 円+税) 978-4-480-86369-0

### 金持ち父さんのこうして金持ちはもっと金持ちになる
本当のファイナンシャル教育とは何か?
定価(本体価格 1600 円+税) 978-4-480-86439-0

## キム・キヨサキの本

### リッチウーマン
人からああしろこうしろと言われるのは大嫌い! という女性のための投資入門
定価(本体価格 1700 円+税) 978-4-480-86379-9

## 不動産王ドナルド・トランプとロバート・キヨサキの本

### あなたに金持ちになってほしい
定価(本体価格 2200 円+税) 978-4-480-86381-2

▲表示されている価格はすべて 2018 年 11 月現在のものです。